LITERATURSTUDIUM

INTERPRETATIONEN

Englische Gedichte
des 20. Jahrhunderts

Herausgegeben von
Michael Hanke

Philipp Reclam jun. Stuttgart

Die Deutsche Bibliothek – CIP-Einheitsaufnahme

Interpretationen: englische Gedichte des 20. Jahrhunderts /
hrsg. von Michael Hanke. – Stuttgart : Reclam, 1997
(Universal-Bibliothek ; Nr. 17503 : Literaturstudium)
ISBN 3-15-017503-8

Universal-Bibliothek Nr. 17503
Alle Rechte vorbehalten
© 1997 Philipp Reclam jun. GmbH & Co., Stuttgart
Gesamtherstellung: Reclam, Ditzingen. Printed in Germany 1997
RECLAM und UNIVERSAL-BIBLIOTHEK sind eingetragene Marken
der Philipp Reclam jun. GmbH & Co., Stuttgart
ISBN 3-15-017503-8

Inhalt

MICHAEL HANKE

Einleitung

In der englischen Lyrik des 20. Jahrhunderts lassen sich zwei Stilrichtungen unterscheiden: eine traditionalistische, die in Form und Gehalt englischen Vorbildern verpflichtet ist, sowie eine modernistische, die eine Vielzahl verschiedener Anregungen verarbeitet, das Experiment nicht scheut und hohe Anforderungen an das Denk- und Aufnahmevermögen des Lesers stellt. Thomas Hardy ist die Vaterfigur des Traditionalismus, W. B. Yeats und T. S. Eliot sind – neben dem Amerikaner Ezra Pound – die bedeutendsten Repräsentanten des Modernismus. Daß beide Stilrichtungen sich einander annähern und sogar verbinden können, beweisen viele der im vorliegenden Band interpretierten Gedichte.

Um die Jahrhundertwende befand sich die englische Versdichtung in einer Phase des Umbruchs und der Neuorientierung. Zwar endete das Viktorianische Zeitalter offiziell erst mit dem Tod der Monarchin im Januar 1901. Das Ende einer lyrischen Epoche begann sich jedoch schon früher abzuzeichnen: 1892 war Alfred Lord Tennyson gestorben, der Hof- und Lieblingsautor der Königin, dessen Werke sie auf dem Nachttisch stets griffbereit hielt. Mit seinem Tod drohte die englische Dichtung in ein Vakuum zu fallen. Den Ästheten der *naughty nineties* fehlten die Kraft und der Wille, ins neue Jahrhundert hineinzuwirken.

Aus heutiger Sicht ist THOMAS HARDY der bedeutendste Dichter der Jahrhundertwende. In seinen auf dem Land spielenden Romanen hatte er seit den späten siebziger Jahren den Blick von der glänzenden Fassade des scheinbar sicher in sich ruhenden Imperiums auf dessen brüchiges Fundament gelenkt. Als sein letzter Roman auf heftige Kritik stieß, ging er als Erzähler in Klausur – um 1898 als Lyri-

ker in die Öffentlichkeit zurückzukehren, mit Gedichten,
die er im Laufe von mehr als zwanzig Jahren geschrieben
hatte. Seine Rehabilitierung der Umgangssprache, die Behandlung alltäglicher Erfahrungen, der oft epische Kern
seiner Lyrik: das ließ ihn bis in die sechziger Jahre hinein
zum Vorbild junger Dichter werden. Wichtiger noch, er gab
ihnen die Gewißheit, daß die Kompositionstechnik keine
Geheimwissenschaft, sondern erlernbar ist.

Den Anstoß für jene Stilentwicklung, die heute als Modernismus bezeichnet wird, gab ein junger Amerikaner,
Ezra Pound, der im Jahre 1908 eine folgenreiche Reise nach
Europa antrat. Sein Ziel: die Reformierung der englischen
Versdichtung. Er kannte die Werke des Iren WILLIAM BUT-
LER YEATS, der zu dieser Zeit eine formvollendete, spätro-
mantisch verfeinerte Lyrik schrieb. Pound hielt ihn für be-
gabt, aber rückständig. Um ihn auf den rechten Weg führen
zu können, ernannte er sich zu seinem Privatsekretär und
verbesserte, oft ohne Wissen und zum Ärger des Älteren,
dessen Manuskripte. Auch wenn man seinen Einfluß nicht
überschätzen sollte: unter Pounds kritischem Blick machte
sich Yeats auf die Suche nach einem neuen Stil, einer ›kalten
Schönheit‹ (»cold beauty«), und begann Gedichte zu schreiben, die sein heutiges Ansehen als Lyriker begründet haben.

Pounds eigentliches Ziehkind war jedoch der ebenfalls
aus Amerika stammende T. S. ELIOT, den er 1914 in London entdeckte und selbstlos förderte. Bald entwickelte sich
Eliot zum wichtigsten Mitstreiter in Pounds Kampf gegen
Mittelmaß und Konvention, Klischee und Schwulst. Ihr
Hauptstoß richtete sich gegen die weniger Begabten unter
den Georgian Poets, deren pastorale Dichtung sie als ver-
waschene Romantik ablehnten. Die zeitweilig scharfe Ver-
urteilung aller Lyriker, deren Werke in den damals populä-
ren Anthologien *Georgian Poetry* (1912–22) erschienen, ist
heute einer differenzierteren Betrachtung gewichen. Immerhin gehörten auch so bedeutende Autoren wie Walter de la
Mare, Edward Thomas, D. H. Lawrence, Siegfried Sassoon,

Wilfred Owen und Robert Graves zeitweilig diesem Kreis an, ohne daß sie ihre künstlerische Selbständigkeit eingebüßt hätten.

An intellektueller Disziplin, wenn auch nicht an schöpferischem Elan, sollte Eliot seinen Lehrer übertreffen. 1921 schrieb er *The Waste Land*, das berühmteste und einflußreichste Gedicht des 20. Jahrhunderts. Es sei »ein verdammt gutes Gedicht«, befand Pound, als er das Manuskript zu sehen bekam, aber – zu lang. Seinen rigorosen Kürzungen verdanken wir die 1922 publizierte Fassung. Auf der Grundlage dieses Erfolges avancierte Eliot zum *arbiter litterarum et litteratorum* der ersten Jahrhunderthälfte. Als Kritiker übte er einen weit über die Grenzen des englischen Sprachraumes hinauswirkenden Einfluß aus, als Verlagsleiter nahm er seit Ende der zwanziger Jahre zahlreiche Werke begabter junger Dichter für den damals angesehensten englischen Lyrikverlag Faber an (Campbell, Empson, Auden, MacNeice, Spender, Prince, Barker, Graham, Larkin, Gunn, Hughes).

Wichtige Merkmale des von Pound und Eliot initiierten Modernismus sind die Tendenz zur Enthistorisierung und Mythisierung, eine bis zur Sinndunkelheit (*obscurity*) gesteigerte Mehrdeutigkeit (*ambiguity*), Zitat- und Montagetechniken sowie (unter dem Einfluß des französischen Symbolismus) die Nobilitierung des Häßlichen. Abgesehen von den beiden zuerst genannten Punkten macht Yeats im Unterschied zu Eliot und Pound von den meisten dieser Stilmittel nur zurückhaltend, von der Zitattechnik gar keinen Gebrauch; Formexperimente lehnt er ab. Treffend hat man die drei Dichter als konservative Revolutionäre bezeichnet. In einigen ihrer bedeutendsten Werke betreiben sie eine scharfsinnige, konservativ gegründete Kultur- und Gesellschaftskritik. Der Anspielungsreichtum ihrer Lyrik beweist, daß sie an den großen Dichtern der Vergangenheit, an Homer, Vergil, Dante, Chaucer, Spenser, Shakespeare und Keats gemessen werden wollen. Für einen Dichter des

20. Jahrhunderts gebe es, wie Eliot in seinen *Four Quartets* (1943) in Anlehnung an Hardy erklärt, ohnehin nichts zu sagen, was nicht irgendwann schon früher einmal (und meistens besser) gesagt worden sei. Dem Modernen bleibt somit kaum etwas anderes übrig, als sich durch die Verwendung neuer Stilmittel zu empfehlen.

Eliots frühe Gedichte waren noch nicht publiziert, als der Erste Weltkrieg (*the Great War*) ausbrach, in dem zahlreiche junge Lyriker, darunter EDWARD THOMAS, RUPERT BROOKE und WILFRED OWEN, ums Leben kamen. Owen ist der bedeutendste von ihnen. Ohne Beschönigung berichtet er aus eigener Anschauung vom Leben an der Front, von den physischen Qualen und vom Tod der Soldaten. Über die satirische Geißelung der Kriegstreiber und des patriotischen Pathos der Daheimgebliebenen, wie sie sein Mentor Siegfried Sassoon wirkungsvoll betrieb, wächst seine Lyrik hinaus. Sie ist eine Aufforderung zum Mitleiden. Owens raffinierte Verstechnik, insbesondere seine Verwendung unreiner Reime und Konsonanzen, ist auf die Dämpfung rhetorischer Effekte angelegt und beeinflußte die Lyriker der folgenden Generation.

Im Jahre 1922, dem Publikationsjahr von Eliots *Waste Land*, gelang EDITH SITWELL ein Sensationserfolg mit ihrem Gedichtzyklus *Façade*, einer wirkungsvoll dissonierenden Mischung verschiedenster lyrischer Stilelemente, eingeschmolzen in das spezifisch englische Genre der Nonsense-Dichtung und des *comic verse*. Daß die Uraufführung von William Waltons kongenialer Vertonung zu einem handfesten Skandal führte (Feuerwehr und Polizei mußten anrücken), beweist, welche Reaktionen die experimentierfreudige Kunst der frühen zwanziger Jahre provozieren konnte.

Weitgehend unberührt von den Formexperimenten der Modernisten blieben D. H. LAWRENCE und ROBERT GRAVES, die in Deutschland vor allem als Romanschriftsteller bekannt geworden sind. In seinen meist in freien Versen verfaßten Naturgedichten übt Lawrence Kritik an den Auswüchsen der modernen Zivilisation. Für Graves ist das Verhältnis von Mann und Frau ein Hauptthema seiner mythisch fundierten Dichtung.

In den Jahren 1924 bis 1930 begannen ROY CAMPBELL, JOHN BETJEMAN und WILLIAM EMPSON zu publizieren, drei Meister traditioneller Formen. Der Südafrikaner Campbell, der den größten Teil seines Lebens in Afrika und den Mittelmeerländern verbrachte, brilliert vor allem mit exotischen, rhetorisch wirkungsvollen Natur- und Liebesgedichten, Empson mit sardonischer Gedankenlyrik, Betjeman mit seinem Sinn für die pittoresken Erscheinungen und sozialen Nuancen des englischen Lebens. Alle drei haben sich auch als Satiriker einen Namen gemacht, Campbell darüber hinaus als Übersetzer aus den romanischen Literaturen. Betjeman orientiert sich als Traditionalist an viktorianischen Vorbildern, Empson steht in der Nachfolge John Donnes, Campbell ist von den englischen Klassizisten und Romantikern ebenso geprägt wie von den französischen Symbolisten.

Es ist heute üblich, die englische Lyrik von 1930 bis 1960 nach Jahrzehnten einzuteilen und jedem von ihnen einen besonderen Charakter zuzuschreiben. Ein solches Vorgehen ist problematisch, da sich nicht alle Dichter in diesem Netz einfangen lassen. Für einen Leser jedoch, der den Irrgarten der modernen englischen Lyrik erstmals betritt, liegt der Nutzen dieser Periodisierung auf der Hand: sie bringt Ordnung in die Fülle der Einzelwerke und erlaubt einen Überblick über die wichtigsten Themen und Stilmerkmale.

Die beherrschende Gestalt der dreißiger Jahre ist W. H. AUDEN, der nach Yeats und Eliot bedeutendste englische Lyriker dieses Jahrhunderts. Schon während seines Studiums in Oxford Ende der zwanziger Jahre bildete sich um ihn ein Kreis politisch linksgerichteter junger Dichter: LOUIS MACNEICE, STEPHEN SPENDER und Cecil Day Lewis, die sogenannten Poets of the Thirties – von Campbell in seinen Verssatiren als *MacSpaunday* attackiert. Angesichts der wirtschaftlichen und politischen Krise, der Arbeitslosigkeit und der Gefahr eines kommenden Krieges schrieben sie engagierte, manchmal propagandistisch gefärbte Lyrik. Die Charakterisierung der dreißiger Jahre als *red decade* sollte jedoch nicht davon ablenken, daß Auden und seine Freunde schon zu dieser Zeit nicht nur politische Lyrik geschrieben haben.

Insbesondere Auden profitierte vom Durchbruch des Modernismus. Seitdem Eliot als Verlagsleiter wirkte, war das Eis für die jungen experimentierfreudigen Dichter gebrochen; fortan galt freie Themen- und Formenwahl. Für Auden als einen Virtuosen der Verskunst waren dies ideale Voraussetzungen, die zugleich eine gefährliche Versuchung bedeuteten. Kein englischer Dichter vor ihm hat mit vergleichbarem Geschick eine solche Vielzahl von Formen (Sonett, Ballade, Villanelle, Sestine, Spenserstanze) und Themen behandelt wie er. Seine technische Brillanz hat ihn jedoch oft zu einem allzu spielerischen Umgang mit den Mitteln der Verskunst verführt: er gleicht dann einem Schauspieler, der sich auf offener Bühne selbst Beifall spendet, einem glänzenden Stilisten, dem das Thema abhanden gekommen ist. Mit seinen besten Gedichten aus den dreißiger Jahren hat er jedoch fast alle der im folgenden genannten Lyriker zumindest zeitweilig beeinflußt.

Obwohl auch GEORGE BARKER, DYLAN THOMAS und DAVID GASCOYNE als frühreife Lyriker bereits in den dreißiger Jahren debütierten, werden sie den Vierzigern zugeschlagen. Wie die Dichter um Auden bekannten sich auch die Poets of the Forties zumindest Ende der dreißiger Jahre zu Sozialismus und Kommunismus, glaubten jedoch nicht an die politische Wirksamkeit von Lyrik. Gesellschaftlich relevante Themen treten daher bei ihnen in den Hintergrund. Die wichtigsten Einflüsse auf ihr Werk sind das Alte Testament, die Lyrik der Romantiker, des Viktorianers Gerard Manley Hopkins, daneben Freud, Jung und – in den dreißiger Jahren – der Surrealismus. Verlorene Unschuld, Tod und Transzendenz sind ihre zentralen Themen.

Die Manierismen von Barker und Thomas sind oft angeprangert worden: die wuchernde Metaphorik, die gelegentlich auf das Niveau von Abortwandgraffiti absinkenden sexuellen Wortspiele, die Verherrlichung des Dichter-Ichs. Bei aller Berechtigung dieser Kritik im Detail wurde jedoch übersehen, daß die leidenschaftliche Diktion beider Dichter einem Bedürfnis zahlreicher Leser entgegenkam, die der intellektbetonten Lyrik der Modernisten überdrüssig waren und einen wichtigen Traditionsstrang der englischen Lyrik abgeschnitten sahen – den der visionären Dichtung.

Mit einem Seitenhieb auf die oft recht antiseptische Lyrik der fünfziger Jahre erklärt Barker, ein perfektes Gedicht sei ebenso unmöglich wie ein perfekter Mensch und spottet über die Vorstellung vom Dichter als Empiriker, der mit einem Lügendetektor und einem Metermaß Wahrheitsforschung betreibt. Dichter seien Visionäre, sie hätten nicht die Aufgabe, das zu versifizieren, was jedem durchschnittlich Begabten ohnehin vor Augen stehe, vielmehr müßten sie die Rätselhaftigkeit des Universums in symbolhaltiger Sprache zum Ausdruck bringen. Barker und Thomas sind deshalb auch als Neuromantiker bezeichnet worden. Beider Lyrik zeichnet sich weniger durch gedankliche Geschlossenheit als durch wirkungsvolle Bilder und eine mitreißende Rhetorik aus.

Ursprünglich ebenfalls den Poets of the Forties zugerechnet wurde W. S. GRAHAM, der aber später eigene Wege ging. Das Hauptthema seiner reifen Werke ist die Sprache als ein ebenso notwendiges wie unzuverlässiges Medium der Kommunikation. Ein Einzelgänger der gleichen Generation ist der aus Südafrika stammende F. T. PRINCE, dessen Lyrik seine Faszination durch die Kunst und Literatur der Renaissance erkennen läßt.

Gegen die Dichtungsauffassung von Barker und Thomas lehnte sich Mitte der fünfziger Jahre unabhängig voneinander eine Reihe junger Lyriker, die Poets of the Fifties, auf. Im Jahre 1956 sahen sie sich über Nacht unter dem Titel

The Movement zu einer wirkungsmächtigen Gruppe versammelt, obwohl sie sich z. T. nicht einmal persönlich kannten. Die wichtigsten von ihnen: PHILIP LARKIN, THOM
GUNN, ELIZABETH JENNINGS, D. J. ENRIGHT und DONALD
DAVIE. Wieder einmal ging es um die Reformierung der
englischen Lyrik. Der Einflußsphäre der Forties Poets entzogen, sollte die Dichtung wieder rational faßbar, formal
geschliffen und gefühlskontrolliert sein. Als Vorbilder wurden Hardy und die Augustan Poets des 18. Jahrhunderts
wirksam. Auch Audens Virtuosität wurde anerkannt, das
didaktische und gesellschaftskritische Element seines Werkes jedoch als unvereinbar mit der Forderung nach skep-
tisch-ironischer Gelassenheit abgelehnt.

Larkin ist der einflußreichste Dichter dieser Gruppe. In
seinen wenigen Interviews hat er sich ebenso dezidiert wie
geistreich-absurd als Traditionalisten und insularen Dichter
charakterisiert (*little Englandism*), der die Heimat nur in
Notfällen – etwa zur Entgegennahme des Hamburger Goe-
the-Preises – verläßt und stolz darauf ist, keine kontinenta-
len Dichter gelesen zu haben. (Die letzte Aussage ist übrigens falsch.) Nachdrücklich hat er sich zu Hardy als seinem
Vorbild bekannt, den er zwar nicht an Gefühlsintensität,
wohl aber an technischer Finesse übertrifft.

Wie wenig das Gruppenetikett über die fünfziger Jahre
hinaus Gültigkeit beanspruchen kann, zeigt die weitere
Entwicklung von Gunn und Davie. Gunn, der seit mehr als
dreißig Jahren in den USA lebt, begann mit freien Versen
und silbenzählenden Metren zu experimentieren, während
Davie als Kenner der slawischen Literaturen und Bewunderer Pounds den Provinzialismus Larkins attackierte und für
eine weltoffene Haltung plädierte. In diesem Punkt trifft er
sich mit einem anderen Kritiker der Movement-Dichter,
CHARLES TOMLINSON, der stärker als die meisten seiner
Zeitgenossen an außerenglischen Traditionen interessiert ist.
Wie der ihnen geistesverwandte ältere BASIL BUNTING sind
Davie und Tomlinson auch als Übersetzer hervorgetreten.

Zwei wichtige noch heute produktive Lyriker, die bereits Anfang der fünfziger Jahre bekannt wurden, sind R. S. THOMAS und CHARLES CAUSLEY. Thomas war lange Jahre anglikanischer Geistlicher in Wales, Causley Grundschullehrer in Cornwall. Beide sind stark durch ihre Herkunft und ihren Beruf geprägt. Thomas beschreibt hauptsächlich das entbehrungsreiche Leben der walisischen Bauern und sein zwischen Sympathie und Ablehnung schwankendes Verhältnis zu ihnen. Im Gegensatz zu Thomas, der überwiegend freie Verse verwendet, bevorzugt Causley traditionelle Formen wie Ballade und Sonett. Seine Erzählgedichte über Kinder und Jugendliche haben einen satirisch-sozialkritischen Unterton. Beide Lyriker haben auch religiöse Themen behandelt.

Wie R. S. Thomas und Causley haben sich auch die jüngeren Dichter mit programmatischen Stellungnahmen zu den Stiltendenzen der vergangenen Jahrzehnte zurückgehalten. TED HUGHES, seit 1984 als Nachfolger Betjemans englischer *poet laureate*, ist ein Beispiel dafür, daß sich die verschiedensten Einflüsse (Hopkins, Lawrence, Pound, Dylan Thomas) zu einem unverwechselbaren Stil verbinden lassen. Er verläßt die Alltagswelt der Movement Poets und läßt sich von den ebenso vitalen wie destruktiven Kräften der Natur faszinieren. Der Ire SEAMUS HEANEY hat sich zum vielseitigsten englischsprachigen Lyriker seiner Generation entwickelt. Er holt sich seine Anregungen nicht nur aus der englischen, sondern auch – wie Yeats, Eliot und Pound vor ihm – aus der kontinental-europäischen Literatur vom Mittelalter bis heute. Sein Hauptthema ist die politische Zerrissenheit seiner Heimat. GEOFFREY HILL ist am zeitlosen Phänomen der Gewalt interessiert. Seine Lyrik ist von den Modernisten, aber auch von Blake beeinflußt, anspielungsreich und voller Mehrdeutigkeiten. Ein Formvirtuose in der Tradition Audens und Gunns ist TONY HARRISON, der seine Herkunft aus der Arbeiterklasse zum Thema wählt.

Die hier getroffene Gedichtauswahl soll einen Eindruck von der Form- und Motivvielfalt der modernen englischen Lyrik vermitteln. Die Kurzform des Sonetts bietet sich für die Behandlung der unterschiedlichsten Themen an und erfreut sich, wie die vorgestellten Beispiele beweisen, großer Beliebtheit (Yeats, Brooke, Owen, Campbell, Causley, Hill); Harrison schreibt neben regulären Sonetten auch sonettähnliche 16-Zeiler in der Tradition des Viktorianers George Meredith. Als repräsentatives Beispiel für die Verwendung weiterer romanischer Formen wird eine Villanelle von Dylan Thomas vorgestellt. Um Balladen und balladeske Lyrik handelt es sich im Falle der Gedichte von Housman, Kipling, Yeats (*Long-legged Fly*) und de la Mare. Es bedurfte der Autorität Eliots und Pounds, um dem freien Vers (*free verse*), den Walt Whitman in Amerika populär gemacht hatte, auch in England ein Heimatrecht zu verschaffen: Lawrence, Bunting, Auden, Barker, R. S. Thomas, Enright, Tomlinson u. a. haben ihn mit Geschick verwendet.

Auch auf einige zentrale Motive und Themen sei hingewiesen. Der Topos der Verwandlung von Leid in Kunst findet sich, gelegentlich zum Hauptthema erhoben, in Gedichten von Yeats (*Leda and the Swan*), Campbell (*Luis de Camões*), Empson, Auden (*In Memory of W. B. Yeats*), Prince, Barker (*Summer Song I*) und Dylan Thomas (*Fern Hill*). Christliche und mythische Motive (Tod und Auferstehung, Sündenfall, Irdisches Paradies, Ewige Wiederkehr) werden von Housman, Yeats, Eliot, Prince, Barker, R. S. Thomas, Dylan Thomas, Gascoyne, Causley und Hill behandelt. Zahlreiche Gedichte haben – als poetologische Lyrik – den Künstler sowie Wesen und Wirkung der Kunst zum Gegenstand (Yeats, Bunting, Campbell, Empson, Auden, Barker, Graham, Tomlinson, Harrison, Heaney). Das Todesmotiv begegnet uns vor allem in der Kriegslyrik von Edward Thomas, Brooke, Owen, Campbell und Prince. Um Liebeslyrik von sehr persönlicher Prägung handelt es sich im Falle der

Gedichte von Hardy, Yeats, Eliot (*The Love Song of J. Alfred Prufrock*), Campbell (*The Sisters*) und Barker. Schließlich sei der für die Moderne typische Hang zur Kultur-, Zivilisations- und Sozialkritik erwähnt (Kipling, Eliot, Betjeman, Empson, Auden, MacNeice, Davie, Enright, Larkin, Hill, Harrison).

Es wäre voreilig, über den Rang der vorgestellten Dichter ein definitives Urteil fällen zu wollen. Mitte der achtziger Jahre ließ John Carey, Professor an der Universität Oxford, während eines Vortrags in Deutschland en passant wissen, Philip Larkin, Ted Hughes, Seamus Heaney und Craig Raine seien die bedeutendsten britischen Lyriker der achtziger Jahre. Zur gleichen Zeit verkündete sein zu einem sachkundigen Urteil nicht minder berufener Kollege David Perkins aus Harvard, C. H. Sisson, Geoffrey Hill und Thom Gunn seien die besten lebenden englischen Dichter. Wer hat recht? »Poetry is not a horse race.« Mit diesen Worten pflegt ein englischer Dichter unserer Tage die Frage nach dem ›größten‹ seiner Kollegen abzuwehren. Gerade wenn es sich um Zeitgenossen handelt, fällt ein Urteil schwer. Daher wurden für diesen Band ausschließlich solche Gedichte ausgewählt, die in einschlägigen Anthologien zu finden sind. Aus Raumgründen konnten mehrere bekannte Dichter nicht berücksichtigt werden, darunter solche, die sich in erster Linie oder ausschließlich als Verfasser von *long poems* einen Namen gemacht haben, wie der Waliser David Jones und der Ire Patrick Kavanagh.

HANS ULRICH SEEBER

Thomas Hardy: *After a Journey*

After a Journey

Hereto I come to view a voiceless ghost;
    Whither, O whither will its whim now draw me?
Up the cliff, down, till I'm lonely, lost,
    And the unseen waters' ejaculations awe me.
Where you will next be there's no knowing,   5
    Facing round about me everywhere,
        With your nut-coloured hair,
And gray eyes, and rose-flush coming and going.

Yes: I have re-entered your olden haunts at last;
    Through the years, through the dead scenes I have
                                                    tracked you;   10
What have you now found to say of our past –
    Scanned across the dark space wherein I have lacked
                                                    you?
Summer gave us sweets, but autumn wrought division?
    Things were not lastly as firstly well
        With us twain, you tell?   15
But all's closed now, despite Time's derision.

I see what you are doing: you are leading me on
    To the spots we knew when we haunted here together,
The waterfall, above which the mist-bow shone
    At the then fair hour in the then fair weather,   20
And the cave just under, with a voice still so hollow
    That it seems to call out to me from forty years ago,
        When you were all aglow,
And not the thin ghost that I now frailly follow!

25 Ignorant of what there is flitting here to see,
      The waked birds preen and the seals flop lazily;
  Soon you will have, Dear, to vanish from me,
      For the stars close their shutters and the dawn whitens
                                                    hazily.
  Trust me, I mind not, though Life lours,
30   The bringing me here; nay, bring me here again!
        I am just the same as when
  Our days were a joy, and our paths through flowers.

                                          Pentargan Bay

Nach einer Reise

Hierher komme ich, um einen Geist ohne Stimme zu sehen; /
wohin, o wohin wird mich jetzt seine Laune ziehen? / Hinauf
die Klippe, hinunter, bis ich einsam bin, verloren, / und die
Auswürfe der ungesehenen Wasser mich ängstigen. / Wo du
gleich sein wirst, läßt sich nicht ahnen, / du siehst mich rund-
herum von überall her an, / mit deinem nußfarbenen Haar, /
den grauen Augen und dem rosigen Erröten, das kommt und
geht.

  Ja: endlich habe ich deine alten Lieblingsplätze wieder be-
treten; / durch die Jahre, durch die toten Szenen habe ich
deine Spur verfolgt; / was hast du nun zu unserer Vergangenheit zu sagen – / betrachtet über den dunklen Raum hinweg,
in dem du mir gefehlt hast? / Der Sommer gab uns Freude,
aber der Herbst brachte Trennung? / Es stand mit uns beiden
am Ende nicht so gut / wie am Anfang, sagst du? / Aber nun
ist alles zu Ende gegangen, trotz des Hohns der Zeit.

  Ich sehe wohl, was du tust: du führst mich / zu den Plätzen,
die uns vertraut waren, als wir sie gemeinsam besuchten, /
zum Wasserfall, über dem der Dunstbogen leuchtete / zu
der damals schönen Stunde und in dem damals schönen Wetter, / und zu der Höhle grad darunter, deren Stimme immer
noch so dumpf ist, / daß sie mich über vierzig Jahre hinweg
zu rufen scheint, / als du noch voller Wärme und Leben
warst / und nicht der dünne Geist, dem ich jetzt gebrechlich
folge!

Nichts wissend von dem, was hier wie ein Schatten vorüberhuscht, / putzen die erwachten Vögel ihr Gefieder, und die Seehunde räkeln sich faul; / bald wirst du, Geliebte, mich allein lassen müssen, / denn die Sterne machen ihre Läden zu, und die Dämmerung naht in weißem Dunst. / Glaub mir, es macht mir nichts, auch wenn das Leben finster blickt, / daß du mich hierhergebracht hast; nein, bring mich wieder her! / Ich bin immer noch derselbe wie damals, / als unsere Tage Freude waren und unsere Pfade durch Blumen führten.

[Übers. von Hans Ulrich Seeber]

Schwer vorstellbar, daß ein Leser dieser Verse gänzlich ungerührt zur Tagesordnung übergeht. Der unbedingten Ehrlichkeit der Stimme, die hier spricht, kann man sich schlecht entziehen. Es ist aber auch eine Stimme, die biographische Neugierde weckt, denn daß so ein Ich redet, dem es ausschließlich um die Spielregeln der Dichtkunst geht, scheint abwegig. Und doch ist der Text ein Werk, dessen Reimstruktur (ababcddc) und typographische Anordnung den Eindruck der statischen Geschlossenheit und der kunstvollen Struktur hinterläßt. Vielleicht ist eben dies das Paradox des Gedichts: rücksichtslos authentisch und doch inszeniert, kunstvoll und formstreng und doch voller Leben und Bewegung zu sein. Auch das laute Lesen bestätigt diesen Eindruck. Der getragene, regelmäßige Jambus der ersten Zeile nähert sich im weiteren Verlauf aufgrund der ungleichmäßigen Verteilung und Zahl von unbetonten und betonten Silben einem umgangssprachlichen Sprechton an; dem wirken aber u. a. die ausgeprägten Pausen am Ende der Verszeilen und natürlich die hörbaren Reimechos entgegen.

Hardys Gedicht ist in der Tat eine autobiographisch zu lesende lyrische Beichte und Sühne. Seine langjährige Weggefährtin Emma, geb. Gifford, starb im November 1912. Die Ehe war seit vielen Jahren unglücklich gewesen, ein Nebeneinanderleben statt eines Miteinanderlebens. Im März

1913 begibt sich Hardy (1840–1928) auf eine Pilgerfahrt zurück nach Cornwall (Pentargan Bay), wo er seine Frau viele Jahre zuvor kennengelernt hatte, eine Reise, die in der Realität schmerzlich ausfällt, in der Fiktion des Gedichts aber zu einer Wiederannäherung führt.

Das Gedicht, durch und durch aus persönlichen Erfahrungen und Erinnerungen gespeist, zumal solchen, die er mit Emma teilte (*Some Recollections* von Emma bewirken die poetisch produktive seelische Erschütterung), ist gleichermaßen an literarische Erinnerungen anschließbar. Da sich beide derselben Worte bedienen, sind sie in Wahrheit gar nicht auseinanderzuhalten, bilden literarische und authentische Wahrnehmungen eine Einheit, die freilich nicht immer bruchlos ist. Die nächtliche Schauerszenerie mit Klippen und Geist, das rauschende Wasser, die Höhlen, die blühende junge Frau, die Geste des wehmütigen Rückblicks, die Blumen, die taumelnde Suche des Erinnernden, die Verhärtung der Alternden, die Freude der frühen Tage, der Bogen aus Wasserdunst, der Wasserfall, die Lieblingsplätze der Liebenden: diese Teile des Gedichts basieren fast durchweg auf Erfahrung und entsprechen doch einem romantischen Motiv- und Wörterrepertoire. Der Romantiker ist nicht so sehr von der realen Liebe überwältigt, sondern – wie schon Rousseau – von seiner subjektiven Erinnerung.

Thema und Komposition des Gedichts sind traditionell. Seine Zugänglichkeit und Appellwirkung werden darüber hinaus durch einen psychischen Mechanismus und ein strukturelles Verfahren gesteigert, das ich Trennungsrhetorik nennen möchte. Liebesdichtung von Sappho über Theokrit, Catull, Donne bis Hardy bezieht ihre Intensität aus dem Umstand, daß soziale Schranken, Untreue der geliebten Person, moralische Verbote, elterliche Macht, räumliche oder zeitliche Ferne oder gar der Tod das verhindert, was der Liebende begehrt: das Glück der Einheit. Was in der streng regulierten Lebenswirklichkeit nicht zu haben ist (zumindest nicht in der fiktiven Gesprächssituation), beflügelt die rhetorische Phantasie des Begehrenden und führt zu jenen Klagen (Theokrit), selbstquälerischen, paradoxen Meditationen (Petrarka) oder witzigen Überredungskünsten (Donne), die den Kern der europäischen Liebesdichtung bilden.

Indem Hardy im Motto der Gedichtsammlung *Poems of 1912–13*, wo sich *After a Journey* findet, Dido zitiert (»wohl spüre ich die Glut meiner früheren Liebe«; Vergil, *Aeneis* IV,23), ordnet er sein Gedicht der antiken Liebesrhetorik zu, verändert aber deren Zeitbezug im Sinne moderne- und gegenwartskritischer Nostalgie. Der Augenblick der endgültigen Trennung beseitigt psychische Blockaden und löst einen Prozeß der Wiederannäherung an die verstorbene Ehefrau aus, der in den Gedichten als Reise in die Vergangenheit und als taumelndes Hinterherlaufen inszeniert wird (*The Voice*). Als ob der alte Hardy die Absolutheit und zeitüberdauernde Gültigkeit seiner romantischen Liebe zu der jungen Frau aus Cornwall – die selbst in den *Recollections* die romantischen Anfänge ihrer Liebe inmitten der wilden Naturkulisse von Cornwall betonte (Williams, S. 151) – beweisen wollte, huldigt er Emma im Gedicht. Entscheidend ist dabei, daß sich bei Hardy in der Regel die Trennung vom ersehnten Liebespartner und die Trennung von der nostalgisch erinnerten Gemeinschaft der Vormoderne (*My Spirit Will not Haunt the Mound*) nicht wirklich auseinanderhalten lassen. Beide gehören zu »old love's domain« (*At Castle Boterel*), dessen Abwesenheit Hardys dichterische Tätigkeit stets von neuem antreibt.

Die dramatische Situation des Gedichts – von einem dramatischen Monolog kann man nicht reden – entfaltet das Wechselspiel zwischen dem aufgewühlten Dichter und seiner aktualisierten Erinnerung, d. h. dem Geist Emmas, der ihn zu nächtlicher Stunde an die gemeinsam erlebten Lieblingsplätze zurückführt. Was hier statthat, ist eine Art Überredungsrhetorik, die gleichsam die vor mehr als vierzig Jahren geschehene Werbung im Gedicht wiederholt.

Der Sprecher selbst und seine Rollen verändern sich. In der ersten Zeile stellt er lediglich seine Absicht fest, wie ein Tourist eine Merkwürdigkeit in Augenschein zu nehmen (»to view«), nämlich einen »voiceless ghost«. Schon in der nächsten Zeile ähnelt er aber jenen einsamen, angsterfüllten romantischen Suchern, die einem unbekannten, gefährlichen Ziel entgegenstreben (»lonely, lost«), womöglich verlockt von den Reizen einer unwiderstehlichen Femme fatale, die ihn ins Verderben stürzt. Übergangslos wird noch in der ersten Strophe die Identität des geheimnisvollen, bedrohlich wirkenden Geistes gelüftet, indem der Dichter das (scheinbare) Gegenwartsereignis mit der Vision der jugendfrischen Emma überblendet. Als Historiker, der eine Reise durch die Jahre der Düsternis und der mangelnden Vertrautheit (»through the years«, »dark space«) unternimmt, vergleicht er dann ständig die glücklichen Anblicke der Vergangenheit mit der Entzweiung und dem Verfall späterer Jahre. Am Ende ist von Bedrohung und toten Szenen keine Rede mehr. Liebevoll (»Dear«) und besorgt wendet sich der Dichter an die geliebte Frau, bittet sie um Vertrauen, fordert (in Imperativen) eine neue Nähe. Nach der Reise findet also in einer Situation der Gegenwärtigkeit, die ständig ins Vergangene hinüberkippt und mit ihr kontrastiert wird (»now«, »then«), nochmals eine Reise statt: der Prozeß der Wiederannäherung, der erst am Ende des Gedichts an seinem Ziel angelangt ist. Die Verräumlichung der Zeit und die Personifizierung der Erinnerung (»ghost«) haben die ergreifende Inszenierung einer solchen dramatischen Situation überhaupt erst ermöglicht.

Was dieses Gedicht über triviale Plattheit weit hinaushebt, sind die Bewegungen und Spannungen, die es in und trotz der geschlossenen Form inszeniert. Da der Text auch geistige Vorgänge mimetisch als räumliche Ereignisse abbildet, versteht es sich, daß Bewegungsverben, teilweise in der progressiven Form, vorherrschen (»come«, »draw«, »facing«, »coming« usw.). Besonders suggestiv ist die Bewegungsfigur am Ende, die aus einer Überlagerung von Geist-Motiv und Tagelied-Motiv entsteht. Beim Morgengrauen muß Emmas Geist verschwinden (»vanish«), wie es der Volksglaube vorschreibt. Zugleich scheint eine abgewandelte Version des Tageliedmotivs vorzuliegen – statt des Mannes muß sich die Frau zurückziehen –, das eine nächtliche Begegnung der Liebenden vorsieht, die im Morgengrauen (Vögel erwachen, »the dawn whitens«) mit dem fluchtartigen Rückzug des Mannes endet. Dieser Bezug, ob vom Dichter beabsichtigt oder nicht, stärkt die eher verdeckte Liebesthematik des Gedichts.

Eine bewegliche Vielfalt, die zur ergreifenden Wirkung des Textes erheblich beiträgt, kennzeichnet auch die Wahl der Töne, Wörter und Stilebenen. Entscheidend für die Gesamtwirkung ist dabei nicht das isolierte Wort oder die isolierte Wendung, sondern die Art ihrer Zusammenfügung. Auffällig ist zunächst, daß Hardy umgangssprachliche, also mündliche Rede, und literarisch-poetische Rede kombiniert. Das Kolloquiale bewirkt im Blick auf den Leser Nähe, Vertrautheit und Vertrauenswürdigkeit (»I see what you are doing« usw.), denn es erzeugt die Illusion einer authentisch sprechenden Person. Eine poetisch-lyrische Anhebung der Tonlage mittels Wortwahl und rhetorischer Strukturierung (Wortwiederholung, Alliteration, Assonanz, Antithese, Allegorisierung, Parallelismus) muß diese Wirkung nicht wieder aufheben, entspricht sie doch erstens den Erwartungen des Lyrik-Lesers und zweitens der Notwendigkeit, Gefühle sprachlich sichtbar zu machen (»Whither, O whither ...«; »Summer gave us sweets, but autumn wrought division?«).

Trotz der bemerkenswerten Selbstkontrolle des Sprechers geht es ihm sehr wohl darum, eine ganze Gefühlsskala auszudrücken und abzurufen, insbesondere jene besondere Hardysche Mischung aus Sehnsucht, Zärtlichkeit, Begehren, Heimweh, Melancholie und kühler Ironie. Wie schon aus den soeben zitierten Beispielen hervorgeht, fällt bei diesem Unternehmen veralteten Wörtern eine Schlüsselrolle zu (»whither«, »wrought«, »twain«, »hereto«, »olden haunts«). Indem Hardy diese heimeligen, altmodischen, stark affektiv besetzten Wörter in den Zusammenhang einer rücksichtslosen Selbst- und Beziehungsanalyse rückt, vermag er eine komplexe Gefühlsmischung zu übermitteln, ohne in tränenfeuchte Sentimentalität abzugleiten. Semantisch-poetische Komplexität, Offenheit und Suggestivität entsteht auch durch die Zusammenfügung unterschiedlicher Stilregister, so etwa, wenn in »the unseen waters' ejaculations awe me« ein Schlüsselbegriff der romantischen Ästhetik des Erhabenen (»awe«) auf das Wort »ejaculations« stößt, dessen wissenschaftliche Bedeutung sexueller Art in einem Liebesgedicht durch den Kontext nicht vollständig verdrängt werden soll und kann.

Die romantische Liebe zielt auf Dauer, aber Zeit und Leben wissen es besser. Umstrittene Passagen des Gedichts erscheinen in neuem Licht, wenn man sieht, daß Hardy den romantischen Diskurs mit dem philosophisch-skeptischen kombiniert. Das Resultat scheint mir zu sein, daß eine endgültige, bestimmte Aussage zurückgenommen wird (»all's closed now, despite Time's derision«). Die Vergangenheit ist trotz des Hohnes der Zeit nicht mehr veränderbar; die Zeit hat darüber keine Macht, das Zerwürfnis gehört wegen Emmas Tod der abgeschlossenen, unaufhebbaren Vergangenheit an. Aber enthält die Behauptung nicht auch einen Widerspruch? Weder die Gegenwart, noch die Zukunft, noch die Vergangenheit sind von sich ändernden Einstellungen und Interpretationen ausgenommen. Die Idee der (harmonischen) Abschließung ist mit der Idee der Zeitlichkeit nicht vereinbar. Der Satz gehört genauso zur Liebesrhetorik der Werbung und Versöhnung (ursprünglich schrieb Hardy bezeichnenderweise »soothed« statt »closed«) wie die Behauptung »I am just the same«, den die anderen Gedichte Hardys über Zeitlichkeit und Tod ständig widerlegen. Deshalb erscheint auch hier der Vorbehalt »though Life lours«.

Hardys Spätromantik ist ganz und gar diesseitig, skeptisch und realistisch. Wie moderne Göttinnen stehen über ihr die Allegorien der Zeit und des Lebens (vgl. deren Großschreibung im Text). Die Kombination wirkt noch heute. Kein Wunder, daß Hardys Synthese aus Traditionalismus und Moderne der englischen Nachkriegsdichtung entscheidende Impulse gegeben hat.

Gedichttext nach: Thomas HARDY: The Complete Poems. Hrsg. von James Gibson. London: Macmillan, 1976. S. 349 f.
Literaturhinweise: James O. BAILEY: The Poetry of Thomas Hardy. A Handbook and a Commentary. Chapel Hill (N. C.) 1970. – William E. BUCKLER: The Poetry of Thomas Hardy. A Study in Art and Ideas. New York 1983. – Donald DAVIE: Thomas Hardy and British Poetry. London 1973. – Trevor JOHNSON: A Critical Introduction to the Poems of Thomas Hardy. New York 1991. – Denis TAYLOR: Hardy's Poetry 1860–1928. New York 1981. – Merryn WILLIAMS: A Preface to Hardy. London 1976.

RÜDIGER IMHOF

A. E. Housman: *On Wenlock Edge the wood's in trouble*

On Wenlock Edge the wood's in trouble

On Wenlock Edge the wood's in trouble;
    His forest fleece the Wrekin heaves;
The gale, it plies the saplings double,
    And thick on Severn snow the leaves.

5 'Twould blow like this through holt and hanger
    When Uricon the city stood:
'Tis the old wind in the old anger,
    But then it threshed another wood.

Then, 'twas before my time, the Roman
10   At yonder heaving hill would stare:
The blood that warms an English yeoman,
    The thoughts that hurt him, they were there.

There, like the wind through woods in riot,
    Through him the gale of life blew high;
15 The tree of man was never quiet:
    Then 'twas the Roman, now 'tis I.

The gale, it plies the saplings double,
    It blows so hard, 'twill soon be gone:
To-day the Roman and his trouble
20   Are ashes under Uricon.

Auf Wenlock Edge ist der Wald in Schwierigkeiten

Auf Wenlock Edge ist der Wald in Schwierigkeiten; / der
Wrekin hebt und senkt seinen Forstpelz; / der Sturm, er setzt
den jungen Bäumen zu, daß sie sich ständig krümmen, / und
die Blätter schneien dicht auf den Severn.

Es pflegte so über bewaldete Hügel und durch Wälder an
steilen Abhängen zu blasen, / als es die Stadt Uricon gab: / es
ist der alte Wind im alten Zorn, / doch damals drosch er einen
anderen Wald.

Damals, es war vor meiner Zeit, / pflegte der Römer auf
den wogenden Hügeln dort drüben zu starren: / das Blut, das
einen englischen Freibauern wärmt, / die Gedanken, die ihn
schmerzen, sie waren da.

Wie der Wind durch den in Aufruhr befindlichen Wald, / so
blies der Sturm des Lebens dort mächtig durch ihn hindurch; / der Baum des Menschen war niemals still: / damals
war's der Römer, nun bin ich's.

Der Sturm, er setzt den jungen Bäumen zu, daß sie sich
ständig krümmen, / er bläst so kräftig, er wird bald vorüber
sein: / heute sind der Römer und seine Schwierigkeiten /
Asche unter Uricon.

[Übers. von Rüdiger Imhof]

Alfred Edward Housmans Reputation als Lyriker war wohl
am größten in den ersten Jahrzehnten des 20. Jahrhunderts
und gründet sich insbesondere auf den Gedichtband *A
Shropshire Lad* (1896) und auf die weniger spektakulären
Last Poems (1922). Während des Ersten Weltkriegs war *A
Shropshire Lad* eines der beliebtesten Werke englischer Lyrik; viele Soldaten sollen ein Exemplar in ihrem Tornister
mitgeführt haben. Housmans Bruder Laurence veröffentlichte postum 1936 *More Poems*. Es sind zum Teil mittelmä-
ßige Gedichte, die der Autor bewußt zurückgehalten hatte.

Verschiedentlich findet man über Housmans Lyrik kritisch vermerkt, sie sei monoton und – vor allem im Thema-

tischen – beschränkt. Vielleicht ist diese Kritik gerechtfertigt. In Umfang und thematischer Breite ist das lyrische Werk fraglos begrenzt. Es ist eine Art Miniaturlyrik, die den thematischen Tiefgang und die Vieldeutigkeit vermissen läßt, die wir sogenannter ›großer‹ Lyrik zuschreiben. Freilich gibt es Ausnahmen. *On Wenlock Edge*, das 31. der 63 Gedichte in *A Shropshire Lad*, stellt eine dieser Ausnahmen dar. Was vermutlich zu dem einschränkenden Gesamturteil über Housmans lyrisches Schaffen Anlaß gegeben hat, ist nicht zuletzt die trügerisch simple Form seiner Gedichte. Es ist eine Form, die leicht aus den literarischen Einflüssen zu erklären ist. Hierunter sind vor allem die schottische Volksballade und die Lyrik Heinrich Heines zu nennen, die Housman im Original las. Wie Heine so verwendet auch Housman häufig den vierzeiligen Strophenaufbau der Ballade (Bayley, S. 8). Wenn es ein Thema gibt, das die Mehrzahl – um nicht zu sagen: alle – seiner Gedichte durchzieht, dann ist es der Protest gegen die Feindseligkeit des Universums. Mit diesem gedanklichen Anliegen setzt auch *On Wenlock Edge* ein.

Housman (1859–1936) schrieb das Gedicht in London in einer Zeit, die für ihn eine schmerzhafte und einsame Erfahrung bedeutete. Sein Studium in Oxford hatte er zu keinem brillanten Abschluß gebracht. Schuld daran war sein schlechtes Abschneiden in den sogenannten *Greats*, der klassischen Philologie, was ihn von einem *honours degree* ausschloß. Den Wunsch, Altphilologe zu werden, mußte er damit fürs erste aufgeben. Statt dessen nahm er eine Tätigkeit im Patent Office in Londons Chancery Lane auf, ohne indes sein intensives Interesse an klassischen Studien zu vernachlässigen. Als *A Shropshire Lad* 1896 erschien, war Housman bereits Professor für Latein; im Jahr seines Todes galt er als der vielleicht geschätzteste Lateingelehrte der Welt.

Gleichwohl – die frühe Londoner Zeit bedeutet für Housman eine schwere persönliche Prüfung. In seinen Gedanken floh er in ein idyllisches Shropshire. Allerdings ist sein Shropshire eine ganz und gar imaginäre Grafschaft. Die in den Gedichten angesprochenen tatsächlichen Ortsnamen, wie »Wenlock Edge« (eine Hügelkette) oder »Wrekin« (ein 400 Meter hoher, einzeln gelagerter Berg) dienen dazu, dem Ganzen ein romantisches Lokalkolorit zu verleihen. Wie der Dichter in einem Brief erklärt, ist sein Shropshire »not exactly a real place« (zit. nach Bayley, S. 3). Auf Anfrage eines französischen Bewunderers antwortet Housman, er habe nie längere Zeit in Shropshire verbracht und die Details in seinen Gedichten seien »sometimes quite wrong« (ebd.).

Das Gedicht hat einen zyklischen Aufbau. Die erste und letzte Strophe sind mit einer Beschreibung der gegenwärtigen Situation (»on Wenlock Edge«) gegeneinander gestellt und zudem zu einer Einheit gefügt. Ferner wiederholt die Anfangszeile der letzten Strophe wörtlich die dritte Zeile von Strophe 1 und erzeugt auf diese Weise eine textliche Klammer. Die zyklische Gestalt des Gedichts findet ihren thematischen Niederschlag im zyklischen Gedankengang der Argumentation wie auch im zyklischen Wesen der aufgezeigten Natur- und Menschheitsgeschichte.

Das Werk setzt ein mit einem Bild des Aufruhrs und der Gewalt. Der Wald auf dem Wenlock Edge ist in Schwierigkeiten; die jungen Bäume krümmen sich vor dem Wind, der ›in altem Zorn‹ über den Wrekin hinwegfegt. »Old anger« im Zusammenhang mit Natur verleiht dieser eine menschliche Note, während die beiden metaphorischen Ausdrücke in Strophe 4 (»gale of life« und »tree of man«) dem menschlichen Bereich eine naturhafte Seite zusprechen; und »old anger« legt nahe, daß die kosmisch destruktive Kraft, nämlich der Sturm, instinktiv, emotional und, da kein Grund für den Zorn angeführt ist, offenbar unmotiviert ist. Natur und Mensch sind passive Opfer einer gewalttätigen und übelwollenden Kraft. So ist es heute; doch es war ebenso, als die Stadt Uricon auf dem Wrekin stand und ein Römer das Naturschauspiel ›anstarrte‹. Es war der ›alte Wind‹ und sein ›alter Zorn‹, indes drosch er einen anderen Wald.

Die in zeitlicher Hinsicht kontrastiv gesetzten ersten beiden Strophen erfahren in gewisser Weise eine Synthese, indem die gegenwärtige Welt des lyrischen Ichs in direkte Verbindung mit der des Römers gesetzt wird. Zu ihm wiederum werden Parallelen erkannt in einer Figur, die eine weitere Phase der Menschheitsgeschichte repräsentiert: der »English yeoman«, der mittelalterliche Freibauer, eine Gestalt, die etwa zeitlich in der Mitte zwischen Römer und lyrischem Ich anzusiedeln ist. Das Blut, das den Freibauern wärmte, und die Gedanken, die ihn drückten oder schmerzten – wohl weil sie sich mit dem Lauf der Dinge beschäftigten –, diese waren auch bereits beim Römer festzustellen. »[The] gale of life« blies schon durch ihn wie auch durch den Freibauern hindurch; denn der »tree of man« war niemals still, und so ist es folgerichtig, daß der Wald auf dem Wenlock Edge in Bedrängnis ist und der Sturm durch das lyrische Ich ›hindurchfegt‹ (16).

Strophe 3 definiert die Unruhe im Menschen als sowohl emotionales (»The blood that warms«) und intellektuelles (»The thoughts that hurt«) Aufgewühltsein. Diese Strophe und die beiden letzten verstärken die Parallelen zwischen Natur und Mensch, zwischen Vergangenem und Gegenwärtigem und verweisen auf beachtenswerte Implikationen und Konsequenzen für den Sprecher. Augenfällig ist dabei eine absichtsvolle Verengung des Blickwinkels: vom Kosmischen, sowohl in räumlichem wie chronologischem Sinne, zum unmittelbar Gegenwärtigen und Individuellen. Das Gedicht ist zunächst historische Reflexion, am Ende behandelt es ein persönliches Drama. Das Individuum (»now 'tis I«) durchlebt dieselbe mysteriöse Zermürbung, die vor ihm ein Römer, ein Freibauer, ja die Natur im ganzen zu verschiedenen Zeiten durchlebten. Natürlich sind der Römer und seine Schwierigkeiten inzwischen zu Staub unter Uricon geworden. Doch die unausgesprochene Implikation des

Gedichts ist, daß in nicht allzu fernliegender Zukunft das
lyrische Ich selbst zu Staub unter dem Ort Wenlock zerfal-
len sein wird.

On Wenlock Edge wird von zwei Motiven beherrscht. Das
erste ist die historische Perspektive vom Menschen, die
durch den Vergleich des Sprechers, der den Sturm auf dem
Wenlock Edge beobachtet, mit dem Römer repräsentiert
wird. Von ihm meint das lyrische Ich, er habe ein ähnliches
Naturereignis beobachtet, als die römische Stadt Uricon existierte. Das zweite Motiv, das dem ersten entspricht, wird
von der Bildersprache der Strophen erzeugt und setzt den
Menschen mit der Natur in Beziehung. Beide Motive werden in Strophe 1 evoziert. So legt etwa die Verwendung des
Personalpronomens *his* im Zusammenhang mit »wood«, wo
man eigentlich *its* erwartete, die gleichsam menschliche Seite
des Waldes oder der Natur nahe. Die Beschreibung des Waldes ›in trouble‹, weil der Wind ihn ›in altem Zorn‹ aufwühlt,
deutet darauf hin, daß die Natur die Not des Menschen wi-
derspiegelt. Die Metaphern »gale of life« und »tree of man«
sind mehr als ein Beispiel konventioneller *pathetic fallacy* der
Naturlyrik; denn der Sprecher erkennt, daß Mensch und Natur denselben Kräften ausgeliefert sind. Diese Kräfte, für die
der Wind steht, dienen dazu, dem Thema des Gedichts eine
universale Note zu verleihen. Das lyrische Ich wird mit dem
Römer, die Gegenwart mit der Vergangenheit gleichgesetzt.
Die erste gedankliche Entwicklung des Arguments bedeutet
eine Ausweitung der persönlichen Empfindungen des Sprechers in zwei Richtungen – hin zur Natur und zurück in die
Vergangenheit. Diese Entwicklung dient einem Entrücken
vom Privaten der »thoughts that hurt him«; doch ihr folgt in
Strophe 4 eine entgegengerichtete Entwicklung, die den Blick
wieder auf den Sprecher (»now 'tis I«) richtet, jedoch von
einer neuen Perspektive aus.

In der Zeile »Then 'twas the Roman, now 'tis I« stoßen
zwei Anschauungen aufeinander. Sie besagt folgendes: der
Zustand des lyrischen Ichs muß von jedem Menschen erdul-

det werden, und zugleich haben die Gedanken und Gefühle, die ihn bedrängen, nur in der Zeit, und zwar in der
unmittelbaren Gegenwart, Bedeutung. Die letzte Strophe
weitet den Blickwinkel, von dem aus Natur und Mensch gesehen werden, auf die Zukunft aus. Der Sturm wird vor-
übergehen. Der Sprecher wird wie der Römer vor ihm bald
Staub sein. Es ist nur eine Frage der Zeit. Das Ende des Gedichts ist zweideutig. Ist es beruhigend oder schmerzhaft,
daß es ›einst der Römer war und nun ich‹?

On Wenlock Edge handelt also von Zeit, genauer gesagt,
von den paradoxen Vorstellungen von Kontinuität und
Wandel in der Zeit. Der Wrekin ist selbst Symbol des Wan-
dels und der Kontinuität. Seine Hänge bezeugen die ein-
stige Existenz der Stadt Uricon, die nun durch Verfall im
Laufe der Jahrhunderte dem Erdboden gleichgemacht worden ist; und der Wind, der nun durch »holt and hanger«
(beides archaische Wörter) bläst, ist der ›alte Wind im alten
Zorn‹, der bereits blies, als ein Römer beobachtete, wie die
jungen Bäume sich krümmten. Insofern drückt die Szene
sowohl Permanenz wie auch Wandel aus. Das Gedicht bedeutet uns, daß die Natur ihrer völligen Zerstörung mittels
eines endlosen zyklischen Prozesses entgeht. Genau dasselbe trifft auf die Menschheit zu. Dem Römer und seinem
von Menschenhand geschaffenen Uricon folgte der englische Freibauer; in dessen Nachfolge steht heute das lyrische
Ich und sein Wenlock; beide werden in der Zukunft Nachfolger haben. Alles stellt eine ewige Wiederkehr dar.

On Wenlock Edge zählt zu Housmans bedeutendsten
literarischen Errungenschaften, auch deshalb, weil das Gedicht ein reifes, selbstmitleidloses Akzeptieren der Mühen
des Lebens propagiert, indem es diese aus einem weit
zurückreichenden historischen Blickwinkel betrachtet. Es
wirkte fort: Ralph Vaughan Williams' sechsteiliger Hous-
man-Zyklus *On Wenlock Edge* für Tenor, Streichquartett
und Klavier wurde 1911 abgeschlossen.

Gedichttext nach: A. E. HOUSMAN: Collected Poems and Selected Prose. Hrsg. von Christopher Ricks. Harmondsworth: Penguin, 1989. S. 55.
Literaturhinweise: John BAYLEY: Housman's Poems. Oxford 1992. – Richard Perceval GRAVES: A. E. Housman. The Scholar Poet. London 1979. – Tom Burns HABER: A. E. Housman. New York 1967. – Bobby Joe LEGGETT: The Poetic Art of A. E. Housman. Theory and Practice. Lincoln (Nebr.) 1978.

Wulf Künne

Rudyard Kipling: *Danny Deever*

Danny Deever

»What are the bugles blowin' for?« said Files-on-Parade.
»To turn you out, to turn you out,« the Colour-Sergeant
said.
»What makes you look so white, so white?« said Files-
on-Parade.
»I'm dreadin' what I've got to watch,« the Colour-
Sergeant said.
5   For they're hangin' Danny Deever, you can hear the
Dead March play,
The Regiment's in 'ollow square – they're hangin' him
to-day;
They've taken of his buttons off an' cut his stripes away,
An' they're hangin' Danny Deever in the mornin'.

»What makes the rear-rank breathe so 'ard?« said Files-
on-Parade.
10 »It's bitter cold, it's bitter cold,« the Colour-Sergeant said.
»What makes that front-rank man fall down?« said Files-
on-Parade.
»A touch o' sun, a touch o' sun,« the Colour-Sergeant said.
They are hangin' Danny Deever, they are marchin' of
'im round,
They 'ave 'alted Danny Deever by 'is coffin on the
ground;
15 An' 'e'll swing in 'arf a minute for a sneakin' shootin'
hound –
O they're hangin' Danny Deever in the mornin'!

»'Is cot was right-'and cot to mine,« said Files-on-Parade.
»'E's sleepin' out an' far to-night,« the Colour-Sergeant
said.
»I've drunk 'is beer a score o' times,« said Files-on-Parade.
»'E's drinkin' bitter beer alone,« the Colour-Sergeant said. 20
    They are hangin' Danny Deever, you must mark 'im to
             'is place,
    For 'e shot a comrade sleepin' – you must look 'im in
             the face;
    Nine 'undred of 'is county an' the Regiment's disgrace,
    While they're hangin' Danny Deever in the mornin'.

»What's that so black agin the sun?« said Files-on-Parade. 25
»It's Danny fightin' 'ard for life,« the Colour-Sergeant said.
»What's that that whimpers over'ead?« said Files-on-Parade.
»It's Danny's soul that's passin' now,« the Colour-
                 Sergeant said.
    For they're done with Danny Deever, you can 'ear the
             quickstep play,
    The Regiment's in column, an' they're marchin' us away; 30
    Ho! the young recruits are shakin', an' they'll want
             their beer to-day,
    After hangin' Danny Deever in the mornin'!

Danny Deever

»Was blasen denn die Hörner?« sagte der Soldat-beim-Appell. / »Um euch herauszurufen, um euch herauszurufen«, sagte der Hauptfeldwebel. / »Was sehen Sie denn so weiß aus, so weiß?« sagte der Soldat-beim-Appell. / »Mir graut vor dem, was ich mir ansehen muß«, sagte der Hauptfeldwebel. / Denn sie hängen Danny Deever, ihr könnt den Trauermarsch hören, / das Regiment steht im Karree – sie hängen ihn heute; / sie haben ihm die Knöpfe abgenommen und die Streifen weggeschnitten, / und sie hängen Danny Deever heute morgen.

    »Was atmen denn die Leute im hinteren Glied so schwer?« sagte der Soldat-beim-Appell. / »Es ist bitterkalt, es ist bitterkalt«, sagte der Hauptfeldwebel. / »Was fällt denn der Mann dort im vorderen Glied um?« sagte der Soldat-beim-Appell. / »Ein bißchen zuviel Sonne, ein bißchen zuviel Sonne«, sagte der Hauptfeldwebel. / Sie hängen Danny Deever, sie lassen ihn herummarschieren; / sie haben Danny Deever bei seinem Sarg auf der Erde angehalten; / und in einer halben Minute wird er als hinterhältiger schießwütiger Hund baumeln – / oh, sie hängen Danny Deever heute morgen.

»Sein Bett war das Bett zur Rechten von meinem«, sagte der Soldat-beim-Appell. / »Er schläft heute nacht draußen und weit weg«, sagte der Hauptfeldwebel. / »Ich hab sein Bier zigmal getrunken«, sagte der Soldat-beim-Appell. / »Er trinkt jetzt bitteres Bier alleine«, sagte der Hauptfeldwebel. / Sie hängen Danny Deever, ihr müßt genau hinsehen, wie er Aufstellung nimmt, / denn er hat einen schlafenden Kameraden erschossen – ihr müßt ihm ins Gesicht sehen; / die Schande von neunhundert Leuten aus seiner Grafschaft und vom ganzen Regiment, / während sie Danny Deever heute morgen hängen.

»Was sieht denn da so schwarz aus gegen die Sonne?« sagte der Soldat-beim-Appell. / »Das ist Danny, der schwer um sein Leben kämpft«, sagte der Hauptfeldwebel. / »Was wimmert denn da oben so über unseren Köpfen?« sagte der Soldat-beim-Appell. / »Das ist Dannys Seele, die gerade vorbeifliegt«, sagte der Hauptfeldwebel. / Denn sie sind fertig mit Danny Deever, ihr könnt den Geschwindmarsch hören, / das Regiment steht in Marschordnung, und sie lassen uns abmarschieren. / Hei! Die jungen Rekruten haben das Zittern, und sie werden ihr Bier heute brauchen, / nachdem sie Danny Deever heute morgen gehängt haben.

[Übers. von Wulf Künne]

Wie viele andere seiner Werke ist auch dieses Gedicht vor dem Hintergrund von Erfahrungen zu sehen, die Rudyard Kipling (1865–1936) als Journalist in Indien gesammelt hatte, ehe er 1889 nach London zurückkehrte. Ob es einen historischen Danny Deever gab und ob Kipling einer militärischen Exekution selbst beigewohnt hat, ist nicht bezeugt (Carrington, *Barrack-Room Ballads*, S. 161).

Schon wenige Monate nach Kiplings Rückkehr publiziert, bildet *Danny Deever* den Auftakt einer Reihe von Gedichten, die zwei Jahre später in dem Sammelband *Barrack-Room Ballads, and Other Verses* noch einmal erschienen. *Danny Deever* hatte sofortigen und nachhaltigen Erfolg. In gut hundert Jahren ist ›das aufwühlendste Gedicht in unserer Sprache‹ (Amis, S. 64) in zahllose Anthologien eingegangen. Selbst nachdem Kiplings literarischer Stern schon gesunken war, blieben die *Barrack-Room Ballads* bis in die dreißiger Jahre hinein die beliebteste englische Gedichtsammlung und haben auch seither in einer Unzahl von Auflagen Verbreitung gefunden.

Mit diesen ›Kasernen-Balladen‹ rückte der Dichter seinen Zeitgenossen im sicheren Zentrum des Empire denjenigen vor Augen, dem sie es zu verdanken hatten, daß sie die Früchte der Kolonien in Frieden genießen konnten: Tommy Atkins, seit Wellingtons Zeiten Figur des einfachen britischen Söldners. Von Tommys Hoffnungen und Nöten, seinem täglichen Leben und Sterben erzählen die Balladen, und sie tun dies meist mit der Stimme und in der Sprache der Männer, die ein großes Kontingent der Truppe stellten, der Söhne aus den untersten Schichten des englischen Südostens, aus dem Londoner Großstadt-Proletariat.

Vor versammeltem Regiment wird ein Soldat für das Erschießen eines schlafenden Kameraden gehängt. Diese Geschichte gewinnt genauere Kontur, wenn man einige militärische Ausdrücke und Bräuche kennt. Die britische Armee, zu Kiplings Zeiten angeworbene Berufssoldaten, war in 900 bis 1000 Mann starke Regimenter gegliedert, von denen manche nach Grafschaften (*counties*) benannt waren. Die einfachen Soldaten (*privates*) wurden in ihrer Gesamtheit auch als *rank and file* oder als *the ranks* bezeichnet, Namen, die sich von der Formation beim Appell oder beim Marschieren herleiten: *rank* ist die Linie, in welcher der Soldat sich mit den Kameraden zu seiner Rechten und Linken befindet (deutsch: Glied), *file* die Linie, die er mit denen vor und hinter sich bildet (deutsch: Reihe). Mit der Fügung *Files-on-Parade* meint Kipling hier den einfachen Soldaten beim Appell oder auf dem Appellplatz (*parade*). *Colour-Sergeant* war der höchste Unteroffiziersrang, zu dem ein *private* sich hochdienen konnte; ursprünglich trug dieser Hauptfeldwebel die Regimentsfahne (*colour*). Wir sehen Dannys Regiment nacheinander in zwei Formationen. In Strophe 1 stehen die Soldaten *in hollow square* zu zwei Gliedern (*front rank* und *rear rank*) angetreten. Sie bilden dabei ein großes Viereck oder Karree (*square*), dessen Inneres frei bleibt (*hollow*). Ihre Gesichter sind der Mitte wie einer zentralen Bühne zugewendet. In Strophe 4 haben die Männer eine Vierteldrehung gemacht und stehen nun *in column*, in Reihen zum Abmarsch bereit.

Die Zier der Uniform waren die Knöpfe mit dem Regimentsemblem (*regimental buttons*). Gute Führung wurde mit Streifen belohnt, die auf die Uniform aufgenäht wurden (*good conduct stripes*). Danny Deever werden zum Zeichen des Ehrverlustes Knöpfe und Streifen abgeschnitten, ehe er an den Galgen kommt.

Musik gehörte und gehört zum Militär dazu, zumal bei rituellen Anlässen. Das Gedicht beginnt mit Signalen von Hörnern (*bugles*); später spielt die Regimentskapelle, und zwar in verschiedenen Tempi: Zuerst erklingt der traditionelle Trauermarsch der britischen Armee (*the Dead March*), übernommen aus Händels Oratorium *Saul*. Als Kontrast dazu hören wir am Schluß einen lebhaften Geschwindmarsch (*quickmarch* oder *quickstep*).

Die übliche scharfe Trennung zwischen der Regimentsführung, den Offizieren, einerseits und den Unteroffizieren andererseits erscheint im Gedicht durchgängig als der Gegensatz von *they* und *we*, zum Beispiel in der Halbzeile »an' they're marchin' us away« (30). Der Bereich *they* ist dabei aus der Sicht des Sprechers allgemein, unpersönlich, abstrakt, offiziell, sachlich; der Bereich *we* persönlich, konkret, privat und gefühlsbetont.

Die sich entfaltende Militärparade appelliert an unsere Augen und Ohren. Bilder und Töne wechseln effektvoll zwischen Nähe und Ferne, zwischen forte und piano.

Kipling soll das Verdienst zukommen, die Londoner Mundart der Cockneys als erster ohne komische, persiflierende oder herabsetzende Absicht in der Literatur verwendet zu haben. Unser Gedicht liefert ein Beispiel dafür. Die Sprecher einschließlich Chor weisen typische Cockney-Eigenarten auf. Dazu zählt das Ersetzen der Endsilbe -ing durch -in': »blowin', dreadin', mornin'«; die gelegentliche Verkürzung von *and, of* und *against* zu *an', o'* und *agin'* und vor allem das Weglassen des h am Silbenanfang (*dropping of aitches*): »'ard, 'ave, 'alted, 'arf [= half]«. Kipling ging hierbei subtil zu Werke: In wichtigen Fällen ließ er das h stehen, insbesondere in dem Schlüsselwort des Gedichts »hangin'« oder auch in dem ausdrücklich betonten »hound«. Eine weitere Eigenart ist das eingefügte *of* in »They've taken *of* his buttons off« (7) und »they are marchin' *of*'im round« (13).

Das Drama entwickelt sich über die vier Strophen hinweg in vier aufeinanderfolgenden Szenen vom Antreten der Soldaten vor der Exekution bis zu ihrem Rückmarsch in die Kaserne ›nach getaner Tat‹. Einzelheiten entnehmen wir dem Wechselgespräch der Soldaten mit dem Feldwebel und den optisch wie auch rhythmisch abgesetzten Chorpartien, in denen ein Dritter, vielleicht ein erfahrener Mann aus den *ranks*, kommentierend zu Wort kommt.

Es herrscht ein formaler Rigorismus, ja Uniformismus. Die sparsame Verwendung sprachlicher Mittel suggeriert militärische Knappheit. Kipling läßt die vier Strophen aufmarschieren wie vier Abteilungen Soldaten im Gleichschritt (Eliot, S. 11). In 32 Versen kommt er mit fünf Endreimen aus, darunter ein großer Teil identische. In Wiederholungen, Reihungen und Parallelismen schreitet das Geschehen unaufhaltsam voran.

Im Gegensatz zu Files-on-Parade weiß der altgediente Colour-Sergeant nur allzu gut, was ihn erwartet. Sein böses Vorwissen zieht ihn auch physisch in Mitleidenschaft. Aus seinen teils widersprüchlich-bagatellisierend, teils kryptisch-sarkastisch anmutenden Repliken spricht der Wunsch, die ihm selbst schreckliche Wahrheit nicht zu sagen und sich und seine Leute, denen es heiß und kalt unter ihrem Uniformrock wird, zu beruhigen. Daß auch er nicht ohne Mitgefühl ist, verrät er auf dem Höhepunkt des Geschehens: Er nennt den Sterbenden beim Vornamen, und seine Sprache nimmt eine lyrische Note an: »It's Danny's soul that's passin' now« (28).

Das bohrende, monotone Fragen der Rekruten weicht in der dritten Strophe für ein paar Augenblicke einem erinnernden Erzählen – eine kurze Fermate im Lauf des Verhängnisses. Es ist, als wollten sie eine letzte Verteidigung oder Rechtfertigung versuchen: Der Verurteilte war einer von uns. Er war ein guter, ein freigebiger Kamerad. Diese Identifizierung greift jedoch in doppelter Weise. Was Danny widerfährt, könnte ihnen allen widerfahren. Sind sie nicht einfache Soldaten wie er und wie er in Gefahr, für ihre Handlungen, aus Leidenschaft oder aus Schwäche begangen, zur Rechenschaft gezogen zu werden? In Danny sehen sie sich selbst um den Sarg herummarschieren. Aber zugleich gilt: Sie selbst hätten Danny Deevers Opfer sein können! Sie schliefen ja gleich neben ihm! So sind sie zwischen Mitleid, Entsetzen und Abscheu hin- und hergerissen (»Ho! the young recruits are shakin'«, 31) und werden ihr Heil im Bier suchen. Doch als Leser des Gedichts wissen wir: Für sie wird dieses Bier des Vergessens zugleich nach Erinnerung schmecken, Erinnerung an Dannys Bier der Kameradschaft und an Dannys ›bitteres Bier‹, den Kelch, den er allein leeren mußte.

Gedichttext nach: RUDYARD KIPLING's VERSE. Definitive Edition. London: Hodder & Stoughton, 1940. S. 397 f.
Literaturhinweise: Kingsley AMIS: Rudyard Kipling and his World. London 1975. – Charles CARRINGTON: Rudyard Kipling. His Life and Work. London [3]1978. – T. S. ELIOT: Vorwort. In: A Choice of Kipling's Verse. Hrsg. von T. S. Eliot. London 1941. – Gisbert HAEFS: Kipling Companion. Zürich 1987. – Peter J. KEATING: Kipling the Poet. London 1994. – Rudyard KIPLING: The Complete Barrack-Room Ballads. London 1973. [Einleitung und Kommentar von Charles Carrington.] – Rudolf SÜHNEL: Rudyard Kipling. In: Rudolf Sühnel / Dieter Riesner (Hrsg.): Englische Dichter der Moderne. Ihr Leben und Werk. Berlin 1971. S. 67–85.

RUDOLF SÜHNEL

William Butler Yeats: *Leda and the Swan*

Leda and the Swan

A sudden blow: the great wings beating still
Above the staggering girl, her thighs caressed
By the dark webs, her nape caught in his bill,
He holds her helpless breast upon his breast.

5 How can those terrified vague fingers push
The feathered glory from her loosening thighs?
And how can body, laid in that white rush,
But feel the strange heart beating where it lies?

A shudder in the loins engenders there
10 The broken wall, the burning roof and tower
And Agamemnon dead.
                              Being so caught up,
So mastered by the brute blood of the air,
Did she put on his knowledge with his power
Before the indifferent beak could let her drop?

Leda und der Schwan

Ein jäher Stoß: die großen Schwingen schlagen noch / über
dem taumelnden Mädchen, ihre Schenkel liebkost / von
den dunklen Schwimmhäuten, ihr Nacken gepackt in seinem
Schnabel, / so hält er ihre hilflose Brust an seiner Brust.
  Wie können diese erschrocken tastenden Finger / den gefie-
derten Glanz abwenden von den sich lösenden Schenkeln? /
Und wie kann ein Körper, in jenen weißen Sturm gebettet, /
die fremden Herzschläge nicht spüren, dort, wo er liegt?
  Ein Schauder in den Lenden zeugt dort / die zerstörte
Mauer, den Brand in Dach und Turm / und Agamemnons

Tod. Nahm, so ergriffen, / so überwältigt durch das tierische Blut aus der Luft, / sie mit seiner Macht auch sein
Wissen an, / ehe der Schnabel sie gleichgültig fallen ließ?

[Übers. von Willi Erzgräber]

Der prädikative Auftakt mit der Wucht des Überfalls aus
der numinosen Welt auf ein taumelndes Mädchen – wie aus
der Zeichenfeder von Alfred Kubin –, die typographische
Zäsur inmitten von Vers 11, vor allem der Abschluß mit der
offenbleibenden Frage nach dem Erkenntnisgewinn der
gleichgültig Fallengelassenen: das sind eigenwillige Abweichungen vom herkömmlichen Sonett. William Butler Yeats
(1865–1939) war kein Formalist. Als ›letzter Romantiker‹,
noch geprägt von Mythen und Folklore der unberührten
Landschaft der westirischen Atlantikküste, sah er Dichtung
als Offenbarung okkulter Wahrheiten, für die dem aufgeklärten Menschen durch seine Abkapselung von der spirituellen Welt der Sinn verlorenging.

Seit zweieinhalb Jahrtausenden ist der Mythos der Vereinigung des Gottes in Schwanengestalt mit Leda ein faszinierender Anreiz für Bildhauer und Dichter. Einige frühere
Gestaltungen waren Yeats vertraut: ein hellenistisches Relief
sah er im Britischen Museum in London; von Michelangelos Gemälde besaß er eine farbige Reproduktion; von Francesco Colonnas *Liebesträumen des Poliphilo* (Venedig 1499)
erschien 1890 unter Yeats' Mitwirkung eine Neuausgabe
der elisabethanischen Version (1599) mit den bezaubernden
Umrißzeichnungen des italienischen Originals, einer Inspirationsquelle für Aubrey Beardsley: zu den mit aretineskem
Gusto erzählten Liebesabenteuern von Zeus gehört auch
eine Illustration mit Beschreibung des »most white Swanne
in the amorous embracing of a noble Nymph«. Ebenso der
Renaissance entstammt der von Yeats neben William Blake
besonders geliebte Autor Edmund Spenser, dessen zum Teil
in Irland entstandene Dichtung auch zwei delikat ziselierte

emblematische Gestaltungen des Leda-und-Schwan-Motivs enthält, im Hochzeitsgedicht *Prothalamion* (Stanze 3) sowie im allegorischen Epos *The Fairie Queene* (III.11.32).

Zu diesen Anregungen aus Kunst und Dichtung kommt die Inspiration aus eigenem Erleben. Denn die Häufigkeit weißer Schwäne in Spensers Dichtung, in der keltischen Mythologie und in der Naturlyrik entspricht der dominierenden Präsenz dieser gravitätischen Vögel in der irischen Landschaft: auf Yeats' und seiner patrizischen Freunde Landsitzen in Co. Sligo und Co. Galway sowie im Blick von seinem Arbeitszimmer hoch oben im Normannenturm von Ballylee. Nach ihm ist Yeats' berühmteste Gedichtsammlung *The Tower* (1928) benannt, zu der auch das 1923 entstandene Leda-Sonett gehört.

Im Gedicht *The Wild Swans at Coole* (1916) ist der geheimnisvoll formierte und zielgerichtete Vogelflug ein Sinnbild der Unsterblichkeit; der einzelne Schwan mit seinen mächtigen Schwingen verkörpert Schönheit, Freiheit, Einsamkeit, physische und poetische Potenz. Aber auch das Leda-Motiv ist aus persönlicher Erfahrung gespeist, aus des Dichters lebenslanger, unerfüllter Liebe zur irischen Freiheitsheldin Maud Gonne, deren politisch-ideologische Intransigenz ebenso destruktiv wie ihre herausragende Schönheit faszinierend war, was ihr den Namen einer irischen Helena einbrachte. Die sogenannte irische Renaissance realisierte sich auf zwei unkorrelierten Ebenen: der Dichtung (»knowledge«) und der Politik (»power«).

Das sind externe Voraussetzungen zum Verständnis des Leda-Sonetts. Es gibt auch solche interner Art, im Gedicht selbst. So ist der Name der aus der Vereinigung von Leda und Zeus hervorgegangenen Helena ausgespart, des Bindegliedes zwischen ›love and war‹. Auch daß in einer von magischen Mächten bevölkerten paganen Landschaft der Anblick der im Fluß badenden Leda das elementare Begehren der »brute force of the air« erregte, ist als Motivierung des schlagartigen Gedichtauftaktes nur impliziert.

Yeats geht medias in res. Die Oktave konzentriert sich auf die dramatische Vereinigung von Schwanengott und Leda. Acht geballte Verse, deren poetische Intensität an den vierten Akt von Shakespeares *Antony and Cleopatra* erinnert, evozieren – durch rhetorische Fragen dramatisiert – ein heidnisches Mysterienspiel, in dem des verwandelten Gottes »feathered glory«, »white rush« und »strange heart beating« die übermächtigte Sterbliche zur Erwiderung der Liebe gewinnt. Das Hauptaugenmerk ist auf Leda gerichtet, zuerst als erschrocken widerstrebende Gefangene (»caught«), schließlich als ergriffen Einwilligende (»caught up«). Hierzu Yeats' eigene Worte: »The world of rigid custom and law is broken up by the uncontrollable mystery upon the bestial floor« (*Vision* B 105).

Die Klimax des Liebeskampfes fällt zusammen mit dem Übergang zum Sextett. Das erste Terzett enthält in nuce Yeats' Geschichtsmetaphysik, die er auch in anderen Gedichten thematisiert, etwa in *Easter 1916*, einer politischen Ode mit einer sehr distanzierten Glorifizierung der Märtyrer des von Maud Gonne inspirierten Osteraufstandes in Dublin. Der Refrain heißt: »Transformed utterly: / A terrible beauty is born«. Diese beschwörende Formel ist auch übertragbar auf die Konstellation des Leda-Sonetts: der indifferente Olympier läßt den Leib der sterblichen Leda fallen; aber aus der Vereinigung geht Helena hervor, deren dämonische Schönheit der Anlaß wird zum Untergang von Troja, implizit aber auch – dank Homers Epos als Gründungsurkunde – zum Aufgang von Hellas.

Dieser Ausblick hätte ein klassisches Sonett beschlossen. Aber im typographisch abgekoppelten, mit unreinem Schlußreim und plötzlichem Tempowechsel versehenen letzten Terzett kehrt Yeats zur alleingelassenen Leda zurück mit der offenen Frage nach ihrer geistigen Empfängnis, vergleichbar der Metamorphose der exekutierten Rebellen von Dublin in nationale Freiheitshelden. Der Vergleich ist nicht abwegig, denn das Leda-Sonett hat eine politische Genese.

Im Jahre 1923 hatte Yeats als Nobelpreisträger für Literatur und als Senator für Erziehung im ersten irischen Parlament einen doppelten Zuwachs an Autorität erhalten. So wurde er vom Herausgeber einer Zeitschrift gebeten, mit einer wegweisenden Parole einzugreifen in die bürgerkriegsähnlichen Turbulenzen, die den jungen irischen Freistaat ähnlich frustrierten wie die erste deutsche Republik. Yeats sympathisierte mit dem alten Landadel in einem traditionell christlich und autochthon irisch geprägten nationalen Umfeld, das von Säkularisierung und Demokratisierung seit der Französischen Revolution fast unberührt geblieben war. So äußerte er sich abschätzig über die »passionate intensity« der Demagogen, wie er auch warnte vor der »murderous innocence« der Ideologen. Yeats' geistesaristokratische Vorstellungen zielen mehr auf eine spirituelle Erneuerung, auf eine konservative Revolution im Sinne Arthur Moeller van den Brucks gleichzeitig erschienener Programmschrift über das aus Joachim von Fiores chiliastischem Gedankengut beschworene ›Dritte Reich‹. Dessen Äquivalent ist Yeats' Vision von Byzantium, einer heilen Welt, wo christliche Religion, griechische Kunst und Pax Romana verschmolzen sind zur Totalität einer für Diesseits und Jenseits gleich offenen, ewig zeugenden und verschlingenden Lebensdynamik in Welle auf Welle der anstürmenden »dying generations«.

Aus der existentiellen Not der Epoche schreibt Yeats in seinen Anmerkungen zur Entstehung des Leda-Sonetts: die seit dem Weltkrieg aus dem Lot geratene heillose Zeit lasse sich nur deuten als Zeichen von oben, als Geburtswehen einer neuen Ära, die sich durch eruptive Gewaltakte gegen die etablierte Sitte ankündige. Beim Stichwort »violent annunciation« ging der Dichter mit dem Senator durch: »My fancy began to play with Leda and the Swan for metaphor, and I began this poem, but as I wrote, bird and lady took such possession of the scene that all politics went out of it.« Das Resultat war ein nahezu vollkommenes Sonett, ein

Sprachkunstwerk für ein Kontinuum von Reflexion. Aber vom Auftraggeber wurde es als für die konventionellen Leser der Zeitschrift ungeeignet abgelehnt. In der Tat, politische Trommler hätten sich ein massenwirksames Horst-Wessel-Lied für die irisch-republikanische Sinn Fein gewünscht nach dem Vorbild des damaligen Deutschland. Dort allerdings nahm sich Moeller van den Bruck angesichts der parteiideologischen Profanierung seines Credos 1925 das Leben.

Die überarbeitete endgültige Fassung des Sonetts erschien dann im Kontext von Yeats' gnostischem System *A Vision* (1925) als Vorspann zum Kapitel ›Taube oder Schwan‹, Heiliger Geist oder Zeus. Im Sinne der mittelalterlichen Allegorese ›King Abundance (God) begot Wisdom (Christ) on Innocence (Mary)‹ erfolgte die Ankündigung des christlichen Weltzeitalters zu Beginn unserer Zeitrechnung durch Maria. In Analogie dazu sieht Yeats das griechisch-römische Zeitalter angekündigt durch Leda. So hatte schon Vergil in seiner eschatologischen vierten Ekloge den Untergang von Troja sowie den des republikanischen Rom als zwei Zeitwenden gedeutet und in der ewigen Wiederkehr aufeinander bezogen: ›Wiederum wird ein großer Achill gegen Troja entsendet.‹ Die Kirchenväter deuteten dies als Prophezeiung der Ankunft Christi. Bei Yeats heißt es so: »Another Leda would open her knees to the swan, another Achilles beleaguer Troy« (*Adoration of the Magi*).

Die alte zyklische Geschichtstheorie vom Aufstieg und Fall der Kulturen – in der Neuzeit übermittelt durch Vico und Nietzsche – wurde aktuell als Muster für die Deutung des gegenwärtigen Zeitalters an der Schwelle zu einem neuen Jahrtausend; zumal unterm Schock des Ersten Weltkrieges und seiner Folgen der Glaube an den linearen Fortschritt im Sinne von säkularisierter Heilsgeschichte erschüttert worden war. Das alte Europa war unversehens in die Geschichte abgesunken, und seine christlichen Werte wurden wie ungedeckte Währung außer Kurs gesetzt.

In dieser Untergangsmetaphysik waren die Nietzsche-Schüler Oswald Spengler und Yeats zwei vielbeachtete Propheten, der eine durch seine unverblümte Kulturanalyse *Der Untergang des Abendlandes* (1918–22), der andere durch sein apokalyptisches Gedicht *The Second Coming* (1919). Dieses Werk, das mit dem Leda-Sonett zu Yeats' visionären Gedichten gehört, ist inspiriert von Matthäus (Kap. 24), der Offenbarung des Johannes (Kap. 20) und von Blakes Horrorbild des auf allen Vieren vorwärtskriechenden Nebukadnezar. Der unerbittlichen Zeitanalyse des ersten Teiles von Yeats' Gedicht folgt im zweiten eine Evokation des Antichrist, dessen Stunde gekommen ist, das Bimillennium der christlich-abendländischen Zivilisation abzulösen: »And what rough beast, its hour come round at last, / Slouches towards Bethlehem to be born?« Das erschreckend Faszinierende dieses entfesselten Ungeheuers ist seine barbarische Fremdheit, die keinerlei Gemeinsamkeit hat mit den Leitbildern unserer bisherigen eurozentrischen Welt. Was es vielmehr ankündigt, ist – wie Nietzsches *Also sprach Zarathustra* – eine radikale Umwertung aller Werte.

»Daemonic images«, wozu auch der Schwanengott gehört, spielen in Yeats' Geschichtsbild eine entscheidende Rolle. Ihre »terrible beauty« versinnbildlicht die unpersönliche Dynamik des kosmischen Lebens, worin Geburt und Tod, Tag und Nacht, Bestialität und Spiritualität unlösbar gekoppelt sind. Alles, was diesem Mysterium gegenüber vom Menschen gefordert ist, ist eine Haltung, die Nietzsches heroischem Nihilismus entspricht. Die Antwort auf seine offene Frage am Schluß des Leda-Sonetts fand Yeats am Ende seines Lebens. In seinem letzten Brief (4. Januar 1939) schreibt er: »Man can embody truth, but he cannot know it.«

Gedichttext nach: W. B. YEATS: The Collected Poems. London: Macmillan, ²1950. S. 241.

Literaturhinweise: Johannes KLEINSTÜCK: William Butler Yeats. In: Rudolf Sühnel / Dieter Riesner (Hrsg.): Englische Dichter der Moderne. Ihr Leben und Werk. Berlin 1971. S. 193–204. – Giorgio MELCHIORI: The Whole Mystery of Art. Pattern into Poetry in the Work of W. B. Yeats. London 1960. – Leo SPITZER: On Yeats's Poem »Leda and the Swan« (1954). In: L. S.: Essays on English and American Literature. Hrsg. von Anna Hatcher. Princeton 1962. S. 3–13. – Eitel TIMM: W. B. Yeats. Darmstadt 1987.

PETER HÜHN

William Butler Yeats: *Long-legged Fly*

Long-legged Fly

That civilisation may not sink,
Its great battle lost,
Quiet the dog, tether the pony
To a distant post;
5 Our master Caesar is in the tent
Where the maps are spread,
His eyes fixed upon nothing,
A hand under his head.
Like a long-legged fly upon the stream
10 *His mind moves upon silence.*

That the topless towers be burnt
And men recall that face,
Move most gently if move you must
In this lonely place.
15 She thinks, part woman, three parts a child,
That nobody looks; her feet
Practise a tinker shuffle
Picked up on a street.
Like a long-legged fly upon the stream
20 *Her mind moves upon silence.*

That girls at puberty may find
The first Adam in their thought,
Shut the door of the Pope's chapel,
Keep those children out.
25 There on that scaffolding reclines
Michael Angelo.

With no more sound than the mice make
His hand moves to and fro.
Like a long-legged fly upon the stream
30 *His mind moves upon silence.*

Langbeinige Fliege

Damit die Kultur nicht untergehe, / nachdem ihre große
Schlacht verloren ist, / beruhigt den Hund, bindet das
Pony / an einen fernen Pfosten; / Caesar, unser Herr, ist im
Zelt, / wo die Karten ausgebreitet sind, / die Augen auf
nichts gerichtet, / eine Hand unter dem Kopf. / *Wie eine*
langbeinige Fliege auf der Strömung / *bewegt sich sein Geist*
auf Schweigen.

  Damit die unermeßlich hohen Türme verbrannt werden /
und die Menschen sich an dieses Gesicht erinnern, / bewegt
euch nur leise, wenn ihr euch bewegen müßt / an diesem einsamen Ort. / Sie denkt, ein Viertel Frau, drei Viertel Kind, /
daß niemand zusieht; ihre Füße / üben einen einfachen
Schlurftanz, den sie Kesselflickern / auf der Straße abgeschaut
hat. / *Wie eine langbeinige Fliege auf der Strömung* / *bewegt*
sich ihr Geist auf Schweigen.

  Damit Mädchen in der Pubertät / den ersten Adam in ihren Gedanken finden, / schließt die Tür zur Papstkapelle, /
haltet jene Kinder draußen. / Dort auf dem Gerüst lehnt /
Michelangelo. / Mit nicht mehr Geräusch, als Mäuse es machen, / bewegt sich seine Hand hin und her. / *Wie eine lang-*
beinige Fliege auf der Strömung / *bewegt sich sein Geist auf*
Schweigen.

[Übers. nach Johannes Kleinstück]

William Butler Yeats (1865–1939) entwickelte sich aus spät-
romantischen Anfängen zum – neben T. S. Eliot – bedeutendsten Vertreter der Lyrik der Moderne auf den britischen
Inseln. Aber noch in den modernistischen Gedichten nach
1920 finden sich deutlich romantische Elemente – wie der
Rekurs auf das Ich als zentralen Bezugspunkt für das Wirk-

lichkeitskonzept, die Hochschätzung der Imagination, der schöpferischen Vorstellungskraft, und der Einsatz realitäts-stiftender Bilder und Mythen. Dagegen setzen sich in den späteren Gedichten zunehmend die charakteristischen Merkmale der literarischen Moderne durch – die Aushöhlung der Autonomie und Identität des Ich, die Betonung der außer-rationalen Komponenten der Psyche, die Problematisierung der Referenzleistung von Sprache und des Wirklichkeitsbezugs von dichterischer Kunst sowie die radikale Unterminierung von Sinn. Diese Problematisierung etablierter rationaler Sinnvorstellungen bedingt dann auch die Dunkelheit vieler seiner Texte.

Diese Dunkelheit ist in *Long-legged Fly* (1937/38) durch die spärliche Konkretisierung der Situationen in den drei Strophen sowie durch die ausgesparten Bezüge in und zwischen den Strophen bedingt. Doch Anspielungen bzw. Strukturparallelen erleichtern hier die Erhellung dieser Verständnisprobleme. Strophe 1 meint offenbar nicht Julius Caesar, sondern einen der späteren römischen Kaiser, die Reich und Zivilisation Roms gegen anstürmende Völker im Norden und Osten, wie Germanen und Parther, zu verteidigen suchten und vielfach Niederlagen hinnehmen mußten (Caesar war der übliche Kaisertitel). – Das Mädchen in Strophe 2 ist als die jugendliche Helena aus Homers *Ilias* zu deuten, wie die Anspielung in den Zeilen 11 f. auf eine berühmte Stelle in Christopher Marlowes *Doctor Faustus* nahelegt (»Was this the face that launched a thousand ships / And burnt the topless towers of Ilium?«, V,1,94 f.). Der Hinweis auf die *tinkers*, das fahrende Volk in Irland (Kesselflicker), scheint die antike Gestalt für Yeats darüber hinaus mit der irischen Freiheitskämpferin Maud Gonne zu assoziieren, die er unerfüllt liebte und deren Schönheit er in Gedichten dieselbe zerstörerische Naturkraft zuschrieb, wie Helena sie besaß (z. B. in *A Woman Homer Sung* und *No Second Troy*). – Der Kontext von Strophe 3 ist Michelangelos Ausmalung der Sixtinischen Kapelle im

Vatikan mit Szenen aus der Genesis, besonders die Erschaffung Adams.

Zwischen diesen heterogenen Situationen läßt sich aufgrund der Analogien sowie des Refrains ein kohärenter thematischer Zusammenhang konstruieren. In jeder Strophe werden Adressaten zu einer Handlung oder Verhaltensweise aufgefordert, deren Zweck das Fernhalten von Störungen oder Einmischungen ist. Jede Strophe umrahmt diese Aufforderung mit einer einleitenden Zielangabe und einem abschließenden Verweis auf die momentane Situation der betreffenden Figur (Caesar, she, Michelangelo). Deren gegenwärtiges Verhalten ist übereinstimmend durch selbstvergessene, unangestrengte, sozusagen träumerische Hingabe an ihre Bestimmung gekennzeichnet – die Führung der Schlacht bei Caesar, die Ausbildung weiblicher Grazie und Schönheit bei Helena, die Schaffung des Kunstwerkes bei Michelangelo. Sie alle gehen ihre Aufgabe nicht mit einer kalkulierenden oder rational planenden mühevollen Willensanstrengung an, sondern verhalten sich spontan, mühelos, ohne bewußte Kontrolle. Ihre Selbstvergessenheit verrät sich übrigens darin, daß sie die Bedingungen ihres Verhaltens nach außen nicht selbst absichern können, daß diese bewußte Funktion jemand anders – der Sprecher des Gedichts – für sie übernehmen muß, soll ihr Werk nicht scheitern.

Da die drei Fälle somit verschiedene Ausprägungen schöpferischen Handelns darstellen, kann man das Gedicht als poetische Erkundung der Voraussetzungen von Kreativität, von kreativer Verwirklichung der eigenen Bestimmung verstehen. Die Ausrichtung auf diese Thematik wird besonders durch den Refrain verdeutlicht, der die Strophen verklammert und ihre strukturelle Analogie bildlich expliziert. Yeats verwendet einen Naturvergleich – die Fähigkeit bestimmter Insekten, der sogenannten Wasserläufer, auf der Oberfläche von Bächen entlangzulaufen –, um die Wirkungsweise kreativen Denkens zu beschreiben, womit er ein ähnliches Bild bei dem Romantiker Samuel Taylor Cole-

ridge (*Biographia Literaria* [1817], Kap. VII) aufgreift. Der
Wasserläufer verbildlicht die ›Oberflächlichkeit‹ bewußten
Denkens hinsichtlich der Ursprünge der Kreativität im
machtvollen Strom des Unbewußten. Das Bewußtsein weiß
sich zwar geschickt auf dessen Oberfläche zu bewegen, aber
die Vitalität der unbewußten Psyche (Wasser fungiert als
traditionelles Lebens- und Fruchtbarkeitssymbol) besitzt
eine eigenständige Dynamik, die der bewußte Wille nicht
kontrollieren kann und der er ihren Lauf lassen muß. Innerhalb dieses Vergleichs aus der Natur benutzt Yeats nun eine
Metapher für das Wasser aus der menschlichen Sphäre: »silence«. Damit wird das kreative Unbewußte prononciert als
außersprachlich und als der Sprache unzugänglich charakterisiert. Die Tiefe, aus der (außergewöhnliche) Menschen
ihre Schöpfungen und ihre Selbstverwirklichung gewinnen,
ist also weder rational erkennbar noch sprachlich erfaßbar.

Auswahl und Anordnung der Gestalten ergänzen das
Problem der Kreativität um weitere Dimensionen. Die Her-
ausstellung von drei exzeptionellen Individuen in ihrer be-
stimmenden Funktion für Kultur und Geschichte impliziert eine romantisch geprägte Vorstellung von der Zentra-
lität des Subjekts. Die Reihung dieser Rollen – heroischer
Heerführer, schöne Frau und Künstler – ist nicht chronolo-
gisch, sondern themenlogisch begründet und betont den
Kunst als Bezugspunkt und Abschluß. Die in Strophe 1
und 2 behandelten Themen ›Krieg‹ bzw. ›Konflikte provo-
zierende Frauenschönheit‹ gehören traditionell zu den be-
vorzugten Gegenständen der in Strophe 3 angesprochenen
Kunst. Diese Dominanz des Künstlerischen tritt in weiteren Indizien hervor. So sind auch Caesar und besonders
Helena mit ästhetischen Momenten assoziiert (schöpferische Trance bzw. Tanz). Werden beide in der (nicht-inten-
tionalen) Vorbereitung, nicht jedoch beim Vollzug ihrer je-
weiligen Bestimmungen (bewahrender Krieg bzw. zerstörerische Schönheit) gezeigt, so bezieht sich Strophe 3 auf den
Künstler bei der Ausführung seiner Arbeit. Geht es ferner

in den ersten beiden Fällen um die Schutzbedürftigkeit der kreativen Entwicklung und Vorbereitung, so in Strophe 3 um den Schutz des künstlerischen Schaffensaktes selbst vor Störungen, nämlich durch neugierige Kinder. Dabei ist der künstlerische Akt – ebenso wie das militärische Geschick des Kaisers und die Schönheit Helenas – nicht um seiner selbst willen bedeutsam, sondern wegen seiner kulturellen Wirkungen. Als Funktion von Kunst deutet sich hier die Formung der menschlichen Psyche an: Der von Michelangelo gemalte Adam bietet halbwüchsigen Mädchen ein Vorstellungsmuster vom Mann zur Orientierung für ihr erwachendes erotisches Verlangen (vgl. die ähnliche Funktionsbestimmung in dem zur gleichen Zeit entstandenen Gedicht *The Statues*).

Das Gedicht spricht der Kunst somit eine generell ordnungs- und sinnschaffende Funktion zu, und der Künstler erscheint letztlich in der Rolle des Schöpfers von Kultur. Hierin setzt er sich spezifisch ab von den Figuren der ersten beiden Strophen, die lediglich als Bewahrer bzw. Zerstörer von Kultur auftreten. Auch in dieser Hinsicht repräsentiert die Anordnung der Strophen also eine thematisch progressive Ausrichtung auf die zentrale Rolle des Künstlers und der künstlerischen Kreativität. Diese wird schließlich durch eine weitere Anspielung unterstrichen. Der Refrain erinnert an die biblische Beschreibung Gottes beim Schöpfungsakt: »And the Spirit of God moved upon the face of the waters« (1. Mose 1,2). Zwar bezieht sich der Refrain in Yeats' Gedicht auf *alle* Formen von Kreativität, aber es wird eine spezielle Assoziation von Künstler und Gott bewirkt durch die Wahl Michelangelos gerade beim Malen des göttlichen Schöpfungsaktes. Mit der Schaffung des Bildes von Adam für die Heranwachsenden imitiert er Gottes ursprünglichen Schöpfungsakt. Diese angedeutete Hochschätzung der künstlerischen Schöpfungskraft verrät das Nachwirken romantischer Vorstellungen von der gesellschaftsformenden Macht der Imagination, wie sie z. B. Percy Bysshe Shelley am Ende von *A Defence of Poetry* (1821) formuliert: »Poets are the unacknowledged legislators of the world.« So verbindet sich in der Aussage des Gedichtes die weltschaffende Macht der Imagination mit ihrer Unzugänglichkeit für Reflexion und Sprache in der Tiefe der Psyche.

Bezieht man den Text des vorliegenden Gedichtes in die Analyse mit ein, ergibt sich eine Ausweitung und Komplizierung der Kreativitätsproblematik. So wie Michelangelo den göttlichen Schöpfungsakt in einem Gemälde wiedergibt und der Sprecher mit dieser Wiedergabe die Behandlung der Kreativitätsthematik innerhalb des Gedichtes abschließt, wiederholt Yeats mit der künstlerischen Komposition von *Long-legged Fly* diesen kreativen Akt ein weiteres Mal und beschreibt damit die Imitation des ursprünglichen kreativen Aktes in einem (bildnerischen) Kunstwerk selbstreferentiell seinerseits in seinem Sprachkunstwerk – dem vorliegenden Text.

Indem der gesamte Text mit *Long-legged Fly* überschrieben ist, stellt er sich ebenfalls als ein Gleiten über die Tiefen der Kreativität dar, ohne in sie analytisch einzudringen. Dennoch repräsentiert das Gedicht einen deutlich höheren Bewußtseinsstand als die beschriebenen Gestalten, da es mit seinen Bildern die Quelle der Schöpfungskraft sprachlich zu umschreiben vermag und sich zudem der Schutzbedürftigkeit des Schöpfungsaktes bewußt ist (und daher entsprechende Warnungen auszusprechen weiß). Hierin tritt die interne Widersprüchlichkeit und Gebrochenheit von Yeats' modernistischer Position hervor, die sich durch retrospektives Wissen kognitiv über die in der Vergangenheit noch ungebrochene, aber schon prekäre Spontaneität erhebt. Doch zugleich ist die interne Differenz zwischen dem Beschriebenen und der Beschreibungshaltung in *Long-legged Fly* als Versuch der Balance zu deuten zwischen der Bewahrung unreflektiert spontaner Kreativität und der Reflexion über Hintergründe und Gefährdung künstlerischen Schaffens. Mit Bezug auf die Leistung der Sprache läßt sich diese Balance als spezifisch moderne Paradoxie fassen, als sprachliche Repräsentation (im Gedicht) des prinzipiell Außersprachlichen (der unbewußten Quellen der eigenen Kreativität).

Formal wird diese Balance durch die gewählte Form auf der klanglich-rhythmischen Ebene zugunsten der unreflektierten Komponente gefestigt. Das Gedicht ist im Balladenmaß geschrieben: Wechsel von vier- und dreihebigen Zeilen mit Reimen in den geraden, den dreihebigen Zeilen, wobei der Refrain zwar metrisch diesem Schema noch zu entsprechen scheint, aber keinen Reim mehr aufweist. Balladenmaß wie Refrain sind archaische Formen, die mit ihrer Affinität zur volkstümlichen Dichtung und zur Romantik eine Sehnsucht nach ungebrochener Spontaneität vermitteln und darin die Ansätze zur Reflexion herunterzuspielen helfen.

Gedichttext nach: W. B. YEATS: The Collected Poems. London: Macmillan, ²1950. S. 281 f.
Literaturhinweise: Janice HANEY-PERITZ: Refraining from the Romantic Image. Yeats and the Deformation of Metaphysical Aestheticism. In: Studies in Romanticism 25 (1986) S. 3–37. – Johannes KLEINSTÜCK: W. B. Yeats oder Der Dichter in der modernen Welt. Hamburg 1963. – Edward LARRISSY: Yeats the Poet. The Measure of Difference. Brighton 1994. – Robert M. SNUKAL: High Talk. The Philosophical Poetry of W. B. Yeats. Cambridge 1973. – Thomas R. WHITAKER: Swan and Shadow. Yeats's Dialogue with History. Chapel Hill 1964. – Dudley YOUNG: Out of Ireland. The Poetry of W. B. Yeats. Cheadle 1975.

PETER NICOLAISEN

Walter de la Mare: *The Listeners*

The Listeners

›Is there anybody there?‹ said the Traveller,
   Knocking on the moonlit door;
And his horse in the silence champed the grasses
   Of the forest's ferny floor:
5 And a bird flew up out of the turret,
   Above the Traveller's head:
And he smote upon the door again a second time;
   ›Is there anybody there?‹ he said.
But no one descended to the Traveller;
10   No head from the leaf-fringed sill
Leaned over and looked into his grey eyes,
   Where he stood perplexed and still.
But only a host of phantom listeners
   That dwelt in the lone house then
15 Stood listening in the quiet of the moonlight
   To that voice from the world of men:
Stood thronging the faint moonbeams on the dark stair,
   That goes down to the empty hall,
Hearkening in an air stirred and shaken
20   By the lonely Traveller's call.
And he felt in his heart their strangeness,
   Their stillness answering his cry,
While his horse moved, cropping the dark turf,
   'Neath the starred and leafy sky;
25 For he suddenly smote on the door, even
   Louder, and lifted his head: –
›Tell them I came, and no one answered,
   That I kept my word,‹ he said.

Never the least stir made the listeners,
30   Though every word he spake
Fell echoing through the shadowiness of the still house
    From the one man left awake:
Ay, they heard his foot upon the stirrup,
    And the sound of iron on stone,
35 And how the silence surged softly backward,
    When the plunging hoofs were gone.

Die Lauscher

»Ist jemand da?« fragte der Wanderer, / als er an die monder-
hellte Tür klopfte; / und sein Pferd zermalmte in der Stille die
Gräser / des Farnbodens im Walde: / und ein Vogel flog aus
dem Türmchen / über des Wanderers Kopf: / Und er pochte
zum zweiten Mal an die Tür. / »Ist jemand da?« fragte er.
Aber niemand stieg zu dem Wanderer herab, / kein Kopf
neigte sich über dem laubumkränzten Fenstersims / und
blickte ihm in die grauen Augen, / wo er stand, verwirrt und
still. / Nur eine Schar gespenstischer Lauscher, / die damals in
dem einsamen Haus wohnte, / stand und horchte in des
Mondlichts Stille / auf jene Stimme aus der Welt der Menschen: / Stand und bedrängte die schwachen Mondstrahlen
auf der dunklen Treppe, / die hinunterführt zur leeren
Diele; / sie lauschten in der vom Ruf / des einsamen Wanderers erregten und bewegten Luft. / Und er fühlte in seinem
Herzen, wie ihre Fremdheit, / ihre Stille seinem Ruf antwor-
tete, / während sein Pferd sich bewegte und den dunklen Rasen abweidete / unter dem bestirnten und belaubten Himmel. / Denn plötzlich pochte er an die Tür, / lauter noch, und
hob den Kopf: / »Sagt ihnen, daß ich kam und niemand ant-
wortete, / daß ich mein Wort hielt«, rief er. / Nicht die gering-
ste Bewegung machten die Lauscher, / obgleich jedes Wort,
das er sprach, / durch das Schattendüster des stillen Hauses
widerhallte / von dem einzigen Menschen her, der wach geblieben war. / Ja, sie hörten seinen Fuß auf dem Steigbügel /
und den Klang des Eisens auf Stein / und hörten auch, wie die
Stille sanft zurückbrandete, / als der fliehende Hufschlag ver-
klungen war.

[Übers. von Willi Erzgräber]

Anders als in den meisten Gedichten Walter de la Mares
wird in *The Listeners* eine Begebenheit erzählt. Die Zeit-
form ist das Präteritum, das Geschehen drängt auf ein Ende
zu. Nicht lyrische Gestimmtheit also, wie sie uns aus dem
größten Teil seines dichterischen Werkes vertraut ist, prägt
diese Verse, sondern der Ton der Ballade, der Spannung erzeugt und der Reflexion kaum Zeit läßt. Dem Formtypus
der Ballade entspricht auch die Art des dargestellten Geschehens, denn der Begegnung zwischen dem Wanderer und
den Lauschenden eignet etwas Geheimnisvolles, Rätselhaftes, ja Bedrohliches, wie es oft in Balladen gestaltet wird.
Weiterhin unterstreicht die wichtige Rolle, die der wörtlichen Rede innerhalb der Handlung zukommt, den balla-
denhaften Charakter des Gedichts.

Das Motiv des Unwirklichen, das dem Gedicht seine ver-
störende, unheimliche Wirkung gibt, ist bezeichnend für de
la Mare (1873–1956). Seine Welt ist durchdrungen von dem
Bewußtsein, daß es neben der Wirklichkeit, die wir mit
wachen Sinnen erfahren, einen anderen, von Geistern und
dunklen Erscheinungen bevölkerten Raum gibt; diesem
sucht er sich in seiner Vorstellungskraft zu nähern. In *The
Listeners* hat schon die Szenerie etwas märchenhaft Un-
wirkliches. Ein Wanderer klopft an das Tor eines verlassenen, einsam im Wald gelegenen und vom Mondlicht be-
schienenen Hauses – es ist, als werde das Geschehen ganz
bewußt der realen Welt entrückt. Auch die Hinweise auf
den Vogel, der vom Turm des Hauses aufsteigt, auf das
laubumkränzte Fenster oder den ›bestirnten und belaubten
Himmel‹ tragen zu einer näheren räumlichen oder zeitlichen Einbettung des Geschehens nicht eigentlich bei. Ganz
offensichtlich befinden wir uns in einem Raum, der zwar
konkret und vorstellbar, aber von einer wie auch immer ge-
arteten sozialen oder politischen Realität weit entfernt ist.
Wie im Märchen ist er zeitlos und allem Geschichtlichen
entzogen. Dieser Eindruck wird durch die gelegentlich ar-
chaisierende Sprache noch verstärkt. In einer derart der Zeit

entrückten Welt hat auch die Figur des Wanderers ihren Platz. Daß er zu Pferde auf seinem Weg ist, um ein ehemals gegebenes Versprechen einzulösen, paßt in das Bild einer Umgebung, die wir aus Sagen und Märchen zu kennen meinen. Dreimal pocht der Wanderer an das Tor des Hauses, bevor er die Szene unverrichteter Dinge wieder verläßt.

Deutlicher noch als die bisher genannten Details verweisen die Lauschenden auf einen Grenzbereich zwischen Wachen und Träumen, Wirklichem und Unwirklichem. Es sind ›Phantome‹, aber ihre Gegenwart ist spürbar, nicht nur für den Wanderer, der sie als ›Fremdheit‹ in seinem Herzen fühlt, sondern gleichsam objektiv. Sie ›bewohnen‹ das einsame Haus, ›bedrängen‹ die Mondstrahlen und verharren bewegungslos im Raum; vor allem aber gewinnen sie Gestalt in dem ihnen zugeschriebenen Gestus des Horchens und Lauschens. Doch zugleich scheinen sie vom Schlaf befallen zu sein, denn nur der Wanderer ist wach – er ist »the one man left awake« (32). Ist auch dies als ein dem Märchen entlehntes Motiv zu lesen, so als habe ein Zauber sich über das Haus gelegt und seine Bewohner in den Schlaf gesenkt?

Den eigenartigen Schwebezustand, in dem sich die Wahrnehmung befindet, die das Gedicht bestimmt, suggerieren nicht zuletzt die durch die Konjunktion »and« verbundenen Satzreihungen. Was sich ereignet, kann offenbar nur registriert werden, fast wie im Traum; es entzieht sich einer Ordnung durch Vernunft und Verstand. An die Logik des Traums erinnert auch die einzige Begründung, die im Laufe der Handlung gegeben wird. Der Wanderer empfindet die Stille und die Fremdheit der Lauschenden als *Antwort* auf seinen Ruf (21 f.), darum pocht er nochmals und lauter als vorher ans Tor (25), plötzlich und wie aus einer Eingebung heraus. Der dermaßen hergestellte Zusammenhang ist im Grunde kaum nachvollziehbar; im Kontext des Gedichts aber wirkt er glaubhaft und sinnvoll.

Dies führt uns ins Zentrum der dargestellten Erfahrung. Ein Mann erscheint vor einem Haus, um ein Versprechen einzulösen; diejenigen, denen er es zu schulden meint, sind indessen nicht zugegen. Wie um der Fremdheit, der er sich ausgesetzt fühlt, Herr zu werden, ruft er in die Stille hinein und fordert, daß seine Botschaft jenen übermittelt wird, denen er sich verpflichtet fühlt. In ihrer scheinbaren Folgerichtigkeit erinnert die Szene an Kafkas Welt, an den Einbruch des Fremden, der sich gleichsam beiläufig und mit einer ihm eigenen Logik vollzieht.

Derart reduziert, scheint das Gedicht zu einer parabolischen, auf die Existenz des Menschen bezogenen Deutung geradezu einzuladen. Sind die Pflichten gemeint, die wir einer anonymen Autorität schuldig zu sein glauben, deren Sinn uns am Ende aber niemand bestätigt? Oder geht es, noch allgemeiner, um den Menschen, der erfährt, daß seine Existenz auf dieser Welt keinerlei Echo hat, und dem auf sein Rufen nur Schweigen und Stille antworten? Der Wanderer will, daß sein Kommen zur Kenntnis genommen wird; durch seinen Ruf macht er seine Anwesenheit geltend – geht es womöglich nur um die Stimme, mit der der einzelne Mensch sein ›ich war hier‹ bekundet? Wer aber sind die Lauschenden? Vielleicht ist es berechtigt, auch an eine Begegnung des Wanderers mit dem Reich der Toten zu denken, ließe sich der Hinweis auf »that voice from the world of men« (16) doch in eben diesem Sinne verstehen. Die von de la Mare entworfene Situation legt solche Fragen nahe, gerade weil sie so offen und unbestimmt bleibt.

Ein gewisses Problem ergibt sich aus dem Gebrauch der Perspektive. Der erste Teil des Gedichts (1–12) ist dem Bewußtsein des Wanderers angenähert, auch wenn dieser von außen gesehen wird; daraufhin wechselt der Blick zu den Lauschenden im Inneren des Hauses (13–20), kehrt zum Wanderer zurück (21–28), um dann bis zum Ende bei den »phantom listeners« zu verbleiben. Die dargestellte Erfahrung ist also nicht allein die des Wanderers, sondern ebenso jene der Lauschenden, deren Bedeutung ja auch dadurch unterstrichen wird, daß sie im Titel genannt werden. Man könnte argumentieren, daß durch die doppelte Perspektive die Offenheit und Rätselhaftigkeit des Gedichts unterstrichen wird; mit gleichem Recht ließe sich freilich sagen, daß sie eine leise Verwirrung im Leser bewirkt.

The Listeners ist zum ersten Mal im Jahre 1912 als Titelgedicht der Sammlung *The Listeners and Other Poems* erschienen. Nach seiner Bedeutung befragt, hat de la Mare sich gewöhnlich zurückgehalten. Einmal allerdings hat er gesagt, das Gedicht sei »about *a* man encountering *a* universe«; in einem in den Jahren des Zweiten Weltkriegs geschriebenen Brief bezeichnet er den Wanderer dann als »a reincarnation revisiting this world beneath the glimpses of the moon, and there asking the same old unanswerable questions of the Listeners – only conceived but never embodied – who forever frequent, it would seem, this earthly existence.« Doch er stellt seine eigene Deutung sogleich wieder in Frage, indem er hinzufügt: »Every poem, of course, to its last syllable *is* its meaning; to attempt any paraphrase of the poem is in some degree to change that meaning and its effect on the imagination, – and often disastrously. In the finest poems the meaning fairly fizzles and rays out in every direction, it is the primal cell capable of infinite subdivision and innumerable potentialities.« (Zit. nach Whistler, S. 203.) Der Versuch, das Gedicht auf *eine* Bedeutung festzulegen, kann nur in einer Sackgasse münden. Versagt sich nicht gerade auch das Motiv der Stille, zu dem der Text immer wieder zurückkehrt, einer begrifflichen Deutung?

Obwohl de la Mare auf eine Einteilung des Gedichts in Strophen verzichtet hat, entstehen durch die miteinander reimenden Verse jeweils deutlich markierte, auch syntaktisch betonte vierzeilige Einheiten, die den Text gliedern. Auch in dieser Ordnung könnte man eine Reminiszenz an die ursprüngliche Strophenform der Ballade sehen. Die gereimten, sieben- bis achtsilbigen Verse enden männlich, die ›freien‹, durchweg längeren dagegen meistens auf unbetonten Silben. Die Gliederung durch die Reime hat freilich weder metrisch noch rhythmisch eine Entsprechung; der äußerst geschmeidige, immer wieder variierte Rhythmus setzt sich gegen jede strophische Regelmäßigkeit durch. Man kann nicht einmal sagen, daß eine bestimmte rhythmische Figur das Gedicht dominiert, so variantenreich ist die metrische Füllung der einzelnen Verse. Dagegen wirken manche rhetorische Figuren wie etwa die häufigen Alliterationen eher etwas bemüht. Im übrigen ist die Sprache, abgesehen von den bereits erwähnten gelegentlichen Archaismen, schlicht und unmittelbar auf die bezeichneten Gegebenheiten bezogen. Wohl auch deshalb konnte de la Mare *The Listeners* später in seine vorwiegend für junge Leser gedachte Sammlung *Collected Rhymes and Verses* aufnehmen.

In keinem der in dem Band *The Listeners and Other Poems* veröffentlichten Gedichte ist auch nur eine Ahnung vom drohenden Ausbruch des Ersten Weltkriegs zu spüren. Die hier gestaltete Welt ist friedlich, ihren Hintergrund bildet – ähnlich wie in der im gleichen Jahr erschienenen ersten Anthologie *Georgian Poetry 1911–1912*, in der de la Mare mit vier Gedichten aus *The Listeners* vertreten ist – eine verträumte, wie durch einen sanften Schleier gesehene Natur. Der vorherrschende Ton ist der einer unbestimmten Sehnsucht und Nostalgie, ein bevorzugtes Thema die Vergänglichkeit aller irdischen Dinge. *The Listeners* unterscheidet sich von den anderen Gedichten des Bandes in erster Linie durch seine Nähe zur Form der Ballade. Ob man die Erfahrung der Entfremdung, die es gestaltet, als ein im Kern ›romantisches‹ Lebensgefühl deutet und damit die epigonale Seite de la Mares betont, oder ob man in der Begegnung des Wanderers mit dem Schweigen und der Fremdheit der Lauschenden ungeachtet der märchenhaft-entlegenen Szenerie ein eher ›modern‹ anmutendes Bewußtsein der Ausgesetztheit des einzelnen sieht, ist im Grunde unerheblich. Wichtiger ist vermutlich das Bemühen des Lyrikers, die Empfindungen, um die es in *The Listeners* geht, aus einer gewissen Distanz heraus darzustellen. Indem er sie in ein Geschehen kleidet, objektiviert er sie – in der Art der Gestaltung, die de la Mare gewählt hat, ist der eigentümliche Reiz, der von dem Gedicht ausgeht, wohl am ehesten begründet.

Gedichttext nach: Walter de LA MARE: The Complete Poems. London: Faber & Faber, 1969. S. 126.
Literaturhinweise: C. B. COX / A. E. DYSON: Modern Poetry. Studies in Practical Criticism. London 1963. S. 41–47. – Henry Charles DUFFIN: Walter da la Mare. A Study of his Poetry. London 1949. – Doris Ross McCROSSON: Walter de la Mare. New York 1966. – Theresa WHISTLER: Imagination of the Heart. The Life of Walter de la Mare. London 1993.

Edward Thomas: *The Owl*

The Owl

Downhill I came, hungry, and yet not starved;
Cold, yet had heat within me that was proof
Against the North wind; tired, yet so that rest
Had seemed the sweetest thing under a roof.

5 Then at the inn I had food, fire, and rest,
Knowing how hungry, cold, and tired was I.
All of the night was quite barred out except
An owl's cry, a most melancholy cry

Shaken out long and clear upon the hill,
10 No merry note, nor cause of merriment,
But one telling me plain what I escaped
And others could not, that night, as in I went.

And salted was my food, and my repose,
Salted and sobered, too, by the bird's voice
15 Speaking for all who lay under the stars,
Soldiers and poor, unable to rejoice.

Die Eule

Den Hügel hinab kam ich hungrig, und doch nicht verhungert; / kalt, doch hatte ich Hitze in mir, die mich / vor dem Nordwind schützte; müde, doch so, daß die Rast / als süßeste Sache unter einem Dach erschienen war.

Im Gasthaus hatte ich dann Nahrung, Feuer und Rast, / und ich wußte, wie hungrig, kalt und müde ich war. / Alles draußen in der Nacht war ganz ausgesperrt außer / dem Ruf einer Eule, ein sehr melancholischer Ruf

lang und klar auf dem Berg ausgeschüttelt, / kein fröhlicher
Ton, auch kein Anlaß zur Fröhlichkeit, / aber einer, der mir
deutlich sagte, wovor ich mich / in jener Nacht, als ich eintrat,
gerettet hatte und andere sich nicht retten konnten.
  Und gesalzen wurde mein Essen, und meine Ruhe, / gesalzen und auch ernüchtert von der Stimme des Vogels, / die für
alle sprach, die unter den Sternen lagen, / Soldaten und Arme,
außerstande, sich zu freuen.

[Übers. nach Hans Ulrich Seeber]

Edward Thomas' am 24. Februar 1917 unter dem Pseud-
onym Edward Eastaway veröffentlichtes Gedicht ist mit
Bedacht für diese Anthologie ausgewählt worden. Zum einen ist es beispielhaft für die beherrschenden Themen im
Werk des Dichters, nämlich Natur, Einsamkeit und Krieg,
und zum anderen zeigen sich hier typische Merkmale der
formalen Gestaltung in seiner Lyrik. Bedingt auch durch
die Kürze seiner lyrischen Schaffensphase, entziehen sich
Thomas' Gedichte jeder literarischen Kategorisierung. Des
Dichters Selbstcharakterisierung als »lean« und »indefinite«
(zit. nach Wells, S. 63) ist auch auf sein Werk anwendbar.
  Nach einer katalysatorischen Begegnung mit dem amerikanischen Lyriker Robert Frost im Dezember 1913 begann
der Schriftsteller und Kritiker Thomas (1878–1917) in einer
entscheidenden Phase des Umbruchs in der britischen Literatur selbst Gedichte zu schreiben. Der Ausbruch des Ersten Weltkriegs ist ein zweites Ereignis, das Thomas als
einen kreativen Schub empfand. Der *Great War*, wie er in
England immer noch genannt wird, riß ihn nach eigenem
Bekunden aus Ichbezogenheit und Selbstmitleid. Allerdings
ist die überwiegende Zahl seiner Gedichte – wie auch *The
Owl* – nicht unmittelbar dem Kriegsgeschehen gewidmet. Thomas ist ein Sinnsucher ebenso wie ein Sinn- und
Inspirationsempfänger Wordsworthscher Prägung, der Erfüllung in einer Vita contemplativa, im Einfachen, Ein-

samen, Natürlichen findet. In *The Owl* wird seine Abkehr
von verfeinerter Ornamentik und ästhetizistischem For-
menspiel greifbar, die er in Anlehnung an die 1914 erschie-
nene Gedichtsammlung seines Freundes Frost als *North of
Boston-ism* bezeichnete.

Den vier Strophen von *The Owl* liegt eine harmonische
symmetrische Ordnung zugrunde. Das Gedicht ist mit seiner relativen Kürze durchaus repräsentativ für Thomas'
Dichtung. Es stellt in elementarer Sprache eine Alltagssitua-
tion in den Mittelpunkt: die Einkehr des Sprechers nach
einem nicht näher beschriebenen Tagwerk in ein Gasthaus.
Zunächst reflektiert der Sprecher über die Relativität seiner
Bedürfnisse, indem er auf die adjektivischen Zustandsbe-
schreibungen »hungry«, »cold« und »tired« jeweils konzessive Anschlüsse folgen läßt. – In Strophe 2 bricht in das
schützende Gasthaus, das den Sprecher von den Naturbe-
dingungen abschottet, der Schrei der Eule ein. Die Personi-
fikation der Eule, die *pathetic fallacy* oder Synusie als Stan-
dardelement romantischer Dichtung, ist zentral für das
Gedicht: Der Schrei der Eule spiegelt in der ihr zugeschriebenen Melancholie den Gemütszustand des Sprechers. –
Dies illustriert auch Strophe 3: Das lyrische Ich blickt nun
über die Enge eigener Bedürfnisse hinaus und denkt an das
Schicksal jener, die Hunger, Kälte und Erschöpfung in dieser Nacht nicht entkommen. – Des Sprechers Mahl und
Ruhe, so das inkongruente und vielschichtige Bild der
Schlußstrophe, sind durch den Schrei der Eule ›gesalzen
und ernüchtert‹ (14).

Der Gestus der Schmucklosigkeit kommt in der elementaren Situation, aber auch in der metrischen Gestaltung des
Gedichts zum Ausdruck. Die jeweils zehn Silben tragen
fünf Betonungen, die jedoch variabel zu realisieren sind und
einen unsteten, freien Rhythmus entstehen lassen. Eine zusätzliche Silbe in der Schlußzeile von Strophe 3 lenkt die
Aufmerksamkeit darauf, daß das lyrische Ich hier, das Gasthaus betretend, erstmals auf das Schicksal der anderen ein-

geht. In Strophe 1 ist die Unbill der Natur mit Kälte und Nordwind in Enjambements ausgedrückt. Eine weitere übersprungene Zeilengrenze trennt »except« (7) vom Eulenschrei, dem so eine Zeile reserviert wird. In den übrigen Strophen wird mit größerer Ruhe des Sprechers die Übereinstimmung von Metrum und Satzbau größer, der Rhythmus ruhiger. Aufzählungen stellen Kongruenzen her: »food, fire, and rest« zu »hungry, cold, and tired« (5/6); »salted and sobered« zu »soldiers and poor« (14/16). Nachgestellte Einheiten sind häufig, die adjektivische Qualifizierung der Soldaten und Armen sowie des Eulenschreis ebenso wie die Konzessionen in Strophe 1. Sowohl durch die Wortwahl als auch durch die Form des Gedichts entsteht der Eindruck eines *plain style*, dem das »telling me plain« der Eule als Modell dient. Für diese Wirkung einer unmittelbaren, scheinbar einfachen Komposition spricht ebenso das schwach entwickelte Reimschema. Der Kreuzreim ist aufgelöst zu einem fast beiläufig registrierten Reim der jeweils zweiten und vierten Zeile. Gelegentlich finden sich Alliterationen (z. B. »food« – »fire«, 5). Behutsam und ohne den geschlossenen Gesamteindruck zu brechen, schafft sich das Gedicht Freiheiten vom metrischen Korsett.

The Owl akzentuiert die anti-pastorale Linie im Werk von Thomas. Die »screech-owl« ist in der pastoralen Welt, etwa bereits in den Idyllen des Theokrit oder in *The Owl and the Nightingale* (12. Jh.), als mißtönendes Pendant zur lieblichen Nachtigall im Wettstreit der Nachtvögel negativ besetzt. Der Schrei der Eule galt im Volksglauben als Vorbote von Unglück, Krankheit und Tod. Den Romantikern erscheinen Nachtvögel als Spiegelungen des Dichter-Ichs, denen Melancholie und Einsamkeit zugeordnet sind, so z. B. in Samuel Taylor Coleridges *The Nightingale* (1798). *The Owl* knüpft hier an und bezieht eine Gegenposition zu dem fröhlich gewendeten Eulenschrei in Shakespeares »Song« am Ende von *Love's Labour's Lost*, in dem der personifizierte Winter singt: »Then nightly sings the staring owl, / Tu-whit; / Tu-who, a merry note.« Thomas' »no merry note« weist »an einem Lieblingsgedicht die idyllische Stilisierung der Wirklichkeit . . . als Fälschung« zurück (Seeber, S. 311). Die Eule ist nicht mehr Rollenträger in einer Kunstwelt, sondern kündet mit nahezu widerwillig ausgestoßener (»shaken out«), unharmonischer und einfacher Weisheit vom Einbruch der Realität in die pastorale Idylle. Das folgende Bild von Mahl und Ruhe ist von aufschlußreicher Doppeldeutigkeit. Zum einen ist Salz unverzichtbarer und lebenswichtiger Bestandteil eines jeden Essens, zum anderen kann es auch im Übermaß den Geschmack der Speise verderben und ist zudem mit Schweiß und Tränen in Beziehung zu setzen. Beide Aspekte kommen in Thomas' Bild zum Tragen, denn die Erkenntnis, daß andere einer rauhen, unerkennbaren und unveränderlich mutwilligen Natur ausgesetzt sind, würzt das Bewußtsein ebenso, wie sie es verdirbt. Die hier anti-pastoral als verderblich und zerstörerisch gedeutete Natur kann nicht ignoriert werden.

Der wandernde Dichter entwirft in *The Owl* eines seiner vielen streunenden Ichs, die stellvertretend das Naturerlebnis für den Rezipienten ausdeuten. Das zugrundeliegende Motiv der abendlichen Heimkehr wäre nach romantischen Konventionen dazu prädestiniert, eine Rückkehr des entfremdeten Dichter-Ichs in den Zustand der heimatlichen Harmonie, die aus der Naturerfahrung gewonnen wird, zu gestalten. Bereits das einleitende »Downhill I came« gibt jedoch die abwärtsgewandte Tendenz vor und zeigt die Brechung der Konvention an. In der letzten Strophe ist schließlich »repose« (13) nicht mehr gleichbedeutend mit »rejoice« (16). Die verdunkelte Weltsicht Thomas' findet auch in anderen seiner Gedichte Ausdruck in der sich herabsenkenden Nacht, dem verlöschenden Licht oder den Nachtwanderern in *Old Man*, *Out in the Dark* und *Lights Out*. Thomas' Verhältnis zur Natur ist dabei durchaus zwiespältig. Gelegentlich beschwört er plötzlich hereinbrechende Momente der Einheit von Mensch und Natur, die vor allem durch

Musik hervorgerufen werden können, besonders durch ›natürlich-einfache‹ Formen wie Kinderreime, Volkslieder oder Vogelstimmen. Drei seiner Gedichte und eine Kurzgeschichte sind überschrieben mit *Home*, Thomas' Kernbegriff für das Eins-Sein von Mensch und Natur als Idealzustand (Seeber, S. 297 ff.). So heißt es etwa in *Home* vom 17. April 1915: »'Twas home; one nationality / We had, I and the birds that sang, / One memory.« Das am Tag vor *The Owl* entstandene Gedicht gleichen Namens deutet dagegen die gegenteilige Position der Unerreichbarkeit eines solchen Zustands an: »I would go back again home / Now. Yet how should I go?« Die Vogelstimme kann demnach auch von der Fremdheit der Naturerfahrung künden. Angesichts solcher Sublimität fühlt sich auch der Sprecher in *The Owl* ausgeschlossen. Seine Heimat ist sicherlich nicht außerhalb des Wirtshauses, denn die dortige Natur ist im eigentlichen Wortsinn unwirtlich. So gestaltet *The Owl* einen von Thomas' Heimatlosen, denn auch im Wirtshaus ist der Sprecher nur Gast, der zudem auch dort von der Natur der Nacht erreicht wird.

Zwar spezifiziert Thomas seine Leidenden als »soldiers and poor«, jedoch beschreibt er jederzeit einen kosmischen Leidenszustand (»all who lay under the stars«), so daß jeder Kontext menschlicher Verantwortung für Soldaten und Arme außerhalb des Gedichtbereichs bleiben muß. Dies gilt insbesondere für den als Kriegsgeschehen virulenten Kontext des Gedichts, der erst in der letzten Zeile konkret wird. »I don't mind being called inhuman,« äußerte Thomas, und so empfindet er in seinen Gedichten den Krieg auch als schicksalhaftes Ereignis, das zum Dialog zwischen Mensch und Natur, aber nicht zum Dialog über Zwischen-Menschliches auffordert. Thomas' Verknüpfung von Natur und Krieg zeigt ihn wie die meisten *War Poets* in ungebrochener Tradition des romantischen Dichtungsverständnisses, das zu Beginn des Ersten Weltkriegs noch lebendig war.

Thomas skizziert dabei eine unüberbrückbare räumliche Distanz zwischen pastoraler Situation und Kriegserfahrung, die Unerreichbarkeit zweier sich gleichzeitig vollziehender Vorgänge. Vergleichbare Konstellationen sind auch in anderen seiner Gedichte unverkennbar, so in *As the Team's Head Brass, Man and Dog* oder dem nur wenige Wochen nach *The Owl* verfaßten Quartett *In Memoriam (Easter 1915)*. In solchen Gedichten des Kriegsfreiwilligen Thomas, der sich ausdrücklich zum Frontdienst meldete und dort im Januar 1917 bei Arras ums Leben kam, ist mit einem gewissen Recht ein Schuldkomplex vermutet worden, der schließlich mit einer ebenso latent vorhandenen Todessehnsucht in den Wunsch des Dichters mündete, die Ruhe des Wirtshauses mit der Nacht der Schützengräben zu vertauschen.

Die Natur des Krieges ist für Thomas in *The Owl* zwar unausweichlich, trotz aller patriotischen Gesinnung und aller Affinität zur Selbstzerstörung aber potentiell unheilvoll. Bei ihm wird wie bei anderen *War Poets* die Natur kriegerisch, doch der Krieg bleibt natürlich. Diese Kriegsnatur ist Thomas zufolge eine verdunkelte, darwinistische Natur. Allerdings steht seine Einschätzung des Krieges als schicksalhaft-tragisches Naturgeschehen in ausgesprochenem Gegensatz zum sozialdarwinistisch durchwehten Zeitgeist, der dem Mitgefühl für Soldaten und Arme die Verehrung des Heldischen und die Apotheose des Siegers gegenüberstellt.

Gedichttext nach: Edward Thomas: The Collected Poems. Hrsg. von R. George Thomas. Oxford: Clarendon Press, 1978. S. 119.
Literaturhinweise: Henry Coombes: Edward Thomas. A Critical Study. London 1973. – Eleanor Farjeon: Edward Thomas. The Last Four Years. London 1958. – Hans Ulrich Seeber: Moderne Pastoraldichtung in England. Frankfurt a. M. 1979. – R. George Thomas: Edward Thomas. A Portrait. Oxford 1987. – Robert Wells: Edward Thomas and England. In: Jonathan Barker (Hrsg.): The Art of Edward Thomas. Bridgend 1987. S. 63–74.

RAIMUND BORGMEIER

D. H. Lawrence: *Giorno dei Morti*

Giorno dei Morti

Along the avenue of cypresses,
All in their scarlet cloaks and surplices
Of linen, go the chanting choristers,
The priests in gold and black, the villagers. . . .

5 And all along the path to the cemetery
The round dark heads of men crowd silently,
And black-scarved faces of womenfolk, wistfully
Watch at the banner of death, and the mystery.

And at the foot of a grave a father stands
10 With sunken head; and forgotten, folded hands;
And at the foot of a grave a mother kneels
With pale shut face, nor either hears nor feels

The coming of the chanting choristers
Between the avenue of cypresses,
15 The silence of the many villagers,
The candle-flames beside the surplices.

Giorno dei Morti [Allerseelen]

Entlang der Allee von Zypressen gehen, / alle in ihren scharlachroten Mänteln und Chorröcken / aus Linnen, die singenden Chorknaben, / die Priester in Gold und Schwarz, die
Dorfbewohner. . . .
 Und ganz entlang dem Pfad zum Friedhof / drängen sich die
runden, dunklen Köpfe von Männern schweigend, / und in
schwarze Kopftücher gehüllte Gesichter von Frauen schauen
wehmütig / auf das Banner des Todes und das Mysterium.

Und am Fuße eines Grabes steht ein Vater / mit gesenktem Haupt; und vergessen, gefalteten Händen; / und am Fuße eines Grabes kniet eine Mutter / mit bleichem, verschlossenen Gesicht, und keiner von beiden hört oder fühlt
das Kommen der singenden Chorknaben / zwischen der Allee von Zypressen, / das Schweigen der vielen Dorfbewohner, / die Kerzenflammen neben den Chorröcken.

[Übers. von Raimund Borgmeier]

Das *Penguin Dictionary of Quotations* zitiert von D. H. Lawrence (1885–1930) als erste von acht Eintragungen die Anfangsstrophe von *Giorno dei Morti*. Dies ist zugleich erstaunlich und angemessen. Erstaunlich, weil nach wie vor die Neigung besteht, Lawrence zwar als großen Autor der Moderne zu sehen, nicht aber als Dichter (vgl. Press, S. 93). Wenn Lawrence über seine Zeitgenossen bemerkt, »people have got that loathsome superior knack of refusing to consider me a poet at all« (zit. nach Gilbert, S. 1), so gilt dies auch heute noch. Die Literaturwissenschaft macht da keine Ausnahme.

Andererseits begann Lawrence seine literarische Tätigkeit gerade als Dichter, und er schrieb bis zu seinem Tod in allen Schaffensperioden immer wieder Gedichte. Insgesamt brachte er zehn separate Gedichtbände heraus, und in der Sammelausgabe von Pinto und Roberts lassen sich 1037 Titel zählen. Darunter ragt *Giorno dei Morti* unzweifelhaft als ein »minor masterpiece« heraus (Hobsbaum, S. 20). Aber es ist zugleich wenig typisch für das Gros von Lawrence' Dichtung, welche seine Kollegin Joyce Carol Oates allgemein beschreibt als »a kind of autobiography of a novelist at work, a poetic journal of his consciousness« (S. 650).

In diesem Gedicht spielt all das, wofür Lawrence sich vehement einsetzte und was ihn sonst als Autor bekannt machte, kaum eine Rolle. Schon ein früher Rezensent hebt

diese Paradoxie hervor: »after all his [Lawrence's] contor-
tions, all his desperate efforts to escape the normal, all his
admirations of cruel physical manifestations, coils and
springs, fangs and yellow eyes, it is probable that the most
admiration of his readers will return at last to those few
simple poems in which he does not bother to express his
differences from other people, or to justify his sexual ca-
reer: such poems as, for example, *Giorno dei Morti*« (zit.
nach Draper 1970, S. 302).

Lawrence schrieb *Giorno dei Morti* am 2. November
1912, als er mit seiner späteren Frau Frieda den Winter in
Gargnano am Gardasee verbrachte und an seinem Roman
Sons and Lovers arbeitete. Er empfand die Feier des Aller-
seelentages auf dem Friedhof neben der Hauptkirche des
Ortes als ein denkwürdiges Erlebnis und setzte seinen Ein-
druck noch am gleichen Tag in dichterische Form um. Das
Gedicht wurde zuerst unter dem Titel *Service of All the
Dead* am 15. November 1913 im *New Statesman* veröffent-
licht und erschien mit diesem Titel auch in der von Edward
Marsh herausgegebenen Anthologie *Georgian Poetry
1913–1915*. Für seine Sammlung *Look! We Have Come
Through!* (1917) änderte Lawrence den Titel; in den
Collected Poems (1928) übernahm er *Giorno dei Morti* in
die Sektion »Unrhyming Poems«.

Man braucht die biographischen Hintergründe nicht zu
kennen, um das Gedicht zu verstehen. Es erscheint einleuchtend, wenn ein Kritiker sagt: »*Giorno dei Morti* is
a beautifully organized and completely exterior picture
which speaks for itself« (Pinion, S. 104). Allerdings lohnt
sich auch bei einem so schlichten Gedicht, das scheinbar keiner Erklärung bedarf, ein intensiveres Lesen, um tiefere
Sinnschichten zu erkennen und die Besonderheiten der
Form zu deuten.

In *Giorno dei Morti* geht es um das Mysterium des Todes,
ein Thema, das Lawrence als Dichter zeit seines Lebens be-
schäftigt hat. Besonders in den *Last Poems* (1932), wozu die

berühmtesten Lawrence-Gedichte *Bavarian Gentians* und *The Ship of Death* gehören, gewinnt dieses Thema einen zentralen Stellenwert. Man kann durchaus der Ansicht sein, daß Lawrence auch mit diesem Gegenstand, weniger auffällig als mit dem Thema Sexualität, eine tabubrechende Wirkung erzielte. Bis zu einem gewissen Grade läßt sich Lawrence so als »religious poet« verstehen (Gilbert, S. 315).

Obwohl Lawrence im ganzen mit seiner Poetik und seiner Dichtung unverkennbar unter dem Einfluß der Romantik steht (Gilbert, S. 11 f.), tritt in *Giorno dei Morti* das lyrische Ich überhaupt nicht in Erscheinung. Der Dichter führt sich hier nicht als erlebende oder fühlende Instanz in den Text ein. So wirkt die Darstellung, wie ein Kritiker es nennt, ebenso »objective« wie auch »grave and restrained« (Hough, S. 201). Man wird daran erinnert, daß Lawrence zeitweise zu den Imagisten gerechnet wurde, welche prinzipiell von der Dichtung forderten, sie solle vor allen Dingen ein Bild bieten. Außerdem war Lawrence selbst auch Maler.

Freilich ist das Bild, das dem Leser hier präsentiert wird, nicht statisch, wie es vielleicht zunächst den Anschein hat. Vielmehr enthält es Bewegung, und es erfolgt eine Veränderung der Perspektive, die Ähnlichkeit mit einer Kamerafahrt hat. Nachdem wir durch den Titel, die italienische Bezeichnung für das Fest Allerseelen, und die mediterran konnotierten Zypressen in der Anfangszeile knappe, aber deutliche Anzeichen erhalten haben, daß es sich um einen Schauplatz in Italien handelt, sehen wir in Strophe 1 die prächtige liturgische Prozession. Durch die Auslassungspunkte am Ende der Strophe unterstreicht Lawrence den Eindruck, daß die asyndetisch aufgeführte Folge von Chorknaben, Priestern und Dorfbewohnern einen Zug bildet, der sich fortsetzt.

Dieser Eindruck wird durch das einleitende »and« der Strophe 2 und die wieder aufgenommenen Partikel »all« und »along« verstärkt. Wir begleiten den Zug auf dem Wege zum Friedhof (»cypresses« in Z. 1 hatte uns darauf vorbereitet) und sehen aus seiner Perspektive die Gruppen am

Rande des Weges stehen. Zunächst werden die Männer, dann die Frauen genannt. Sowohl in der dunklen Farbgebung (»dark heads«, »black-scarved faces«) als auch in der Haltung (»crowd silently«, »wistfully / Watch at the banner of death, and the mystery«) findet sich eine Steigerung in der Bezogenheit auf das Ritual des Totengedenkens.

In Strophe 3 wendet sich unser Blick auf zwei einzelne Menschen, einen Vater und eine Mutter. Jeder von beiden steht oder kniet isoliert und in sich gekehrt am Grab seines Kindes und nimmt in seiner Trauer gar nicht wahr, was um ihn herum geschieht. Es sind Menschen, von denen Lawrence in dem bei der gleichen Gelegenheit geschriebenen parallelen Gedicht *All Souls* sagt: »who strive with their dead, / Reaching out in anguish, yet unable quite to touch them«. Auf der Trauer dieser beiden Menschen liegt der besondere Nachdruck des Gedichts.

Aus der Perspektive des trauernden Vaters und der trauernden Mutter, die selbst nichts wahrnehmen, sehen wir dann in der Schlußstrophe aufs neue die Prozession herannahen. Doch im Vergleich zur ersten Strophe – Hobsbaum spricht von »the virtual repetition of the first stanza« (S. 20) – fehlen nun die Attribute der prächtigen Farbigkeit. Statt dessen werden das Schweigen der Dorfbewohner und die brennenden Kerzen bei der Gedächtniszeremonie hervorgehoben. Aus der Sicht der Trauernden verliert das Leben seine Buntheit.

Der Gegensatz zwischen Leben und Tod, zwischen den bei der Zeremonie in Erscheinung tretenden Lebenden und den Toten, deren Gedächtnis bei dieser Gelegenheit begangen werden soll, ist zentral für dieses Gedicht. Dazu kommen andere Oppositionen, wie die von Gemeinschaft und Individuum, von bunt und schwarz, von Statik und Dynamik und schließlich von Ritual und Kontingenz.

Der Eindruck des Rituals, der feierlichen Inszenierung des Totengedächtnisses, wird in dem Gedicht vor allem durch die verschiedenartigen Wiederholungen hervorgerufen. Besonders wirksam ist in dieser Hinsicht die variierte

Wiederaufnahme der Anfangsstrophe am Schluß. Indem dazu in den beiden mittleren Strophen jede zweite Zeile mit *and* beginnt (5, 7, 9, 11), entsteht auch hier die Wirkung ritueller Formelhaftigkeit, die sowohl der Bewegung des Prozessionszuges als auch dem litaneihaften Gesang der Chorknaben entspricht. Selbst der trauernde Vater und die trauernde Mutter, die in ihrem Schmerz für sich stehen, werden durch die anaphorische Entsprechung der Darstellung in paralleler Symmetrie in das Bild einbezogen: »And at the foot of a grave a father« (9); »And at the foot of a grave a mother« (11). Auch das Netz von Alliterationen, das sich durch das Gedicht zieht, evoziert rituelle Formelhaftigkeit: »along« – »avenue« (1); »scarlet« – »surplices« (2); »chanting« – »choristers« (lediglich visuelle Alliteration, 3); »and« – »along« (5); »womenfolk, wistfully / Watch« (7 f.); »foot« – »father« – »forgotten, folded« – »face« – »feels« (9–12); »coming« – »chanting choristers« (13). Wenn am Ende in den letzten drei Zeilen die Alliterationen ausbleiben, kommt damit möglicherweise ein Zurücktreten des Rituals gegenüber der Kontingenz des Lebens zum Ausdruck.

Diese Wirkung wird ebenfalls durch die Besonderheit des Reimschemas unterstrichen. So werden die *couplets* in der letzten Strophe zugunsten von alternierenden Reimen aufgegeben. Die rituelle Geschlossenheit des Paarreims öffnet sich zur größeren Bewegtheit und Lebendigkeit des Kreuzreims.

Auch die Qualität der Reime ist bemerkenswert. Zutreffend weist ein Kritiker auf den bei Lawrence nur selten zu beobachtenden »good use of rhyme« hin (Draper 1964, S. 150). Wie ein anderer Kritiker bemerkt, findet sich hier bereits »well before Wilfred Owen [. . .] a pararhyme varying in assonance according to the degree of emphasis required« (Hobsbaum, S. 20). Diesmal wird das regelmäßige Muster durch Strophe 3 unterbrochen. Während sonst daktylische Konsonanzen das Ende der Verszeile bilden, stehen dort reine männliche Reime. Man kann diesen Gegensatz als einen Ausdruck des Kontrasts zwischen der mit prächtigem Aufwand inszenierten Totenfeier der religiösen Dorfgemeinschaft (Strophen 1, 2, 4) und der isolierten Trauer der beiden Einzelpersonen (Strophe 3) verstehen.

Zugleich macht das Enjambement am Ende von Strophe 3 deutlich, daß auch die beiden einzelnen Trauernden Teil des gesamten Geschehens sind. Überhaupt finden sich in dem Gedicht viele Enjambements, in denen die verhaltene Bewegung der Trauerprozession augenfällig wird. Wenn man das Auslassungszeichen zwischen Strophe 1 und 2 in dem oben dargelegten Sinne als Ausdruck der weiterführenden Bewegung deuten will, gibt es nur eine ausgeprägte Pause am Zeilenende in dem ganzen Gedicht, und zwar genau in der Mitte, nach dem Wort »mystery«. Dieses Wort steht nicht ohne Grund im Zentrum. Es bezieht sich möglicherweise auf das bei der Prozession mitgetragene Allerheiligste, meint aber vor allen Dingen – wie in dem Parallelgedicht *All Souls* – das Mysterium des Todes. Der Tod bleibt trotz aller Rituale und Zeremonien, so will uns Lawrence in diesem Gedicht deutlich machen, ein Geheimnis, mit dem sich der einzelne Mensch auseinandersetzen muß. Das Ritual und die Gemeinschaft können ihm vielleicht ein wenig dabei helfen.

Gedichttext nach: D. H. LAWRENCE: The Complete Poems. Bd. 1. Hrsg. von Vivian de Sola Pinto und Warren Roberts. London: Heinemann, 1964. S. 232.
Literaturhinweise: Ronald P. DRAPER: D. H. Lawrence. Boston 1964. – Ronald P. DRAPER (Hrsg.): D. H. Lawrence. The Critical Heritage. London 1970. – Sandra M. GILBERT: Acts of Attention. The Poems of D. H. Lawrence. Ithaca 1972. – Philip HOBSBAUM: A Reader's Guide to D. H. Lawrence. London 1981. – Graham HOUGH: The Dark Sun. A Study of D. H. Lawrence. London 1956. – Joyce Carol OATES: The Hostile Sun. The Poetry of D. H. Lawrence. In: Massachusetts Review 13 (1972) 639–656. – F. B. PINION: A D. H. Lawrence Companion. London 1978. – John PRESS: A Map of Modern English Verse. London 1969. S. 93–104.

REIMER JEHMLICH

Rupert Brooke: *The Soldier*

The Soldier

If I should die, think only this of me:
  That there's some corner of a foreign field
That is for ever England. There shall be
  In that rich earth a richer dust concealed;
5 A dust whom England bore, shaped, made aware,
  Gave, once, her flowers to love, her ways to roam,
A body of England's, breathing English air,
  Washed by the rivers, blest by suns of home.

And think, this heart, all evil shed away,
10   A pulse in the eternal mind, no less
    Gives somewhere back the thoughts by England
              given;
  Her sights and sounds; dreams happy as her day;
    And laughter, learnt of friends; and gentleness,
      In hearts at peace, under an English heaven.

Der Soldat

Wenn ich sterben sollte, denkt dieses nur von mir: / es wird
ein Fleckchen geben in fremdem Felde, / das fortan England
ist für alle Zeiten. Denn dort wird / in reicher Erde ein reiche-
rer Staub geborgen sein; / ein Staub, den England in sich trug
und formte, zur Klarheit des Bewußtseins führte, / ihm seine
Blumen einst zu lieben, seine Wege zu erwandern gab, / ein
englischer Leib, von Englands Luft erquickt, / von seinen
Flüssen reingewaschen, von heimatlicher Sonn' gesegnet.
    Und denkt daran, daß dieses Herz dann, nachdem es aller
Sünde ledig, / am Puls des ewgen Weltgeists schlägt, in gleichem Maß / am fremden Ort zurückerstatten wird, was es

von England einst empfangen: / Gedanken, Bilder, Klänge; und Träume, glücklich wie die wachen Tage; / und Lachen, erlernt von Freunden; und sanfte Wesensart / in friedevollen Herzen, unter englischem Himmel.

[Übers. von Reimer Jehmlich]

Rupert Brooke (1887–1915) war schon zu Lebzeiten so etwas wie eine Kultfigur, bewundert wegen seiner Schönheit und wegen seiner melancholisch-sanften Lyrik (*Poems*, 1911). Er galt vielen als talentiertester Vertreter der *Georgian Poets*, der damals führenden Dichtergruppe. Wirklich berühmt, zu einer fast schon legendären Gestalt, wurde Brooke freilich erst nach seinem frühen Tod im April 1915, und durch ein Kriegssonett, *The Soldier*, das er im Dezember 1914 in der Zeitschrift *New Numbers* veröffentlicht hatte. Denn in diesem Sonett hatte Brooke bereits das Todesthema angeschlagen, sich selbst und seinen Freunden Trost zugesprochen für den Fall, daß er in fremdem Land sterben sollte. Und eben dieser Fall war nun eingetreten: Brooke starb, in den ersten Tagen des Dardanellenfeldzugs, an dem er als Marineleutnant teilnahm, auf einer griechischen Insel. Angesichts solch prophetisch-schicksalhafter Verknüpfung von Dichtung und Wirklichkeit wurden er und sein Gedicht, das wenige Tage zuvor als trostreicher Text von der Kanzel von St. Paul's verlesen worden war, zu Objekten kultischer Verehrung: Kein Geringerer als Winston Churchill schrieb einen pathetischen Nachruf auf den Dichter, stilisierte ihn in der *Times* zu einem vorbildlichen Streiter für Volk und Vaterland, wohlweislich verschweigend, daß Brooke gänzlich unheroisch gestorben war – an einer Blutvergiftung als Folge eines Mückenstichs.

The Soldier galt fortan für lange Zeit als Inbegriff echter, erhabener und erhebender Kriegslyrik, nicht – oder nicht primär – wegen seiner formalen Qualitäten, sondern wegen seiner Ideologie, der hinter seiner Kernaussage stehenden Geisteshaltung. Damals begeistert akzeptiert, löst sie, wie Combecher milde-vorsichtig formuliert, beim modernen Leser »ein gewisses Erschrecken aus« (S. 191), nach dem harschen Urteil anderer Kritiker (Beispiele bei Utz, S. 214) ist sie perfide chauvinistisch und imperialistisch. Trotz solcher Kritik ist *The Soldier* das wohl bekannteste und populärste englische Kriegsgedicht geblieben, bekannter und populärer als die reiferen und subtileren Kriegsgedichte von Siegfried Sassoon, Wilfried Owen und Isaac Rosenberg. Wie ist solche anhaltende Wertschätzung zu erklären und zu bewerten? An welchen Textmerkmalen läßt sie sich festmachen, und in welchem Verhältnis stehen dabei sprachliche Gestaltung und Geisteshaltung? Diese Fragen sollen im folgenden erörtert werden.

Beginnen wir mit der Sprach- und Gedankenstruktur des *Soldier*. Brooke wählt für sein Gedicht das strenge Formschema eines italienischen Sonetts, gibt ihm die ›klassische‹ Reimstruktur abab cdcd efg efg. Sie gliedert den Gedichttext in ein achtzeiliges Oktett und ein sechszeiliges Sextett bzw., feiner unterteilt, in zwei Quartette und Terzette. Der formalen Gliederung entspricht, mit fließenden Übergängen, vor allem im Oktett (2 f., 4 f.), ein ähnlich strukturierter Gedankenaufbau. Im ersten Quartett entfaltet der Sprecher sein trostverheißendes ›Überlebenskonzept‹: Auch im Grabe werde wesentliches von ihm bewahrt bleiben und ein Stückchen fremder Erde zu einem Stück England machen. Die folgenden vier Verse erläutern und begründen diese hoffnungsvolle These: Er wird zu solchem Weiterwirken fähig sein, weil er überreiche Gaben von seinem Heimatland empfangen und in sich aufgenommen hat. Diese kann er, so die das Sextett beherrschende Abschlußthese, postum geläutert und verfeinert, an beliebigem Ort zurückerstatten. Von Thesen und Begründungen läßt sich hier freilich nur sehr bedingt sprechen. Brooke sucht ein thematisches Anliegen zu realisieren, das sich nicht regulär erörtern und beweisen läßt. Es verlangt nach anderen Methoden der Beglaubigung, nach einer eher suggestiven, subrationalen Diskursstrategie.

Entsprechend verfährt Brooke auch: Sein Sprecher wechselt bereits in den ersten beiden Zeilen scheinbar bruch- und mühelos vom Irrealis, dem Modus des bloßen Mutmaßens (»If I *should* die«) in den Realis, den Modus der Tatsächlichkeit (»there's some corner ... that *is* ...«) hinüber. Das geschieht – über die Zwischenstufe einer Aufforderung (»think only this of me«) – durch einen Objektsatz (»That there's some corner«), der, wiederaufgenommen im Sextett (»And think [that] this heart ...«), syntaktisch-logisch den gesamten Text beherrscht und entsprechend allen folgenden Aussagen den Status von Realaussagen verleiht. Durch diesen Kunstgriff kann dem Sprecher und seinen Adressaten als bereits verwirklicht und vollzogen erscheinen, was realiter lediglich erhofft und ersehnt wird: die trostverheißende Vision, im Tod Erfüllung zu finden, zum Segen anderer weiterzuwirken.

Zur ›Realisierung‹ dieser Wunschvision trägt in besonderem Maße auch die zeitliche Perspektivierung bei. Auch hier erfolgt, ähnlich wie im Bereich der Aussagemodi, ein rascher, gleitender Wechsel, werden Grenzen scheinbar mühelos überschritten: Der Sprecher blickt zunächst prophetisch-verkündend in die Zukunft (3), wendet sich gleich darauf jedoch der Vergangenheit zu, beschwört die dereinst von seinem Heimatland empfangenen Liebesgaben (5–8) und suggeriert damit, daß Vergangenheit und Zukunft – »dust« und »England« – sich wechselseitig bedingen, untrennbar miteinander verbunden sind. Im Sextett wiederholt sich dieser Zeitsprung – auf die Vorschau in die Zukunft (9 f.) folgt der Rückblick in die Vergangenheit (10–14) – nur gleichsam auf höherer ›Seinsebene‹ (der des Herzens statt des Körpers), und mit umfassenderen Konsequenzen: Das Zukünftige wird jetzt nicht mehr im Futur, sondern im Präsens (»*gives* somewhere back«) dargeboten, erscheint mithin als bereits geworden und geschehend. Und das Vergangene wird gleichfalls enger an die Gegenwart gebunden, ausschließlich durch Partizipien (»given«, »learnt«) wiedergegeben, Partizipien, die Vergangenes nicht als abgeschlossen und gewesen präsentieren, sondern als andauernd und weiterwirkend. Durch solche Aufweichung des Tempussystems verflüchtigen sich auch die Zeitgrenzen: Zukunft, Vergangenheit und Gegenwart bilden ein mythisches Kontinuum, in dem der Sprecher sich aufgehoben und geborgen fühlen kann.

Dazu mußte er zuvor einen imaginativen Transformationsprozeß durchlaufen, der vom Staub zum Körper und von dort zur reinen Spiritualität führte, von der Phase des bloßen Empfangens zu der des Zurückerstattens. Die Stufen dieses inneren Prozesses spiegeln sich nicht nur, wie bereits skizziert, im formalen Aufbau des Sonetts, sondern auch in der Syntax und im Satz- und Versrhythmus.

In den beiden Eröffnungssätzen (1–4), wohlgeformt und übersichtlich gegliedert, sind Ton und Tempo ruhig, fast feierlich. Das steht ganz im Einklang mit dem Aussageinhalt. Denn hier wird die Zukunftsvision des Sprechers nur verkündet; erst im zweiten Quartett erfolgt ihre imaginative Realisierung und Konkretisierung. Und entsprechend ändern sich Satzbau und -rhythmus radikal. Das aus Zeile 4 wiederaufgenommene »dust« (»A dust ...«) löst einen Relativsatz mit stakkatohaft gereihten Prädikaten aus, führt übergangslos zu »(A) body« (7), modifiziert durch Partizipien in ähnlich rascher Reihung. Das beschleunigt den Sprechfluß, er wird zudem durch Alliterationen und starke Akzentuierungen dynamisiert: Beispiele sind insbesondere »A *b*ody of *E*ngland's, *b*reathing *E*nglish air« (7), wo die Gleichklänge im Anlaut die durch das Metrum (jambische Pentameter) schon gesetzten Akzente noch verstärken, und »A dúst whom Éngland bóre, sháped, máde awáre« (5), wo drei Betonungen hart aufeinanderfolgen. Solche Akzentstaus signalisieren, in Verbindung mit dem beschleunigten

Rederhythmus, die innere Angespanntheit des Sprechers in der Anfangsphase seiner visionären Totenreise, eine Anspannung, die am Ende des Oktetts nur einen vorläufigen syntaktisch-rhythmischen Ruhepunkt findet, sich erst in den Schlußversen des Sextetts harmonisch löst.

Im Sextett, durch »and« mit dem Oktett verbunden, kehrt sich dessen Rhythmusschema um. Satzbau und Satztempo bleiben nur in den ersten beiden Zeilen ähnlich stakkatohaft wie im voraufgehenden Quartett. Bereits am Ende von Zeile 10 ändert sich dies: Der mit »no less« eingeleitete (Teil-)Satz (10 f.) schwingt weiter aus als die voraufgehenden syntaktischen Strukturen, entsprechendes gilt auch für die nachfolgende Objektreihung: Ihre Glieder sind durch *and* verbunden und überdies durch Alliterationen klanglich sanft vernetzt (12–14). Dies verleiht den Schlußaussagen, im Zusammenspiel mit dem langsameren Rhythmus (und den gewählten Termini) eine suggestive, fast beschwörende Ausdrucksqualität – ganz im Einklang mit der visionären Botschaft, die sie transportieren.

The Soldier ist sprachlich-formal also ein durchaus beachtliches Gedicht, sensibel und musikalisch-suggestiv gestaltet. Die Problematik des Textes liegt im konzeptuellen Bereich, in der Bedeutungsaura seiner Leitbegriffe und in ihrer Vernetzung: »dust« – »body«; »heart« (noch klarer wäre ›soul‹) – »eternal mind« suggerieren – in ihrer Aufeinanderfolge und im Verein mit »bless« und »heaven« – Christologisches, die letzten Phasen der Passionsgeschichte: Tod – Auferstehung – Himmelfahrt. Solche (Selbst-)Stilisierung – obschon pantheistisch abgemildert (Utz, S. 217 ff., dort auch Hinweise auf klassische Vorbilder) – scheint problematisch genug, vollends problematisch wird sie durch die begriffliche Verklammerung mit England: »England«/ »English« erscheint insgesamt sechsmal im Text und verleiht damit der Trostrede einen peinlich chauvinistischen Beiklang, scheint ihr Sprecher doch, wenn man sich nur auf sein Ausgangsargument konzentriert, eine Art nekrobiolo-

gischen Kulturimperialismus zu propagieren: Das Soldatengrab als Außenposten des British Council!

So ist das Sonett oft gelesen worden. Man hat es gern von
einem früheren Kriegsgedicht abgesetzt, Hardys *Drummer
Hodge*, in dem es ebenfalls um ein Soldatengrab und um das
Weiterexistieren der Gefallenen in einem anderen Aggregat-
zustand geht: Drummer Hodge, getötet im Burenkrieg,
wirkt bescheidener weiter als der Brookesche *soldier*, er
düngt mit seinem Staub das fremde Land. Vor dieser Folie
werden die Defizite des *Soldier* besonders deutlich. Dennoch wäre es verfehlt, das Gedicht als hurrahpatriotisches
Machwerk, als Aufruf zum heldenhaften Tod für Volk und
Vaterland zu verdammen. Eine solche Lesart wird dem Text
nicht gerecht: *The Soldier* enthält zwar, ohne Frage, be-
denkliche Ideologeme, aber, und das macht das Gedicht so
schillernd-problematisch und schwer zu fassen, keine ag-
gressiven, martialischen Appelle. Der Sprecher ruft nicht
zum massenhaften Opfertod auf, redet überhaupt nicht
vom Krieg und vom Kämpfen (es fehlt jegliches Kriegs-
vokabular), sondern spricht nur von seinem eigenen Tod.

Wie wir heute wissen, war Brooke durchaus kein Milita-
rist. Nach einer tiefen Sinn- und Lebenskrise begann er jedoch im Krieg und Tod eine mögliche Sinnerfüllung zu sehen (Geraths, S. 215 ff.; Utz, S. 209, 213). Aus dieser Stimmungslage ist *The Soldier* erwachsen, ein sehr persönliches
Gedicht mithin, das freilich schnell zum Kulttext einer ganzen Generation wurde, weil es auch deren Stimmungslage
zu Beginn des ›Großen Krieges‹ spiegelte. Zudem und
wichtiger noch: Das Gedicht ließ sich, wegen seines latenten
ideologischen Bedeutungspotentials, auch anders, heroisch
und patriotisch, lesen. Und so wurde es auch eingesetzt und
rezipiert: als Trosttext in St. Paul's, als Kulttext in der *Times*,
und als in Stein gemeißeltes Textdenkmal in Rugby (wo
Brooke zur Schule gegangen und sein Vater Lehrer war).
Heute lesen wir Brookes *war sonnet* anders, aber wir lesen
es noch immer, trotz – oder gerade wegen – seiner Ambiva-

lenzen. Es steht zu erwarten, daß es auch in Zukunft einen Platz im Lyrikkanon behalten wird, neben den eindeutig besseren – aber deshalb auch weniger kontroversen – Kriegsgedichten von Sassoon, Owen und Rosenberg.

Gedichttext nach: Rupert BROOKE: The Poetical Works. Hrsg. von Geoffrey Keynes. London: Faber & Faber, 1946. S. 23.
Literaturhinweise: Hans COMBECHER: Deutung englischer Gedichte. Bd. 2. Frankfurt a. M. 1965. S. 189–191. – Armin GERATHS: Rupert Brooke und die War Poets 1914–1918. In: Rudolf Sühnel / Dieter Riesner (Hrsg.): Englische Dichter der Moderne. Ihr Leben und Werk. Berlin 1971. S. 205–217. – Joachim UTZ: Verzweiflung und Metamorphose. Rupert Brooke: »The Soldier«. In: Hans-Joachim ZIMMERMANN (Hrsg.): Antike Tradition und Neuere Philologien. Symposium zu Ehren des 75. Geburtstages von Rudolf Sühnel. Heidelberg 1984. S. 197–220.

IRIS BÜNSCH

Edith Sitwell: *Sir Beelzebub*

Sir Beelzebub

When
Sir
Beelzebub called for his syllabub in the hotel in Hell
      Where Proserpine first fell,
5 Blue as the gendarmerie were the waves of the sea,
      (Rocking and shocking the barmaid).

Nobody comes to give him his rum but the
Rim of the sky hippopotamus-glum
Enhances the chances to bless with a benison
10 Alfred Lord Tennyson crossing the bar laid
With cold vegetation from pale deputations
Of temperance workers (all signed In Memoriam)
Hoping with glory to trip up the Laureate's feet,
      (Moving in classical metres) . . .

15 Like Balaclava, the lava came down from the
Roof, and the sea's blue wooden gendarmerie
Took them in charge while Beelzebub roared for his rum.
    . . . None of them come!

Sir Beelzebub

Als / Sir / Beelzebub nach seinem Sillabub rief im Hotel in
der Hölle, / wo Proserpina zuerst fiel, / waren die Wellen der
See blau wie die Gendarmerie / (das Barmädchen wiegend
und schockierend).
    Keiner kommt und gibt ihm seinen Rum, aber der / Rand
des Himmels, nilpferdverdrießlich, / erhöht die Chancen, mit
Segen zu segnen / Alfred Lord Tennyson, wenn er die Bar

[Hafenmole] durchquert, ausgelegt / mit kalter Vegetation von bleichen Abordnungen / der Abstinenz-Arbeiter (alle unterzeichneten In Memoriam) / hoffend, mit Ruhm dem Laureatus ein Bein zu stellen / (sich in klassischen Metren bewegend) . . .

Wie Balaklawa kam die Lava herunter vom / Dach, und der See blaue Holzgendarmerie / nahm sie in Haft, als Beelzebub nach seinem Rum schrie. / . . . Keiner von denen kommt!

[Übers. von Iris Bünsch]

Edith Sitwell (1887–1964), Dichterin von ebenso nobler wie exzentrischer Herkunft, experimentierte in ihrem Zyklus *Façade* (1922) mit der engen Verbindung von Wort und Musik. Wie William Waltons Vertonung ist die von ihr gewählte Sprache von Assonanzen und Dissonanzen geprägt und voller rhythmischer Variationen. So sind einige Gedichte im Takt von Tänzen, z. B. Foxtrott oder Polka, geschrieben. Im Gefolge der Franzosen Arthur Rimbaud und Stéphane Mallarmé sowie des berühmten Nonsense-Dichters Edward Lear ist Sitwell auch dem Zeitgeist der zwanziger Jahre verpflichtet, für den die gegenseitige Beeinflussung von Literatur, Malerei und Musik kennzeichnend ist. Als Reaktion auf den von Gesetzen der Rationalität bestimmten Viktorianismus strebten die Künstler nun einen unmittelbaren sinnlichen Eindruck beim Rezipienten an. Wie ihre Zeitgenossin Virginia Woolf in ihren Romanen des Bewußtseinsstroms weist auch Sitwell in ihren Gedichten auf die Relativität scheinbar allgemeingültiger Normen hin. Indem sie die unmittelbare Logik zusammenhängender Gedankengänge verweigert, wendet sie sich an die Subjektivität des assoziativ arbeitenden Bewußtseins, wobei die musikalischen Elemente (Rhythmus und Klang) diesem Vorgang eine klare Struktur unterlegen.

Das erste Beispiel für eine solche Vorgehensweise in *Sir Beelzebub*, dem Schlußgedicht des Zyklus, ist Beelzebubs

Wunsch nach einem »syllabub«: Die Wörter ›»Beelzebub«
und »syllabub« gleichen sich im Rhythmus und enden mit
der gleichen Silbe. Auf der Bedeutungsebene entsteht eine
komische Reibung, denn bei »syllabub« handelt es sich um
eine Art weinhaltigen Milchshake. Im weiteren Verlauf des
Gedichts verwandelt Sitwell dieses Getränk aus lautlichen
und metrischen Gründen in Rum. Durch dieses Verfahren
entsteht aus Klängen und metrischen Variationen (auch mit
Taktumstellungen) eine Sprachmelodie, deren Bedeutungsebene gedankliche Assoziationen freisetzt, die eine komische bis satirische Tendenz haben.

In der von Peter Pears gesprochenen Aufnahme von Waltons Komposition hört sich das Gedicht nach dem langsamen doppelten Auftakt, der seinerseits von einem Trom-
melwirbel und Trompetenstößen eingeleitet wird, wie eine
Wortkaskade an, die sich wie ein Wirbel um sich selbst
dreht und erst vor den drei letzten Befehlsworten zu einem
abrupten Halt kommt. Es entsteht dabei ein wippender
Rhythmus, der sich gleichmäßiger anhört als der, den man
beim Lesen aufnehmen würde.

Die Lautstruktur des Gedichts ist beachtenswert. Stilmittel wie Endreim (3/4, 17/18), Binnenreim (3, 6, 9, 15), Alliterationen (3, 4, 5, 7 u. ö.), Paronomasie (7–8: »him«/
»rim«), Wortwiederholungen, effektvolle Kontrastierung
von hellen und dunklen Vokalen (z. B. 8) belegen, daß – typisch für Nonsense-Dichtung – der Gleichklang die Wortwahl lenkt; am deutlichsten wird dies in der durch allite-
rierendes b pointierten Tautologie »bless with a benison« (9).
Der dichten Lautstruktur steht eine variable Metrik gegenüber, die vom Daktylus, der mit dem Namen *Beelzebub*
eingeführt wird, beherrscht ist. Die Zahl der Senkungssil-
ben ist frei, die Verse sind meist auftaktlos (z. B. 5–8) und
enden mehrheitlich auf einer betonten Silbe.

Dagegen scheint das konzentrierte Geflecht von Anspielungen und Verweisen für Nonsense-Dichtung zunächst
wenig typisch. Das Gedicht führt uns in die Unterwelt –

und zwar auf doppelte Weise: 1. Beelzebub ist ein biblischer Beiname für den Teufel und bedeutet ›der Herr der Fliegen‹; 2. die Hölle, durch Großschreibung als Ortsname ausgewiesen, greift eine christliche Unterweltsvorstellung auf. Mit dem Namen Proserpina jedoch wird auf die Unterwelt der griechischen Mythologie Bezug genommen. Proserpina war die Tochter Demeters und von Pluto geraubt und zur Herrin des Hades gemacht worden. Dieser eher düstere Aspekt wird jedoch komisch konterkariert, einmal durch die Vorstellung einer Hotelbar, in der der Teufel – um der Assonanz willen – ein harmloses alkoholisches Getränk verlangt.

Das Ambiente der Bar mit Meeresblick vermittelt eher den Eindruck der Entspannung, andererseits wird in dem Vergleich des Blaus mit der Uniformfarbe von Ordnungshütern schon der militärische Bereich angesprochen, der am Schluß noch eine wichtige Rolle spielt. Die »barmaid«, die in den Wellen schaukelt, läßt den Denkschritt zur »mermaid« zu und bildet einen Kontrast zu dem schwerfälligen Flußpferd der nächsten Strophe. In dieser wird das Element Wasser mit dem der Luft (»sky«) verbunden und erneut werden widersprüchliche Assoziationen erzeugt. Die Verfassung des vernachlässigten Beelzebub spiegelt sich in der nilpferdartigen Verdrießlichkeit des Himmelsrandes, der dann auch sinnvoll ein Minimalpaar mit dem ausbleibenden Rum bildet.

Danach wendet sich Sitwell einem ebenso ehrwürdigen wie berühmten Dichterkollegen zu, den sie mit vollem Namen samt Titel nennt (weil dies, wie Beelzebub, einen so schönen Daktylus ergibt) und dessen Werk sie direkt und indirekt zitiert. Alfred Lord Tennysons 1850 veröffentlichte Versdichtung *In Memoriam*, in der er seines toten Freundes A. H. Hallam gedenkt, brachte ihm breite öffentliche Anerkennung; im gleichen Jahr wurde er zum *poet laureate* ernannt. Tennysons in diesem Werk deutlich werdende Religiosität wird in dem Reimwort zu seinem Namen (»benison«) angedeutet. All diese biographischen Elemente werden collageartig zusammengestellt und durch die Verwendung eines seiner Gedichttitel erweitert: *Crossing the Bar* (1889). Hier geht Sitwell ziemlich frech mit den verschiedenen Bedeutungen des Wortes »bar« um, das sie zu einem Wortspiel benutzt. Der Kontext vermittelt den Eindruck, daß Tennyson die Hotelbar durchquert, während sein berühmtes Gedicht diesen Begriff für die Mole am Hafenausgang benutzt, die der von Todesahnungen erfüllte Achtzigjährige bei der (letzten) Ausfahrt eines Schiffes passiert. Die Anspielung auf Tennysons Sicherheit in der Anwendung klassischer Versmaße, seine Stellung als Dichterfürst und das Wortspiel, das seine Füße mit Versfüßen gleichsetzt, wird in komische Verbindung mit den Temperenzlern gebracht: die Arbeiter wollen dem Hochgestellten ›mit Hilfe von Ruhm‹ (13) ein Bein stellen. Außerdem assoziiert dieses Bild die in Tennysons Werk verblüffende Gleichzeitigkeit von metrischer Eleganz und Leichtigkeit und moralischer Bedeutungsschwere, indem die komische, weil diskrepante, Vorstellung erzeugt wird, wie der Dichter sich durch kalte Pflanzen bewegt, die von bleichen Alkoholgegnern in der Höllenbar als Fallen ausgelegt worden sind.

Die letzte Strophe verweilt bei den Tennyson-Anspielungen, bringt aber indirekt die Elemente des Feuers und der Erde mit ins Spiel. Die Assoziation eines Vulkanausbruchs, dessen Lava ins Meer fließt (die Wiederaufnahme des Bildes aus der ersten Strophe), wird mit der Balaclava-Episode des Krimkriegs in Verbindung gebracht, die Tennyson – wie es seine Pflicht als *poet laureate* war – in der höchst patriotischen Hymne *The Charge of the Light Brigade* (1854) gefeiert hatte. Hier wird das ironisch angedeutet, wenn sich die hölzerne Meeresgendarmerie der Temperenzler annimmt, die dem Dichter nachgestellt hatten. Währenddessen hat sich Beelzebubs Ruf nach seinem Schnaps zum Gebrüll gesteigert – allerdings immer noch ohne Erfolg, wie aus dem Befehl am Schluß mit dem doppeldeutigen »them« hervorgeht. Die vergebliche Forderung nach einem Getränk sowie das See-Motiv sind die thematische Klammer des Gedichts.

Was zunächst gedanklich unverbunden erscheint, erweist sich als ein dichtes Gefüge von Verweisen: 1. Die Evokation der Unterwelt, des Totenreiches oder der Hölle, entspricht den Themen der Tennyson-Gedichte mit ihrer Todes- und Kriegsthematik. 2. Als Kontrast entwickelt sich eine satirisch gezeichnete ›Männerszene‹: die beiden ranghohen Männer, Sir und Lord, demonstrieren – durch Verfolgung oder Vernachlässigung – frustrierten Machtanspruch.

Gedichttext nach: Edith SITWELL: Collected Poems. London: Macmillan, 1957. S. 158. – Mit Genehmigung von Sinclair Stevenson, London.
Literaturhinweise: James D. BROPHY: Edith Sitwell. The Symbolist Order. Carbondale 1968. – Victoria GLENDINNING: Edith Sitwell. A Unicorn among Lions. New York 1981. – Ralph J. MILLS: Edith Sitwell. A Critical Essay. Grand Rapids (Mich.) 1966. – Michael SCHMIDT: An Introduction to Fifty Modern British Poets. London 1979. S. 109–114.

T. S. Eliot: *The Love Song of J. Alfred Prufrock*

The Love Song of J. Alfred Prufrock

> *S'io credessi che mia risposta fosse*
> *a persona che mai tornasse al mondo,*
> *questa fiamma staria senza più scosse.*
> *Ma per ciò giammai di questo fondo*
> *non tornò vivo alcun, s'i'odo il vero,*
> *senza tema d'infamia ti rispondo.*

Let us go then, you and I,
When the evening is spread out against the sky
Like a patient etherised upon a table;
Let us go, through certain half-deserted streets,
5 The muttering retreats
Of restless nights in one-night cheap hotels
And sawdust restaurants with oyster-shells:
Streets that follow like a tedious argument
Of insiduous intent
10 To lead you to an overwhelming question ...
Oh, do not ask, ›What is it?‹
Let us go and make our visit.

In the room the women come and go
Talking of Michelangelo.

15 The yellow fog that rubs its back upon the
                                        window-panes,
The yellow smoke that rubs its muzzle on the
                                        window-panes,
Licked its tongue into the corners of the evening,
Lingered upon the pools that stand in drains,

Let fall upon its back the soot that falls from chimneys,
Slipped by the terrace, made a sudden leap,   20
And seeing that it was a soft October night,
Curled once about the house, and fell asleep.

   And indeed there will be time
For the yellow smoke that slides along the street
Rubbing its back upon the window-panes;   25
There will be time, there will be time
To prepare a face to meet the faces that you meet;
There will be time to murder and create,
And time for all the works and days of hands
That lift and drop a question on your plate;   30
Time for you and time for me,
And time yet for a hundred indecisions,
And for a hundred visions and revisions,
Before the taking of a toast and tea.

   In the room the women come and go   35
Talking of Michelangelo.

   And indeed there will be time
To wonder, ›Do I dare?‹ and, ›Do I dare?‹
Time to turn back and descend the stair,
With a bald spot in the middle of my hair –   40
(They will say: ›How his hair is growing thin!‹)
My morning coat, my collar mounting firmly to the chin,
My necktie rich and modest, but asserted by a
                          simple pin –
(They will say: ›But how his arms and legs are thin!‹)
Do I dare   45
Disturb the universe?
In a minute there is time
For decisions and revisions which a minute will reverse.

For I have known them all already, known them all –
50 Have known the evenings, mornings, afternoons,
I have measured out my life with coffee spoons;
I know the voices dying with a dying fall
Beneath the music from a farther room.
    So how should I presume?

55 And I have known the eyes already, known them all –
The eyes that fix you in a formulated phrase,
And when I am formulated, sprawling on a pin,
When I am pinned and wriggling on the wall,
Then how should I begin
60 To spit out all the butt-ends of my days and ways?
    And how should I presume?

And I have known the arms already, known them all –
Arms that are braceleted and white and bare
(But in the lamplight, downed with light brown hair!)
65 Is it perfume from a dress
That makes me so digress?
Arms that lie along a table, or wrap about a shawl.
    And should I then presume?
    And how should I begin?

     . . . . .

70 Shall I say, I have gone at dusk through narrow streets
And watched the smoke that rises from the pipes
Of lonely men in shirt-sleeves, leaning out of
                 windows? . . .

I should have been a pair of ragged claws
Scuttling across the floors of silent seas.

     . . . . .

    And the afternoon, the evening, sleeps so peacefully!   75
Smoothed by long fingers,
Asleep ... tired ... or it malingers,
Stretched on the floor, here beside you and me.
Should I, after tea and cakes and ices,
Have the strength to force the moment to its crisis?   80
But though I have wept and fasted, wept and prayed,
Though I have seen my head (grown slightly bald)
                         brought in upon a platter,
I am no prophet – and here's no great matter;
I have seen the moment of my greatness flicker,
And I have seen the eternal Footman hold my coat, and
                         snicker,   85
And in short, I was afraid.

    And would it have been worth it, after all,
After the cups, the marmalade, the tea,
Among the porcelain, among some talk of you and me,
Would it have been worth while,   90
To have bitten off the matter with a smile,
To have squeezed the universe into a ball
To roll it towards some overwhelming question,
To say: ›I am Lazarus, come from the dead,
Come back to tell you all, I shall tell you all‹ –   95
If one, settling a pillow by her head,
    Should say: ›That is not what I meant at all.
    That is not it, at all.‹

    And would it have been worth it, after all,
Would it have been worth while,   100
After the sunsets and the dooryards and the sprinkled
                         streets,
After the novels, after the teacups, after the skirts that
                       trail along the floor –
And this, and so much more? –
It is impossible to say just what I mean!

105   But as if a magic lantern threw the nerves in patterns on a
                                                 screen:
    Would it have been worth while
    If one, settling a pillow or throwing off a shawl,
    And turning toward the window, should say:
        ›That is not it at all,
110   That is not what I meant, at all.‹
         . . . . .

      No! I am not Prince Hamlet, nor was meant to be;
    Am an attendant lord, one that will do
    To swell a progress, start a scene or two,
    Advise the prince; no doubt, an easy tool,
115   Deferential, glad to be of use,
    Politic, cautious, and meticulous;
    Full of high sentence, but a bit obtuse;
    At times, indeed, almost ridiculous –
    Almost, at times, the Fool.

120   I grow old . . . I grow old . . .
    I shall wear the bottoms of my trousers rolled.

    Shall I part my hair behind? Do I dare to eat a peach?
    I shall wear white flannel trousers, and walk upon the
                                                beach.
    I have heard the mermaids singing, each to each.

125   I do not think that they will sing to me.

    I have seen them riding seaward on the waves
    Combing the white hair of the waves blown back
    When the wind blows the water white and black.

    We have lingered in the chambers of the sea
130   By sea-girls wreathed with seaweed red and brown
    Till human voices wake us, and we drown.

J. Alfred Prufrocks Liebeslied

Wenn ich glauben müßte, meine Antwort sei an jemanden gerichtet, / der je in die Welt zurückkehrte, / würde diese Flamme nicht mehr zittern. / Da aber niemals jemand lebend aus diesem Abgrund / zurückgekehrt ist, falls man mir die Wahrheit berichtet hat, / antworte ich dir ohne Furcht vor Schande.   [Dante, *Inferno*, Canto XXVII,61–66]

Gehn wir also, du und ich, / wenn der Abend ausgestreckt am Himmel liegt / wie ein Patient narkotisiert auf einem Tisch; / gehn wir durch gewisse halbverlaßne Straßen, / die raunenden Schlupfwinkel / ruheloser Nächte in billigen Hotels für eine Nacht / und mit Sägemehl ausgestreuten Schenken voller Austernschalen: / Straßen, die dich wie eine weitschweifige Beweisführung / mit heimtückischer Absicht verfolgen, / um dich zu einer überwältigenden Frage zu führen ... / Ach, frage nicht: ›Wie lautet sie?‹ / Gehn wir und machen unseren Besuch.

Im Zimmer gehn die Frauen hin und her / und reden über Michelangelo.

Der gelbe Nebel, der den Rücken an den Fensterscheiben reibt, / der gelbe Rauch, der seine Schnauze an den Fensterscheiben reibt, / leckte mit seiner Zunge in die Winkel des Abends, / hing zögernd über den Pfützen in den Gossen, / ließ sich den Schornsteinruß auf den Rücken fallen, / schlüpfte vorbei an der Terrasse, machte einen jähen Satz, / und, die Milde der Oktobernacht gewahrend, / wand er sich einmal um das Haus und fiel in Schlaf.

Und in der Tat, es ist noch Zeit / für den gelben Rauch, der durch die Straße schleicht / und seinen Rücken an den Fensterscheiben reibt; / es ist noch Zeit, es ist noch Zeit, / sich eine Miene aufzusetzen, um den Gesichtern zu begegnen, die dir begegnen werden; / es ist noch Zeit zu morden und zu zeugen / und Zeit für alle Werke und Tage von Händen, / die eine Frage aufheben und auf deinen Teller fallen lassen; / Zeit für dich und Zeit für mich, / und Zeit noch für ein Hundert Unentschiedenheiten, / und für ein Hundert Visionen und Revisionen / vor Toast und Tee.

Im Zimmer gehn die Frauen hin und her / und reden über Michelangelo.

Und in der Tat, es ist noch Zeit, / sich zu fragen: ›Soll ich's wagen?‹ und: ›Soll ich's wagen?‹ / Zeit, umzukehren und die Treppe hinabzugehen / mit einer kahlen Stelle mitten im Haar – / (man wird sagen: ›Wie dünn wird doch sein Haar!‹) / Mein Cut, mein Kragen, der sich steif zum Kinn erhebt, / mein Schlips, kostbar und bescheiden, doch von einer schlichten Nadel festgehalten – / (Sie werden sagen: ›Wie dünn doch seine Arme und Beine sind!‹) / Soll ich's wagen, / das Weltall aufzustören? / Eine Minute reicht bereits / für Entscheidungen und Gegenentscheidungen, die eine Minute ins Gegenteil verkehrt wird.

Denn ich kenn sie alle schon, kenn sie alle – / kenn die Abende, Morgen, Nachmittage, / ich hab mein Leben mit Kaffeelöffeln ausgemessen; / ich kenn die Stimmen, die verhallend sterben, / verdeckt von der Musik aus einem weiter entfernten Zimmer. / Wie also sollte ich mich erdreisten?

Und ich kenn die Augen schon, kenn sie alle – / die Augen, die dich in eine bereits geprägte Formel fassen, / und wenn ich dann auf eine Formel gebracht bin, mich auf einer Nadel spreizend, / wenn ich aufgespießt an der Wand zucke, / wie sollte ich dann damit beginnen, / all die Kippen meiner Tage und Pfade auszuspucken? / Und wie sollte ich mich erdreisten?

Und ich kenn die Arme schon, kenn sie alle – / weiße und bloße Arme, die mit Spangen geschmückt sind / (doch im Lampenlicht mit einem Flaum von hellbraunen Härchen!) / Ist es der Duft eines Kleides, / der mich so abschweifen läßt? / Arme, die auf einem Tisch ruhen oder einen Schal umlegen. / Und sollte ich mich da erdreisten? / Und wie sollte ich beginnen?

Soll ich sagen, ich sei in der Abenddämmerung durch enge Straßen gegangen / und hätte den Rauch beobachtet, der aus den Pfeifen / einsamer Männer aufsteigt, die sich in Hemdsärmeln aus dem Fenster lehnen?
. . .

Ich wünschte, ich wäre ein Paar gezackter Scheren, / die über den Grund stiller Meere eilen.
. . .

Und der Nachmittag, der Abend schläft so friedlich! / Von schmalen Fingern beruhigt, / im Schlaf ... müde ... oder er tut nur so, / auf dem Boden ausgestreckt, hier neben dir und mir. / Sollte ich, nach Tee, Gebäck und Eis, / die Kraft haben, den Augenblick zu seiner Krise hinzutreiben? / Aber obwohl ich geweint und gefastet habe, geweint und gebetet, / obwohl ich sah, wie mein Kopf (ein wenig kahl bereits) / auf einer Platte hereingetragen wurde, / bin ich kein Prophet – und es geht hier nicht um große Dinge; / ich sah den Augenblick meiner Größe flackern, / und ich sah den ewigen Lakaien meinen Mantel halten und kichern, / und, kurzum, ich hatte Angst.

Und hätte es sich wirklich gelohnt, / nach den Tassen, der Marmelade, dem Tee, / mitten im Porzellan, mitten im Gespräch zwischen dir und mir, / hätte es sich wirklich gelohnt, / die Sache mit einem Lächeln abzubeißen, / das Weltall in einen Ball zu pressen, / um es zu einer überwältigenden Frage hinzurollen, / zu sagen: ›Ich bin Lazarus, von den Toten auferstanden, / bin zurückgekommen, um euch alles zu erzählen, ich werde euch alles erzählen‹ – / wenn eine, während sie ein Kissen unterm Kopf zurechtrückt, / sagen würde: ›Das ist ganz und gar nicht, was ich meinte, / das ist es ganz und gar nicht.‹

Und hätte es sich wirklich gelohnt, / hätte es sich gelohnt, / nach den Sonnenuntergängen und den Vorgärten und den besprengten Straßen, / nach den Romanen, nach den Teetassen, nach den Röcken, die am Boden schleifen – / und diesem und so vielem mehr? – / Es ist unmöglich, genau zu sagen, was ich meine! / Doch als wenn eine Laterna Magica die Nerven in Mustern auf die Leinwand würfe: / Hätte es sich gelohnt, wenn eine, während sie ein Kissen zurechtrückt oder einen Schal abwirft / und sich zum Fenster wendet, sagen würde: / ›Das ist es ganz und gar nicht, / das ist ganz und gar nicht, was ich meinte.‹

. . .

Nein! ich bin nicht Prinz Hamlet, noch war ich dazu ausersehn; / bin ein Gefolgsmann, jemand, der gut genug ist, / eine Entwicklung voranzutreiben, ein oder zwei Szenen anzufangen, / den Prinzen zu beraten, zweifellos ein gefügiges Werkzeug, / ehrerbietig, froh, von Nutzen sein zu können, / klug, umsichtig und penibel; / voll großer Worte, doch ein wenig beschränkt; / manchmal in der Tat fast lächerlich – / zuweilen fast der Narr.

Ich werde alt ... ich werde alt ... / ich werde die Hosen-
beine umgeschlagen tragen.

Ob ich die Haare hinten scheiteln soll? Ob ich es wagen
darf, einen Pfirsich zu essen? / Ich werde weiße Flanellhosen
tragen und am Strand spazierengehen. / Ich hörte, wie die
Meerjungfrauen einander zusangen.

Ich glaube nicht, daß sie mir zusingen werden.

Ich sah sie meerwärts auf den Wellen reiten / und das zu-
rückgewehte weiße Haar der Wellen kämmen, / wenn der
Wind das Wasser weiß und schwarz bläst.

Wir verweilen in den Kammern des Meeres / bei Meermäd-
chen, die mit rotem und braunem Seegras bekränzt sind, / bis
menschliche Stimmen uns wecken und wir ertrinken.

[Übers. von Michael Hanke]

Das in den Jahren 1910/11 entstandene Gedicht präsentiert
sich durch den Titel als ein Liebesgedicht und bezieht sich
insofern auf die Tradition der Liebeslyrik. Dem entspricht
die Apostrophierung eines ›Du‹ in den Zeilen 1–12. Es ist
oft bemerkt worden, daß dieses ›Du‹ im Gedicht nicht in
Erscheinung tritt, was dazu geführt hat, daß seine Identität
umstritten ist. Handelt es sich wirklich um ein personales
(weibliches?) Gegenüber, oder ist das Gedicht nicht eher ein
Soliloquium, wobei das ›Du‹ der einleitenden Zeilen als der
andere Teil einer in sich gespaltenen Persönlichkeit zu interpretieren wäre? Man muß sich wohl damit abfinden, daß
diese Frage nicht zu entscheiden ist und es nach dem Willen
des Autors auch nicht sein soll. *Prufrock* ist Liebesgedicht
und Soliloquium zugleich. Es fügt der Tradition der Liebeslyrik eine neue Möglichkeit an und verändert sie dadurch in
toto, und zwar auf eine grundsätzliche, ihre Grenzen be-
rührende, wenn nicht gar überschreitende Weise. Natürlich
kann man sagen, daß dieses Gedicht die literarische Typolo-
gie erotischen Verhaltens lediglich um den narzißtischen Typus erweitere, aber der auf Frustration gestimmte Grund-

ton widerspricht dem und evoziert die Vorstellung von einer prinzipiellen Unfähigkeit zu liebendem Verhalten.

Die Frustrationsthematik ist in Eliots Gedicht der allgemeinste Ausdruck einer hamletischen Existenz moderner Prägung. Daß es gerade die sexuelle Impotenz ist, die hier zum Sinnbild einer allgemeinen Unfähigkeit wird, Potenz in Akt umzusetzen, scheint bezeichnend. Wenn Prufrock von sich sagt: »No! I am not Prince Hamlet, nor was meant to be« (111), so bedeutet das nicht, daß man ihn mit Hamlet nicht vergleichen könne, weil er einen ganz anderen Typus menschlicher Befindlichkeit darstelle, sondern das Gegenteil: Prufrock ist ein moderner Hamlet, unterscheidet sich aber von dem traditionellen Prototypus der Inaktivität insofern, als es nicht ›des Gedankens Blässe‹ sein kann, von der er ›angekränkelt‹ ist, sondern eine quasi-biologische, dem heilenden Zugriff des Gedankens oder der Gnade entzogene Impotenz. Eine analoge Diagnose der Befindlichkeit des Zeitalters stellte wenig später Oswald Spengler in *Der Untergang des Abendlandes* (1918–22). Zugleich geht Eliots Analyse insofern auch über die religionswissenschaftliche Theorie J. G. Frazers und die psychoanalytische Sigmund Freuds hinaus, als sie weder Auferstehung noch psychotherapeutische Heilung verheißt. Ihr ›objektives Korrelat‹ ist das vorzeitige Altern des Protagonisten, von dem im Gedicht mehrfach die Rede ist.

Prufrock enthält jedoch noch eine weitere, spezifizierende *Hamlet*-Anspielung. Nachdem Prufrock festgestellt hat, daß er nicht Prinz Hamlet sei, charakterisiert er sich in den Zeilen 112–119 noch deutlicher, als es die Anspielung auf Hamlet allein leisten würde, als Schauspieler, als ein Mann des ›als ob‹, der es nicht wagt, durch den aktiven Eingriff in die Realität »[to] disturb the universe« (46). Die Bühnenrolle, die diesem alternden Mimen angemessen scheint, ist neben der des Shakespeareschen Narren die des Polonius, denn es kann kein Zweifel daran bestehen, daß die Beschreibung der Zeilen 112–118 exakt auf den ohne Würde gealter-

ten Vater der Ophelia paßt, und natürlich rufen diese Zeilen
in Verbindung mit dem Thema der Lendenlahmheit des Alters auch Hamlets tiefsinnig-satirische Bemerkungen über
Alter, Bärte und Runzeln (*Hamlet* II,2) in Erinnerung.

Prufrock beschreibt sich durch die Polonius-Anspielung
aber nicht nur als vorzeitig Gealterten, der ohne die eigentliche Potenz des Alters, die Weisheit, ist, sondern auch als
einen aus dem Kreis der Mächtigen des Stücks Ausgeschlos-
senen. Dies könnte in unseren Tagen Tom Stoppard zu seinem Stück *Rosencrantz and Guildenstern are Dead* (1967)
angeregt haben, in dem die »attendant Lords« par excel-
lence aus Shakespeares Drama zu Hauptpersonen geworden sind, aber ihren Status als Akteure verloren haben. Es
muß nachdenklich stimmen, daß ausgerechnet in unserem
Jahrhundert, das die Demokratisierung der gesellschaftlichen und politischen Prozesse auf seine Fahnen geschrieben
hat, Verkörperungen der gesellschaftlichen und politischen
Ohnmacht zu literarischen Protagonisten werden, gerade
weil sie es im inhaltlichen Sinne nicht mehr sind. Setzt man
Eliots *Prufrock* und Stoppards Tragikomödie zueinander in
Beziehung, so sieht man, daß die politische Ohnmacht als
eine Folge des allgemeinen, schon von Eliot und einigen seiner Zeitgenossen gesehenen Sinnverlusts gedeutet werden
kann.

Der frühe Eliot hat sich mit *Hamlet* und den vermeint-
lichen künstlerischen Problemen, die Shakespeare beim
Schreiben dieses Dramas gehabt habe, auch theoretisch und
kritisch auseinandergesetzt: In *Hamlet and his Problems*
(1920) unterzieht er die romantisch-psychologische *Hamlet*-Kritik Goethes und Coleridges einer scharfen Kritik.
Goethe habe aus Hamlet einen elisabethanischen Werther
gemacht, Coleridge in ihm einen Coleridge des 17. Jahrhunderts gesehen. In diesem Zusammenhang fällt die viel-
zitierte Bemerkung vom »objective correlative«, die mit
Recht als Fundament von Eliots Dichtungstheorie gilt. Sie
ist aber im Zusammenhang des *Hamlet*-Essays nichts ande-

res als eine theoretische Hilfskonstruktion für Eliots *Hamlet*-Kritik. Das eigentliche Thema des *Hamlet* seien Hamlets Emotionen angesichts des Verhaltens seiner Mutter. Shakespeare sei es nicht gelungen, für die Gefühle Hamlets ein ›objektives Korrelat‹, d. h. eine diesen entsprechende Kette von Handlungsabläufen zu schmieden. Eliot identifiziert sich mit J. M. Robertsons These, wonach *Hamlet* »a play dealing with the effect of a mother's guilt upon her son« sei »and that Shakespeare was unable to impose this motive successfully upon the ›untractable‹ material of the old play«. Hamlets Wahnsinn, in der Vorlage nur »a simple ruse« im Ablauf der Rachetragödie, sei bei Shakespeare Ausdruck einer künstlerisch unbewältigten psychologischen Krise, »less than madness and more than feigned«. Die Kritik Eliots gipfelt in einem seiner unnachahmlichen, durch ihre Geschliffenheit Bewunderung erregenden Aphorismen: »The levity of Hamlet, his repetition of phrase, his puns, are not part of a deliberate plan of dissimulation, but a form of emotional relief. In the character Hamlet it is the buffoonery of an emotion which he cannot express in art.«

So anfechtbar Eliots *Hamlet*-Kritik auch sein mag, so aufschlußreich ist sie doch für das Verständnis des *Prufrock*. Eliot interpretiert Hamlets Unfähigkeit, spontan zu handeln, aus einer gestörten Sohn-Mutter-Beziehung. Shakespeares *Hamlet* ist für ihn eine mißglückte pathologische Studie, mißglückt vor allem deswegen, weil Hamlet kein Adoleszent sei, wie der Hamlet Laforgues. Nur bei Adoleszenten sei ein derartiges Verhalten anzutreffen. Auf diese Weise gelangt Eliot letztlich zu einer, wenn auch nicht im romantischen Sinne psychologischen, so doch psychoanalytischen Deutung der Hamlet-Figur.

An diesem Punkt läßt sich eine weitere Brücke von Hamlet zu Prufrock schlagen. Wenn Eliot Prufrock von sich sagen läßt: »No, I am not Prince Hamlet, nor was I meant to be« (111), dann kann dies auch bedeuten, daß seine Unfähigkeit zum Handeln eben nicht psychopathologischer

Natur ist, obwohl sie den Vergleich mit Hamlet geradezu herausfordert. Prufrocks Hemmung ist dann allgemeineren Ursprungs, sie liegt in der Beschaffenheit des Zeitalters begründet, das in einem biologischen Sinne ›alt‹ und ›verkalkt‹ ist. Man wundert sich, daß Eliot nicht gesehen haben sollte, daß der Shakespearesche Hamlet sich in einer ganz und gar analogen Situation befindet, der er durch sein »The time is out of joint« (*Hamlet* 1,5) Ausdruck verleiht.

Wenn man nach der Beschaffenheit des Zeitalters fragt, mit dem zusammen Prufrock (vorzeitig?) ›alt‹ geworden ist, so gibt das Gedicht darüber in reichem Maße Auskunft. Wie auch andere bedeutende Autoren der Zeit, z. B. James Joyce, D. H. Lawrence, Virgina Woolf oder E. M. Forster, suchte und fand Eliot mit Recht die eigentlichen Ursachen der Katastrophe, vielleicht sogar diese selbst, im ideellen und nicht im politischen Bereich. 1914 stellt Joyce in *Dubliners* eine Diagnose, die der Eliots sehr ähnelt: Paralyse. Auch in einem weiteren Punkt kann *Prufrock* in Parallele zu den *Dubliners* gesetzt werden: Wie Joyce verbindet Eliot sein ›imagery‹ der Impotenz mit der Szenerie der »urbs«, der Hauptstadt als zentralem Sinnbild der verlorenen Mitte.

Die urbane Szenerie tritt im *Prufrock* auf vielfältige Weise in Erscheinung. Da sind die an Soho erinnernden »certain half-deserted streets, / The muttering retreats / Of restless nights in one-night cheap hotels«, die »sawdust restaurants with oyster-shells« (4–7), die Parties, auf denen blaustrümpfige Frauen über Michelangelo reden, der gelbliche Smog aus Kaminen und Fabrikschornsteinen, die Boudoirs und die »tea and cakes«-Rituale. Potentiell ist dies bereits die »unreal city«-Bühne des *Waste Land* (1922). Sie kennt keine Mitte, sondern nur das »tedious argument of insiduous intent« (8 f.) der Straßen, die zu den Stundenhotels, den Parties und den Boudoirs führen, aber nicht zu Wohnungen, die Stätten von Kreativität und Fruchtbarkeit sein könnten. Der ›Raum‹, dem Prufrock zustrebt, ist kein Ort der kreativen Stille und sicher nicht der »still point of the turning world«, von dem später in den *Four Quartets* (1943) die Rede sein sollte. Dennoch erklärt die Radsymbolik aus dem späteren Gedicht mit ihrer Bezugnahme auf die Inkarnation rückwirkend Prufrocks Bewegungen zu einem Zielpunkt, der keine Erfüllung bereithält. Das »Let us go and make our visit« (12) steht, im Lichte der *Four Quartets* betrachtet, im Kontrast zu rituellen Bewegungsformen, wie den Prozessionen der mittelalterlichen Kirche, die *visitationes* genannt wurden und zu den liturgischen Örtlichkeiten führten, die zentrale Raum- und Zeitpunkte der Heilsgeschichte vergegenwärtigten, z. B. Altar oder Krippe. Prufrocks Wandern durch die Straßen der Stadt ist keine *visitatio*. Es ist zur ›Visite‹ degeneriert. Man kommt wohl nicht darum herum, das Gedicht insgesamt auch als eine Elegie zu lesen, die den ›Verlust des Mythos‹ (Arno Esch) beklagt und Prufrock als einen Mann präsentiert, der nicht die Kraft zu einer neuen Sinngebung besitzt (79 f.).

Prufrock fehlt jedoch nicht nur die Kraft, sondern auch der Wille zum Akt im speziellen wie im allgemeinen Sinne. Er ist ein aus dem Totenreich Zurückgekehrter, hat also in gewissem Sinne den Tod bereits hinter sich, ohne daß seine Rückkehr einen Wiedereintritt in das Leben bedeuten würde. Darauf weist das aus Dantes *Inferno* (XXVII,61–66) genommene Motto, aber auch die Anspielung auf die Wiedererweckung des Lazarus in den Zeilen 94 f. Als jemand, der aus der Zeitlosigkeit in die Zeit zurückgekommen ist, vermag er das natürliche Verhältnis der Lebenden zur Zeit nicht mehr zu gewinnen. Zeit erscheint ihm als ein manipulierbares und unbegrenzt verfügbares Gut (26–34). Dennoch ist Prufrock nicht tot, sondern »etherised« wie der ›Abend‹, an dem zu leben sein Los ist (2 f.). Sein Status ergibt sich aus dem Dante-Zitat, das als Motto dient. Der Sprecher der Dante-Zeilen ist Guido da Montefeltro, den Dante, der in Begleitung Vergils das Inferno besucht, nach dem Grund seiner Verdammnis fragt. Guido antwortet ›ohne Scheu‹, weil er glaubt, daß aus der Hölle niemand zurückkehren und die Antwort verraten könne. Guido irrt sich, denn Dante kehrt sehr wohl in das Leben zurück und ›verrät‹ in seinem großen Epos sogar sämtliche Antworten der Verdammten.

Auch Prufrock ist aus dem Totenreich zurückgekehrt, aber er kann nichts ›verraten‹, weil er, wie Parzival am Hofe des siechen Königs Amfortas, zum Fragen unfähig war und es immer noch ist, obwohl der mittlere Teil seines Soliloquiums (55–110) aus einer einzigen Kette von Fragen besteht. Aber das sind rhetorische, nicht an ein echtes Gegenüber gestellte Fragen. Prufrock ist in der Tat nicht Parzival, aber in einem ähnlichen Sinne, in dem er nicht Prinz Hamlet ist: Er verfügt nicht über die jugendliche Unbekümmertheit und heroische Statur des ›tumben Toren‹ der literarischen Tradition. Dennoch verbindet ihn etwas Entscheidendes mit seinem mythischen Partner: Er wagt es nicht, die »overwhelming question« (10) zu stellen, die dem Lande Erlösung bringen, Fruchtbarkeit wecken könnte.

Weder Prufrock noch T. S. Eliot verraten uns expressis verbis, worin denn wohl die mysteriöse Frage, die ›das Universum wecken‹ könnte, bestehen müsse. Aber der Vergleich zwischen der Situation Parzivals und derjenigen Prufrocks läßt doch ahnen, worum es geht. Parzival hat bei seinem Lehrer, dem greisen Gurnemanz, gelernt, man dürfe als Ritter niemals neugierige Fragen stellen. Dem König Amfortas hat ein Orakel verkündet, ein Ritter, der voller Mitleid die Frage nach der Ursache des königlichen Leidens stelle, könne eben dadurch, daß er frage, den König von seinem Leiden erlösen und selbst Gralskönig werden. Parzival versagt, weil er im unrechten Augenblick der gesellschaftlichen Konvention und nicht der Stimme seines Herzens folgt. So kann der König und kann mit ihm sein Land weiterhin weder leben noch sterben. Auch Prufrock ist ein Mann der gesellschaftlichen Konvention, auch er wagt nicht, »to force the moment to its crisis« (80). Auch er stellt nicht die alles entscheidende Frage, die sich im Gedicht vordergründig im sexuellen Kontext zu bewegen scheint, in Wirklichkeit jedoch als schlechthin alles verändernder, Kommunikation ermöglichender, Fruchtbarkeit erneuernder, Sinn stiftender Akt verstanden werden muß.

Neben Hamlet und Parzival gibt es im *Prufrock* noch eine dritte mythisch-heroische Gestalt, mit der Prufrock verglichen wird, ebenfalls mit scheinbar negativem Ergebnis, tatsächlich jedoch in einer Weise, die eine Identifikation Prufrocks mit ihr unter den veränderten Vorzeichen des 20. Jahrhunderts trotz aller Abwehr aus seinem eigenen Munde nahelegt. Bezugsfigur der Zeilen 82–86 ist offensichtlich Johannes der Täufer, der »Rufer in der Wüste« (Mt 3,3) und Vorläufer Jesu, der Prophet der Endzeit. Wie der Kontext vermuten läßt, hat Eliot im Zusammenhang des *Prufrock* nicht nur an den Johannes der Evangelisten Matthäus und Markus, sondern vor allem an die entsprechende Gestalt aus Oscar Wildes *Salome* (1891) gedacht. Wie immer bei Eliot, überblenden sich auch hier die literarischen Prototypen und verändern sich untereinander ebenso sehr, wie sie selbst durch die moderne Variante umgedeutet werden. Bei Wilde wird Johannes der Täufer von der Lüsternheit des Kindweibs Salome verfolgt. Da sie Johannes, der sie wegen seiner extremen Andersartigkeit reizt, nicht verführen kann, verlangt sie (im Unterschied zur biblischen Überlieferung nicht auf Betreiben ihrer Mutter Herodias, sondern aus freiem Entschluß) das Haupt des Propheten auf einer silbernen Schüssel. König Herodes, der sie begehrt, gewährt ihr widerstrebend diesen Wunsch. »Die ihr vom Lebenden versagten Zärtlichkeiten will sie in perverser Raserei vom Haupt des Ermordeten empfangen« (Gero von Wilpert).

Prufrock leugnet ein weiteres Mal, mit dem literarischen Prototypus identisch zu sein (83). Aber ähnlich wie im Falle des Hamlet tut der Leser gut daran, ihm diese Distanzierung nicht unbesehen zu glauben. Gewiß ist Prufrock kein Prophet. Im ›Wüsten Land‹ dieser urbanen Szenerie, die deutliche Fin-de-siècle-Züge trägt, gibt es keine Propheten, so wie es keine Heroen gibt und, wie der Leser gerade im Zusammenhang mit dem Täufer-Vergleich entdeckt, auch keine Frauen, die diesen Namen verdienen. Aber in einer Hinsicht ist Prufrock eben doch mit dem Täufer vergleichbar: Er hat zusehen müssen, wie man sein abgeschlagenes Haupt auf einer Schüssel hereintrug. Man kann das wohl nur so deuten, daß auch er das Opfer einer lüsternen Frau geworden ist, die ihn ›für sich haben‹ wollte, wenn nicht als den Lebenden, der sich ihr versagen mußte (84), dann eben als den Toten. Die Frauengestalten, die namenlos und schemenhaft die Bühne des *Prufrock* bevölkern, rechtfertigen eine solche Deutung: Da sind die ruhelosen Partygängerinnen, die über Michelangelo, den Schöpfer heroischer Männergestalten, parlieren und dem alternden Prufrock ihre boshaften Kommentare nachtuscheln (41, 44). Da sind die weiblichen Intellektuellen, deren kalte Augen Prufrock nicht vergessen kann (55–61). Und da sind schließlich die gepflegten Damen, denen Prufrock nicht gestehen mag, daß er einer ist, der dem »eternal Footman« (85) ins Auge geschaut hat, damit sie nicht sagen können: »That is not what I meant at all. / That is not it, at all« (97 f.).

Wenn von Prufrock gesagt wurde, er sei ein Mann, der seiner vollen Teilhabe am Leben und damit auch seiner Männlichkeit beraubt ist, weil er in einem gealterten, einem Endzeitalter lebt, dann muß hinzugefügt werden, daß die Stadtwüste des *Prufrock* auch durch einen entsprechenden Mangel an vitaler Weiblichkeit gekennzeichnet ist. Emanzipation, Intellektualität, Lebensgier und egoistischer Genuß der Sexualität charakterisieren die Frauengestalten des Gedichts. Der weibliche Verhaltenstypus, der damit angesprochen ist, verursacht die ›Enthauptung‹ des männlichen Protagonisten, wie umgekehrt die ›Entmännlichung‹ Prufrocks seine Partnerinnen frustriert zurückläßt (97 f.). So schockierend diese Diagnose auch sein mag, so muß man doch zugeben, daß Eliot damit den Finger auf eine der tödlichen

Wunden unseres Jahrhunderts gelegt hat: die Entwertung der Sexualität, die aus der Trennung von Sexualität und Fruchtbarkeit entstanden ist, und dies lange, bevor es die Pille gab. Der Eintritt in das Zwischenreich zwischen Leben und Tod, in dem die Endzeitmenschen des *Prufrock* leben, erfolgte zuerst auf der Ebene des Gedankens. Die Katastrophe bahnte sich in den Hirnen der Menschen an, bevor sie in der Legalisierung realer Akte des Tötens ungeborenen Lebens manifest wurde.

Prufrocks Zwischenreich, in dem es weder Leben noch Tod gibt, gleicht einem Traumland, nicht weil es keinen Bezug zur zeitgenössischen Realität hätte oder mit dieser nicht identifiziert werden könnte, sondern weil die Realität des damals noch jungen Jahrhunderts auf eine Weise entwirklicht erscheint, die sie zum Alptraum werden läßt. Dem entspricht das tiefenpsychologisch und surrealistisch anmutende Ambiente der abschließenden Zeilen 122–131. Prufrock sieht sich den Strand entlang wandern, auf der scharfen Grenze zwischen Land und Meer (Wirklichkeit und Traum). Er kennt ›sie alle‹ (49), die Bewohnerinnen des Meeres, die sich ihm jetzt als Meerjungfrauen darstellen, als Frauen ohne menschlichen Unterleib, fischschwänzige Wesen, Symbole der Frigidität. Es ist nicht leicht, den gezielten Wechsel der Tempora in diesen letzten Zeilen zu deuten: Der Dichter läßt Prufrock aus dem Futur (123) in das Perfekt (124) springen, dann in das Präsens (125), zurück in das Perfekt (126–131), und in der letzten Zeile verbindet er Perfekt und Präsens in einem Halbsatz, die Regeln der Consecutio temporum ignorierend. Vielleicht wollte Eliot damit deutlich machen, daß der scheinbare Überfluß an Zeit, der im Lande Prufrocks herrscht (26), paradoxerweise eine infernalische Art von Zeitlosigkeit indiziert, in der die Tempora keine Bedeutung haben. Denn Zeit ist ein Phänomen des Lebens, Zeitlosigkeit ein Aspekt des Todes.

Möglicherweise enthält aber auch die in die Zukunft gerichtete Aussage der Zeile 124 so etwas wie eine schwache

116 *Erwin Wolff*

Hoffnung, der Traumwelt der »chambers of the sea« (129) entrinnen zu können, eine Hoffnung, die allerdings in der letzten Zeile wieder zunichte gemacht wird: Für Prufrock und seine Zeitgenossen gibt es ein ›Erwachen‹, d. h. ein Entrinnen aus dem Zwischenreich der narkotisierten Existenz, nur um den Preis des Todes.

The Love Song of J. Alfred Prufrock ist aus heutiger, durch die Wirklichkeitserfahrung der acht Jahrzehnte, die inzwischen verstrichen sind, geschärfter Sicht ein düsteres Paradigma der Grundbefindlichkeit unseres Jahrhunderts. Als solches ist das Gedicht weder literarisch noch in der Realität überholt, auch nicht durch die spätere, nach Eliots Konversion entstandene und sowohl konservativer wie optimistischer gestimmte Dichtung.

Die hier vorgelegte Interpretation ist eine revidierte Fassung meines Aufsatzes »T. S. Eliot, Prufrock, Hamlet und die Tradition«, erschienen in: *Tradition und Innovation in der englischen und amerikanischen Lyrik des 20. Jahrhunderts. Festschrift für Arno Esch*, hrsg. von Karl Josef Höltgen [u. a.], Tübingen 1986, S. 18–31. Der Wiederabdruck erfolgt mit Genehmigung des Max Niemeyer Verlages, Tübingen.

Gedichttext nach: T. S. ELIOT: The Complete Poems and Plays. London: Faber & Faber, 1969. S. 13–17.
Literaturhinweise: Rudolf GERMER: T. S. Eliots Anfänge als Lyriker (1905–1915). Heidelberg 1916. – Johannes KLEINSTÜCK: T. S. Eliot. Reinbek ²1988. – Thomas R. REES: The Technique of T. S. Eliot. A Study of the Orchestration of Meaning in Eliot's Poetry. Den Haag 1974. – John Paul RIQUELME: Harmony and Dissonances. T. S. Eliot, Romanticism, and Imagination. Baltimore 1990. – Martin SCOFIELD: T. S. Eliot. The Poems. Cambridge 1980.

RUDOLF GERMER

T. S. Eliot: *A Song for Simeon*

A Song for Simeon

Lord, the Roman hyacinths are blooming in bowls
                                        and
The winter sun creeps by the snow hills;
The stubborn season has made stand.
My life is light, waiting for the death wind,
5   Like a feather on the back of my hand.
Dust in sunlight and memory in corners
Wait for the wind that chills towards the dead land.

Grant us thy peace.
I have walked many years in this city,
10 Kept faith and fast, provided for the poor,
Have given and taken honour and ease.
There went never any rejected from my door.
Who shall remember my house, where shall live my
                                        children's children
When the time of sorrow is come?
15 They will take to the goat's path, and the fox's home,
Fleeing from the foreign faces and the foreign swords.

Before the time of cords and scourges and
                                        lamentation
Grant us thy peace.
Before the stations of the mountain of desolation,
20 Before the certain hour of maternal sorrow,
Now at this birth season of decease,
Let the Infant, the still unspeaking and unspoken Word,
Grant Israel's consolation
To one who has eighty years and no to-morrow.

25   According to thy word.
They shall praise Thee and suffer in every generation
With glory and derision,
Light upon light, mounting the saints' stair.
Not for me the martyrdom, the ecstasy of thought
                                        and prayer,
30 Not for me the ultimate vision.
Grant me thy peace.
(And a sword shall pierce thy heart,
Thine also.)
I am tired with my own life and the lives of those
                                        after me,
35 I am dying in my own death and the deaths of those
                                        after me.

Let thy servant depart,
Having seen thy salvation.

Ein Lied für Simeon

Herr, die römischen Hyazinthen blühen in Schalen, und / die
Wintersonne kriecht an den Schneekuppen entlang; / die hart-
näckige Jahreszeit ist stehengeblieben. / Mein Leben ist leicht,
es wartet auf den Todeswind, / wie eine Feder auf meinem
Handrücken. / Staub im Sonnenlicht und Erinnerungen in
Winkeln / warten auf den Wind, der kühl dem toten Land
entgegenweht.

Gewähre uns deinen Frieden. / Ich bin viele Jahre in dieser
Stadt umhergegangen, / habe die Glaubens- und Fastengebote
gehalten, für die Armen gesorgt, / habe Ehre und Hilfe gegeben und empfangen. / Niemals wurde jemand abgewiesen an
meiner Tür. / Wer wird sich an mein Haus erinnern, wo werden meine Kindeskinder leben, / wenn die Leidenszeit ange-
brochen ist? / Sie werden den Ziegenpfad suchen und die
Heimstatt des Fuchses / auf der Flucht vor den fremden Gesichtern und den fremden Schwertern.

Vor der Zeit der Stricke und Geißeln und Wehklagen / gewähre uns deinen Frieden. / Vor den Stationen des Berges der
Trostlosigkeit, / vor der bestimmten Stunde mütterlichen

Schmerzes, / jetzt in dieser Geburtszeit des Sterbens, / laß den Säugling, das noch nicht sprechende und ungesprochene Wort, / Israels Tröstung gewähren / einem, der achtzig Jahre alt ist und kein Morgen mehr hat.

Gemäß deinem Wort. / Sie werden dich rühmen und werden leiden von Generation zu Generation, / gerühmt und verspottet, / Licht auf Licht, die Stufen der Heiligen hinaufsteigend. / Nicht für mich das Martyrium, die Ekstase des Denkens und Betens, / nicht für mich die letzte Vision. / Gewähre mir deinen Frieden. / (Und ein Schwert wird dein Herz durchbohren, / deines auch.) / Ich bin meines eigenen Lebens müde und des Lebens derer, die nach mir kommen, / ich sterbe in meinem eigenen Tod und den Toden derer, die nach mir kommen. / Laß deinen Diener scheiden, / da er deine Erlösung gesehen hat.

[Übers. von Michael Hanke]

»Menschen, die religiöse Dichtung schreiben, schreiben meist so, wie sie gerne empfinden möchten, nicht so, wie sie wirklich empfinden«, stellt T. S. Eliot (1888–1965) mit Recht in *After Strange Gods* (1934) fest. Diesen Vorwurf kann man ihm selbst nicht machen. Es steht fest, daß er nach Jahren intensiven Suchens 1927 seine geistige Heimat in der englischen Staatskirche gefunden hat und als Gottsucher wie als Laientheologe ernstgenommen werden muß. In seinem Goethe-Essay von 1955 beschreibt er sich als einen Menschen, der eine katholische Einstellung mit einem kalvinistischen Erbe und einem puritanischen Temperament verbinde. Ist seine Religion durch das kalvinistische Erbe mit dem Nachdruck auf der Erbsünde und der Gefallenheit des Menschen schon düster genug, so wurde sie weiter verfinstert durch die Auseinandersetzung mit dem Buddhismus. Eliot bekennt beispielsweise, daß er zur Zeit der Abfassung von *The Waste Land* (1922) dem Buddhismus nähergestanden sei als dem Christentum. Die Gleichsetzung von Leben und Leiden wie die immer wieder ausgesprochene Sehnsucht nach der Befreiung aus den Fesseln der irdischen Existenz kommen vor allem aus dem Buddhismus in seine christliche Weltanschauung.

Ein Vergleich des 1928 publizierten Gedichts mit der Quelle (Lk. 2,25 ff.) läßt die Besonderheit von Eliots Religiosität deutlich werden. Obwohl der biblische Simeon auf das Leid hinweist, das der Mutter Gottes bevorstehe und auch andeutet, daß Probleme entstehen werden, so stellt Lukas doch in erster Linie die Großartigkeit des Heilsgeschehens heraus. Eliot betont dagegen vor allem das Leid, das mit der Inkarnation des Messias verbunden ist. Aus dem biblischen Simeon wird bei ihm ein zweiter Jeremia: aus seinem Lobgesang fast eine Jeremiade. Der Vergleich des Gedichttextes mit dem Bibeltext zeigt schließlich, daß Eliot einige biblische Wendungen übernimmt, zwei Bibelverse konkretisiert und daß er seinen Simeon viel weiter in die Zukunft schauen läßt. In den Versen 9–12 veranschaulicht er z. B. den Hinweis in Bibelvers 25, Simeon sei gerecht und fromm, und in mehreren Versen die Angaben in den Bibelversen 34 f.

In der Gottesdienstordnung für die Vesper (*Evensong*) im anglikanischen Gebetbuch (*Book of Common Prayer*) sind die Verse aus Lk. 2,29–32 betitelt: »Nunc Dimittis (or the Song of Simeon)«. Daraus hat Eliot den Gedichttitel gemacht. Seinem Simeon ist aber weder nach einem Lobgesang zumute, noch erscheint der Text sangbar, da die Strophenformen, die Zeilenlängen und das Metrum variieren, ganz abgesehen davon, daß die Sprache vorwiegend prosaisch und diskursiv ist. In Wirklichkeit spricht Eliots Simeon ein Gebet, wie sich aus der Anrede zu Anfang des Gedichts, aus den Bitten (8, 18, 31) und den Schlußversen ergibt. Der Quellenforschung sind enge Grenzen gesetzt. Sie kann nur die Voraussetzungen liefern für das bessere Verstehen eines Textes, das in der nun folgenden Analyse angestrebt werden soll.

Teil I beschreibt die Situation Simeons, der achtzigjährig und lebensmüde in Jerusalem den Tod herbeisehnt. Hyazinthen blühen in Schalen, doch der Winter will nicht weichen. Manche Interpreten haben die Hyazinthen als Fruchtbarkeitssymbol sehen wollen. In diesem Sinne werden sie im ersten Teil von *The Waste Land* verwendet. Hier handelt es sich aber um etwas Unnatürliches. Das Erblühen der Hyazinthen wird außerhalb des Zyklus der Jahreszeiten erzwungen. Weiterhin stellt der Hinweis auf »*Roman* hyacinths« klar, daß Judäa von den Römern besetzt ist. Die Zerbrechlichkeit Simeons (4 f.) wird vor der Folie von Vers 3 besonders fühlbar. Seine Todessehnsucht erinnert an die Lebensmüdigkeit des Weisen in *Journey of the Magi* (1927) wie auch an die der cumaeischen Sibylle im Vorspruch zu *The Waste Land*.

In Teil II blickt Simeon in jeweils vier Versen auf sein Leben zurück und auf das Leben seiner Nachkommen voraus. Die noch zweimal wiederholte Bitte um Frieden ist vorausgestellt (8, 18, 31). Gemeint ist der Friede, den Eliot Thomas Becket in seiner Predigt am Weihnachtsmorgen 1170 in *Murder in the Cathedral* (1935) definieren läßt.

Im Alten Bund ging man meist davon aus, daß sich Frömmigkeit und Gerechtigkeit noch in diesem Leben auszahlen, daß Gottes Segen mit der Vermittlung von Annehmlichkeiten einhergeht. Wie sich aus den Versen 9–12 ergibt, hat Simeon ein rechtschaffenes, gottgefälliges Leben geführt. Doch seine Gesetzestreue und tätige Nächstenliebe werden seinen Nachkommen nicht zugute kommen. Zeigte sich die Gottwohlgefälligkeit im Alten Bund im innerweltlichen Erfolg, so wird sie sich im Neuen Bund in Verfolgung und Verhöhnung zeigen. Der Christ wird zu einem Ärgernis für die Juden und zu einem Narren für die Griechen. Simeon sieht den Leidensweg des jüdischen Volkes und der Christenheit voraus. Die Juden werden sich gegen die römische Besatzung erheben, und die Römer werden die Aufstände brutal niederschlagen (13–16). Dies geschah in den

Jahren 70 und 132–135: Jerusalem und der Tempel wurden zerstört, und für das Volk begann das Leben in der Diaspora.

Teil III wiederholt die Friedensbitte und evoziert die Leidensgeschichte Jesu und der Mater dolorosa. Vers 17 verweist auf den gebundenen und gegeißelten Christus und das Wehklagen der Frauen, die Jesus auf dem Weg zur Kreuzigung begleiten (Lk. 23,27 ff.). Vers 19 deutet auf die Stationen des Kreuzwegs und auf Golgota, wo der Gekreuzigte aufschrie: »Mein Gott, mein Gott, warum hast du mich verlassen?« (Mt. 27,46). Zeile 20 evoziert das Leid der Gottesmutter unter dem Kreuz. Auf ihren Schmerz wird in Teil IV nochmals hingewiesen. Vers 21 erinnert zunächst einmal an die enge Verbindung von Geburt und Tod, da der Heilige Geist Simeon offenbart hat, daß er vor seinem Tod den Messias sehen werde (Lk. 2,26). Andererseits hat Eliot die Verbindung von Geburt und Tod immer wieder herausgestellt – so etwa in Beckets Weihnachtspredigt. Eliot beginnt sein Gedicht *East Coker* (1940) mit der Feststellung »In my beginning is my end« und beschließt es mit »In my end is my beginning«.

In Vers 22 greift er – wie in *Gerontion* (1920) und in *Ash Wednesday V* (1930) – ein Wortspiel über das fleischgewordene Wort aus einer Weihnachtspredigt von Lancelot Andrewes auf, das er in seinem Essay aus dem Jahre 1926 über diesen Bischof von Winchester zitiert: »Das Fleisch eines Kindes. Wie, *Verbum infans*, das Wort eines Kindes? Das Wort, und nicht fähig, ein Wort zu sprechen?« Der Ausgangspunkt für Andrewes' Wortspiel ist Joh. 1,1 ff. Eliot gibt dem Paradoxon durch die Verwendung eines Polyptotons zusätzliche Kraft. Simeons Stellung *vor* der Leidensgeschichte Jesu wird in den Versen 17–20 betont.

Teil IV enthält wiederum die Friedensbitte, erinnert an das Leid der Gottesmutter und aller Juden und Christen und kehrt zu Simeons unmittelbarer Situation zurück. Diese Wendung wird auch dadurch deutlich, daß aus der

Bitte: »Grant us thy peace« (8, 18) »Grant me thy peace«
(31) wird. Wenn Eliot Simeon zu Gott sagen läßt: »According to thy word« (25), so verwendet er die Formulierung,
die Maria in der *Authorized Version* der Bibel gebraucht, als
ihr ein Engel verkündet, daß sie den Messias gebären wird
(Lk. 1,38). Wie Maria unterwirft sich Simeon in Demut dem
Willen Gottes. Die Unterwerfung unter den Willen Gottes
ist im Zusammenhang mit den drei Friedensbitten Simeons
zu sehen. Im Aschermittwochsgedicht sagt Eliot, wie man
diesen Frieden gewinnt: durch die bedingungslose Unterwerfung unter den Willen Gottes und die Aufgabe des eigenen Willens. »Our peace in His will« schreibt Eliot in *Ash
Wednesday VI* im Anschluß an Dantes Wort: »La sua vo-
luntade è nostra pace« (*Paradiso* III,85). Die scheinbaren
Antithesen (lobpreisen – leiden; Glanz – Spott) bezeichnen
keine Alternativen, sondern die Zusammengehörigkeit. Das
gleiche Verhalten bringt Lob von den Gläubigen und Hohn
von den Ungläubigen.

Von den Stufen, die die Heiligen emporsteigen (28),
schreibt der Heilige Johannes vom Kreuz am Ende seiner
Noche escura del alma. Der mystische Weg zu Gott führe
über eine Leiter mit zehn Stufen aus Licht, an deren Ende
die Unio mystica stehe. Die Seele steige gleichzeitig auf und
ab. Sie erniedrige sich und werde zur gleichen Zeit von Gott
erhöht. Auf das Zusammenwirken von Demut und Erhe-
bung spielt Eliot auch in *The Dry Salvages III* (1941) an. In
Burnt Norton V (1936) und in *Ash Wednesday III* greift er
wiederum auf die Vorstellung der Leiter oder Treppe zurück, um den Aufstieg der Seele zu Gott zu verdeutlichen.
Simeon vermag zwar das Leiden und den Tod Christi am
Kreuz, das Leid Mariens, des Christentums und des Juden-
tums vorauszusagen, aber »the ultimate vision« (30), die
den Heiligen, Blutzeugen und Mystikern zuteil wird, ist
ihm verschlossen. Den Weg der Märtyrer zur »ultimate vision« zeigt Eliot an Becket in *Murder in the Cathedral* und
an Celia Coplestone in *The Cocktail Party* (1949).

Die Verse 32 f. besagen zunächst einmal in eindringlicher Bildlichkeit, daß das Herz der Mater dolorosa ein scharfer Schmerz durchbohren wird. Doch Eliot formuliert diese Prophezeiung so, daß man annehmen muß, keinem Christen bleibe solches Leid erspart. Das Leiden des Menschen steht schon in seiner frühen Dichtung im Vordergrund, doch in der religiösen Dichtung bekommt es Sinn und Ziel. Die Welt wird – ähnlich wie in *Little Gidding IV* (1942) – nicht mehr als Inferno, sondern als Purgatorio verstanden. Eliots Konzentration auf das Leiden ergibt sich auch aus seinem Dante-Essay von 1920. Hier verrät er, daß er mit dem *Paradiso* Schwierigkeiten habe, weil er immer davon ausgegangen sei, »daß Dichtung nicht nur *durch* Leiden zu finden sei, sondern ihren Stoff nur *im* Leiden finden könne«.

Journey of the Magi und *A Song for Simeon* sind Eliots erste Gedichte mit einer explizit religiösen Thematik. Sie zeigen die Konversion an. Den Gläubigen erschien die Aussage zu unorthodox, und die Zweifler beklagten Eliots angebliche Flucht in den Glauben. Unter diesen Bedingungen wurden die Gedichte zu jenem Ärgernis, das man als ein Wesensmerkmal christlicher Verkündigung bezeichnet hat.

Gedichttext nach: T. S. ELIOT: The Complete Poems and Plays. London: Faber & Faber, 1969. S. 105 f.

Literaturhinweise: Rudolf GERMER: T. S. Eliot's Religious Development. In: Marianne Thormählen (Hrsg.): T. S. Eliot at the Turn of the Century. Lund 1994. S. 91–104. – Hugh KENNER: The Invisible Poet. T. S. Eliot. New York 1959. – Marianne THORMÄHLEN: »What is the wind doing?« Winds and Their Functions in Eliot's Poetry. In: Shyamal Bagchee (Hrsg.): T. S. Eliot. A Voice Descanting. London 1990. S. 122–148.

CLAAS KAZZER

Wilfred Owen: *Anthem for Doomed Youth*

Anthem for Doomed Youth

What passing-bells for these who die as cattle?
    – Only the monstrous anger of the guns.
    Only the stuttering rifles' rapid rattle
Can patter out their hasty orisons.
5 No mockeries now for them; no prayers nor bells;
    Nor any voice of mourning save the choirs, –
The shrill, demented choirs of wailing shells;
    And bugles calling for them from sad shires.

What candles may be held to speed them all?
10   Not in the hands of boys but in their eyes
Shall shine the holy glimmers of goodbyes.
    The pallor of girls' brows shall be their pall;
Their flowers the tenderness of patient minds,
And each slow dusk a drawing-down of blinds.

Hymne für die verurteilte Jugend

Welche Sterbeglocken für diese, die wie Schlachtvieh sterben? / Nur die ungeheure Wut der Geschütze. / Nur das hastige Geratter stotternder Gewehre / kann ihre Stoßgebete
übertönen. / Jetzt kein Hohn für sie; keine Gebete oder Glok-
ken; / kein Laut der Klage außer den Chören, – / den schrillen, irren Chören der Granaten; / und Hörnern, die sie aus
traurigen Grafschaften rufen.

Welche Kerzen können ihnen als Beistand dienen? / Nicht
in den Händen von Knaben, sondern in ihren Augen / soll der
heilige Schimmer des Abschieds leuchten. / Die Blässe von
Mädchenstirnen soll ihr Leichentuch sein; / ihre Blumen die
Zärtlichkeit geduldiger Seelen, / und jede langsame Dämmerung ein Herablassen der Fensterläden.

[Übers. von Claas Kazzer]

Das Thema von Wilfred Owens wenigen, zwischen 1916 und 1918 entstandenen Gedichten ist das in den Schützengräben der Westfront erlebte Grauen. Aus der Sicht eines Frontoffiziers beschreibt er einen Alptraum, der Tausende das Leben kostete und im kollektiven Gedächtnis des ganzen Landes eine gewaltige Narbe hinterließ.

Gegen Ende seines Lebens hat Owen (1893–1918) seine künstlerischen Absichten im Entwurf des Vorwortes zu einer geplanten Gedichtsammlung formuliert: »Above all I am not concerned with poetry. My subject is War, and the pity of War. The poetry is in the pity. Yet these elegies are to this generation in no sense consolatory. They may be to the next. All a poet can do today is warn. That is why the true poets must be truthful.« (»Vor allem aber geht es mir nicht um die Dichtung. Mein Thema ist der Krieg und das Elend des Krieges sowie das Mitleid, das er auslöst. Die Dichtung steckt im Mitleid. Doch sind diese Elegien für diese Generation in keiner Weise tröstlich. Vielleicht für die nächste. Alles, was ein Dichter heute tun kann, ist warnen. Daher müssen die wahren Dichter wahrhaftig sein.«) Nicht zuletzt diese kompromißlose Aufrichtigkeit war es, die ein halbes Jahrhundert später Benjamin Britten zur Vertonung mehrerer Gedichte Owens, darunter des vorliegenden Sonetts, in seinem *War Requiem* angeregt hat.

Aus einer Stimmung sonniger Ruhe, ja fast der Langeweile, wurde Großbritannien 1914 in einen furchtbaren Krieg und mit diesem endgültig ins 20. Jahrhundert gerissen. Kurz nachdem am 4. August, inmitten eines herrlichen Sommers, die Kriegserklärung an das Deutsche Reich erfolgte, wurden die ersten Truppen an die belgisch-französische Front verlegt. Bald waren die Verluste auf britischer Seite größer als je in einem Krieg zuvor. Zu Tausenden wurden die Soldaten einer völlig veralteten Kriegsführung und innenpolitischen Plänkeleien geopfert. In Großbritannien setzten – ähnlich wie in Deutschland – Demagogen aus Politik und Kirche alles daran, den Schrecken und

Stumpfsinn in Heroismus und Patriotismus umzumünzen. Es war vom letzten aller Kriege die Rede: Man würde das Deutsche Reich besiegen, und es war eine Ehre und heilige Pflicht, teilhaben zu dürfen an dieser Schlacht der Ideale und Ideen.

Wilfred Owen gehörte zu jenen, die schnell die Verlogenheit der heimischen Propaganda erkannten. Das miterlebte Leid wurde ihm zum Antrieb, für die vielen namenlosen, stummen, abgeschlachteten oder verstümmelten Menschen zu sprechen. Er wollte der Hysterie und Verblendung zu Hause das wahre Gesicht des Krieges entgegenhalten. Ihm war bewußt, daß der eigentliche Feind nicht die Deutschen, sondern jene waren, die von London aus den Krieg vorantrieben. Bezeichnenderweise ist der einzige Deutsche in Owens Gedichten einer, der ihn Freund nennt, einer, in dem er letztlich sich selbst erkennt (*Strange Meeting*).

Im Sommer 1914 ist Owen in Frankreich und versucht ein Jahr lang, dem Krieg aus dem Wege zu gehen. Schließlich – wohl aus Scham, nicht dabei zu sein – meldet er sich im Oktober 1915 als Freiwilliger. Nach einem Jahr militärischer Ausbildung wird er am 6. Januar 1917 als Offizier an die Somme verlegt. Am 14. April, nach zwölf Tagen Kampf ohne Ablösung, schleudert ihn die Druckwelle einer Granate in die Luft, und er liegt mehrere Tage in einem Granattrichter, direkt neben einem zerfetzten Soldaten aus seinem Bataillon. Als er geborgen wird, diagnostiziert der Arzt Kriegsschock. Owen leidet unter Angstzuständen, Alpträumen und Gedächtnisproblemen. Nach Aufenthalten in verschiedenen Lazaretten wird er im Juni 1917 schließlich in ein Hospital bei Edinburgh verlegt. Hier trifft er auf Siegfried Sassoon, der sich in einem offenen Brief gegen die Art der britischen Kriegsführung gewandt und im Mai seinen ersten Band mit Kriegsgedichten veröffentlicht hatte. Im August liest Owen diese Gedichte und ist zutiefst beeindruckt. Kurz darauf stellt er sich Sassoon vor, der ihn zum Schreiben ermutigt, kritisiert, Anregungen gibt.

Im September schreibt Owen *Anthem for Doomed Youth*, sein letztes Sonett, bei dessen Entstehung er von Sassoons Ratschlägen profitiert. Das Gedicht ist Vermächtnis, Klage und Anklage zugleich. Innerhalb weniger Wochen vollendet Owen weitere Gedichte, in denen er versucht, ein authentisches Bild des Krieges zu zeichnen. Mit Photographien von Toten und Verwundeten, von Notamputationen und dem täglichen Entsetzen der Gräben will er einen Eindruck vom Frontalltag nach London bringen. Owen bemüht sich, noch vor der Rückkehr nach Frankreich einen Gedichtband druckfertig zu machen, als er von Sassoons erneuter Verwundung erfährt. Jetzt drängt er auf Verlegung an die Front. Er will bei denen sein, die sinnlos leiden und sterben. Ende August 1918 ist er wieder in Frankreich. Anfang Oktober erhält er das Military Cross für besondere Tapferkeit und wird am 4. November, eine Woche vor Ende des Krieges, bei dem Versuch, mit seiner Mannschaft einen Kanal bei Ors zu überqueren, von einer Maschinengewehrsalve getötet.

Anthem for Doomed Youth ist das wohl am häufigsten anthologisierte Gedicht Owens. Es ist eine Hymne, nicht zuletzt in ironischer Bedeutung, für all die jungen Männer, die ins Verderben geschickt wurden – wie Owen selbst dazu verdammt, sich abschlachten zu lassen. Der Begriff Hymne steht auch für Wechselgesang, aber die verschiedenen Stimmen des Gedichts lösen sich nicht nur ab, sie fallen einander regelrecht ins Wort. Läßt die Frage nach den Sterbeglocken eher traditionelle, getragene Antworten erwarten, erklingt als Antwort der Lärm und das Geheul von Kanonen und Granaten.

Owen stellt zwei unvereinbar gewordene Welten in schrillen Kontrasten einander entgegen. Das kirchliche Begräbnisritual kann nur noch als Hohn empfunden werden, steht in grotesker Unangemessenheit den todbringenden Maschinen gegenüber. Statt Glockengeläut werden wütende Kanonen, stotternde Gewehre den von Gott verlassenen

Toten zum letzten Geleit. Ihre Gebete, Aufschreie, werden vom Getöse verschluckt, ausgelöscht. Sie bleiben im eigentlichen religiösen Sinne unerlöst, das »doomed« des Titels wird um eine Dimension erweitert.

Traditionell ist die strenge Metrik und Reimstruktur des Gedichts, die feste Form des Sonetts, die die Wucht des inneren Konflikts kaum zu bändigen vermag. Bewußt nutzt Owen diese Form für seine Botschaft. Macht das Oktett den erlebten Widerspruch durch Klang- und Geräuschmetaphorik lautlich und damit sinnlich erfahrbar, sucht das Sextett in den Regionen zwischen Licht und Dunkel nach einer Lösung, nach Trost. Owen mischt die zwei gängigsten Sonettformen: Die Oktett-Sextett-Gliederung, die ihm als Grundstruktur dient, sowie das Reimschema der Verse 9–12 verweisen auf den italienischen Typus, während im Reimschema des Oktetts und den beiden Schlußversen der englische Typus erkennbar ist. Auch bedient er sich eines jambischen Pentameters. Die im englischen Typus als metrische Variante auftretende Initialinversion (Akzenttausch am Versbeginn: xxxx) in den Versen 2, 3 und 10 hat keine dekorative, sondern sinntragende Funktion (z. B. »ónly the mónstrous ánger òf the gúns«).

Sprachliche Ambivalenzen eröffnen weitere Ebenen und Bezüge. So steht »patter out« für das hastige Herunterleiern der Gebete und für das prasselnde Geräusch, das genau diese Gebete erstickt. Auch »bugles calling« bleibt deutungsoffen. Owen überläßt es dem Leser, in den »bugles« Hörner zu sehen, die aus Trauer um die Toten erklingen, oder aber jene, die immer neue Opfer an die Front riefen und rufen. In diesem Zusammenhang kann schließlich »sad« im Sinne von ›trauernd‹, aber auch als ›sich in einem bedauernswerten Zustand befindend‹ begriffen werden.

In *Anthem for Doomed Youth* drängt Owen den Leser zwischen die Sinnfronten des Gedichts, indem er die erlebten Gegensätze spürbar macht. Er läßt ihn, da auf gestellte Fragen keine eindeutigen Antworten folgen, unbefriedigt oder verunsichert zurück. Hier ergeht Verdammnis statt Erlösung, und das kirchliche Ritual wird zur kalten, leblosen Maske. Dieser setzt Owen sinnliche Erfahrungen entgegen: das Glänzen in den Augen der Knaben, die Blässe der Mädchenstirnen. In der Erinnerung soll der Toten gedacht werden. Nicht der Brauch des Herunterlassens der Jalousien, sondern *jede* Dämmerung wird zum Sinnbild der Trauer.

Die im Sonett sich manifestierende Dissonanz unterstreicht Owen in seinen späteren Gedichten (z. B. *Apologia pro poemate meo* und *Miners*) verstärkt durch formale Kriterien. Meisterhaft nutzt er Halbreim und Konsonanz (Wortpaare mit gleichen Konsonanten, aber unterschiedlichen Mittelvokalen) und enttäuscht so bewußt die Erwartung voller Reime. Statt Harmonie entsteht Mißklang. Zur weiteren Verstärkung verwendet Owen Alliterationen (z. B. »rifles' rapid rattle«, »drawing-down«), Anapher (2 f.) und lautmalerische Worte (z. B. »rattle«, »patter«).

Anthem for Doomed Youth wird trotz der untergründigen Ironie, der teilweise grotesken Disparatheit der Bilder (Kopplung von Totenglocken und Viehschlächterei) nie wirklich zynisch. Die Gedichte, die dem Sonett folgen, werden in ihrem Anliegen immer dringlicher, nähern sich in ihrer Bildwelt immer stärker dem Erlebten und entlarven die heimische Propaganda (z. B. *Dulce et decorum est*).

Schon in Owens frühen Gedichten wird eine Tendenz zum Monumentalen und Elegischen, die Lust an Sinnesorgien, aber auch eine Vorliebe für das Grauenhafte, Gruselige und Makabre sichtbar. Doch gibt ihm erst die Auseinandersetzung mit dem Symbolismus und der zeitgenössischen Literatur die Mittel, bietet ihm der Krieg schließlich den Stoff für sein außergewöhnliches, reifes Werk.

In *Apologia pro poemate meo* (»Rechtfertigung für mein Gedicht«) spricht Owen über den Wahnsinn des Krieges, in dem der Tod nur noch verlacht, Hoffnung in Blut erstickt, Hemmungen abgetötet wurden – eine Situation, in der der »Tod absurd und das Leben noch absurder« erschien

(»Where death becomes absurd and life absurder«). Aus der eigenen Erfahrung leitet er seine Poetologie ab. Begreifen wird nur aus dem Mitleiden möglich, Mitleiden nur durch eine erbarmungslose Darstellung des Erlittenen. Dieses Mitleiden gibt Owens poetischer Sprache Authentizität und Ausdruckskraft.

Gedichttext nach: Wilfred OWEN: The Complete Poems and Fragments. Bd. 1: The Poems. Hrsg. von Jon Stallworthy. London: Chatto & Windus, The Hogarth Press. Oxford: Oxford University Press, 1983. S. 99.
Literaturhinweise: Paul FUSSELL: The Great War and Modern Memory. London 1975. S. 286–299. – Dominic HIBBERD: Owen the Poet. London 1986. – Arthur E. LANE: An Adequate Response. The War Poetry of Wilfred Owen and Siegfried Sassoon. Detroit 1972. – Jon STALLWORTHY: Wilfred Owen. A Biography. London 1977. – Rudolf SÜHNEL: Wilfred Owens »Anthem for Doomed Youth«. In: Stefan Horlacher / Marion Islinger (Hrsg.): Expedition nach der Wahrheit. Festschrift zum 60. Geburtstag von Theo Stemmler. Heidelberg 1996. S. 243–248. – Dennis S. R. WELLAND: Wilfred Owen. A Critical Study. London 1960.

Robert Graves: *Welsh Incident*

Welsh Incident

›But that was nothing to what things came out
From the sea-caves of Criccieth yonder.‹
›What were they? Mermaids? dragons? ghosts?‹
›Nothing at all of any things like that.‹
5 ›What were they, then?‹
                              ›All sorts of queer things,
Things never seen or heard or written about,
Very strange, un-Welsh, utterly peculiar
Things. Oh, solid enough they seemed to touch,
Had anyone dared it. Marvellous creation,
10 All various shapes and sizes, and no sizes,
All new, each perfectly unlike his neighbour,
Though all came moving slowly out together.‹
›Describe just one of them.‹
                              ›I am unable.‹
›What were their colours?‹
                              ›Mostly nameless colours,
15 Colours you'd like to see; but one was puce
Or perhaps more like crimson, but not purplish.
Some had no colour.‹
                         ›Tell me, had they legs?‹
›Not a leg nor foot among them that I saw.‹
›But did these things come out in any order?
20 What o'clock was it? What was the day of the week?
Who else was present? How was the weather?‹
›I was coming to that. It was half-past three
On Easter Tuesday last. The sun was shining.
The Harlech Silver Band played *Marchog Jesu*
25 On thirty-seven shimmering instruments,

Collecting for Caernarvon's (Fever) Hospital Fund.
The population of Pwllheli, Criccieth,
Portmadoc, Borth, Tremadoc, Penrhyndeudraeth,
Were all assembled. Criccieth's mayor addressed them
30 First in good Welsh and then in fluent English,
Twisting his fingers in his chain of office,
Welcoming the things. They came out on the sand,
Not keeping time to the band, moving seaward
Silently at a snail's pace. But at last
35 The most odd, indescribable thing of all,
Which hardly one man there could see for wonder,
Did something recognizably a something.‹
›Well, what?‹
　　　　›It made a noise.‹
　　　　　　　　　　›A frightening noise?‹
›No, no.‹
　　　›A musical noise? A noise of scuffling?‹
40 ›No, but a very loud, respectable noise –
Like groaning to oneself on Sunday morning
In Chapel, close before the second psalm.‹
›What did the mayor do?‹
　　　　　　›I was coming to that.‹

Ein Vorfall in Wales

›Aber das war noch nichts im Vergleich mit dem, was / aus
den Höhlen unter dem Meer dort drüben herauskam.‹ / ›Was
war das? Meerjungfrauen? Drachen? Gespenster?‹ / ›Nichts in
dieser Art.‹ / ›Was war es dann?‹ / ›Alles Mögliche an komi-
schen Dingen, / was noch kein Mensch gesehen oder gehört
oder beschrieben hat, / sehr seltsam, nicht aus Wales, ganz
eigenartige / Dinge. Oh, man hätte sie wohl anfassen können, / wenn es jemand riskiert hätte. Wundersame Geschöpfe / in verschiedensten Formen und Größen, und ganz
klein, / alles neu, eins völlig anders als das andere, / obwohl
alle zusammen ganz langsam herauskamen.‹ / ›Beschreiben Sie
wenigstens eins von ihnen.‹ / ›Kann ich nicht.‹ / ›Welche
Farbe hatten sie?‹ / ›Meistens undefinierbare Farben, / Far-

ben, die noch niemand gesehen hat; aber eins war braunrot / oder vielleicht eher hochrot, aber nicht ganz purpurrot. / Manche hatten auch gar keine Farbe.‹ / ›Sagen Sie, hatten sie Beine?‹ / ›Ich habe keinen einzigen Fuß und kein einziges Bein an ihnen entdeckt.‹ / ›Aber kamen die nicht in einer bestimmten Reihenfolge heraus? / Wieviel Uhr war es? Welcher Wochentag? / War noch jemand dabei? Wie war das Wetter?‹ / ›Wollte ich gerade sagen. Halb vier / am letzten Osterdienstag. Bei Sonnenschein. / Der Posaunenchor von Harlech blies *Marchog Jesu* / auf siebenunddreißig silberglänzenden Instrumenten / und sammelte für das Malariahospital von Caernarvon. / Die Bewohner von Pwllehli, Criccieth, / Portmadoc, Borth, Tremadoc und Penrhyndeudraeth / waren alle dabei. Der Bürgermeister von Criccieth hielt eine Rede, / erst in richtigem Walisisch und dann in flüssigem Englisch. / Dabei verdrehte er die Finger in seiner Amtskette / und hieß die Lebewesen willkommen. Diese kamen auf das Watt heraus, / nicht im Takt mit dem Bläserchor, und zogen / still im Schneckentempo weiter in die offene See. Und am Ende / machte das eigenartigste und unbeschreiblichste Ding von den allen, / das kaum jemand vor Staunen richtig sehen konnte, / etwas, was tatsächlich etwas war.‹ / ›Was denn?‹ / ›Es machte ein Geräusch.‹ / ›Ein angsterregendes Geräusch?‹ / ›Nein, nicht.‹ / ›Ein musikähnliches Geräusch? Ein Geräusch wie ein Scharren?‹ / ›Nein, aber ein sehr lautes, anständiges Geräusch – als ob es am Sonntag morgen / im Gottesdienst vor sich hin stöhnte, kurz vor dem zweiten Psalm.‹ / ›Was machte der Bürgermeister?‹ / ›Das wollte ich gerade sagen.‹

[Übers. von Fritz-Wilhelm Neumann]

Vor Mallorca, seinem selbstgewählten lebenslangen Exil, war Wales die erste Wahlheimat von Robert Graves (1895–1985). Seine Mutter hatte in der Nähe von Harlech Castle ein Sommerhaus gekauft, das er nach dem Ersten Weltkrieg übernahm. Die malerische Bucht von Tremadog im Westen von Wales war Graves seit seiner Jugend vertraut. *Welsh Incident* war zunächst als *Railway Carriage* in *Poems 1929* erschienen und in die folgenden Gedichtsammlungen in leicht modifizierter Form übernommen worden. Auch wenn nach einer Reihe von Experimenten das auf den ersten Blick Anekdotische die Rückkehr zur älteren Schreibart der Georgian Poets anzeigt, setzt Graves hier seine vielfältigen Versuche fort, Horizonte liberaler Tradition aufzubrechen.

Wie in seiner legendären Abrechnung mit England *Good-bye to All That* (1929) nachzulesen, litt der zum Dichter berufene Graves unter der fehlenden Anerkennung seiner Umgebung. Aufgabe des Dichters ist es, mehr als andere zu sehen und zu fühlen. Nach einer entsprechenden Lesart manifestiert sich im vorliegenden Gedicht »the poet's self in opposition to society and convention« (Kirkham, S. 129). Immerhin klingt den Anwesenden noch die Osterbotschaft in den Ohren, als das unbeschreibliche Seeungeheuer in der ersten Version des Gedichtes einen lauten Rülpser (»a loud belch«) von sich gibt: »So the spirit of true poetry [...] is anarchic, ungroomed, unamenable to reason and yet more vital and alive than the gorgeous formality it so brutally interrupts« (Carter, S. 141). Dies korrigiert der höflich-ironische, dennoch respektlos nonkonformistische Graves zum »very loud, respectable noise« (40), das den Leser zunächst vor ein Rätsel stellt. Kirkham bedauert die Tilgung der Satire, weil sie die Lesart einer metapoetischen Projektion gegen das Milieu gutbürgerlicher Respektabilität vereinfacht habe. So bleibt zunächst die quasi folkloristische Umständlichkeit gegenüber einem rationalistischen Engländer.

Der Dialog kreist um das Unaussprechliche, das die christliche Sicht der Schöpfung und das Gottvertrauen der Gemeinde relativiert. So ungeduldig der fragende Dichter mit dem Landmann umgeht und damit dem Gedicht den Ton augenzwinkernden Humors verleiht – nicht unpassend mit Edward Lear zu vergleichen (Carter, S. 169) –, kann dies nicht den Blick auf das Hauptthema des Gedichtes verstellen: christliches Menschenbild in neutestamentarischer

Verheißung einerseits und Offenbarung eines vorzeitlichen Elementes und dennoch eines Teils des Menschen andererseits.

Im Rahmen einer Shell-shock-Therapie, in die man ihn nach seiner Verwundung als Infanterie-Offizier eingewiesen hatte, kam Graves unter Anleitung von W. H. R. Rivers mit der Psychoanalyse und insbesondere auch mit der Anthropologie in Berührung. Seit Sir J. G. Frazers Enzyklopädie der Fruchtbarkeitskulte verstehen wir in diesem Jahrhundert die urweltlichen Ursprünge des menschlichen Verhaltens neu. Metaphysik und anthropologisches Menschenbild stehen sich im Werk von Graves des öfteren gegenüber. Im Schatten des Ersten Weltkrieges greift das Gedicht den Topos der ›dünnen Schicht der Zivilisation‹ auf. *Welsh Incident* erschließt für den Graves-Kenner einen weiteren Weg zur Erkundung lebenslang bedrohlicher irrationaler Tiefen (Carter, S. 118). Als spielerische Version der Begegnung mit dem Irrationalen fügt sich das Gedicht in die Reihe der poetischen Selbsttherapien, die »myth and old wives' tale, childhood bogey and primitive terror« (ebd., S. 120) zutage fördern. Der Prozeß dieser Bewußtwerdung führte Graves zum Mythos der *White Goddess*, einer verwissenschaftlichten Naturlehre, aus der er Inspiration schöpfte und seine Neurosen therapierte.

Große Dichtung lebt von ihrer Offenheit. Hoffman spricht von einer in Trauma und Traumerfahrung verzerrten Wirklichkeit, deren humorvoll dargebotene Oberfläche nicht mißverstanden werden darf (S. 172). Der Humor kanalisiert das aus dem Unbewußten der Meereshöhlen aufsteigende Bedrohliche. Ohne diesen Hintergrund verbliebe das Gedicht in der Anekdote und Parodie provinzieller Umständlichkeit. Doch auch die Seeungeheuer steigen als Angstprodukte aus den Tiefen des Unbewußten auf. Dank seiner Konstanten (Romantik, Evolution und Psychoanalyse) könnte man Graves für einen leicht zu verstehenden Dichter halten, dessen generationstypisches Thema, auf den

Schlachtfeldern Flanderns das Unbegreifliche im Menschen selbst geschaut zu haben, ihn durch eine lange Karriere hindurch verfolgte und in immer neuen Anläufen zwang, die Ambivalenz des Seins letztlich in der vitalistischen Theorie der Großen Muttergöttin zu fixieren.

Die inszenierte Naivität des in fünfhebigen Blankversen gefaßten Dialogs klingt ironisch, unübertrefflich wie die Beobachtung, daß sich die unbekannten Kreaturen nicht im Takt zum ›Jesus-Marsch‹ bewegen. Ähnlich hatten die Autoritäten von Staat und Kirche den Abmarsch ihrer Soldaten zelebriert und die Augen vor den von Graves in Flandern erlebten Kriegsgreueln verschlossen. Diese Erfahrung hat ihn von England entscheidend entfremdet. An ihren Spuren entdeckt der Betrachter, wie tief das Irrationale weniger in der Familie im Sinne Freuds als in der Erfahrung des Krieges wurzelt. Es ist, als stehe Graves unter dem Wiederholungszwang, das Trauma der jüngeren Vergangenheit unendlich aufarbeiten und wieder verdrängen zu müssen. Dazu dient eine analoge Motivik aus der englischen Romantik: die paradiesischen »sea-caves« und die unbeschreiblichen Meereswesen (»Yea, slimy things did crawl with legs / Upon the slimy sea«, 125 f.) in Samuel Taylor Coleridges Ballade *The Rime of the Ancient Mariner* (1798), dort Ausdruck der vom Seemann verachteten Natur. Einem romantischen Pantheismus huldigte Graves nie, und doch zog ihn der archaische Ursprung an, sich der elementaren Natur zu unterwerfen, eins mit dieser Quelle der Inspiration zu werden, aus dieser evolutionären Tiefe des eigenen Unbewußten zu schöpfen.

Im vorliegenden Gedicht steht zunächst die Gegensätzlichkeit von Kultur und Natur, von Ordnung und Unbegreiflichem im Mittelpunkt. Immer wieder kontrastiert Graves »the thing« (»nothing« / »something«) mit den für unsere Kultur typischen Begriffen »creation, order, Easter, office« oder mit einer so präzisen Beobachtung wie »The Harlech Silver Band played *Marchog Jesu* / On thirty-seven shimmering instruments« (24 f.).

Daß das Gedicht eine erkenntnis- und sprachkritische Dimension erreicht, mag man aus einem Verspaar wie dem folgenden erschließen: »All various shapes and sizes, and no sizes, / All new, each perfectly unlike his neighbour« (10 f.). Der beobachtete Gegenstand entzieht sich jeglicher Kategorisierung seitens des Betrachtenden. Jenseits von »good Welsh« und »fluent English« (30) existieren unfaßbare Dinge. Der Frager scheitert nicht an dem umständlichen Provinzbewohner, sondern an der Unbeschreibbarkeit des Gegenstandes an sich und an seinem eigenen begrenzten Instrumentarium. Fortan, ließe sich schließen, schuf Graves eine Mythologie, um seiner so geschauten Existenz eine neue Sprache zu geben und sie einer neuen Ordnung zu unterwerfen. Löste er diesen Kontrast in der ersten Fassung mit der Pointe des Rülpsers, so ist das definitive Ende des Gedichtes nicht weniger aussagefähig: christliche Botschaft (auch hier wieder präzise lokalisiert) und unendliches wie ursprünglicheres – »primordial« im Englischen – Leiden oder Trauer, die vor dem Christentum bereits Teil der Existenz waren.

Das Pathos dieses Gedichtes liegt in der Vorstellung, das Kleine, Provinzielle, in seiner Weise Ordentliche und Respektable (25, 31) mit dem Horror dieser urweltlichen Perspektive zu verbinden. Als Erzähler verfährt Graves mit diesem Dialog wie Hemingway mit seiner Kurzgeschichte, indem er den Leser zwingt, die Lücken zu füllen und die Geschichte weiterzudenken. Selbst wenn sich das Gespräch nur um des Gespräches und nicht der Information willen verlängert, scheint dies eine Strategie, um das Unsagbare zu umkreisen und es durch sprachliche Gesten zu entschärfen. Die Barriere verläuft nicht zwischen englischem Rationalismus und walisischer Folkloregläubigkeit, sondern zwischen Sprache und Wirklichkeit. So gesehen ist das Gedicht auch Kritik des traditionellen Diskurses, der vor dem Undenkbaren kapituliert. Auch dahinter steht die Erfahrung des Krieges und die wachsende Entfremdung mit dem England der Nachkriegszeit.

Literaturhinweise: D. N. G. CARTER: Robert Graves. The Lasting Poetic Achievement. Basingstoke 1989. – Douglas DAY: Swifter than Reason. The Poetry and Criticism of Robert Graves. Chapel Hill (N. C.) 1963. – Jean-Paul FORSTER: Robert Graves et la dualité du réel. Bern 1975. – Daniel HOFFMAN: Barbarous Knowledge. Myth in the Poetry of Yeats, Graves, and Muir. Oxford 1967. – Patrick J. KEANE: A Wild Civility. Interaction in the Poetry and Thought of Robert Graves. Columbia 1980. – Michael KIRKHAM: The Poetry of Robert Graves. London 1969.

HELMUT HABERKAMM

Basil Bunting: *See! Their verses are laid*

See! Their verses are laid

See! Their verses are laid
as mosaic gold to gold
gold to lapis lazuli
white marble to porphyry
5 stone shouldering stone, the dice
polished alike, there is
no cement seen and no gap
between stones as the frieze strides
to the impending apse:
10 the rays of many glories
forced to its focus forming
a glory neither of stone
nor metal, neither of words
nor verses, but of the light
15 shining upon no substance;
a glory not made
for which all else was made.

Seht! Ihre Verse sind gelegt

Seht! Ihre Verse sind gelegt / wie Mosaik, Gold zu Gold – /
Gold zu Lapislazuli – / weißer Marmor zu Porphyr – / Stein
dicht auf Stein, die Würfel / gleichpoliert, kein Mörtel ist / zu
sehen und kein Spalt / zwischen den Steinen, wo der Fries /
zur hängenden Apsis strebt: / die Strahlen vielfältigen Glan-
zes, / zu ihrem Brennpunkt gezwungen, entfaltend / einen
Glanz, der nicht von Stein / noch Metall, nicht von Wörtern / noch Versen ist, sondern von Licht, / das auf keine Materie scheint; / ein Glanz, nicht geschaffen, / wofür alles andere geschaffen war.

[Übers. von Karl Müller]

Basil Bunting (1900–85) stand lange Zeit im Ruf, bloß Jünger und Epigone Ezra Pounds gewesen zu sein. Er stellt jedoch in der britischen Lyrik dieses Jahrhunderts den großen Verbindungsmann zum Modernismus vor allem amerikanischer Provenienz dar. Davon zeugt Buntings Poesie, die nordenglische Eigentümlichkeiten und kosmopolitische Überlieferungen mit weltgesättigter Lebenserfahrung zu verbinden weiß. Wie kein anderer hat er sich stets fremdländischen Strömungen und Traditionen geöffnet, unter anderem als Übersetzer aus dem Lateinischen, Persischen, Italienischen, Chinesischen und Japanischen. Diese Vermittlungstätigkeit erwächst aus seinem langjährigen Leben im Ausland und seiner höchst wechselvollen Biographie (Haberkamm, S. 94 ff.).

In deutlicher Pound-Nachfolge gab Bunting die Parole aus: »Beware of adjectives; they bleed nouns« (zit. nach Terrell, S. 279). Überhaupt galt für ihn das poetologische Prinzip des Weglassens und der sinnreichen Ballung: »a poet's most important tool is his wastebasket« (ebd., S. 50). Stets hat Bunting das mit Formbeherrschung und Genauigkeit arbeitende Handwerk eines Steinmetzen oder Baumeisters als vorbildlich herausgestellt und Analogien zu Mosaiken und Partituren gezogen, Handwerk (»craft«) gegenüber organischer Form, gewissenhafte Feilarbeit gegenüber bloßer Eingebung in den Vordergrund gerückt. In dieser Vorstellung von der bewußt Gestalt schaffenden Bearbeitung des verfügbaren Materials und der Integration einer höheren Formebene gründen auch Ursprung und Bildlichkeit der vorliegenden Ode 36. Das titellose Gedicht stammt aus Buntings *First Book of Odes*, wo es an vorletzter Stelle plaziert wurde, unmittelbar vor *On the Fly-Leaf of Pound's Cantos* als Schlußtext (Ode 37). Es entstand 1948 in Persien, erschien jedoch erst 1965 in den beim innovativen Kleinverlag Fulcrum Press veröffentlichten Bänden *First Book of Odes* und *Loquitur* (1965), schließlich auch 1968 in den *Collected Poems*.

Thematisch führt uns der unscheinbare Text in einen äs-
thetisch-sakralen Raum: Verse und Gold, Lapislazuli, Marmor und Porphyr, alles eingelegt in einem Mosaik oder
Fries, in einer Apsis mit Strahlenbündel und Glorienschein
mündend – diese Details erinnern an italienische und by-
zantinische Kirchen ebenso wie an persische Gebetshäuser.
Mit der islamischen Kunst und ihren Arabesken, den Versen an Decken, Wänden und Säulen von Moscheen, war
Bunting bestens vertraut. Der vor uns ausgelegte ›Gedicht-
raum‹ gründet sowohl auf Anschauung als auch auf Imagi-
nation, er besteht aus Elementen europäischer wie orientali-
scher Sakralarchitektur. Die edlen Materialien und Farben
(Gold, Blau, Weiß) verweisen auf die Darstellung göttlicher
Transzendenz in der christlichen Ikonographie wie der
Wortlaut an den Beginn des Johannes-Evangeliums erinnert
(Joh. 1,3 f.). Die handwerkliche Vollkommenheit der hier in
Sprache gefaßten Mosaikarbeit ist zugleich poetologische
Metapher für künstlerische Schöpfung überhaupt. William
Butler Yeats' berühmtes Gedicht *Sailing to Byzantium*
(1926) kommt einem dabei in den Sinn (»the gold mosaic of
a wall«). Sowohl die Stofflichkeit des Materials als auch die
Arbeit des Kunst-Handwerkers sind im hergestellten Er-
zeugnis aufgehoben. Als ein Ganzes schafft das Kunstwerk
auf höherer, geistiger Ebene eine Bedeutung, die weit mehr
ist als die Summe seiner Bestandteile. Das Mosaik als eine
Montage, ein gegenständliches Ensemble stofflicher Vielfalt
und Heterogenität, ermöglicht die Evokation einer überzeitlichen, spirituellen Sinndimension (»light«, »glory«).

Der Aufbau des Gedichts läßt zwei Teile erkennen: der
Beschreibung eines Mosaiks (1–8) folgen die Erklärung und
Ausdeutung (9–17). Unterstützt wird diese Zweiteilung
durch den Satzbau. Dem Ausruf (»See!«) mit seinem emphatischen deiktischen Appell – nicht zuletzt auch an den
Leser – folgen zwei Hauptsätze bis zum Doppelpunkt (9)
als der Achse des Gedichts. Dem schließt sich ein ellipti-
scher Hauptsatz an, der bezeichnenderweise Verben nur in

der Partizipform verwendet (»forced«, »forming«, »shining«, »made«). Sie verbinden die nominalen Teile im Satz wie das Fugenmaterial die Elemente des Mosaiks zusammenbindet. Was durch das Fehlen eines Hauptverbs zum Ausdruck kommt, ist Stasis und Dauer des Kunstwerks, gegenläufig zur räumlichen Bewegung des Blicks (»See!«) und des Frieses (»strides«).

Der Beschreibung schließt sich also die Interpretation des heterogenen Kunstwerks an, die Andeutung seiner homogenen, erhebenden Wirkung. Diesem inneren Verlauf des Textes liegt eine Tiefenbewegung sowohl auf räumlich-horizontaler als auch inhaltlicher Ebene zugrunde, eine ›Fokussierung‹ vom Steinmosaik (des Frieses) hin zur Apsis und zum Lichtstrahl, von der handwerklich-dinglich geprägten Materialität hin zur religiös gefärbten Spiritualität (»glory«, »light«), von der Immanenz zur Transzendenz. Die auffällige Veranschaulichung des Kunstwerks ex negativo (»no«, »neither . . . nor«) läßt erahnen, daß die Sprache verschwinden muß zugunsten der Transzendenz, die sie mitbeschwört. Dem Sprecher bleibt sie aufgegeben als Ausdruck des Staunens und Bewunderns, der Feier und der Schau. Unterstützt wird dieser Gesamteindruck des Gedichts durch den rhythmischen Vorwärtsdrang im ersten Teil bis zur Wölbung der »impending apse«. Im Anschluß an den Doppelpunkt beginnt das zweite Ansteigen im Sprechrhythmus, der die ›steinerne‹ Beschwertheit mehr und mehr verliert bis zum Gipfel an Leichtigkeit und Leuchtkraft (14–17). So wird, der Gattung der Ode gemäß, auch rhythmisch ein Bogen gespannt vom Ausruf des Staunens (»See!«) über den Gestus des Bewunderns bis zur Klimax der Feier in den beiden Schlußversen, wo die identischen Reimworte das Kunstwerk und seine Wirkung gleichzeitig verbinden und trennen (»not made« – »made«).

Den meist kurzen, gewicht- und resonanztragenden Wörtern des Gedichts gelingt es dank ihrer neuartigen Gefügtheit, einen feierlichen Wohlklang hervorzubringen. Was

Bunting stets beeindruckt hatte, war Pounds Abwendung vom Blankvers und Jambus als metrischem Grundgerüst. Aus antiker und persischer Dichtung kannte er das quantitierende Versprinzip, das auf der Abfolge langer und kurzer Silben fußt. In diesem kurzen, reimlosen Gedicht verwendet Bunting drei- und vierhebige Kurzverse ohne metrisches Schema, wie sie auch in seinem Schlüsselwerk *Briggflatts* (1965) auftauchen. Die Silbenzahl jedoch bleibt ziemlich einheitlich: siebensilbige Verse (2–5, 7 f., 10–15) werden jeweils eingerahmt von sechssilbigen (1, 6, 9, 17). Einzig der vorletzte Vers weist nur fünf Silben auf und definiert als Resümee das Mysterium des Kunstwerks als leuchtende Schau einer höheren Bedeutung, bevor der jambische Schlußvers den Gegensatz von »not made« und »made« pointiert.

Die Sprache des Gedichts ist klar und verständlich, das Vokabular zunächst stofflich-konkret (Steinarten, Gold, Mosaik, Fries, Apsis; »dice«, »cement«, »gap«), dann immer stärker abstrakt (»glory«, »light«, »no substance«). Im ersten Vers bleibt offen, auf wen genau sich das Possessivpronomen »their« bezieht. Denkbar sind anonyme Kunsthandwerker und namhafte Schöpfer, Dichter oder Religionsstifter, längst verschwundene Einzelgestalten oder ganze Geschlechter, ja sogar die Menschen als Urheber sprachlicher Daseinsäußerung (»verses«) überhaupt. Diese bedeutungsvolle Offenheit zeigt sich auch im Kleinsten. Die Partikel »as« (2) kann konkret bedeuten, daß die Verse ›als‹ Gold im Mosaik enthalten sind, aber auch, daß sie ›so wie‹ Gold erscheinen, also mit dem Edelsten verglichen werden. Konkrete wie übertragene Bedeutungsschicht trägt diese unscheinbare Partikel »as«.

Das Gedicht gehorcht den Prinzipien der Ökonomie und Verdichtung auf das Wesentliche hin. Mit der Wahl des gefühlsbeladenen Adjektivs »impending« schien Bunting selbst nicht sehr zufrieden zu sein: »›impending‹ is weak, but I couldn't find what's wanted – what's the word for

quarter of the solid formed by the rotation of an ellipse on
its axis, and has it an adjective?« (zit. nach Forde, S. 95). In
dieser Passage aus einem Brief an Louis Zukovsky vom
28. Juli 1949 kommen Buntings Sprachskrupel und Form-
arbeit klar zum Vorschein. Stilistisch wirkt das Gedicht
bei aller Gesuchtheit der Wortwahl unartifiziell und bündig. Einige signifikante Wiederholungen und Anaphern
(»gold«, »glory«) sowie Parallelismen (»neither ... nor«)
betonen Schlüsselwörter. Auf der klanglichen Ebene fallen
die für Buntings Poesie typischen Alliterationen (z. B. 11),
Assonanzen (z. B. »dice« – »alike«; »seen« – »between« –
»freeze«; »light« – »shining«) und Reimanklänge (z. B. »lazuli« – »porphyry«; »dice« – »strides«; »gap« – »apse«) auf,
die das Ganze stimmig verknüpfen. Die Anthropomorphisierungen (»shouldering«, »strides«) dienen als poetisches
Verfahren der Überhöhung des Gegenständlichen.

Die Vorstellung von der Objektivität des Kunstwerks belegt Buntings Zugehörigkeit zur klassischen Moderne von
Baudelaire bis Yeats und Pound. Dieser Tradition entspricht
eine Sprachauffassung, die der Materialität der Worte Prio-
rität einräumt. Eine ganze Reihe erstrangiger Lyriker aus
der jüngeren Generation traten in den vergangenen Jahrzehnten in die Fußstapfen dieses lange unterschätzten Ein-
zelgängers, allen voran Geoffrey Hill und Seamus Heaney,
aber auch Douglas Dunn und Tony Harrison. Buntings sti-
listische Originalität, seine historische und kulturelle Weite
sowie seine regional-historische Verwurzelung fanden in
der Lyrik Hills und Heaneys ihren Widerhall. Nach dem
little Englandism des *Movement* und den Innovationen der
sechziger Jahre ist bei vielen herausragenden Lyrikern nach
1970 eine Wendung zu forcierter poetologischer Reflexivität
sowie komplexeren Themen und Textbezügen festzustellen,
seien diese nun in Mythos, Religion oder Historie angesie-
delt. Buntings *Briggflatts* fungiert dabei als welthaltiger
Brückentext genuin englischer Provenienz, der den Modernismus der ersten Jahrhunderthälfte (Ezra Pound, T. S.

Eliot, David Jones) mit der jüngsten Gegenwart verbindet und dadurch die Abkehr von der antimodernistischen *Movement*-Poetik anzeigt.

Gedichttext nach: Basil BUNTING: Collected Poems. Oxford: University Press, ²1977. S. 109.
Literaturhinweise: Michael FARLEY (Hrsg.): A Dog's Nose. Basil Bunting 1900–1985. Leicester 1986. – Victoria FORDE: The Poetry of Basil Bunting. Newcastle upon Tyne 1991. – Helmut HABERKAMM: Die Bewegung weg vom Movement. Studien zur britischen Gegenwartsdichtung nach 1960. Heidelberg 1992. S. 94–116. – Peter MAKIN: Bunting. The Shaping of his Verse. Oxford 1992. – Karl MÜLLER: Die Lyrik Basil Buntings. [Diss.] Freiburg 1975. – Carroll F. TERRELL: Basil Bunting. Man and Poet. London 1981.

MAREN SCHEER

Roy Campbell: *The Sisters*

The Sisters

After hot loveless nights, when cold winds stream
Sprinkling the frost and dew, before the light,
Bored with the foolish things that girls must dream
Because their beds are empty of delight,

5 Two sisters rise and strip. Out from the night
Their horses run to their low-whistled pleas –
Vast phantom shapes with eyeballs rolling white
That sneeze a fiery steam about their knees:

Through the crisp manes their stealthy prowling
hands,
10 Stronger than curbs, in slow caresses rove,
They gallop down across the milk-white sands
And wade far out into the sleeping cove:

The frost stings sweetly with a burning kiss
As intimate as love, as cold as death:
15 Their lips, whereon delicious tremours hiss,
Fume with the ghostly pollen of their breath.

Far out on the grey silence of the flood
They watch the dawn in smouldering gyres expand
Beyond them: and the day burns through their blood
20 Like a white candle through a shuttered hand.

Die Schwestern

Nach heißen Nächten ohne Liebe, wenn kalte Winde strömen, / dabei Frost und Tau versprengen, noch vor Tagesanbruch, / gelangweilt von den albernen Dingen, die Mädchen träumen müssen, / da ihre Betten ohne Freuden sind,

stehen zwei Schwestern auf und entkleiden sich. Aus der Nacht / laufen auf ihre leise gepfiffenen Bitten ihre Pferde herbei, / gewaltige Phantomgestalten mit weiß kreisenden Augäpfeln, / die einen feurigen Dampf über ihren Knien ausschnauben:

Während durch die gekräuselten Mähnen verstohlen ihre Hände streifen, / stärker als ein Zaum, in langsamen Liebkosungen, / galoppieren sie über den milchweißen Sand / und waten weit hinaus in die schlafende kleine Bucht.

Der Frost sticht süß mit einem brennenden Kuß, / so vertraut wie die Liebe, so kalt wie der Tod: / Ihre Lippen, auf denen köstliches Beben zischt, / dampfen vom gespenstischen Pollen ihres Atems.

Weit draußen, von der grauen Stille der Flut aus, / beobachten sie, wie die Morgendämmerung in glühenden Kreisen / sich hinter ihnen ausbreitet: und der Tag brennt durch ihr Blut / wie eine weiße Kerze durch eine geschlossene Hand.

[Übers. von Maren Scheer]

Roy Campbell (1901–57), Südafrikaner schottisch-irischer Herkunft, führte nach einer verträumten Kindheit in Durban und einem abgebrochenen Literaturstudium in Oxford ein bewegtes Leben. Nach seiner Heirat und dem Sensationserfolg seines Gedichts *The Flaming Terrapin* (1924) kehrte er in die Heimat Südafrika zurück. Dort schrieb er im Sommer des Jahres 1926 einige seiner schönsten Gedichte (*The Serf*, *To a Pet Cobra*, *The Zebras* u. a.). Doch war sein Aufenthalt in Südafrika nur von kurzer Dauer. Seine scharfen Angriffe auf Rassenpolitik und kulturellen Provinzialismus in langen Verssatiren (*The Wayzgoose*) und Epigrammen (*Holism*, *On Some South African Novelists*)

ließen ihn binnen kurzem zur Persona non grata werden, so
daß er sich gezwungen sah, abzureisen – zunächst nach
England, dann in die Provence. »The brilliant satirical poet
South Africa has never replaced«, so hat ihn Nadine Gordi-
mer ein halbes Jahrhundert später genannt.

In Martigue schrieb er weitere lyrische Gedichte, die neben den in Südafrika entstandenen in seinem bei Faber publizierten Band *Adamastor* (1930) zu finden sind. Die darin
enthaltene Naturlyrik steht in der Tradition des französischen Symbolismus. Campbell verherrlicht in ihr Gefahr,
Schönheit und Energie der außermenschlichen Natur: »un-
restrained emotion, headlong movement, and vivid, energet-
ic phrasing enact the values of strength, untamed courage,
defiance, and independence to which Campbell was com-
mitted« (Perkins, S. 186). Bis in die frühen fünfziger Jahre
hinein trat Campbell nicht nur mit seiner eigenen Lyrik,
sondern auch mit hervorragenden Versübersetzungen aus
den romanischen Literaturen hervor (Camões, San Juan de
la Cruz, Calderón, Baudelaire, Rimbaud, Lorca u. a.).

The Sisters (1926) gehört zu den frühen, in Südafrika geschriebenen und in *Adamastor* publizierten Gedichten.
Dylan Thomas hat es als Campbells bestes bezeichnet, und
auch Stephen Spender dürfte es im Sinn gehabt haben, als er
1982 schrieb, Campbell habe eine Reihe von »resplendent
poems unique in modern English verse« verfaßt. *The Sisters*
ist Natur- und Liebesgedicht in einem. Wie Campbell im
dritten Kapitel seiner Autobiographie *Light on a Dark
Horse* (1951) verrät, geht es auf die Erinnerung an eine Ju-
gendliebe zurück. Zwei Schwestern erheben sich am frühen
Morgen nach einer Nacht, die sie ohne Liebespartner verbracht haben, und reiten auf ihren Pferden in scharfem Ga-
lopp zum Meer hinaus, um den Sonnenaufgang zu beobachten.

Den von Campbell gern verwendeten kreuzgereimten
vierzeiligen Strophen liegt hier ein jambischer Pentameter
zugrunde. Gelegentlich fungiert die Metrik als Sinnträger,

so etwa, wenn die zusammengehörigen, unterdrückte Spannung signalisierenden Wörter »expand / Beyond« die Verse 18 und 19 durch Enjambement miteinander verbinden und beim Rezitieren ein Legato erfordern.

Schlüsselwörter von *The Sisters* erinnern an Arthur Rimbauds *Les Chercheuses de Poux*, das Campbell ins Englische übersetzt und in einem seiner südafrikanischen Gedichte, *The Zulu Girl*, kongenial imitiert und gedanklich vertieft hat. Auch Rimbauds Gedicht handelt von zwei Schwestern: von »deux grandes sœurs charmantes« mit silbernen Fingernägeln. Diese ›Zauberschwestern‹ – fast könnten sie Horazens fünfter Epode entsprungen sein – nähern sich einem Kleinkind, das von Läusen gequält wird, und zerdrücken mit ihren gespenstisch anmutenden Fingern voller Lust das Ungeziefer. Die intensiven Farb-, Klang- und Geruchseindrücke verwirren das Kind derart, daß es nicht einmal mehr weinen kann.

Eine vergleichbare Mischung von Sinneseindrücken findet sich auch bei Campbell. Doch ist die bedrückende Atmosphäre des Rimbaud-Gedichts verschwunden, die Handlung – typisch für Campbell – ins Freie verlegt, das Verhalten der Schwestern psychologisch motiviert. Das Motiv der unterdrückten Sexualität kündigt sich im ersten Vers an und bleibt das ganze Gedicht hindurch unterschwellig erhalten. Eine Betrachtung der wichtigsten Wortfelder trägt dazu bei, die beim Leser wachgerufene Spannung zu erklären.

Ein erstes Wortfeld stellen die zahlreichen Verben der Bewegung dar (»rise«, »run«, »rove«, »gallop«, »wade«, »expand«). Weitere Wortfelder sind die des Feuers und der Wärme (»hot«, »fiery«, »burning«, »fume«, »smouldering«, »burns«, »candle«), des Körperkontakts (»prowling«, »caresses«, »kiss«, »love«) und des Verbotenen (»low-whistled pleas«, »stealthy«). Der letztgenannten Gruppe assoziieren sich Beschreibungen wie »vast phantom shapes with eyeballs rolling white« (7), »ghostly pollen« (16), »grey silence« (17) und »a shuttered hand« (20), die eine Atmosphäre des Unheimlichen schaffen.

Das Gedicht zeigt Campbells Vorliebe für intensive Licht- und Farbeffekte sowie für die Darstellung von Bewegungsvorgängen (Erzgräber, S. 41). Treffend kommentiert David Wright: »Campbell, especially in the last stanza, exercises a superb mastery in the selection of images to produce that reverberation of latent implication which is one of the *raisons d'être* of poetry« (S. 22).

Gegensätze fallen auf (»hot nights« – »cold winds«, »as intimate as love, as cold as death«, »slow caresses« – »gallop«). Obwohl der Sprecher die beschriebenen Vorgänge aus größerer Entfernung beobachtet, vermag er doch das Weiß in den Augen der riesigen Pferde zu erkennen (7). Attribute verwendet Campbell so großzügig, daß manches Substantiv mehrfach modifiziert wird. Dabei lassen detaillierte Beschreibungen wie die in Vers 9 und 14 das Geschehen besonders intensiv wirken. Erwähnenswert sind auch die synästhetische Verwendung von Adjektiven und Adverbien (»the frost stings sweetly«, »delicious tremours«, »grey silence«) sowie die Vermischung gegensätzlicher Sinneseindrücke: so werden die Nächte von den Schwestern als heiß empfunden (1), obwohl sie frostig und kalt sind (13 f.).

Auf der denotativen Verständnisebene kommt Äußerliches zum Ausdruck: Da die Mädchen keine Liebespartner haben, ›befriedigen‹ sie sich mit einem Ritt durch die Natur. Nicht für einen Mann entkleiden sie sich, sondern für ihre Pferde; sie rufen sie mit leisen Pfiffen herbei, kraulen sie verstohlen und werden selbst von der Natur liebkost, denn der Frost sticht sie ›süß mit einem brennenden Kuß‹ (13), und der Tag ›brennt durch ihr Blut‹ (19). Die konnotative Verständnisebene führt in den Bereich des Spekulativen. Sie veranlaßt den Leser, die psychischen Vorgänge in den Mädchen nachzuempfinden. Durch die erwähnte Vermischung gegensätzlicher Sinneseindrücke wird der Dichter zum Seher, der den Weg ins Unterbewußte freimacht. Campbell steht damit in der Tradition des französischen Symbolismus: »Le Poète se fait *voyant* par un long, immense et rai-

sonné *déreglement* de *tous les sens*. [. . .] Il arrive à l'inconnu
[. . .]; il devra faire sentir, palper, écouter ses inventions«
(Rimbaud, Brief vom 15. Mai 1871).

Wie in einer Metamorphose Ovids verschwimmen in *The
Sisters* die vom Bewußtsein gezogenen Grenzen. Für den
Augenblick der dichterischen Schau hören Mensch und au-
ßermenschliche Natur auf, getrennte Existenzen zu sein. So
ist die Stimmung am Ende des Gedichts »one of fulfilment,
achievement, and peace, of being at one with the life of
Africa« (Alexander, S. 52).

Gedichttext nach: Roy CAMPBELL: The Collected Poems. London:
The Bodley Head, 1949. S. 43 f.
Literaturhinweise: Peter ALEXANDER: Roy Campbell. A Critical
Biography. Oxford 1982. – Michael CHAPMAN: Roy Campbell,
Poet. A Defence in Sociological Times. In: Theoria 68 (1986) S. 79–
83. – Maria Emanuela EISL: Lyrische und satirische Elemente in
Roy Campbells Dichtung. 2 Bde. Salzburg 1979. – MODERNE ENG-
LISCHE LYRIK. Engl./Dt. Hrsg. von Willi Erzgräber und Ute
Knoedgen. Stuttgart ³1994. S. 40 f. – David PERKINS: A History of
Modern Poetry. Bd. 2: Modernism and After. Cambridge (Mass.)
1987. S. 184–186. – David WRIGHT: Roy Campbell. London 1961.

MICHAEL HANKE

Roy Campbell: *Luis de Camões*

Luis de Camões

Camões, alone, of all the lyric race,
Born in the black aurora of disaster,
Can look a common soldier in the face:
I find a comrade where I sought a master:
5 For daily, while the stinking crocodiles
Glide from the mangroves on the swampy shore,
He shares my awning on the dhow, he smiles,
And tells me that he lived it all before.
Through fire and shipwreck, pestilence and loss,
10 Led by the ignis fatuus of duty
To a dog's death – yet of his sorrows king –
He shouldered high his voluntary Cross,
Wrestled his hardships into forms of beauty,
And taught his gorgon destinies to sing.

Luis de Camões

Camões, allein aus dem ganzen lyrischen Geschlecht, / geboren in der schwarzen Aurora des Unheils, / kann einem einfachen Soldaten ins Gesicht sehen: / ich finde einen Kameraden, wo ich einen Meister suchte. / Denn Tag für Tag, während die stinkenden Krokodile / von den Mangroven am sumpfigen Ufer ins Wasser gleiten, / teilt er mit mir das Sonnensegel auf der Dhau, er lächelt / und erzählt mir, daß er dies alles schon durchlebt hat. / Durch Feuer und Schiffbruch, durch Pest und Verluste, / vom Irrlicht der Pflicht / in einen elenden Tod geführt – dennoch König seiner Schmerzen –, / schulterte er hoch sein freiwillig aufgenommenes Kreuz, / zwang seine Beschwernisse, sich in Formen der Schönheit zu verwandeln, / und lehrte sein gorgonisches Schicksal singen.

[Übers. von Michael Hanke]

Ist der gebürtige Südafrikaner Roy Campbell (1901–57),
der sich in England nicht heimisch fühlte und sein Glück als
Fischer, Stierkämpfer und Olivenzüchter in der Provence,
in Spanien und Portugal suchte, ein englischer Lyriker?
Kaum eines seiner bedeutenden Gedichte ist in England
entstanden; England ist nie zu einer Inspirationsquelle für
seine Naturdichtung geworden, dagegen aber Afrika (*To a
Pet Cobra*, *The Palm*), die Provence (*Horses on the
Camargue*, *Autumn*) und immer wieder die iberische Halbinsel (*To the Sun*, *The Hoopoe*). Trotzdem: Campbell ist
ein englischer Lyriker. Er bedient sich einer Verstechnik,
die von den Klassizisten John Dryden und Alexander Pope
vollendet und von deren selbsternanntem Thronfolger Lord
Byron mit einer Beimischung von Weltschmerz über die
Köpfe der Viktorianer hinweg ins 20. Jahrhundert weitergereicht wurde. In seinen frühen Verssatiren war er diesen
Vorbildern selten gewachsen. In seinen besten lyrischen Gedichten aber verbindet sich deren technische und rhetorische Finesse aufs glücklichste mit der kultivierten Sinnlichkeit der französischen Symbolisten.

Daß sein Sonett *Luis de Camões* zu diesen Triumphen gehört, wirkt bei einem Blick auf den düsteren biographischen
Hintergrund zunächst paradox. 1943, im Entstehungsjahr
des Gedichts, findet sich Campbell als britischer Kriegsfrei-
williger an einem verlassenen Küstenstreifen Ostafrikas
wieder, um nach japanischen U-Booten Ausschau zu halten.
Mit sicherer Hand skizziert er seine Situation in den Versen
5 bis 7: Er läßt sich auf einer Dhau (einem kleinen Zwei-
oder Dreimaster) treiben und beobachtet aus dem Schatten
des Sonnensegels die trägen Krokodile zwischen den Mangroven. Was er hier verschweigt, können wir den Briefen an
die Familie entnehmen: Er leidet an einer Hüftverletzung,
die ihn für den Frontdienst untauglich macht, und ist em-
pört darüber, daß sich die literarische Linke in England
nicht zum Kampf gegen den Nationalsozialismus formiert.
In seiner Einsamkeit sucht und findet er das Gespräch mit

einem Mann, dessen Lebenswerk er als Vademecum im Tornister trägt – mit Luís Vaz de Camões (1524/25–80), dem Nationaldichter Portugals. Das aus dieser Begegnung hervorgegangene Gedicht publiziert er in seinem letzten Lyrikband *Talking Bronco* (1946).

Campbell wählt für seine poetische Huldigung die Form des Sonetts und stellt sich damit in eine alte Tradition. War Sonettdichtung zunächst überwiegend dem Frauenpreis vorbehalten, so öffnete sie sich bald auch anderen Arten der *hommage*, vor allem dem Dichterlob. Zu den schönsten Beispielen der englischen Literatur gehören William Wordsworths *Milton! thou shouldst be living at this hour* (1802), John Keats' *On First Looking into Chapman's Homer* (1816) und Matthew Arnolds *Shakespeare* (1844). Für Campbell dürfte die Camões-Huldigung des Portugiesen Manuel du Bocage (1765–1805) ein inspirierendes Moment gewesen sein, denn er hat sie zur gleichen Zeit, in der er an seinem eigenen Gedicht arbeitete, ins Englische übertragen – unter dem Titel *Imitation (and Endorsement) of the Famous Sonnet of Bocage which he Wrote on Active Service Out East*. Die Tatsache, daß Camões selbst fast 200 Sonette geschrieben hat, war für Campbell zweifellos ein weiterer Anreiz, sich nach früheren Erfolgen (*The Serf*, *The Zebras*, *San Juan de la Cruz*) erneut als Meister dieses Genres auszuweisen.

Die Gliederung in ein Oktett (Zeitstufe: Gegenwart) und ein Sextett (Zeitstufe: Vergangenheit) läßt die italienische Spielart des Sonetts als Formmodell erkennen. Metrisch liegt dem Gedicht ein jambischer Pentameter zugrunde, der in den Zeilen 2, 6, 10 und 13 durch Initialinversion (d. h. Akzenttausch zu Versbeginn) rhythmisch aufgelockert wird. In Vers 11 hebt Campbell eine grob umgangssprachliche und deshalb auffällige Formulierung (»dog's death«) durch Hebungsprall und Alliteration auch akustisch hervor. Mit diesem Kunstgriff hält er den eleganten Bogenstil des Sextetts von pathetischem Ballast frei und wirft zugleich ein

Schlaglicht auf das unheroische Ende des Dichters. Wie
er 1950 im Vorwort zur Neuauflage seines Lyrikbandes
Adamastor (1930) – benannt nach dem Kapgeist in Camões'
Lusiaden – schrieb, war es seine Absicht, die Umgangssprache in klassische Versform zu fassen: »What I eventually
aim at is the restoration of the vernacular to its true place as
the vehicle of poetry.« Kein Wunder, daß wir der gleichen
wirkungsvollen Mischung von poetischer und umgangs-
sprachlicher Diktion (Genus mixtum) in *Talking Bronco*
des öfteren begegnen (*The Skull in the Desert, Dreaming
Spires, Heartbreak Camp*).

Ein Blick auf Leben und Werk des portugiesischen Dichters erklärt die Faszination, die er auf Campbell ausgeübt
hat. In seinem Nationalepos *Os Lusíadas* (ca. 1556–70) feiert Camões die Ursprünge Portugals und die Großtaten
Vasco da Gamas. Portugal hieß zur Römerzeit Lusitanien,
seine Bewohner waren die Lusitanen oder Lusiaden, benannt nach ihrem mythischen Stammvater, dem Bacchus-
sohn Lusus. Vasco da Gama hatte die Grundlagen der portugiesischen Hegemonie im Indischen Ozean geschaffen;
ein Menschenalter später konnte Camões dem daraus er-
wachsenen kulturellen Selbstverständnis des Landes in seinem Poema heroicum bleibende Gestalt verleihen.

Der disziplinierte epische Fluß der *Lusiaden* ist einem bewegten Leben abgerungen. Nachdem der junge Camões seiner Laufbahn am Hofe mit einem leichtsinnigen Duell ein
Ende gesetzt hat, dient er in Afrika und Goa als Soldat. Er
büßt sein rechtes Auge ein, steckt ebenso oft in Geldnöten wie
im Gefängnis und erleidet Schiffbruch, wobei er sich – eine
Hand aus dem Wasser gestreckt – mit dem Manuskript seines
unvollendeten Epos ans Land retten kann. Ein einflußreicher
Freund sichert ihm schließlich die Gunst des Königs und eb-
net den Weg in die Heimat. Die Arbeit an den *Lusiaden* ist abgeschlossen; im Jahre 1572 werden sie publiziert. Der ver-
diente Ruhm aber bleibt Camões vorenthalten: arm und ver-
einsamt, so will es die Legende, stirbt er in Lissabon.

Campbell spielt auf einige dieser Details an und versäumt nicht, die Parallelen zu seinem eigenen Leben hervorzukehren – womit er zu verstehen gibt, daß sein Sonett mehr ist als eine komprimierte Versbiographie. Es basiert auf drei topischen Motiven, die uns auch in den *Lusiaden* begegnen; zunächst auf dem spanischen, in die Antike zurückreichenden Ideal »armas y letras«: »I find a comrade where I sought a master.« In seiner Essaysammlung *Portugal* (1957), der bezaubernden, postum erschienenen Liebeserklärung an seine spätere Wahlheimat, schreibt Campbell, Camões sei der Soldatendichter schlechthin, und in eben dieser Rolle hat sich Camões in seinem Epos selbst gesehen – bezeichnenderweise in den Versen, in denen er auf den erlittenen Schiffbruch anspielt (VII,79). Da auch Campbell sich als Mann des Schwertes und der Feder versteht, sind Leben und Werk des bewunderten Autors für ihn unlösbar verbunden und in gleichem Maße faszinierend. Überdies ist der gesellschaftlich geächtete, auf verlorenem Posten kämpfende Dichter schon in seiner frühen Lyrik ein Symbol schöpferischer Kraft und geistiger Unabhängigkeit (*Buffel's Kop*, *The Making of a Poet*, *Tristan da Cunha*).

Ein zweiter Topos ist der Gedanke vom Dichter als Stellvertreter: »He shouldered high his voluntary Cross.« Dieser Vers wirft Fragen auf: Ist es, bei allem Respekt vor Camões, nicht zu hoch gegriffen, ja sogar blasphemisch, ihn unter Hinweis auf das Kreuzessymbol in die Nachfolge Christi zu rücken? Und schleicht sich an dieser Stelle nicht doch jenes Pathos ein, das der vorausgegangene Vers so geschickt vermieden hatte? Keineswegs. Campbell benutzt den Topos, um das künstlerische Selbstverständnis eines Nationaldichters zu definieren, und als solcher wird Camões von seinem Sendungsbewußtsein getragen. Sein *Poema heroicum* ist kein Ausfluß privater Empfindungen und Überzeugungen, sondern – wie Dantes *Divina Commedia* – »ein heiliges Gedicht, in göttlichem Auftrag geschrieben zum Heile der Welt« (Rudolf Sühnel). Es geht ihm nicht um persönliches Ansehen, denn mit seiner doppelten Kreuznahme als Nationaldichter und Soldat steht er im Dienst seiner christlichen Heimat. In seinem Werk vernehmen wir die Stimme Portugals.

Auf dem weiten Feld des Epos ein Rivale Homers und Vergils (*Lusiaden* I,3 und I,11 f.), erweist sich Camões in der Kunst des Sonetts als Freund und Mentor eines Nachgeborenen. Die Gesetze von Raum und Zeit souverän mißachtend, steigt er vom Parnaß, um Campbell die von den Zeitgenossen vorenthaltene Anerkennung auszusprechen; Dante mußte sich immerhin noch selbst auf den Weg machen, um von den bedeutenden Dichtern der Vergangenheit geehrt zu werden (*Inferno* IV,82 ff.). Campbell bleibt bei seiner Begegnung mit Camões bescheiden. Er läßt sich nicht als literarische Größe feiern und bedankt sich mit einem Sonett, in dem sich Dichterlob und Selbsttherapie auf subtile Weise verbinden. Wenn wir bereit sind, Camões als einen der Zeit enthobenen exemplarischen Künstler zu sehen, verliert die im Gedicht beschriebene Situation ihren fiktiven Charakter, und Campbells Lektüre der *Lusiaden* entwickelt sich vor unseren Augen und Ohren zum Zwiegespräch geistesverwandter Dichter.

Der dritte Topos findet sich in den beiden Schlußversen: die Verwandlung von Leid und Schrecken in Kunst (angedeutet in den *Lusiaden* VII,81). Dieser Gedanke ist so alt wie die Dichtung selbst und erfährt schon bei Heraklit eine philosophische Fundierung (Fragment 98). So empfiehlt z. B. Theokrit in seinen Idyllen dem unglücklich Liebenden das Dichten und Singen als Heilmittel, und John Donne verweist auf den schöpferischen Gewinn, den der Verlust der Geliebten nach sich ziehen kann: »Grief brought to numbers cannot be so fierce, / For, he tames it, that fetters it in verse« (*The Triple Fool*). Und in Wordsworths beredter Verteidigung der Sonettkunst heißt es, Camões habe sich beim Schreiben von Sonetten mit seinem Emigrantenschicksal versöhnt (*Scorn not the Sonnet*).

In Campbells Werk ist die Kraft dieses Topos ungebrochen. Reife und formvollendete Lyrik entsteht, nachdem der Dichter in einen Abgrund geblickt und mit widerspenstigem Material gerungen hat. Das ist die Aussage so brillanter Gedichte wie *To a Pet Cobra* (1926), *The Palm* (1929), *Choosing a Mast* (1931) und *The Skull in the Desert* (1944). Im vorliegenden Sonett verdeutlicht Campbell sein Credo am Beispiel der als Schicksalsgöttin verstandenen Gorgo-Medusa. Im antiken Mythos läßt sie ihre Betrachter zu Stein erstarren; vom Zauberstab der Kunst berührt, wird sie gesellschaftsfähig: unter Anleitung des portugiesischen Lehrmeisters lernt sie singen.

Daß es auch einem Dichter des 20. Jahrhunderts noch möglich ist, Leid und Schrecken in Schönheit zu verwandeln, hat Campbell oft bewiesen. Wie aber vollzieht sich diese Verwandlung? Als glänzenden Praktiker hat ihn die Frage nicht beunruhigt. Das erklärt, warum er einer theoretischen Diskussion seiner Lyrik stets aus dem Weg gegangen ist – auch im Falle des bekenntnishaften Camões-Sonetts. Nachdem er es in den frühen fünfziger Jahren seinem Londoner Freundeskreis vorgetragen hatte, fragte ihn der junge Charles Causley bewundernd: »How do you manage to write such a perfect poem, Roy?« Campbells Antwort: »With an ordinary lead pencil, boy.«

Gedichttext nach: Roy CAMPBELL. The Collected Poems. London: The Bodley Head, 1949. S. 159.
Literaturhinweise: Peter ALEXANDER: Roy Campbell: A Critical Biography. Oxford 1982. – Marcia LEVESON: [Einleitung]. In: Roy Campbell: Selected Poems. Hrsg. von M. L. Johannesburg 1981. – Anna Campbell LYLE: Poetic Justice. A Memoir of my Father Roy Campbell. Francestown (N. H.) 1986. – Alan PATON: Roy Campbell. In: Christopher Heywood (Hrsg.): Aspects of South African Literature. London 1976. S. 3–23. – John POVEY: Roy Campbell. Boston 1977. – Rowland SMITH: Lyric and Polemic. The Literary Personality of Roy Campbell. Montreal 1972. – David WRIGHT: Roy Campbell. London 1961.

Hans-Joachim Zimmermann

John Betjeman: *The Metropolitan Railway*

The Metropolitan Railway

BAKER STREET STATION BUFFET

Early Electric! With what radiant hope
    Men formed this many-branched electrolier,
Twisted the flex around the iron rope
    And let the dazzling vacuum globes hang clear,
5 And then with hearts the rich contrivance fill'd
Of copper, beaten by the Bromsgrove Guild.

Early Electric! Sit you down and see,
    'Mid this fine woodwork and a smell of dinner,
A stained-glass windmill and a pot of tea,
10   And sepia views of leafy lanes in PINNER, –
Then visualize, far down the shining lines,
Your parents' homestead set in murmuring pines.

Smoothly from HARROW, passing PRESTON ROAD,
    They saw the last green fields and misty sky,
15 At NEASDEN watched a workmen's train unload,
    And, with the morning villas sliding by,
They felt so sure on their electric trip
That Youth and Progress were in partnership.

And all that day in murky London Wall
20   The thought of RUISLIP kept him warm inside;
At FARRINGDON that lunch hour at a stall
    He bought a dozen plants of London Pride;
While she, in arc-lit Oxford Street adrift,
Soared through the sales by safe hydraulic lift.

25 Early Electric! Maybe even here
   They met that evening at six-fifteen
 Beneath the hearts of this electrolier
   And caught the first non-stop to WILLESDEN GREEN,
 Then out and on, through rural RAYNER'S LANE
30 To autumn-scented Middlesex again.

   Cancer has killed him. Heart is killing her.
   The trees are down. An Odeon flashes fire
 Where stood their villa by the murmuring fir
   When »they would for their children's good
                                      conspire.«
35 Of all their loves and hopes on hurrying feet
   Thou art the worn memorial, Baker Street.

The Metropolitan Railway. Buffet in der Baker Street Station

Frühes Elektrisch! Mit welch' strahlender Hoffnung / gestal-
teten Männer diesen vielarmigen Elektrolüster, / wanden das
Kabel um die Eisentrosse / und ließen die blendenden Glüh-
birnen frei herabhängen / und füllten dann das üppige Ge-
bilde mit Kupferherzen, / gehämmert von der Bromsgrove
Gilde.
   Frühes Elektrisch! Setzt Euch hin und betrachtet, / inmitten dieser eleganten Täfelung und des Essensgeruchs, / eine
Windmühle in Glasmalerei und eine Teekanne / und Sepia-
Ansichten von belaubten Wegen in PINNER – / und stellt Euch
vor, weit weg auf diesen glänzenden Gleisen, / die Heimstatt
Eurer Eltern, eingebettet in flüsternde Kiefern.
   In sanfter Fahrt von HARROW, vorbei an PRESTON ROAD, /
sahen sie die letzten grünen Felder und den dunstigen Himmel, / in NEASDEN beobachteten sie, wie ein Arbeitszug entla-
den wurde, / und während die morgendlichen Villen vorüber-
glitten, / fühlten sie auf ihrer elektrischen Reise so felsen-
fest, / daß Jugend und Fortschritt eine Gemeinschaft bildeten.
   Und den ganzen Tag hindurch im trüben London Wall /
hielt ihn der Gedanke an RUISLIP im Inneren warm; / in FAR-
RINGDON kaufte er in jener Mittagspause an einem Stand / ein

Dutzend Pflanzen »London Pride«; / während sie, im Bogenlicht der Oxford Street dahintreibend, / im sicheren hydrauli-
schen Fahrstuhl durch die Sonderangebote sauste.

Frühes Elektrisch! Vielleicht genau hier / trafen sie sich
an jenem Abend um sechs Uhr fünfzehn / unter dem Herzen
dieses Elektrolüsters / und erwischten den ersten durchge-
henden Zug nach WILLESDEN GREEN, / dann weiter hinaus
durchs ländliche RAYNER'S LANE / wieder ins herbstduftende
Middlesex.

Krebs hat ihn getötet. Eine Herzkrankheit tötet sie. / Die
Bäume sind gefallen. Ein Odeon sprüht Feuer, / wo ihre Villa
neben der flüsternden Kiefer stand, / als »sie fürs Wohl der
Kinder noch so viele Pläne schmiedeten«. / Von all ihrer
Liebe, all ihren Hoffnungen auf hastenden Füßen / bleibst Du
das abgenutzte Mahnmal, Baker Street.

[Übers. von Hans-Joachim Zimmermann]

Der Verfasser dieses 1954 erstmals erschienenen Gedichts
ist offensichtlich ein Kenner und Liebhaber der Londoner
Untergrundbahn und ihrer Stationen; und ehe der Leser
sich weiter in den Text vertieft, sollte er einen Streckenplan
der Underground zur Hand nehmen – falls er mit der Metropolitan Line nicht genauso gut wie Betjeman (1906–84)
vertraut ist. Das Buffet, also ein Selbstbedienungsrestau-
rant, in der Baker Street Station bildet den Angelpunkt des
Gedichts. Hier sitzt der Sprecher, Betjeman selbst, und beschreibt, beobachtet, berichtet, und zwar aus seiner Gegenwart in den fünfziger Jahren rückblickend auf die Vergangenheit, als das städtische Nahverkehrsnetz der Eisenbahn
ausgebaut und elektrifiziert wurde. Hinsichtlich der Metropolitan Line läßt sich diese Vergangenheit auf die Jahre um
1910 bestimmen, als man die bis heute wichtige Verkehrs-
ader nach Nordwesten in Richtung Ruislip ['raislip] und
Pinner modernisiert hat. Damit wurde das bis dahin ländlich abgeschiedene Middlesex an den urbanen

Kernbereich angebunden und als weiträumiges Wohngebiet für die Mittelklasse erschlossen, die in London arbeitete und auf regelmäßige, schnelle und preiswerte Verkehrsverbindungen zwischen Wohnort und Arbeitsplatz angewiesen war.

Die Bahngesellschaft und ihre Siedlungsplaner lockten mit dem Eigenheim im Grünen, und so entstanden »metroland« und seine »commuter« – mit allen sich daraus ergebenden urbanistischen und sozialen Problemen. »Hearts are lighter, eyes are brighter, / In Metro-Land, in Metro-Land«, schwärmte ein damaliger Schlager den Leuten vor, und eines der braungetönten Werbephotos für das erholsame Leben auf dem Lande hängt im Restaurant des ersten wichtigen Umsteigebahnhofs, den die Metropolitan Line aus Richtung Ruislip oder Pinner kommend – über die Stationen: Rayners Lane, Harrow, Preston Road, Neasden, Willesden Green – in London erreicht: nämlich Baker Street. Vier Stationen weiter in Richtung City liegt Farringdon, ein Eisenbahn- und U-Bahnhof. Östlich davon, in der trübschmutzigen Geschäftsstraße London Wall, geht der junge Mann, von dem das Gedicht erzählt, seiner Beschäftigung (als kleiner Büroangestellter) nach. Topographische Genauigkeit ist ein Markenzeichen Betjemanscher Dichtung; hinzu kommen idiomatische Umgangssprache, gewürzt mit Archaismen und Reminiszenzen der poetischen Diktion des 19. Jahrhunderts, einfache Syntax und eingängig gereimte Strophen in regelmäßigem Metrum.

Die Präzision erstreckt sich auf die Nennung von charakteristischen Details der Innenausstattung des Restaurants, vor allem auf die kennerhafte Beschreibung des riesigen Elektrolüsters, der nicht wie heutzutage ein bloß funktionaler Beleuchtungskörper, sondern ein modernes Kunstwerk ist. Abgesehen von den Glühbirnen (damals »vacuum globes« und nicht »light bulbs« genannt), die zu einer hängenden Traube angeordnet sind, weist der pompöse »electrolier« – Nachfolger des überholten »chandelier« – noch

herzförmige Zierelemente aus getriebenem Kupfer auf. Sie
wurden in den Werkstätten der den handwerklichen Idealen
des Arts and Crafts Movement verpflichteten Bromsgrove
Guild hergestellt. Beim Leuchter in der Baker Street Station
beachte man ferner die provisorische Verlegung des Strom-
kabels um die Stahltrosse herum, an der das ganze Arrange-
ment hängt. Offenbar ist der Leuchter im Zuge der Elektri-
fizierung gerade erst installiert worden und ersetzt einen
der älteren Gaskandelaber. Betjemans Vater betrieb am An-
gel in Islington eine Innenausstattungsfirma, und obwohl
Betjeman Junior nicht in seine Fußstapfen trat, registrierte
er solche handwerklichen Details ebenso wie architektoni-
sche Besonderheiten stets aufmerksam.

Die Beschreibung des Elektrolüsters in Strophe 1 bildet
die Ouvertüre des Gedichts. Er steht stellvertretend für das
anbrechende Zeitalter des *Early Electric*. Dieser von Betjeman analog zu *Early English* gebildete Begriff bezeichnet
nicht nur eine Epoche, sondern auch ihren Stil, für dessen
seit den fünfziger Jahren allmählich verschwindende Monu-
mente er uns durch seine Essays und Gedichte den Blick ge-
schärft hat, so daß wir heute sorgfältiger mit ihnen umge-
hen, als dies frühere Entwicklungsplaner getan haben. Vor
allem aber benennt *Early Electric* ein Lebensgefühl zu Beginn des 20. Jahrhunderts. Betjeman blickt hier auf eigene
Erfahrungen zurück, als er zusammen mit einem Schul-
freund das Londoner U-Bahnnetz und die City erkundete
und mit allen Sinnen erlebte. Für ihn gehören die Menschen, ihre Gebrauchsgegenstände und ihre Umwelt untrennbar zusammen. Betjeman interpretiert daher keine
musealen Ausstellungsobjekte in abgeschlossenen Vitrinen
und analysiert keine unbewohnten Architekturen. Da dies
so in seiner Gegenwart ist, kann er sich beim Anblick des
Restaurants der Baker Street Station in die Zeit um 1910 zu-
rückversetzen. Er kann eine versunkene Generation herauf-
beschwören und sie so gegenwärtig werden lassen, daß wir
mit ihr ins Gespräch kommen.

Menschen formten den Elektrolüster, dessen Lichterfülle die Fahrgäste fast blendet. Alle diese Menschen waren voll ›strahlender Hoffnung‹. Der Optimismus einer Aufbruchphase kennzeichnet ihr Leben; und drei Strophen unseres Gedichts beginnen mit dem Ausruf »Early Electric!« Allerdings nimmt die Strahlkraft der Fanfarenstöße ab, und in Strophe 5 klingt es nurmehr gedämpft, jedenfalls privat, und leitet zur beklemmenden Schlußstrophe 6 über. Im Hauptteil, den Strophen 2 bis 5, überwiegt jedoch die Fortschrittsgläubigkeit angesichts der technischen Errungenschaften und städtebaulichen Entwicklungen während der Regierungszeit Edward VII. (1901–10). Ein Abglanz davon strahlt selbst in den Alltag der kleinen Leute hinein, vor allem wenn sie damals gerade ihre Häuser kauften, Familien gründeten und sich als die zu Beginn unseres Jahrhunderts junge Generation in der selbstverständlichen und sicheren Partnerschaft mit dem Zeitgeist geborgen fühlten.

Im Restaurant sitzend fordert der Dichter die Kinder des namenlosen Paares und mit ihnen alle Leser seiner Gegenwart auf, sich einen typischen Tagesablauf der Elterngeneration bildhaft vorzustellen. Die morgendliche U-Bahnfahrt bringt das Paar vom neuen Eigenheim in Ruislip – vorbei an noch unbebauter Landschaft, einem Zug mit Streckenarbeitern und kleinen Häusern im Morgenlicht – nach London. In Baker Street trennen sich die Wege. Der Mann fährt auf der Metropolitan Line weiter in die City; die Frau steigt um zur Oxford Street. Während sie dort in der vom Bogenlicht hell erleuchteten schönen neuen Elektrowelt nach günstigen Angeboten Ausschau hält und in den Kaufpalästen mit dem sicheren Fahrstuhl auf und ab schwebt, erledigt er in London Wall sein wohl eher ödes Tagewerk. Tröstlicher Fluchtpunkt seiner Gedanken bleibt das Zuhause in Ruislip; und in der Mittagspause ersteht er vor dem Bahnhof Farringdon einige Pflanzen für sein Gärtchen. Auch das ist wieder exakt beobachtet. Bis heute stehen vor einigen Bahnhöfen der Innenstadt Blumenhändler, die kleine Topfpflanzen verkaufen. Bezeichnenderweise ist es »London Pride«, ein anspruchsloses Steinbrechgewächs. Und bis heute verschönern die Bewohner der Londoner Vororte in liebevoller und oft rührender Weise ihre Gärten mit allerlei schlichten und widerstandsfähigen Pflanzen, die jetzt allerdings meist aus dem örtlichen Supermarkt kommen. Bei der Schilderung der Mittagspause in Strophe 4 hat man den Eindruck, daß der Mann sich keinen richtigen Lunch gönnt und sein knappes Taschengeld lieber für die Pflanzen ausgibt.

Baker Street bleibt der Knotenpunkt der Aktivitäten des Paares. Nach getanem Einkauf bzw. getaner Arbeit treffen sich die jungen Leute wieder zur Rückfahrt unter dem Elektrolüster im Restaurant – also genau dort, wo jetzt Betjeman sitzt und ihrem Kommen und Gehen zusieht. Falls sie sich nicht verspätet haben, erreichen sie den ersten Expreßzug nach Willesden Green, der sie über Rayners Lane wieder nach Hause ins ländliche Middlesex bringt, wo man den Duft des Herbstes noch wahrnehmen kann; denn die Abgase und der Lärm der Großstadt liegen in weiter Ferne. Spätestens an dieser Stelle fragt sich der noch nicht Betjeman-konditionierte Leser, vor allem der deutsche, was denn das alles solle, ob derartige Trivialitäten überhaupt gedichtwürdig und nicht eher als literarische Fingerübungen in leicht verschrobener und angestaubter Pickwick-Manier zu bewerten seien. Darauf wäre erstens zu antworten, daß das Leben durchschnittlicher Leute für Betjeman niemals trivial und damit auch nicht belanglos ist; denn es sind Leute wie Du und ich. Und zweitens folgt nun der dritte Teil des Gedichts, sein schmerzlicher Abgesang mit der Strophe 6, die in vier kurzen Sätzen das Desaster benennt.

Betjeman hat uns kein Märchen von der guten alten Neuzeit und ihrem menschheitsbeglückenden technischen Fortschritt erzählt, wie es die Worte: »radiant, dazzling, rich, fine, shining, smoothly, sure, warm, safe« suggerierten. Der Mann ist inzwischen an Krebs gestorben; seine Witwe geht an einer Herzkrankheit zugrunde. Beides sind typische

Zivilisationskrankheiten; und angesichts des Vandalismus, der über das friedliche Ruislip hereingebrochen ist, empfindet sie der Leser geradezu als symbolisch. Der einmal angestoßene und nun unaufhaltsame Fortschritt der Moderne hat nämlich sein wahres Gesicht gezeigt und die *metroland*-Idylle brutal zermalmt. Die aktuellen Stadtplanungen drängen das Wohnen in den für mittelständische Verdiener noch erschwinglichen »villas« immer wieder auf neu erschlossenes Bauland oder auf sekundäre Ballungsräume ab. Im Zuge eines gnadenlosen Prozesses, der neudeutsch ›Nachverdichtung‹ heißt, wird die lockere Bebauung mit Einfamilienhäusern im Grünen (auf »leaseholds«, nicht auf »freeholds«) zum großen Teil beseitigt, und die Bäume fallen. Kompakte und rentablere Wohnsilos (die bald verwahrlosten »towers«) mit neuen Zufahrtstraßen, neuen Parkplätzen, neuen Supermärkten und neuen Kinos (heute Bingo Halls), und nicht zu vergessen neuen Grünflächen (heute Ödland), machen sich in den fünfziger und sechziger Jahren allenthalben breit, nicht nur im Siedlungsgürtel um London.

Das einst so beschauliche Middlesex wurde 1965 von der neuen Verwaltungseinheit »Greater London« geschluckt. Zuvor haben die nimmermüden Zauberlehrlinge eines zukunftsweisenden Städtebaus, deren Sprechblasen uns das Neueste stets als das Bessere anpriesen, auch in Ruislip voll zugeschlagen. Ein Odeon-Kino steht jetzt an der Stelle des Hauses unseres Paares und verschickt seine Leuchtreklamen an eine graue Vorstadt. Die postmodernen Neonbotschaften verheißen neue Glitzerträume, jedenfalls ein paar Stunden Ablenkung von der Alltagstristesse. Wir erfahren nicht, was aus den Kindern des Paares geworden ist, die in Ruislip geboren wurden und dort aufwuchsen und die nach dem Erwerb des Eigenheims im Mittelpunkt ihres sorgenden Planens standen. Der Dichter fordert sie und uns auf, sich doch zu erinnern. Aber in den fünfziger Jahren ist das anspruchslose Leben damals in Middlesex schon so ferngerückt, daß wir es uns kaum mehr vorstellen können – auch das eine Folge urbaner Ruhelosigkeit, sozialer Entwurzelung und der Traditionsbrüche in einem schnellebigen Jahrhundert. Vermutlich wohnt schon die nächste Generation nicht mehr im hoffnungslos verschandelten Vorort, sondern ist in andere, schickere Stadtteile umgezogen, während die Alten nach dem Abriß ihrer Eigenheime in kleine Etagenwohnungen oder in Altersheime der örtlichen Stadtverwaltung umquartiert worden sind und dort vom Sozialstaat umhegt ihrem baldigen Ende entgegendämmern. War alles sinnlos gewesen? Waren es nur verlorene Illusionen?

Betjeman beschreibt ein typisches Schicksal von Durchschnittsmenschen, und er klagt wie in vielen seiner Gedichte die technokratische Reißbrettplanung von Wohngebieten ohne jede Berücksichtigung der menschlichen Bedürfnisse an. Doch wird dieses Thema in unserem Gedicht nicht wie etwa in *The Planster's Vision* (1945) voll ausgeführt, sondern durch die Parallelisierung von menschlichen Schicksalen mit der Entwicklung vom *Early* zum *Later Electric* nur angedeutet. Noch immer sitzt der Dichter nachdenklich und melancholisch im Restaurant von Baker Street Station, und »Baker Street« sind auch die letzten Worte seines Gedichts. Was also bleibt von den Namenlosen in der Masse, die keine bedeutenden Leistungen und keine Denkmäler mit rühmenden Inschriften hinterlassen? Ein U-Bahnhof, den einst auch sie mit Leben erfüllt haben und der erst durch sie zum Leben erweckt worden ist. Mit ihrer alltäglichen Arbeit haben sie und die vielen anderen ein öffentliches funktionales Gebäude in Besitz genommen und es menschlich gemacht. In einem Bahnhof haben sie ihre Benutzungsspuren eingegraben und sich dort auf ihre Weise verewigt: Baker Street Station ist ihr einziges Monument. Am Schluß des Gedichts bleibt Betjeman nicht bloß der versierte Kenner und leicht skurrile Liebhaber der Londoner U-Bahn und ihrer Sozialgeschichte, sondern erweist sich als ein mitfühlender und mitleidender Spurensucher und Spurenleser, der hinter den äußeren Erscheinungsbildern seiner

Umwelt das alltägliche menschliche Drama erkennt. Diese humane Normalität hat er im Gedicht bewahrt und als ein Zeugnis an uns Spätere weitergereicht.

Gedichttext nach: John BETJEMAN: Collected Poems. London: John Murray, ⁴1979. S. 212 f.

Literaturhinweise: Frank DELANEY: Betjeman Country. London 1985. – Bevis HILLIER: John Betjeman. A Life in Pictures. London 1984. – Philip LARKIN: It Could Only Happen in England (1971). In: P. L.: Required Writing. Miscellaneous Pieces 1955–1982. London 1983. S. 204–218. – Patrick TAYLOR-MARTIN: John Betjeman. His Life and Work. London 1983. – Hans-Joachim ZIMMERMANN: John Betjeman. In: Rudolf Sühnel / Dieter Riesner (Hrsg.): Englische Dichter der Moderne. Ihr Leben und Werk. Berlin 1971. S. 510–519.

William Empson: *This Last Pain*

This Last Pain

This last pain for the damned the Fathers found:
»They knew the bliss with which they were not
crowned.«
    Such, but on earth, let me foretell,
    Is all, of heaven or of hell.

5 Man, as the prying housemaid of the soul,
May know her happiness by eye to hole:
    He's safe; the key is lost; he knows
    Door will not open, nor hole close.

»What is conceivable can happen too,«
10 Said Wittgenstein, who had not dreamt of you;
    But wisely; if we worked it long
    We should forget where it was wrong.

Those thorns are crowns which, woven into knots,
Crackle under and soon boil fool's pots;
15   And no man's watching, wise and long,
    Would ever stare them into song.

Thorns burn to a consistent ash, like man;
A splendid cleanser for the frying-pan:
    And those who leap from pan to fire
20   Should this brave opposite admire.

All those large dreams by which men long live well
Are magic-lanterned on the smoke of hell;
    This then is real, I have implied,
    A painted, small, transparent slide.

25 These the inventive can hand-paint at leisure,
　Or most emporia would stock our measure;
　　And feasting in their dappled shade
　　We should forget how they were made.

　Feign then what's by a decent tact believed
30 And act that state is only so conceived,
　　And build an edifice of form
　　For house where phantoms may keep warm.

　Imagine, then, by miracle, with me,
　(Ambiguous gifts, as what gods give must be)
35 　What could not possibly be there,
　　And learn a style from a despair.

Diese letzte Pein

Diese letzte Pein fanden die Kirchenväter für die Verdammten: / »Sie kannten die Seligkeit, mit der sie nicht gekrönt
wurden.« / So, bloß auf Erden, laß mich prophezein, / ist
alles: ob des Himmels, ob der Hölle.

　Der Mensch, als seiner Seele Dienstmagd schnüffelnd, /
mag deren Glück durchs Schlüsselloch besehn: / er, sicher,
ohne Schlüssel, weiß: / die Tür geht nie auf, niemals zu das
Loch.

　»Was vorstellbar ist, kann auch geschehn«, / sagt Wittgenstein, der nicht im Traum dich dachte; / doch merke: wer sich
lang damit befaßt, / der wird vergessen, wo dies gar nicht
stimmt.

　Dornen sind Kronen, die, webt man sie in Knoten, / der Toren Töpfe prasselnd kochen lassen; / und niemands Obacht,
lang und weise, / würde sie je durch Starren singen machen.

　Gedorn brennt konsistent zu Asche, wie der Mensch; / vor-
züglich einsetzbar zum Pfannensäubern: / und die, die aus der
Pfanne ins Feuer springen, / sollten das biedre Paradox be-
staunen.

　Die großen Träume, die dem Menschen leben helfen, / sind
Zauberprojektion auf Höllenrauch; / dies ist real, so hab ich es
gemeint: / ein kleines, handgemaltes Dia-Bild.

Derlei kann man selbst einfallsreich bemalen, / oder im
Kaufhaus finden, in der Größe passend; / und schwelgend
dann in ihrem bunten Schatten / sollten wir schlicht vergessen, wo sie her sind.

Gib also vor, was man dezent und taktvoll glaubt, / tu als
ob man sich so was nur so denkt, / und bau ein Wohngehäus
aus Form, / Phantomen Domizil, wenn es denn wärmt.

Imaginiere doch mit mir, wie durch ein Wunder, / (zweideutig dies, wie jede Göttergabe) / das, was unmöglich da sein
könnte, / und lern den Stil aus dem Verzweifeln.

[Übers. von Horst Meller]

William Empson (1906–84) schrieb seine Gedichte für ein
Publikum, dem er seine Allusionen und Pointen nicht überdeutlich machen zu müssen meinte. Einer unbefangenen ersten Lektüre erschließen sich entsprechend nicht gleich alle
Implikationen der bildhaft verschlüsselten Dialektik; wohl
aber teilt sich außer dem Eindruck klassischer Form- und
Sprachmeisterung der Eindruck eines von kompromißloser
Redlichkeit durchdrungenen Ernstes der Aussagehaltung
mit.

Empsons Lyrik ist ein Spielen mit Gedanken, eine Ver-
fahrensweise, die er selber »argufying in poetry« nennt. Die
sich abzeichnende exegetische Aufgabe angesichts dieser
Gedichttechnologie muß darin bestehen, die verzahnte Tektonik der Wörter, Bilder und Anspielungskontexte als
sprachliche Kristallisation des dynamischen Zerebrations-
Spiels durchscheinend werden zu lassen. Wobei man der
poetologischen Maxime des »argufying«, wie es Empson
konzipiert hat, Rechnung tragen sollte: »The word ›there-
fore‹ is no more stale than the word ›dawn‹, and has just as
much imagery about it.«

In *This Last Pain* (1932) geschieht auf drei Aussageebe-
nen dreierlei ›Argumentieren‹ zugleich: Ein Agnostiker expliziert sein persönliches Daseinsverständnis. Ein Künstler

entwickelt und begründet seine Ars poetica. Und es huldigt schließlich ein Liebender seiner Geliebten und wirbt um sie, unromantisch und unheldisch, aber in unbedingter Aufrichtigkeit.

In der Anfangszeile der Strophe 1 stimmt die Folge dreier schwerer, gleichmäßig starktoniger Wörter, »Thís lást páin«, die bereits als Titelwortlaut bevorzugte Aufmerksamkeit beanspruchen durften, auf Tempo, Tonart und Thema des Gedichts ein. Das Tempo ist verhalten: in metrischem Wechsel zwischen volltönenden *heroic couplets* und lapidaren vierhebigen Reimpaaren ereignet sich ein gemessenes Zelebrieren eines poetischen Gedankenprozesses, den keinerlei diskursive Agilität, sondern meditative Spruchhaftigkeit charakterisiert. In der Tonart scheinen eine monumentale *grand-style*-Klangfülle und eine geradezu minimalistische Stakkato-Monotonie einander zu überlagern. Und der Gegenstand der Reflexion schließlich ist eine End-Frage: die Erwägung der Grenzsituation menschlichen Liebens, Schaffens und Existierens unter der dem Menschen von Göttern oder Dämonen auferlegten Leidbürde.

Schon dem Eröffnungssatz liegt die zentrale Thematik zugrunde, die Empsons moralkritisches Denken unablässig beherrscht hat: die aufklärerische Auseinandersetzung mit dem christlichen Gerechtigkeitsbegriff. Lakonisch wird auf den vermutlich unzivilsten Gesichtspunkt der frühchristlichen Retributions-Dogmatik verwiesen. Gemäß dem patristischen Verständnis der Parabel von Lazarus und dem reichen Mann (Lk. 16) besteht die letzte Steigerung der Höllenpein für die Verdammten darin, daß diese von einer Glückseligkeit lebhafte Kenntnis zu haben verurteilt sind, die ihnen mit Gewißheit auf ewig verschlossen bleibt. Bereits in der frühesten christlichen Höllenvision, der Esra-Apokalypse, müssen dementsprechend die Verdammten in ihren Qualen die Ewig-Seligen unablässig vor Augen haben. Der hl. Thomas von Aquin spricht den Verdammten die *visio beatorum* mildtätigerweise nur bis zum Tage des

Jüngsten Gerichtes zu. Danach aber sei ihre Strafe in dem
Maße unerträglicher, je tiefer sich vordem der Anblick der
in der Gottesherrlichkeit jubilierenden Erlösten in ihr Gedächtnis eingegraben habe. Der quälende Gedanke an die
ihnen von einem Tag auf den anderen und unwiderruflich
aberkannte Heiligen- und Gottesschau wird den Unglücklichen zur Zwangsvorstellung, zur morbiden Obsession. Das
Schockierende hierbei ist nicht die bloß quantitative Steigerung des Schmerzes. Diese brächte eine jede beliebige Rück-
besinnung auf glücklichere Tage mit sich. Bei Thomas ist
der Sachverhalt ein qualitativ anderer. Erst die von höchster
Seite und absichtsvoll manipulierte Steuerung der eschatologischen Leidvermehrung bewirkt nämlich – zumindest
für uns heutige – den eigentlichen Schockeffekt des Bestra-
fungsgedankens.

Dieser dogmengeschichtliche Kontext wird zum unmittelbaren Resonanzboden für die orakelhaft klingende Sentenz, die den Abgesang der Anfangsstrophe bildet: ›Genauso – aber wohlgemerkt: hier unten, auf der Erde – verhält sich alles, mit Himmlischem wie mit Höllischem.‹ Das
Verbum »foretell« verstärkt das kryptische Element dieses
düster gestimmten Lehrsprüchleins. Das Pronomen der ersten Person im Einschub »let me foretell« unterstreicht den
pontifikalen Sprachgestus des Gedichtanfangs. Es spricht
hier einer, dessen Hoffnungen und Erwartungen nicht hoch
gespannt sind; aber er spricht mit gravitätischer Überzeugt-
heit. Für wen er spricht, wen er anredet, bleibt vorerst im
Ungewissen.

Der gedankliche Sprung von der grausigen eschatologischen Formel des hl. Thomas zur Sentenz des grübelnden
Ich-Sprechers wird in Strophe 2 rückwirkend legitimiert.
Die Conditio humana scheint sich in einer grotesk-komi-
schen Scharade selbst ins Bild zu setzen. Der Mensch, als
der Seele neugierige Hausangestellte, kann die Glücksparadi-
diese des Seelischen durch ein Schlüsselloch hindurch verstohlen ins Auge fassen. Wegjagen kann man den würde-

losen Voyeur nicht. Die Tür wird sich jedoch nie für ihn öffnen lassen. Kärglich also sein Trost, daß das Guckloch sich auch niemals verschließen wird. Hinter der detaillierten Banalität dieser Allegorisierung der postfreudianischen Bewußtseinslage verbirgt sich eine gespannt und betroffen machende Eindringlichkeit. Die theologische Dimension der ersten Strophe ist im Verbildlichungsraum der zweiten – einer Lokalität, für die Jean-Paul Sartre im Jahr 1944 die Benennung *Huis-clos* wählte (»Die Hölle: das sind die anderen«) – nicht nur einfach verkürzt. Sie scheint plötzlich jegliche Relevanz verloren zu haben. Auf der Szenerie der agnostischen Daseinsanalyse Empsons ist der nach dem Glück seiner Seele Ausschau haltende Mensch – wie Samuel Becketts Krapp, der nach Geheimsignalen auf den Magnetbändern seines archivierten Lebens fahndet – erst einmal alleiniger Protagonist. In der frugalen Sprache findet die Leere dieses existentiellen Bühnenraums ihre akustische Entsprechung. Die Abfolge der Reimwörter »soul«/»hole« und »knows«/»close« ist gewissermaßen eine spruchbandartige Fixierung dieser skeptischen Denkrichtung.

Erst die Strophe 3 bringt die für ein Liebesgedicht so unverzichtbaren Pronomina »you« und »we« ins Spiel. Allerdings handelt es sich um ein rechtes Vexierspiel. Denn das »you« suggeriert im Bewußtsein des Lesers unvermeidlicherweise mehr als *eine* Anredeperson: außer dem vom liebenden Dichter in dunkler Rede angesprochenen Geliebten zumindest noch das in der dichterischen Reflexion zum Objekt gemachte ›Ich‹ des lyrischen Sprechers; aber darüber hinaus auch noch das ›Du‹ des angeredeten Lesers als das postulierte Vis-à-vis des Mitmenschen, mit dem der Text kommuniziert; und letztlich das summative Gegenüber aller Verdammten schlechthin (zumal den Verdammten der Anfangsstrophe die Seligkeit sehr wohl vorstellbar, »conceivable«, ist, ohne daß sie ihnen je noch widerfahren könnte). Das Wittgenstein-Wort »What is conceivable can happen too« markiert eine Gedankenwendung, die von der im Widerspruch zu ihm stehenden Anfangsstrophe zur zentralen Metapher des Gedichts überleitet, zur Lichtbildprojektion in den Strophen 6 und 7. Der in Anführungszeichen gestellte Satz ist jedoch kein Originalzitat. Ausgangspunkt war vermutlich der folgende Passus im von dem Sprachwissenschaftler C. K. Ogden ins *Basic English* übersetzten Text des *Tractatus Logico-Philosophicus*, der Empson wohlvertraut war: »The thought contains the possibility of the state of affairs which it thinks. What is thinkable is also possible.« (»Der Gedanke enthält die Möglichkeit der Sachlage, die er denkt. Was denkbar ist, ist auch möglich.« 3.02.) Empsons Ironisierung dieses aus dem Zusammenhang gerissenen Zitats ist eine Weise der spielerischen Tarnung seiner Stellungnahme. Als das eigentliche existentielle Echo Wittgensteins im Gedicht verstehe man Empsons entscheidende Wendungen »This then is real . . .« (23), »build an edifice of form . . .« (31) und »Imagine, then . . .« (33). Sie sind der Nachhall etwa der folgenden Sätze des *Tractatus*: »Wir machen uns Bilder der Tatsachen« (2.1). – »Das Bild ist eine Tatsache« (2.141). – »Wenn sich alles so verhält als hätte ein Zeichen Bedeutung, dann hat es auch Bedeutung« (3.328). – »Die Form ist die Möglichkeit der Struktur« (2.033).

Mit der Einführung der Dornenkrone scheint die Meditation nach einer tangentialen Berührung der ›neuen‹ Psychologie und der jüngsten Philosophie in den Strophen 4 und 5 zu ihrem archaisch-theologischen Ausgangspunkt zurückzukehren. Das Kernsymbol christlicher Erlösungslehre taucht jedoch in einem burlesken Kontext auf. ›Jene Dornen sind Kronen‹, so liest man, ›welche, zu Knoten verwoben, unter den Töpfen der Toren prasseln und sie bald zum Kochen bringen.‹ Diesen enigmatischen Passus erhellt das Bibelzitat in Empsons Anmerkung: »Das Lachen der Narren ist wie das Krachen der Dornen unter den Töpfen« (Pred. 7,6). Mehrere Vorstellungskomplexe sind hier wiederum in einer für Empson typischen Weise ineinanderteleskopiert worden. Wie das knatternde Geräusch des sich im Feuer verzehrenden Reisigs ohne Bedeutung ist – ein brennender Dornbusch ohne jede Offenbarung des Göttlichen, die Moses einst erlebte –, so ist die Krone eines Toren, die er sich aus solchen Dornen windet, leeres Insignium, Mummenschanz eines Scheinkönigtums. Noch im Ertragen von Leid, das scheint das Bild zu besagen, kann der Mensch der Gefahr der posierenden Selbsttäuschung erliegen, die dann sein Heldentum zum karnevalistischen Ornament werden läßt. Krone und Dornengeflecht geben dem Bild schließlich noch eine weitere Aussagedimension: ›Am Martyrium Christi wärmen sich die Narren ihr Süppchen.‹

In den Strophen 6 und 7 erweist sich das Bild der Laterna Magica, mit deren Hilfe der Mensch farbige Transparenzen auf einen wirbelnden Hintergrund projiziert, als der metaphorische Angelpunkt des Gedichts. Es ist eine Travestie des Höhlengleichnisses in Platons *Staat* (7,514). Das Schauspiel flüchtiger Schattenrisse und sich auflösender Bilder ist hier nicht Widerschein unerreichbarer, aber erahnbarer Realität. Es ist ein Spektakel der absurden Beliebigkeit. Der Mensch entwirft und manipuliert die Diaphanien selber, nach denen er sein Leben orientiert. Seine Projektionsbildchen sind das einzige, das irgendwelche Realität besitzt. Er fertigt sie entweder eigenhändig an, oder er kann sie in den gewünschten Größen bei den meisten einschlägigen Einkaufszentralen beziehen. Der Projektionshintergrund ist die Emanation des Chaos, vor dem der Mensch zum alleinigen Spielleiter der Schatten-Phantasmagorie avanciert.

In Strophe 8 ist die Maxime »Feign then … and act that state [which] is only so conceived« gewissermaßen der Ankunftsort und die Schlußfolgerung der komplexen Meditation. Sie sollte weder als leichtfertiger, modischer Zynismus noch als bloße Geste der Resignation mißverstanden werden. Die Aufforderung zur Bescheidung im ›als ob‹ ist von jener Redlichkeit getragen, mit der Wittgenstein es (im Vorwort von 1918) unternahm, in einem einzigen Satz den ganzen Sinn seines *Tractatus* auszusprechen: »Was sich überhaupt sagen läßt, läßt sich klar sagen; und wovon man nicht reden kann, darüber muß man schweigen.« Sein Gedicht ist für Empson die Bemühung um die Aussage des Sagbaren. Über das Unsagbare zu reden weigert er sich.

Das Schlußwort ist aber nicht nur kontemplative Bescheidung, sondern auch mitmenschlicher Appell und tätiger Protest. Ordnung zu fordern und sie – als Fiktion – zu etablieren im Angesicht der obwaltenden Unordnung, ohne diese dabei leugnen oder ihre Realität übertünchen zu wollen: darin besteht die Kunst des Künstlers, der mit Empson ›seinen Stil aus einer Verzweiflung gelernt‹ hat. Von den Göttern erhielt er schillernde, skandalös zweideutige Gaben: das Sehvermögen zum Erkennen des Chaos, das eingewurzelte Verlangen nach Sinnstrukturen, die Fähigkeit, das Imaginierte ›wahr‹nehmen und im Gebilde der Kunst ›zur Sprache‹ bringen zu können. Das »with me« der letzten Strophe signalisiert die Hereinnahme des vom Text angesprochenen Gegenübers in den Solidarisierungsraum des dichterischen Diskurses. So liegt über Empsons »argufying in poetry«, genau wie über Andrew Marvells triumphierender Ansprache an seine *Coy Mistress* – obgleich das letzte, nachhallende Reimwort »despair« ist – ein Hauch von stoischer Urbanität, von Heiterkeit. *This Last Pain* ist in einem durchaus wörtlichen Sinne eine Ars poetica des gottlos endenden Jahrtausends. Empsons Gedicht selbst ist das »edifice of form«, von dem es spricht. Das Chaos ist für den zeitlosen Augenblick der Kunst gebannt.

Gedichttext nach: William EMPSON: Collected Poems. London: Chatto & Windus, 1955. S. 60. – Mit Genehmigung von Random House UK Ltd, London, für The Estate of William Empson.
Literaturhinweise: Philip GARDNER / Averil GARDNER: The God Approached. A Commentary on the Poems of William Empson. London 1978. – Roma GILL (Hrsg.): William Empson. The Man and his Work. London 1974. – Horst MELLER: Das Gedicht als Einübung. Zum Dichtungsverständnis William Empsons. Heidelberg 1974.

W. H. Auden: *In Memory of W. B. Yeats*

In Memory of W. B. Yeats

(d. Jan. 1939)

I

He disappeared in the dead of winter:
The brooks were frozen, the airports almost deserted,
And snow disfigured the public statues;
The mercury sank in the mouth of the dying day.
5 What instruments we have agree
The day of his death was a dark cold day.

Far from his illness
The wolves ran on through the evergreen forests,
The peasant river was untempted by the fashionable
                                                quays;
10 By mourning tongues
The death of the poet was kept from his poems.

But for him it was his last afternoon as himself,
An afternoon of nurses and rumours;
The provinces of his body revolted,
15 The squares of his mind were empty,
Silence invaded the suburbs,
The current of his feeling failed; he became his
                                                admirers.

Now he is scattered among a hundred cities
And wholly given over to unfamiliar affections,
20 To find his happiness in another kind of wood
And be punished under a foreign code of conscience.

The words of a dead man
Are modified in the guts of the living.

But in the importance and noise of to-morrow
25 When the brokers are roaring like beasts on the floor
                                     of the Bourse,
And the poor have the sufferings to which they are
                                     fairly accustomed,
And each in the cell of himself is almost convinced of
                                     his freedom,
A few thousand will think of this day
As one thinks of a day when one did something
                                     slightly unusual.
30 What instruments we have agree
The day of his death was a dark cold day.

II

You were silly like us; your gift survived it all:
The parish of rich women, physical decay,
Yourself. Mad Ireland hurt you into poetry.
35 Now Ireland has her madness and her weather still,
For poetry makes nothing happen: it survives
In the valley of its making where executives
Would never want to tamper, flows on south
From ranches of isolation and the busy griefs,
40 Raw towns that we believe and die in; it survives,
A way of happening, a mouth.

III

Earth, receive an honoured guest:
William Yeats is laid to rest.
Let the Irish vessel lie
45 Emptied of its poetry.

In the nightmare of the dark
All the dogs of Europe bark,
And the living nations wait,
Each sequestered in its hate;

50 Intellectual disgrace
Stares from every human face,
And the seas of pity lie
Locked and frozen in each eye.

Follow, poet, follow right
55 To the bottom of the night,
With your unconstraining voice
Still persuade us to rejoice;

With the farming of a verse
Make a vineyard of the curse,
60 Sing of human unsuccess
In a rapture of distress;

In the deserts of the heart
Let the healing fountain start,
In the prison of his days
65 Teach the free man how to praise.

W. B. Yeats zum Gedenken (gest. Jan. 1939)

I

Er verschwand im tiefsten Winter: / die Bäche waren vereist,
die Flugplätze beinah verlassen, / und Schnee entstellte die
Standbilder; / das Quecksilber versank im Munde des sterbenden Tages. / All unsere Apparate stimmen überein: / sein
Todestag war ein finsterer, kalter Tag.

    Fern seiner Krankheit / durchstreiften die Wölfe wie stets
die immergrünen Wälder, / den bäuerlichen Fluß verführten
nicht die eleganten Quais; / trauernde Zungen / hielten den
Tod des Dichters vor seinen Gedichten geheim.

Für ihn aber war es sein letzter Nachmittag als er selbst, / ein Nachmittag der Pfleger und Gerüchte; / die Provinzen seines Leibes waren in Aufruhr, / die Plätze seines Denkens leer, / Stille drang in die Vororte, / der Strom seines Fühlens versagte; er wurde zu seinen Bewunderern.

Nun ist er zerstreut über hundert Städte / und unbekannten Neigungen ganz überantwortet, / daß er sein Glück finde in einem anderen Wald / und seine Strafe unter einem fremden Gewissenskodex. / Die Worte eines Toten / werden verändert im Gedärm der Lebenden.

Doch morgen, im wichtigen Treiben und im Getöse, / da auf dem Börsenparkett die Broker brüllen wie Tiere / und die Armen erdulden, woran sie so ziemlich gewöhnt sind / und jeder in der Zelle des Ich seiner Freiheit beinah gewiß ist, / werden ein paar Tausend an diesen Tag denken / wie an den Tag, an dem man etwas nicht ganz Gewöhnliches tat. / All unsere Apparate stimmen überein: / sein Todestag war ein finsterer, kalter Tag.

II

Du warst albern wie wir; dein Talent überdauerte alles: / die Gemeinde aus reichen Frauen, körperlichen Verfall, / dich selbst; das irre Irland kränkte, trieb dich in die Dichtung. / Jetzt hat Irland noch immer seinen Irrsinn und sein Wetter, / die Dichtung nämlich bewirkt nichts: sie überdauert / im Tal ihrer Erzeugung, wo selbst Manager / sich niemals einmischen würden, fließt nach Süden weiter / von Gehöften des Alleinseins und der emsigen Sorgen, / kruden Städtchen, an die wir glauben, in denen wir sterben; sie überdauert, / immerhin eine Art Wirkung, einen Mund.

III

Empfange, Erde, einen Ehrengast: / William Yeats kommt hier zur Ruhe. / Laß Irlands Gefäß entleert, / ohne seine Dichtung liegen.

Im Alptraum der Finsternis / bellen alle Hunde Europas, / und die lebenden Nationen warten, / jede in ihren Haß verkapselt;

Intellektuelle Schande / starrt aus jedem Menschenantlitz, / und die Meere des Mitleids liegen / vereist und verschlossen in jedem Auge.

Halt durch, Dichter, halte durch / bis auf den Grund der
Nacht, / mit deiner Stimme, die nicht zwingt, / überred uns
doch zur Freude;

Durch den Anbau eines Verses / mach zum Weinberg uns
den Fluch; / sing vom Mißerfolg des Menschen / in einer Ekstase der Not;

In den Wüsten jeden Herzens / laß den heilenden Brunnen
sprudeln, / im Gefängnis seiner Tage / lehr' den Freien, wie
man lobt.

[Übers. von Daniel Göske]

Audens Gedicht entstand unmittelbar nach seiner Über-
siedlung in die USA und nach Yeats' Tod im Januar 1939. Es
ist ein entschieden modernes Beispiel der uralten und ehrwürdigen Gattung der Elegie, die gewöhlich die Trauer
über den Toten in feierlich-ernstem Ton mit dem Trostbe-
dürfnis der Hinterbliebenen zu verbinden sucht. Hier ver-
strömt sich jedoch keine Totenklage im sozusagen einheitli-
chen, mitreißenden Gesang, wie in John Miltons *Lycidas*
(1637), Percy Bysshe Shelleys *Adonais* (1821), Matthew Arnolds *Thyrsis* (1867) oder Yeats' eigenen volltönenden Strophen *In Memory of Major Robert Gregory* (1918). Auden
(1907–73) hat sein Memento statt dessen in drei formal,
tonal und thematisch unterschiedliche Teile gegliedert. Er
nutzt die traditionelle Verbindung von Dichterlob und poetologischer Selbstvergewisserung der Elegie. Aber der dieser Gattung eingeschriebene Dreischritt – Totenklage, idea-
lisierendes Lob des Toten, tröstliche Schlußwendung – ist
bei ihm einer aus freimütiger Kritik und Selbstkritik ge-
mischten energischen Skepsis gewichen, die sich freilich am
Ende zu einer überraschenden und überraschend unzwei-
deutigen Verpflichtung der Dichtung auf den Dienst am
Menschen aufrafft.

»He disappeared in the dead of winter« – ein verhaltene-
rer Auftakt zum Gedenken an den irischen Nobelpreisträ-

ger, den T. S. Eliot wenig später rundweg zum größten
Dichter unserer Zeit erklärte, läßt sich kaum denken. Für
Kenner enthält die erste Zeile gleichzeitig eine ironische Reminiszenz an *A Vision* (1925), denn in Yeats' spekulativem
System wird der Tod oft als ›Verschwinden‹ bezeichnet.
Wichtiger ist, daß Auden mit einer ganz geläufigen Wendung (»the dead of winter«) die traditionelle, tröstliche Vorstellung einer geheimen Korrespondenz zwischen Mensch
und Schöpfung, zwischen Dichtertod und Naturstillstand
aufruft. Diese vermeintlich symbiotische Beziehung wird
jedoch rasch und fast lässig auch auf die moderne Welt der
Flughäfen und Denkmäler übertragen und gerinnt in Vers 4
zu einem befremdenden Bild von fast klinischer Kälte: Die
Außentemperatur wird zur tief abfallenden Fieberkurve,
der endende Tag zum siechen Patienten.

Audens charakteristische Verschränkung von virtuos va-
riierter Formensprache und einem ungekünstelten Sprechton, der bis zum Understatement reicht, wird bereits hier
erkennbar und hörbar. Alliterierende Präfixe privativer Verben (»disappeared«, »deserted«, »disfigured«) betonen die
Verfremdung des Gewohnten an diesem dunklen »dying
day«. Die zwar reimlosen, metrisch aufgerauhten und variar-
bel gefüllten, aber keineswegs völlig freien Verse basieren
auf einem meist jambischen Grundmuster, das in den folg-
genden Strophen immer wieder variiert wird und manchmal
sogar in ein prosaisches Parlando zerfällt. Hier deutet
z. B. im vierten Vers ein daktylischer Rhythmus die Unauf-
haltsamkeit des Erkaltens an. Dann hemmen die stabrei-
menden Einsilber der Schlußzeile den Betonungsfluß, um
ihn mit den drei letzten, gleichmäßig betonten Wörtern, wie
im antiken Versfuß des Molossus, aufzustauen und, in Analogie zu den winterlich vereisten Bächen, vollends einzu-
frieren (6). Aber die nächste Strophe widerspricht mit ihrer
kontrastiven Metaphorik der Idee von der mitleidenden
Natur, und wie die folgenden vollzieht sie mit ihren
schwankenden Zeilenlängen und dem partiellen Zerfall des

jambischen Grundmusters den Auflösungsprozeß des Sterbens verstechnisch nach.

Der Perspektivenwechsel zu Beginn der dritten Strophe rückt den todkranken Yeats ins Zentrum. Der Blick geht von der nur noch vage wahrgenommenen Außenwelt ins Innere des Sterbenden, und in einer brillanten Umkehrung der alten Metapher vom *body politic* gestaltet Auden das Verlöschen der Individualität mit sinistren Anspielungen auf das politisch-militärische Zeitgeschehen: die Invasionen, Bürgerkriege und internationalen Konflikte am Vorabend des Zweiten Weltkriegs. Der kurzfristig dreihebige Rhythmus der Verse 14–16 betont dabei den unaufhaltsamen ›Einmarsch‹ des Todes, der sich die angstgelähmte Stadt, Zentrum der Zivilisation und Symbol für den Geist zugleich, am Ende unterwirft. Das wiederum technisch-klinische Bild vom Zusammenbruch (»The current of his feeling failed«) bleibt doppeldeutig. Es suggeriert einen Stromausfall ebenso wie den Verlust jeglichen Gefühls im Kreislaufkollaps. Dieser Zusammenbruch ist jedoch nicht das Ende; das Semikolon markiert einen Übergang, und der Kurzvers streckt sich zum vollen Pentameter. Der Mensch Yeats hört auf, der Dichter ›wird‹ seine Bewunderer.

Dieser Sieg über den Tod wäre im Sinne der klassischen Elegie tröstlich, aber die vierte Strophe betrachtet das Phänomen des Nachruhms aus einem eher skeptisch mitfühlenden Blickwinkel. Dieser Nachruhm erscheint als Diaspora des Dichters, als weltweite ›Zerstreuung‹ seiner Gedichte, und der zerfaserte Rhythmus der Zeilen 18–21 unterstützt diesen Eindruck. Der unbehauste Autor wird gerichtet unter einem ihm unbekannten ›Gewissenskodex‹: den Wertmaßstäben der Leser, Kritiker, Zensoren in anderen Ländern und späteren Zeiten. Damit geht auch die vermeintliche Endgültigkeit des autorisierten Wortes verloren. Im epigrammatisch zugespitzten Schlußsatz erreicht Audens despektierliches Understatement seine unterste, die kreatürliche Ebene (22 f.). Obendrein ist gar nicht mehr speziell vom Poeten die Rede.

Jede menschliche Äußerung unterliegt einem unvermeidlichen und lebenswichtigen Stoffwechsel. Indem Auden den Leseakt im Verdauungstrakt lokalisiert, gibt er auch dem Gefühl ›aus dem Bauch heraus‹ ein Mitspracherecht. So wird die alte Idee vom unveränderlichen Erbe der Dichter und Denker auf den Nährwert ihrer Worte reduziert. Damit bereitet Auden zugleich die Akzentverschiebung vor, die am Ende jeder der drei Teile des Gedichts steht: vom Dichter (oder Sprecher) zu seinen Werken und Lesern. Der Tod des Autors ist die Voraussetzung für das vom autorisierten Sinn befreite Überleben der Poesie.

Viel ›Staat‹ ist mit ihr allerdings nicht zu machen. Die letzte Strophe des ersten Teils läßt da keine Illusionen aufkommen. Der gleichförmige Lauf der modernen Welt, hörbar im regelmäßigen Daktylus der Verse 24–27, bleibt von den Werken des toten Dichters völlig unbeeindruckt. An der gewinnsüchtigen Hektik der Börsianer, deren tierhaft röhrendes Getöse stabreimend und lautmalerisch vertont wird, an der Apathie der Armen oder der zaghaften Zuversicht der vermeintlich Freien ändert ein Gedicht nichts. Nur wenige werden Yeats' Todestag gedenken, mit einer eher vagen, wehmütig-verwunderten Erinnerung. Hier häufen sich die Formeln einer lakonisch tiefstapelnden Ironie (»fairly accustomed«, »almost convinced«, »a few thousand«, »something slightly unusual«). Sie demontieren das grandiose Pathos einer *religio poetae*, einer weltfremden Idealisierung des Dichters, der auch Yeats auf seine Weise gehuldigt hatte. Und dennoch: Durch die bloße Wiederholung des zuerst forciert neutralen Wetterberichts (5 f.) macht sich nun Beklommenheit breit: »The day of his death was a dark, cold day.«

Elegische Wehmut kann sich jedoch nicht einnisten, denn auch der zweite Teil dieses Nachrufs beginnt mit einem Affront. Schroff redet der Sprecher den Verstorbenen an. Albern sei er gewesen, aber unter dies unrühmliche Verdikt stellt Auden auch sich und die Dichterkollegen, vielleicht sogar die Trauergemeinde (32). Etwas Besonderes war Yeats nur durch das Geschenk seines großen Talents (»gift«), das sich nicht nur gegen den Klüngel seiner Mäzenatinnen und den schwierigen Alterungsprozeß, sondern auch gegen die Allüren des Dichters selbst behaupten konnte. Damit ist es heraus: Diese Elegie gilt der Gabe, nicht dem Begabten. Nicht das Dichterlob, das Lob der Dichtung ist ihr Ziel. Einige der Yeatsschen ›Albernheiten‹, über die sich Auden essayistisch äußerte (sein Obskurantismus, seine unmäßige Eitelkeit, sein Faible für autoritäre Heroen und totalitäre Bewegungen) sind hier kaum angedeutet. Die Leser der Elegie erfahren explizit nur von *einer* Obsession des irischen Nationaldichters: seiner hybriden Absicht, die ›verrückte‹, ›tollwütige‹ Heimat, die ihn so kränkte, daß er zum Dichter wurde, zur Raison zu bringen. Aber Irlands (nationalistischer?) Irrsinn läßt sich durch Verse ebensowenig verändern wie sein Wetter. In diesem semantischen Zeugma steckt sardonischer Spott und bittere Einsicht: Poesie kann im Großen nichts bewirken.

»For poetry makes nothing happen« – dieser kategorische Satz gehört zu den meistzitierten Versen der englischen Moderne. Auf ihn hat man oft das ganze Gedicht, ja den mittleren Auden überhaupt festlegen wollen. Dabei wurde zweierlei übersehen: Der Satz geht weiter, und er wird erstmals schon am Ende der Strophe relativiert. Zunächst jedoch richtet er sich in aller Schärfe gegen die Idee von den Dichtern als »unacknowledged legislators of the world«, von der schon Shelley schwärmte und deren Schwundstufe noch die politisch engagierte Versdichtung der dreißiger Jahre bildete – Audens eigene eingeschlossen. Gegen dies weltfremde Ideal setzt der Text dann den Überlebenswillen der Poesie, ihren ›survival instinct‹. Sie kann keine weltbewegenden Ereignisse ›bewirken‹ und braucht es auch nicht, weil sie selbst ein Ereignis ist.

Die folgenden Zeilen enthalten daher keine neuerliche *Defence of Poetry*, sondern sprechen metaphorisch von der naturhaften Beständigkeit echter Dichtung. Sie gleicht ei-

nem Fluß, dessen ungeregelter mäandernder Lauf in den
freieren Rhythmen, den gehäuften Enjambements und der
langen Satzperiode hör- und sichtbar werden. Dreimal fällt
in dieser Strophe das Wort, das der Forderung nach gesell-
schaftlicher Relevanz und Effizienz der Verskunst entgeg-
net: »It survives.« Die Poesie überdauert die professionellen
Macher und Machtmenschen, denen das Tal ihrer ›Erzeugung‹ (»making« betont den unromantischen Aspekt des
Handwerklichen) wenig profitabel erscheint; sie fließt nach
Süden (bei Auden gewöhnlich das Sinnbild einer idealen, le-
bensfreundlichen Landschaft); sie läßt die elende Welt der
einsamen Gehöfte, der bekümmerten Geschäftigkeit, der
unkultivierten Siedlungen hinter sich – eine Welt, zu der wir
uns keine Alternative denken können, weshalb wir in ihr
umkommen. Die Dichtung kennt diese Welt, geht aber über
sie hinaus, fließt weiter ›südwärts‹. Und wie der Fluß seine
›Mündung‹ überdauert, so überlebt sie auch den ›Mund‹ des
Dichters, des Kritikers, des Lesers. Darin liegt (»a way of
happening«) die spezifische Form ihrer ›Wirkung‹.

Auf die hier nur angedeuteten Umrisse einer symboli-
schen Landschaft kommt der Schlußteil der Elegie wieder
zurück. Ihr offiziöser Abgesang bedient sich im paarge-
reimten, trochäischen Tetrameter eines besonders strengen,
feierlichen Verses. Darin könnte man eine letzte, subtile Reverenz an den großen Toten erkennen. Denn Yeats verwendete diese in der englischen Tradition nicht häufige Strophenform in seinem poetischen Testament *Under Ben Bul-
ben*. Dort ordnete er in einer letzten grandiosen Geste seine
Bestattung an und verfehlte nicht, seine Kollegen auf ihren
nationalen Auftrag zu verpflichten: »Irish poets, learn your
trade, / Sing whatever is well made . . .« Der durch die analoge Versform provozierte Vergleich läßt die Distanz des
jungen englischen Emigranten vom alten irischen Nationaldichter um so stärker hervortreten.

Zwar bezeigt Auden im Gebet an die Erde ihrem ›Ehrengast‹ Yeats seinen schuldigen Respekt. Aber er betont zu-

gleich, daß die Person des Nobelpreisträgers ein bloßes ›Gefäß‹ ist und daß nur diese sterbliche Hülle seiner Heimat gehört; seine Werke gehören der Welt. Damit ist der große Dichter in nur vier Versen beerdigt, und anstatt sich, wie von Yeats gefordert, der heroischen nationalen Vergangenheit zuzuwenden, spielen Audens kurze und bündige *couplets* mit ihren knappen, expressiven Bildern auf die politischen Ereignisse der dreißiger Jahre und die drohende, internationale Katastrophe an (46–49). Aber die Elegie fällt nicht zurück ins Genre zeitkritischer Protestlyrik. Statt dessen findet Auden die Entsprechung der äußeren Kriegsgefahr im Inneren des Menschen, entdeckt in jedem Gesicht die Spuren von Mitleidslosigkeit und ›geistiger Schande‹. Ein Grund für die hier ungewöhnlich pathetische Sprache war wohl seine mühsam gezügelte Verzweiflung über die rettungslose Lage.

Erst die drei großartigen Schlußstrophen weisen in eine neue Richtung. Eine pragmatische Lösung bieten sie freilich nicht an. Dennoch gibt es für die Dichter klare Konsequenzen. Mit einem blasierten Achselzucken (»poetry makes nothing happen«) können sie sich jedenfalls nicht aus der Verantwortung stehlen. Statt dessen sollen sie sich der ›tiefsten Nacht‹ aussetzen, die auch die alptraumhafte Finsternis von Vers 46 einschließt. Nur dann kann die Dichtung, ohne Zwang auszuüben (»unconstraining«) und sich die Legislative der Welt anzumaßen, ihres Amtes walten. Das besteht darin, uns beharrlich und trotz allem (»still« hat sowohl durative wie konzessive Bedeutung) dazu zu überreden, uns zu freuen. Bedenkt man den Anlaß und die Zeitumstände dieser Elegie, wird man sich über dieses »rejoice« wundern. Diese Wendung, in ihrer Unbestimmtheit selbst »unconstraining«, eröffnet Assoziationen, die auch an das überdauernde Werk des Toten anknüpfen. Sie erinnert z. B. an Yeats' Konzept der *tragic joy*, etwa in *The Gyres* (1938), wo der alte Dichter freilich nicht trotz, sondern wegen des Zusammenbruchs der Zivilisation frohlockt. Ein anderer Anknüpfungspunkt wäre Yeats' Rückblick auf sein Leben und die verzagte Frage nach dem Danach in *Man and the Echo* (1939).

»Still persuade us to rejoice« – Audens Aufforderung zur Freude bezieht sich jedoch nicht auf die Nacht des individuellen Todes, sondern auf den alltäglichen Alptraum des Lebens aller Menschen. Bei ihm bewahrt das Wort »rejoice« noch einen Anklang an das biblische Frohlocken in dieser Welt und über diese Welt – ganz besonders im Zusammenklang mit der Hoffnung auf den befreienden Lobpreis, der den Zielpunkt des Gedichts bildet. Audens ›neue‹ Poetik, die er auch in Anlehnung und im Widerspruch zu Yeats entwickelt, hat mit dem einsamen, romantischen Genie, mit automatischem Schreiben, radikal modernistischer Autonomie oder der Selbstgenügsamkeit eines »sing whatever is well made« nichts gemein. Zwar ist Dichtung für ihn keine Propaganda, sondern im emphatischen Sinne Kunst. Aber sie ist doch auch Überredungskunst, mühsame Überzeugungsarbeit: Das »farming of a verse« gleicht der Schinderei auf dem Acker.

In den beiden Schlußstrophen häufen sich die Paradoxa und Kontraste. Nicht im ewigen Reich der Ideen, so deuten sie an, sondern mitten in der gebrechlich eingerichteten Welt und den verwüsteten Herzen (62) ihrer Bewohner hat die Poesie ihren Platz. Sie ›singt‹ wie eh und je, aber eben – das belegt gerade diese so unelegische Elegie – von den ganz unheroischen Unzulänglichkeiten (»unsuccess«) des Menschen. Und dieser Gesang ertönt in einer paradoxalen »rapture of distress«, aller irdischen Not ›entrückt‹ und doch von ihr betroffen. Die erlösende Ekstase der Dichtung – »rapture« hat bei Auden auch sonst erotische Konnotationen – schließt das Bewußtsein des Elends (»distress«) ein. Deshalb und nur so hat ein Gedicht allen etwas zu sagen. Wo es auch die erbärmlichen Seiten des Menschen ›singbar‹ macht, bekommt die zuvor namenlose Not eine Tonart und einen faßlichen Sinn.

Audens Metaphern vom Acker- und Weinbau betonen diese Verwurzelung der Dichtung im Kreatürlichen. Sie greifen mit ihren Assoziationen von Fruchtbarkeit und Schaffenskraft auch auf Elemente der pastoralen Elegie zurück, wie sie von Theokrit bis Yeats gepflegt wurde. Diese literarischen Traditionen werden ergänzt durch den verheißungsvollen Ernst biblischer Motive. »Make a vineyard of the curse« (59) – im Schweiße seines Angesichts soll der Dichter dem unter dem Fluch von Schuld und Tod, »intellectual disgrace« und Gefühlskälte stehenden Menschen einen erquicklichen Weinberg bereiten. Wie in Eliots kulturpessimistischem Meisterwerk *The Waste Land* (1922) lassen diese bibelnahen Bilder die Möglichkeit individueller Erlösung erahnen (62 f.). Diese erlösende Heilung entspringt jedoch keiner transzendenten Macht, sondern dem Gedicht, das die rettende Quelle zum Sprudeln bringt. Sie hat etwas mit der Fähigkeit des Menschen zu tun, von sich selbst abzusehen und das Leben – trotz allem – zu loben. Damit werden keine gedankenlosen oder gar zynischen Erwartungen an die Unfreien, die physisch Unterdrückten gerichtet. Gleichwohl hat die Poesie einen entschieden didaktischen Auftrag. Der Dichter kann und soll den in den Paradoxien seiner Existenz gefangenen (27, 64) und vom Tod bedrohten ›freien‹ Menschen das Loben lehren. Das letzte *couplet* korrigiert damit das brüske Diktum von der Wirkungslosigkeit der Poesie im zweiten Teil der Elegie. So führt das Dichterlob über das Lob der Dichtung zum Lobpreis des Lebens.

»In the prison of his days / Teach the free man how to praise« – dieses entschlossene Schlußwort, das am Anfang von Audens ›amerikanischer‹ Phase steht und als Motto für sein späteres Werk gelten könnte, bildet auch die Inschrift auf seinem Gedenkstein in Londons Westminster Abbey. Es war 1939 wie in Audens Todesjahr 1973 eine erstaunliche, scheinbar unzeitgemäße Forderung, und das ist sie noch heute. Dennoch ist sie folgerichtig. Nach all dem, was diese moderne Elegie ausspricht und andeutet – die Banalität des Bösen und der Gewinnsucht, die Apathie der Armen und die Albernheiten der Dichter, kurz: Elend und Verblendung der Menschen – nach all dem ist die lobende Hinwendung zur Welt in einer »rapture of distress« keine billige Therapie, keine wohlfeile Sonntagspredigt, sondern ein befreiender Ausweg aus der Sackgasse des Selbstbezugs.

Gedichttext nach: W. H. AUDEN: Collected Poems. Hrsg. von Edward Mendelson. London: Faber & Faber, ²1991. S. 247–249.
Literaturhinweise: Volker BISCHOFF: Der Dichter in der Gesellschaft. Audens »In Memory of W. B. Yeats« und seine Yeats-Aufsätze. In: Rudolf Haas [u. a.] (Hrsg.): Literatur als Kritik des Lebens. Heidelberg 1975. S. 264–278. – Edward CALLAN: Auden. A Carnival of Intellect. New York 1983. – Humphrey CARPENTER: W. H. Auden. A Biography. London 1981. – Anthony HECHT: The Hidden Law. The Poetry of W. H. Auden. Cambridge (Mass.) 1993. – Peter HÜHN: Geschichte der englischen Lyrik. Bd. 2: Von der Viktorianischen Epoche bis zur Gegenwart. Tübingen 1995. S. 231–244. – Johannes KLEINSTÜCK: Mythos und Symbol in englischer Dichtung. Stuttgart 1964. S. 134–157, 167–169. – Lucy McDIARMID: Saving Civilization. Yeats, Eliot, and Auden between the Wars. Cambridge 1984. – Kurt OTTEN: W. H. Auden: »In Memory of W. B. Yeats«. In: Horst Oppel (Hrsg.): Die moderne englische Lyrik. Interpretationen. Berlin 1967. S. 207–219. – Monroe K. SPEARS: The Poetry of W. H. Auden. The Disenchanted Island. Oxford 1968.

Günther Jarfe

W. H. Auden: *The Fall of Rome*

> *The Fall of Rome*
>
> (for Cyril Connolly)
>
> The piers are pummelled by the waves;
> In a lonely field the rain
> Lashes an abandoned train;
> Outlaws fill the mountain caves.
>
> 5 Fantastic grow the evening gowns;
> Agents of the Fisc pursue
> Absconding tax–defaulters through
> The sewers of provincial towns.
>
> Private rites of magic send
> 10 The temple prostitutes to sleep;
> All the literati keep
> An imaginary friend.
>
> Cerebrotonic Cato may
> Extol the Ancient Disciplines,
> 15 But the muscle-bound Marines
> Mutiny for food and pay.
>
> Caesar's double-bed is warm
> As an unimportant clerk
> Writes *I DO NOT LIKE MY WORK*
> 20 On a pink official form.
>
> Unendowed with wealth or pity,
> Little birds with scarlet legs,
> Sitting on their speckled eggs,
> Eye each flu-infected city.

25   Altogether elsewhere, vast
      Herds of reindeer move across
      Miles and miles of golden moss,
      Silently and very fast.

Der Niedergang Roms (für Cyril Connolly)

Die Molen werden von den Wellen geschlagen; / auf einsamem Felde peitscht / der Regen einen verlassenen Zug; / Banditen füllen die Berghöhlen.

  Die Abendkleider werden extravagant; / Beauftragte des Fiskus verfolgen / flüchtende Steuerhinterzieher durch / die Abwasserkanäle von Provinzstädten.

  Private Zauberzeremonien versetzen / die Tempelprostituierten in Schlaf; / alle Literaten halten sich / eine(n) erfundene(n) Freund(in).

  Cato, dem Denken und der Zucht verpflichtet, mag / die alten Disziplinen rühmen, / doch die muskelprotzigen Marinesoldaten / meutern wegen Kost und Sold.

  Des Kaisers Doppelbett ist (noch) warm, / als ein unbedeutender Sekretär / auf ein rosafarbenes amtliches Formular / notiert *ICH HASSE MEINE TÄTIGKEIT.*

  Nicht ausgestattet mit Reichtum oder Mitleid, / mustern kleine Vögel mit scharlachroten Beinen, / die auf ihren gesprenkelten Eiern sitzen, / jede mit Grippe angesteckte Stadt.

  Völlig anderswo ziehen / riesige Rentierherden über / meilenweites goldenes Moos, / schweigsam und sehr rasch.

[Übers. von Günther Jarfe]

The Fall of Rome wurde 1947 auf Anregung Cyril Connollys verfaßt und in der von ihm redigierten Zeitschrift *Horizon* erstveröffentlicht. Das Gedicht wurde dann in den Band *Nones* (1951) aufgenommen und später in allen von Auden (1907–73) selbst autorisierten Auswahl- und Gesamtausgaben immer wieder unverändert abgedruckt. Man darf daraus schließen, daß er sein Gedicht schätzte und die 1947 gefundene Form für gelungen hielt. Tatsächlich gilt *The Fall of Rome* etlichen Kritikern als Meisterwerk (Bromwich, S. 98), ist jedoch nur selten gründlicher untersucht worden (Rodway, S. 130–134; Hecht, S. 326–331).

Die auffällige Abstinenz der Literaturkritik mag damit zusammenhängen, daß *The Fall of Rome* seinen äußeren Formmerkmalen nach – sieben vierhebig angelegte Vierzeiler, die einem gleichbleibenden Reimschema (abba) folgen – eher konventionell anmutet und seine Thematik für Kontroversen wenig herzugeben scheint. Beide Eindrücke erweisen sich freilich als trügerisch, sobald man tiefer in die Gestaltung eindringt. Dabei ist das Augenmerk vornehmlich auf das Prinzip zu richten, nach dem in diesem Gedicht Bedeutung generiert wird.

Die ersten fünf Strophen reihen schlaglichtartig Momentaufnahmen aus verschiedenen Bereichen der bedrohten Zivilisation übergangslos aneinander, um sie dann in den beiden letzten Strophen mit Bildern aus der menschenfernen Natur zu kontrapunktieren. Details, die aus Edward Gibbons *Decline and Fall of the Roman Empire* (1776–88) stammen könnten, werden mit solchen, die sich Erfahrungen des 20. Jahrhunderts verdanken, überblendet – besonders sinnfällig in der vierten Strophe, in der »Cerebrotonic Cato« und »muscle-bound Marines« zusammengebracht werden.

Die scheinbar willkürlichen und beiläufigen Details konvergieren freilich in einem Punkt: Sie deuten darauf, daß der Zusammenhalt der Gesellschaft, der Konsens über Rechte und Pflichten des einzelnen und über gemeinsame Ziele, zerbrochen ist. Wenn bestimmte Gruppen ausgegrenzt werden oder aber sich abgesetzt haben (»outlaws«); wenn andere, abgehoben vom Rest der Gesellschaft, ein exklusives und luxuriöses Leben führen (»Fantastic grow the evening gowns«); wenn insgesamt die Gemeinschaftsaufgaben nicht mehr finanzierbar sind und die immer höheren Abgaben zu Steuerhinterziehung und Verfolgung durch Steuereintreiber

führen; wenn private Magie praktiziert wird und die Gebil-
deten sich nur noch fiktive Freunde leisten können oder
wollen; wenn verantwortliche Politiker wie Cato sich, rück-
wärtsgewandt, auf alte Disziplinen berufen, aber die Marine
nicht mehr bezahlt werden kann und meutert; wenn der
Kaiser seinen Amouren nachgeht und der kleine Angestellte
mit seiner Arbeit unzufrieden ist – dann (suggeriert der
Text) steht der Zusammenbruch unmittelbar bevor. An dieser Stelle macht Auden übrigens durch den Reim »clerk« –
»work« explizit, daß *The Fall of Rome* auch und besonders
die USA meint.

Die hier aneinandergereihten Bildausschnitte benennen
nicht nur expressis verbis Symptome des physischen und
moralischen Niedergangs, sie drücken nicht nur durch ihre
Ausschnitthaftigkeit und übergangslose Ablösung durch
andere Bildausschnitte die Fragmentarisierung der Gesellschaft aus, sondern sie implizieren Zusammenhänge des
Untergangs auch kraft des Verfahrens, mit dem ihnen Bedeutung zuwächst: Metonymie (und Synekdoche). Das für
die Erkenntnis von Audens Dichtung wichtige Verfahren
soll an zwei Strophen eingehender demonstriert werden.

Strophe 1 reiht drei Szenen aneinander, die an verschiedenen Lokalitäten spielen und deren Zusammenhang zunächst
undurchsichtig bleibt. Die einzelnen Bilder sind zwar bedeutsam, aber nicht um ihrer selbst willen, sondern weil sie
umfassendere Vorgänge, Zusammenhänge, Einsichten veranschaulichen können. Die erste Zeile rückt mit ihrem Hinweis auf das unablässige und unerbittliche Wirken der Elemente das Thema des Gedichts in eine universelle Perspektive: So wie die Molen dem unaufhörlichen Anbranden der
Wellen ausgesetzt sind und ihm auf Dauer nicht standhalten
können, so unterliegt alles von Menschen Gemachte einschließlich des römischen Imperiums dem unentrinnbaren
Einfluß natürlicher Verschleißprozesse.

Die zweite und dritte Zeile führen den Gedanken bildhaft weiter und geben ihm zugleich eine spezifische Wen-

dung. Jetzt ist es der peitschende Regen, dem das von Menschen gemachte Produkt ausgesetzt ist. Aber »an abandoned train« – im antiken Rom ein Anachronismus – verweist darauf, daß *The Fall of Rome* kein einmaliger und auf das Altertum beschränkter Vorgang ist. Gleichzeitig werden mit »a lonely field« und »outlaws« erstmals Faktoren angesprochen, die für den Niedergang des historischen Rom als ursächlich angesehen werden können: Landflucht und Wegelagerei. Die von Auden erwähnten Phänomene sind zwar so spezifisch, daß sie als zeit- und kulturabhängig gelten können, andererseits so allgemein, daß sie Zustände und Tendenzen verschiedener Zeiten und Gesellschaften zu repräsentieren vermögen. Schon in Strophe 1 wird also klar, daß Auden sich nicht nur mit dem Fall des historischen Rom auseinanderzusetzen gedenkt, sondern ebenfalls mit Rom als Prototyp des Imperiums, das an seinen inneren Widersprüchen zerbricht.

In Strophe 4 geht es Auden offenbar darum zu zeigen, daß die klassische Einheit von Körper und Geist gestört ist, aber auch, daß eine Wirtschaftskrise gigantischen Ausmaßes nicht durch den Rekurs auf überlebte Tugenden gelöst werden kann. Er sagt das aber wiederum nicht auf abstrakte Weise, sondern indem er zu der intendierten Aussage und Einsicht Situationen erfindet, welche diese bildhaft vergegenwärtigen können. Auden ist jedoch nicht an der bildhaften Miniaturszene als solcher interessiert, sondern an den gesellschaftlichen Zusammenhängen, die sie konstituiert. Diese müssen aber vom Leser entfaltet werden. Daß in dieser Gesellschaft physische und geistige Potenzen auseinanderdriften, daß Militär und Intelligenzija unterschiedliche Ziele verfolgen, daß die politische und geistige Elite die Verbindung zur einfachen Bevölkerung verloren hat, daß Identifikation mit dem Staat und Verteidigungswillen zusammengebrochen sind – all das und noch mehr will Auden dem Leser vermitteln. Das gelingt freilich nur, wenn der Leser die kritische Ausdrucksfunktion des metonymischen

Verfahrens begreift und die angebotenen Bildelemente in der Reflexion ausbuchstabiert und ihre Zusammenhänge auslotet. Metonymie und Synekdoche sind sehr ökonomische, weil verdichtende Verfahren. Weil sie Auswirkungen und Folgen benennen, auf Kausalitäten verweisen, sind sie zugleich kritische Verfahren (Jarfe, S. 95–103, 177–182).

Dem unausweichlichen Untergang des Imperiums stellt Auden in den beiden letzten Strophen die menschenferne bzw. menschenlose Natur gegenüber. Der Kontrapunkt beruht auf der instinkthaften Sicherheit der Vogel- und Tierwelt. Sie ist nicht korrumpiert und nicht korrumpierbar. Ihr »sense of community and continuity« wird hier durch das »sitting on their speckled eggs« vergegenwärtigt. Was sie weiterhin von der Welt der Menschen grundlegend unterscheidet, wird durch Zeile 21 angedeutet: Materielle Güter und das Interesse daran fehlen ihr ebenso wie das Mitgefühl mit dem Leiden eines anderen. Der Hinweis darauf läßt allerdings zugleich schmerzlich bewußt werden, daß Mitleid nur eine potentielle menschliche Fähigkeit darstellt, die in der untergehenden imperialen Welt keine Rolle spielt. Vielleicht ist damit zugleich ein Appell verbunden, darüber nachzudenken, wie es nach dem Untergang weitergehen könnte. So wie das Christentum, die Religion der Nächstenliebe, aus dem Römischen Reich hervorwuchs, so könnte »pity« auch heute ein Gegengewicht zu dem entfesselten Materialismus der USA und aller kapitalistisch organisierten Imperien bilden. Die Bedeutsamkeit des Wortes in vielen Gedichten Audens (nicht zuletzt in der Elegie auf Yeats) stützt diese Annahme.

Die Schlußstrophe führt dem Leser eine Welt der autarken Natur vor. Sie gibt dem Untergang insofern eine andere Gewichtung, als dieser aus der Sicht eines »altogether elsewhere«, einem *sub specie aeternitatis naturae* sozusagen, unerheblich ist. Imperien vergehen, das Leben der Natur setzt sich – scheinbar unverändert – fort. Die entlegene und entrückte Naturszenerie hat hier das letzte Wort. Demgegenüber ist der Untergang Roms nicht nur unausweichlich, sondern gleichgültig.

Aus der strukturellen Spannung zwischen konventioneller Strophenform und raffinierter, variabler Füllung derselben schlägt Auden ästhetisches Kapital. Das gilt für die syntaktischen und metrischen Verhältnisse ebenso wie für das schon beschriebene Verfahren bildhafter Vergegenwärtigung, das Züge des Montagehaften trägt. Es ist mehr als fraglich, ob man bei diesem Gedicht von einer jambischen Norm sprechen kann (Rodway, S. 132). Die letzten beiden Strophen z. B. sind durchgehend trochäisch. Und in den Strophen 1 bis 5 ist ein mehrfacher Wechsel zwischen jambischen und trochäischen Verszeilen auszumachen. Man wird also eher von einer trochäischen Norm auszugehen haben. Da es sich dabei um ein *falling metre* handelt, ist sein Vorherrschen bei der gegebenen Thematik durchaus einleuchtend. Die metrische Delikatesse zeigt sich nicht nur an den gleitenden Übergängen von trochäischen zu jambischen Zeilen (z. B. 6/7; 9/10; sie zeigt sich auch an den einzigen trochäischen Zeilen, in denen die letzte unbetonte Silbe vorhanden ist (21, 24). Die damit verbundene Hervorhebung trifft nämlich die Wörter »pity« und »city« und bestätigt deren Prominenz.

Daß Auden, wenn er *Rom* sagt, nicht allein Rom meint, sondern alle Weltreiche und insonderheit die Vereinigten Staaten als Vorreiter einer materialistischen Zivilisation, kann nicht nur aus dem Gedicht allein erschlossen werden. Wie erst kürzlich bekannt wurde, hat Auden 1966 einen Essay mit dem Titel *The Fall of Rome* verfaßt. Am Ende dieses Essays, der sich detailliert mit den Lebensbedingungen im Römischen Reich und mit den Gründen für seinen Niedergang befaßt, zieht Auden explizit einen Vergleich mit der Welt des 20. Jahrhunderts und kommt zu dem Schluß: »I think a great many of us are haunted by the feeling that our society, and by ours I don't mean just the United States or Europe, but our whole world-wide technological civilisation, whether officially labelled capitalist, socialist or communist, is going to go smash, and probably deserves to« (Bucknell/Jenkins, S. 136). Auden verweist dann auf seine poetische Auseinandersetzung mit dem gleichen Thema: »Some ten years ago I tried to express my forebodings in a short lyric entitled *The Fall of Rome*« und beschließt den Essay mit dem Zitat seines Gedichts.

Gedichttext nach: W. H. AUDEN: Collected Poems. Hrsg. von Edward Mendelson. London: Faber & Faber, ²1991. S. 332 f.
Literaturhinweise: David BROMWICH: An Oracle Turned Jester. In: Harold Bloom (Hrsg.): W. H. Auden. New York 1986. S. 91–100. – Katherine BUCKNELL / Nicholas JENKINS (Hrsg.): ›In Solitude, for Company‹. W. H. Auden after 1940. Unpublished Prose and Recent Criticism. New York 1995. – Anthony HECHT: The Hidden Law. The Poetry of W. H. Auden. Cambridge (Mass.) 1993. – Günther JARFE: Der junge Auden. Dichterische Verfahrensweisen und ihre Bedeutung in W. H. Audens Frühwerk. Heidelberg 1985. – Allan RODWAY: A Preface to Auden. London 1984.

Adolf Barth

Louis MacNeice: *The British Museum Reading Room*

The British Museum Reading Room

Under the hive-like dome the stooping haunted readers
Go up and down the alleys, tap the cells of knowledge –
   Honey and wax, the accumulation of years –
Some on commission, some for the love of learning,
Some because they have nothing better to do   5
Or because they hope these walls of books will deaden
   The drumming of the demon in their ears.

Cranks, hacks, poverty-stricken scholars,
In pince-nez, period hats or romantic beards
   And cherishing their hobby or their doom   10
Some are too much alive and some are asleep
Hanging like bats in a world of inverted values,
Folded up in themselves in a world which is safe and
                       silent:
   This is the British Museum Reading Room.

Out on the steps in the sun the pigeons are courting,   15
Puffing their ruffs and sweeping their tails or taking
   A sun-bath at their ease
And under the totem-poles – the ancient terror –
Between the enormous fluted Ionic columns
There seeps from heavily jowled or hawk-like foreign
                     faces   20
   The guttural sorrow of the refugees.

Der Lesesaal im Britischen Museum

Unter der bienenkorbgleichen Kuppel gehen die rastlos-be-
sessenen Leser / in gebeugter Haltung die Gänge auf und ab;
sie zapfen die Waben des Wissens an – / Honig und Wachs,
über Jahre angesammelt – / manche von ihnen haben eine
Auftragsarbeit zu erledigen, manche lieben die Gelehrsam-
keit, / andere sind nur da, weil sie nichts Besseres zu tun
haben / oder weil sie hoffen, daß diese Bücherwände /
das Dröhnen des Dämons in ihren Ohren zum Schweigen
bringen.

Verschrobene Typen, Schreiberlinge, armutgeplagte Ge-
lehrte, / mit Kneifer, mit altmodischem Hut oder romanti-
schem Bart, / so gehen sie ihrem Hobby nach oder ihrem
Schicksal. / Einige sind reichlich lebendig, und einige sind ein-
geschlafen, / hängen wie Fledermäuse in einer Welt umgekehrter Werte – / in sich zusammengefaltet in einer Welt, die
sicher ist und still: / dies ist der Lesesaal im Britischen Museum.

Draußen auf den Stufen in der Sonne turteln die Tauben, /
sie plustern den Hals auf und spreizen die Schwanzfedern
oder nehmen / ein Sonnenbad, ganz nach Belieben. / Und unter den Totempfählen – uralter Schrecken – / zwischen den ge-
waltigen ionisch kannelierten Säulen / dringt aus breitkiefri-
gen oder habichtschmalen fremden Gesichtern / in kehligen
Lauten das Elend der Flüchtlinge.

[Übers. von Adolf Barth]

Im Sommer des Jahres 1939, als das Gedicht entstand,
schien der Krieg gegen das skrupellos expandierende Nazi-
Deutschland längst unausweichlich. Neville Chamberlain
hatte nach dem Münchener Abkommen im September 1938
zwar noch auf »peace for our time« gehofft, aber mit Hit-
lers Aneignung der ›Rest-Tschechei‹ (März 1939) war die
Appeasement-Politik Großbritanniens endgültig geschei-
tert.

Was Literaten und Dichter damals sagten, wird immer
unter den Gegebenheiten der historischen Krisensituation

zu sehen sein. Bei Louis MacNeice (1907–63) besteht dazu besonderer Anlaß, weil er politisch interessiert war, ohne sich jedoch ideologisch festzulegen. In den dreißiger Jahren sympathisierte er aber immerhin mit der links-orientierten *Auden Group* und dem experimentellen Londoner *Group Theatre*. Seine Grundsätze als Dichter bestimmte er ausführlich in *Modern Poetry. A Personal Essay* (1938) und sagte dort unter anderem: »Poetry to-day should steer a middle course between pure entertainment (›escape poetry‹) and propaganda« (S. XXII).

Während die früher sozialistisch engagierten W. H. Auden und Christopher Isherwood 1939 auf Dauer nach Amerika gingen, unternahm MacNeice dort nur eine Vortragsreise und kehrte im Frühjahr wieder nach London zurück. Der Wunsch, sich der prekären Lage Englands rechtzeitig zu entziehen, ist aber auch bei ihm zu erkennen. Er entsann sich verstärkt seiner Herkunft, als er noch vor Kriegsbeginn zu Ferien in das westliche Irland reiste. In seinem autobiographischen Rückblick *The Strings Are False* (London 1965) findet sich der Hinweis, daß er im Sommer 1939 bei der Arbeit an seinem Buch über W. B. Yeats täglich zum Lesesaal des Britischen Museums kam. Angesichts der Alternative »Just mark the time or kill it« sei dieser Ort aber auch so etwas wie ein Club-Haus gewesen: Man traf Freunde, ging ein Bier oder eine Tasse Kaffee trinken, und in der Kolonnade rauchte man seine Zigarette (208 f.).

Diese Reminiszenz kann inhaltlich als ein Nachtrag zu *The British Museum Reading Room* gelten. Sie bestätigt aber auch MacNeices Grundsatz, daß Dichtung durch persönliches Erleben geprägt sein müsse und seine eigene »*impure* poetry« sich dadurch sowohl von propagandistischer als auch von *rein* ästhetischer, symbolistischer Aussage unterscheide (vgl. MacNeice, S. XI). Ohne »escape poetry« im oben zitierten Sinne zu sein, erinnert *The British Museum Reading Room* in thematischer Hinsicht dennoch an das kulturkritische, MacNeice geläufige Bild des Elfenbein-

turms. Gerade im Bewußtsein der Ohnmacht des einzelnen
gegenüber der bedrohlichen Realität außerhalb eines solchen Raumes wird der Lesesaal – nicht ohne Ironie – »a
world which is safe and silent« genannt. Den typisierten
Benutzern mag er tatsächlich als Refugium dienen. Aber das
eigentliche Interesse des Beobachters gilt den Flüchtlingen
draußen: Menschen, die vermutlich aus politischen Gründen Zuflucht suchen und sich mehr als andere um ihre Zukunft sorgen müssen.

Die weitere bildliche Gestaltung, durch die sich das Werk
eines echten *Poeten* (im griechischen Wortverstand als ›Macher‹) wesentlich von dem eines *slogan-poet* unterscheidet
(MacNeice, Preface), ordnet den drei Strophen des Gedichts
hier jeweils verschiedene Bedeutungsakzente zu. In dieser
Hinsicht entsprechen sich formale Gliederung und thematische Differenzierung. Daneben weisen die Strophen eine
Gemeinsamkeit auf: Bilder und Vergleiche stammen aus der
Tierwelt. Thematisiert wird im Endeffekt der archetypische
Kontrast von (lebendiger) Natur und (durch Museum, Architektur und Bücher repräsentierter) Zivilisation. Im einzelnen appellieren die Bildkomplexe, wie Louis MacNeice
es bei wahrer Dichtung für die Regel hielt, im Rezipienten an »a certain experience or knowledge which may be
expected to be within the reach of a fairly large minority«
(MacNeice, S. 103 f.).

Grundlage der Bildlichkeit von Strophe 1 ist die Form
der Kuppel über den Gängen und Arbeitsplätzen des runden Lesesaals. Diese Kuppel aus gußeisernen Streben wurde
1857 fertiggestellt und ist mit 140 Fuß im Durchmesser
deutlich größer als diejenige der St-Paul's-Kathedrale. Mac-
Neice konnte annehmen, daß viele Leser den eindrucksvol-
len Raum kennen und manche auch wissen, welche berühmten Persönlichkeiten dort ›mit Bienenfleiß‹ tätig waren;
unter ihnen Karl Marx, Bernard Shaw, Thomas Hardy. In
Umkehrung geläufiger Metaphorik zehren aber hier die Be-
nutzer der an den Wänden rundum hoch aufgereihten Bü-

cher von den Vorräten, von »honey and wax« des Wissens, anstatt sie zu mehren. Und auch die bildliche Funktion der (Bücher-)Wände ist insofern ins Ungewöhnliche gekehrt, als sie nicht einfach das Trommeln des (Kriegs-)Dämons von draußen abschirmen, sondern auch Angstreaktionen im Innern mildern sollen. Erinnerungen an Kindertage in *The Strings Are False* – »putting my hands over my ears to keep out the noise of the world« (S. 75) – und Angstträume in *Autobiography* deuten auf MacNeices eigene Sensibilität im Hintergrund des Bildes.

Strophe 2 charakterisiert die anwesenden Leser zunächst metonymisch und skizzenhaft wie bei einer Karikatur. Der Vergleich einzelner Schläfer mit Fledermäusen soll den Leser durch das Ungewöhnliche ansprechen: Kernpunkt scheint hier die Entfremdung zu sein, die sich in der eingenommenen Perspektive durch die Umkehrung der Werte der menschlichen Welt erklärt. Die metaphorische Ähnlichkeit zwischen dem Umsichlegen der Flugarme und der Schlafhaltung einiger Lesesaalbenutzer entspricht dem Bedürfnis nach Schutz und Ruhe, das jetzt im Unterschied zu Strophe 1 auf ein harmloses, naturnahes Bild konzentriert ist. – Mit Bezug auf die von MacNeice in *Modern Poetry* unterschiedenen Kategorien *sensuous/cerebral* kann man für Strophe 2 eine Übereinstimmung mit der englischen Tradition des *metaphysical conceit* erkennen (im Stil etwa von John Donne oder Andrew Marvell). Bezeichnenderweise beanspruchte MacNeice für die Moderne, daß die Eigenschaften der konkreten, gegenständlichen Welt von vorherrschendem Interesse seien, ihre Bedeutung jedoch darüber hinausgehe. Realistisch betrachtet bietet der *Reading Room* ohnehin nur scheinbar Sicherheit. Das Museum als zivilisatorische Einrichtung, die Zeugnisse älterer Kulturen bewahrt (MacNeice war als Junge vor allem von der ägyptischen Abteilung beeindruckt und nahm darauf schon 1933 in dem Gedicht *Museums* Bezug), thematisiert im Grunde die Vergänglichkeit.

Der historischen Situation entsprechend sind in Strophe 3 die Tauben nicht etwa klischeehaft als Friedenssymbol stilisiert, sondern erscheinen eher als Beispiel unbekümmerten und instinkthaft auf Erhaltung der Art eingestellten Lebens. Bei den Menschen sieht der Sprecher im Gegensatz dazu existentielle Ängste, die von positiven Kulturleistungen, wie der weiten Saalkuppel und der ebenmäßigen Ordnung der Kolonnade, nicht aufgewogen werden. Am Ende der Strophe ist eine weitere Wendung zu negativer Bedeutung nicht zu übersehen: Obwohl die Flüchtlinge vermutlich Opfer der politischen Entwicklung sind, werden bei der Beschreibung der fremden Gesichter durch »hawk-like« in Umkehrung der Naturgegebenheiten gerade sie mit dem Falken verglichen – also mit dem Jäger. Die Ambivalenz des sicherlich positiv gemeinten Adjektivs »guttural«, das sowohl auf die Tauben als auch auf den Sprachklang der Flüchtlinge zu beziehen ist, mildert die negative Assoziation kaum.

MacNeice betonte, daß es ihm wichtig sei, durch rhythmische Variation inhaltliche Akzente zu setzen und daß er in der Regel eine Art *free verse* verwende, in dem Hebungen und Senkungen gleichermaßen variabel sein sollten. Da auch *The British Museum Reading Room* weitgehend diesem Prinzip folgt, bedürfen hier nur wenige auffällige Techniken der Erwähnung. So besteht in allen Strophen eine klangliche Verbindung durch Reime jeweils zwischen den relativ weit auseinanderliegenden dritten und siebten Zeilen. Zäsuren, Zeilen-Enjambements, Wortwiederholungen, Alliterationen und Assonanzen wie »love of learning«, »inverted values«, »puffing their ruffs«, »totem ... terror«, »foreign faces« sind unregelmäßig verteilt. Sie dienen der syntaktischen Segmentierung sowie der gedanklichen und bildhaften Akzentuierung innerhalb des Gesamttextes, der in MacNeices eigenem poetologischen Verständnis seine Überzeugungskraft ebenso aus dem Zusammenspiel von Klang, Rhythmus und Bedeutung wie aus der ehrlichen Wiedergabe des Erlebten gewinnt.

MacNeice leugnete für *The British Museum Reading Room* keineswegs eine gewisse Schlichtheit. Er soll einer Freundin gesagt haben: »You think poems should always be about life and death, don't you? Well, I don't.« (Marsack, S. 43.) Die Ehrlichkeit der dichterischen Konzeption ist folglich auch darin zu finden, daß bei weitgehendem Verzicht auf das modernistische Stilmittel der Dunkelheit (»obscurity«) Bildlichkeit und gedankliche Struktur hier für eine respektable Minderheit von Lesern gut verständlich erscheinen. Neben den karikaturistischen und ironischen Implikationen (»entertainment« im Sinne MacNeices) deuten insbesondere die Negativierungen auf das ernsthafte *criticism of life*, das MacNeice als eine wesentliche Funktion der Dichtung erachtete. Sie entsprechen dem von seinen Kritikern generell bemerkten Skeptizismus, der klare Wertungen – etwa in der Flüchtlingsfrage – erschwert. Die Frage nach dem richtigen Mittelweg zwischen »escape art« und ideologisch-didaktischer Parabel (McDonald, S. 68) wird gleichfalls von dieser Haltung beeinflußt.

Noch in *The Strings Are False* brachte MacNeice seinen Irland-Aufenthalt von 1939 später mit Gesprächen über Eskapismus in Erinnerung (S. 212). Die Gruppe von Gedichten, die er unter den damaligen Umständen schrieb und zuerst *The Coming of War* betitelte, zeigen umfassender als der Lesesaal-Text den Kontrast von pastoraler Naturauffassung und kritischer Sicht destruktiver Zivilisation. Auf diesem Hintergrund überrascht es nicht, daß er Anfang der fünfziger Jahre in *Time for a Smoke* noch einmal die Position des meditativen Beobachters am Britischen Museum einnahm. Es scheint typisch für ihn zu sein, daß er sich auch in der eher optimistischen, wenngleich nicht sorgenfreien Atmosphäre der Nachkriegszeit nostalgisch an das Kind bei den Tauben und Sperlingen erinnert, »For whom neither truth nor falsehood, heaven nor hell, / Holds any purport, who have no regrets, / No ideals and no history – only wings«.

Unabhängig von den persönlichen Erfahrungen des Dichters basiert die historische Bedeutung des Lesesaals auf den musealen Schätzen der Königlichen Bibliothek, die Georg II. im Jahre 1757 dem Britischen Museum vermachte. Bis 1973 waren die Bestände so angewachsen, daß die selbständige Institution der *British Library* geschaffen wurde. Nach dem Umzug in das Bibliotheksgebäude in St. Pancras ist der Raum für die moderne Architektur frei, die zur 250-Jahrfeier des Museums als Great Court bei großzügiger Überdachung den *Round Reading Room* sowie die erweiterten Bildungs- und Informationseinrichtungen mit den Museumstrakten verbindet.

Gedichttext nach: Louis MacNeice: Collected Poems. Hrsg. von E. R. Dodds. London: Faber & Faber, 1966. S. 160 f.
Literaturhinweise: Terence Brown: Louis MacNeice. Sceptical Vision. New York 1975. – Peter McDonald: Louis MacNeice. The Poet in his Contexts. Oxford 1991. – Louis MacNeice: Modern Poetry. A Personal Essay. Oxford 1938. – Robyn Marsack: The Cave of Making. The Poetry of Louis MacNeice. Oxford 1982. – D. B. Moore: The Poetry of Louis MacNeice. Leicester 1972. – Elton E. Smith: Louis MacNeice. New York 1970. – Jon Stallworthy: Louis MacNeice. London 1995.

FRITZ-WILHELM NEUMANN

Stephen Spender: *The Express*

The Express

After the first powerful, plain maifesto
The black statement of pistons, without more fuss
But gliding like a queen, she leaves the station.
Without bowing and with restrained unconcern
5   She passes the houses which humbly crowd outside,
The gasworks, and at last the heavy page
Of death, printed by gravestones in the cemetery.
Beyond the town, there lies the open country
Where, gathering speed, she acquires mystery,
10 The luminous self-possession of ships on ocean.
It is now she begins to sing – at first quite low
Then loud, and at last with a jazzy madness –
The song of her whistle screaming at curves,
Of deafening tunnels, brakes, innumerable bolts.
15 And always light, aerial, underneath,
Retreats the elate metre of her wheels.
Steaming through metal landscape on her lines,
She plunges new eras of white happiness,
Where speed throws up strange shapes, broad curves
20 And parallels clean like trajectories from guns.
At last, further than Edinburgh or Rome,
Beyond the crest of the world, she reaches night
Where only a low stream-line brightness
Of phosphorus on the tossing hills is light.
25 Ah, like a comet through flame, she moves entranced,
Wrapt in her music no bird song, no, nor bough
Breaking with honey buds, shall ever equal.

Der Schnellzug

Nach dem ersten kraftvollen, deutlichen Manifest, / der
schwarzen Behauptung der Kolben, ohne allzuviel Auf-
hebens, / aber gleitend wie ein König, verläßt er den Bahnhof. / Ohne Verbeugung und mit maßvoller Gleichgültigkeit / fährt er an Häusern vorbei, die draußen bescheiden versammelt stehn, / Gaswerken und schließlich dem schweren
Buch / des Todes, gedruckt von Grabsteinen auf dem Friedhof. / Hinter der Stadt, da liegt das offene Land, / wo er in
Fahrt kommt und Rätselhaftes annimmt, / das strahlende
Selbstbewußtsein von Ozeandampfern. / Jetzt erst beginnt er
zu singen – zuerst ganz leise, / dann laut und schließlich mit
närrischer Tollheit – / das Lied seiner Pfeife schreit in den
Kurven / der taubmachenden Tunnels, Bremsen, unzählbarer
Bolzen. / Und immer hell, luftig darunter, / entfernt sich das
stolze Metrum seiner Räder. / Dampfend durch die metallene
Landschaft auf seinen Gleisen, / taucht er in neue Zeitalter
einer weißen Glückseligkeit, / wo Geschwindigkeit seltsame
Umrisse entstehen läßt, weite Kurven / und Parallelen, sauber
wie Geschoßbahnen. / Schließlich, weiter als Edinburgh oder
Rom, / jenseits des Gipfels der Welt, erreicht er die Nacht, /
wo nur eine flache phosphorhelle / Stromlinie leuchtet auf
den hoch- und niederspringenden Hügeln. / Oh, wie ein Ko-
met durch Flammen fährt er entrückt, / eingehüllt in seine
Musik; kein Vogelsang, nichts, auch kein Zweig / aufbrechen-
der Honigknospen wird ihm je gleichen.

[Übers. von Ute und Werner Knoedgen]

Seit den siebziger Jahren des vergangenen Jahrhunderts sind
Lokomotiven auf der britischen Insel nicht nur beeindruk-
kende Produkte eines technischen Zeitalters, sondern auch
energiegeladene ästhetische Kultobjekte. Dieser Betrach-
tungsweise, die sich deutlich von preußisch-deutschem
Funktionalismus abhebt, läßt sich in einer deutschen Über-
setzung von Spenders Gedicht nicht angemessen Rechnung
tragen. Die in den Auftaktzeilen beschriebene Lokomotive

ist im Englischen weiblich; der Expreßzug wird von einer Königin gezogen, wenn nicht der Königin unter den britischen Schnellzuglokomotiven. Gemeint ist vermutlich die stromlinienförmig verkleidete Maschine der *Pacific*-Baureihe – so ließe sich »a low stream-line brightness« erklären –, die 1938 als legendäre Mallard eine Rekordgeschwindigkeit von 126 Meilen erreichen sollte. Von ihr geht die eigentliche Faszination aus, weniger von den komfortablen Wagen des *Flying Scotsman*, die in der sozialistischen Utopie sehr wohl das bevorzugte Fortbewegungsmittel der Arbeiterklasse darstellen könnten.

Eine weitere, gut zu Spenders Gedicht passende eisenbahnhistorische Reminiszenz wäre die Tatsache, daß der *Flying Scotsman* die fast 400 Meilen lange Strecke von Kings Cross nach Edinburgh bei einer Reisegeschwindigkeit von über 60 Meilen ohne Halt bewältigte. Der Rausch von Energie und Geschwindigkeit, verbunden mit der Schönheit des technischen Objektes, schürt Visionen. Auf den metaphorischen Punkt gebracht, bedarf die Revolution einer Lokomotive, die die Massen voranzieht, und implizit auch des intellektuellen Lokomotivführers.

Als vielfach in Anthologien aufgenommenes Gedicht überstand *The Express* (1933) die für die *Collected Poems* von 1955 vorgenommene Revision ebenso wie die von 1985, während gerade eine ganze Reihe anderer reizvoller Werke aus den dreißiger Jahren von Spender (1909–95) dem Vergessen anheimgegeben wurden, so das schöne Sonett *Without that once clear aim, the path of flight*. Vielleicht erinnerte sich Spender auch lieber an das häufig von der Kritik zitierte Eisenbahn-Gedicht als an die im genannten Sonett durchbrechenden Selbstzweifel und den Überdruß an der urbanen Zivilisation und einer menschenbedrohenden Technik.

The Express wirkt als Zeugnis ideologischen Überzeugungswillens aus einer politisch polarisierten Zeit, in der sich zahlreiche bürgerliche Intellektuelle auf seiten der Linken engagierten. Obwohl die marxistische Orthodoxie einfachere Lösungen bot, blieb die Parteinahme in jenem Umfeld komplex. Einerseits verharrte man in der Welt bürgerlicher Bildung (trotz des Leidens an einem um sich greifenden Werteverfall), andererseits erlag man der Faszination der für die Arbeiterklasse heilbringenden modernen Technik. Das führte zu dem Versuch, sich in einer bürgerlichen Literatursprache an neue Adressaten zu wenden.

Das Dilemma der Spenderschen Generation kommentierten Cox und Dyson treffend, als sie zu der im Schlußbild von *The Express* manifesten Politikgläubigkeit anmerkten: »Such deliberate use of imagery taken from machinery, together with optimistic Communism, brought him notoriety in the 1930's; but he was straining against his own true instincts. He was never a true Marxist, but a romantic liberal, longing for a new age of heroism« (S. 81). Die Schrecken einer bolschewistischen Revolution ignorierte Spender, und auch ein Lenin oder gar Stalin traten unter den englischen Linksintellektuellen nicht in Erscheinung. Goetsch betont die Aufbruchsstimmung, »den Übergang von der Zeit der Manifeste und den Problemen der Massen (›the houses which humbly crowd‹) in den Städten (›The gasworks‹) zu ›new eras of white happiness‹, zu einer mit Hilfe der Technologie zu meisternden und zu erhellenden dunklen Zukunft« (S. 101). In Anlehnung an Spenders Gedicht *The Uncreating Chaos* ›entschlüsselt‹ Goetsch darüber hinaus die Lokomotive als das sich im Engagement befreiende Selbst des Künstlers. Historisch gesehen liegen beide Ausdeutungen auf ein und derselben Linie (S. 100).

Die Spendersche Bildersprache wirkt auf den ersten Blick mit manch einem für die Dynamik der Moderne typischen Vergleich wie der Mißgriff eines metaphysischen Dichters. Der heutige Leser mag sich fragen, ob sich damit nicht eine Kunst ad absurdum führt, die um sich selbst kreist und zugleich ein politisch wirksames Pamphlet zu sein sucht, das mit der Kraft einer Mallard-Lokomotive die Welt der grauen Massen in den Zustand der Utopie zieht. Gestandene politische Aktivisten wie Christopher Caudwell dürften mit dieser Art Literaten-Rhetorik hinreichend Probleme gehabt haben. Um dies nachzulesen, genügt ein Blick in die *Left Review* jener Jahre. Man schaue allein auf die exaltierte Schlußbildung des Gedichtes (25–27).

»The elate metre of her wheels« (16) wird in den Ohren des Eisenliebhabers wahrhaft erhaben wirken, denn »elate« gehört nicht in die Alltagssprache. Im Bild des Kometen variiert Spender eine Lichtmetaphorik neoplatonischen Ursprungs, und der Unüberbietbarkeitstopos des Schlusses nimmt unverkennbar das Motiv der reinen Kunst auf, die zuletzt in Yeats' *Sailing to Byzantium* (1926) beschworen worden war und in ihrem Ursprung an Edmund Spenser, ›the poet's poet‹, und dessen perfekten wie künstlichen »Bower« der Acrasia im zweiten Buch der *Fairie Queene* erinnert. Demnach überstrahlt die Lokomotive die graue Großstadtlandschaft und gibt der dahinvegetierenden Masse Hoffnung. Doch erreicht sie dies nicht als politische Flugschrift, sondern als Kunst (4 f.). So berauscht sich der bürgerliche Künstler an seiner eigenen Utopie, indem er die ästhetischen Komponenten des perfekt scheinenden technischen Objektes überhöht. »Restrained unconcern« (4) ist eine glückliche, wenn auch tautologische Fügung im Sinne einer unterdrückten Gleichgültigkeit, um nicht zu sagen Arroganz, trifft sie doch diese Wesensverschiedenheit von Kunst und Alltag im Kern und damit auch die zwischen Kunst und Politik. In Analogie zum Engagement des Intellektuellen hätte der Leser an dieser Stelle eher ›restrained concern‹ erwarten können.

Damit erschöpft sich aber die Interpretierbarkeit des Spenderschen Gedichtes noch nicht, denn es bleibt die so deutlich vermittelte Energie zu bestimmen, wie sie auch gegen Ende des Gedichtes im bewegteren Rhythmus zum Ausdruck kommt. In der Archetypik sind Vorstellungen von Energie leicht sexuell umzudeuten. Für Freudianer haben Kolben ihren eigenen fixen Symbolwert. Aus dieser Perspektive ist Blakeslees Anmerkungen über seine Unterrichtserfahrungen mit Spenders Gedicht nichts hinzuzufügen: »Most of the students argued, with varying degrees of competency, that the poem was about a train. Three papers [...] maintained that only the dull or faint-hearted could rest content with an express train. The poem was *really* about, said one, the process of writing a poem. Said another, the rise of the proletariat to political power. Said the third, a girl's first sexual experience.« (S. 557.)

Problematisch wie das Verhältnis zwischen liberalem Intellektuellen und Arbeiterschaft ist auch das von Inhaltsästhetik und poetischer Diktion. Spender romantisiert nicht nur die Maschine, sondern er neigt im Gegensatz zu dem in seiner Bildhaftigkeit präziseren Auden dazu, »seine Umwelt mit intuitivem Blick zu erfassen und die heterogenen Bestandteile der beobachteten Wirklichkeit in einem Akt der imaginativen Synthese zu verschmelzen« (Erzgräber, S. 37). Die Grenzen dieses Verfahrens sind nicht ohne die der Spenderschen Generation eigenen Ästhetik zwischen Imagismus, Expressionismus, Surrealismus und ›engagierter Literatur‹ angemessen einzuschätzen. Bei Erscheinen der *Poems* von 1933 wurde Spender nicht zu Unrecht mit Percy Bysshe Shelley verglichen, denkt man über die Bildhaftigkeit hinaus doch an dessen Vorstellung vom Dichter als »legislator of mankind«, die im »manifesto« ebenso wie das Kommunistische Manifest wieder anklingt. Zudem verließen beide Dichter University College, Oxford, ohne Abschluß. Hinzugefügt sei, daß der Romantiker wegen einer atheistischen Schrift relegiert wurde, Spender in einer Reihe von Gedichten die Religion attackiert.

Auskunft über die damals akzeptierten Regeln geben die programmatischen Essays in *New Signatures* (1932), *New Country* (1933) und *New Verse* (1933). Gefordert war die Abkehr vom Eskapismus der Georgian Poets, dem England der schönen Gärten und eine Hinwendung zur sozialen

Frage der Epoche. Das Engagement (»commitment«) mit
seiner sentimentalen, da offenkundig didaktischen Aus-
drucksweise war eine ästhetische Dimension ersten Ranges.
Das politisch richtige Wort galt mehr als das vor der englischen Literaturgeschichte bestehende dichterische Bild.

Nicht Bilder der Großstadt – seit Baudelaire und Eliots
The Waste Land (1922) unverkennbar Bestandteil der modernen Lyrik –, sondern einer brachliegenden, verrottenden
Industrielandschaft sind Gegenstand der neuen Lyrik der
dreißiger Jahre, die mehr einer Inhaltsästhetik als formalen
Traditionen folgt. Dieser Welt steht die exaltierte Vision gegenüber, dazwischen versucht der Dichter in schwerfällig
wirkender romantischer Diktion den solidarischen Schulter-
schluß mit der Arbeiterklasse der Realität. Aus heutiger
Sicht macht die hinter dem grenzenlosen Idealismus der
Auden und Spender nur mühsam verborgene Hilflosigkeit
gegenüber einer tiefgreifenden politischen Krise betroffen.
So wird der Leser akzeptieren, daß ihnen Pragmatismus
und Funktionärsgehorsam als Dichter hinderlich gewesen
wären.

Gedichttext nach: Stephen SPENDER: Collected Poems 1928–1953.
London: Faber & Faber, 1955. S. 54 f.
Literaturhinweise: Richard C. BLAKESLEE: Three Ways Past Edinburgh. Stephen Spender's »The Express«. In: College English 26
(1964/65) S. 556–558. – C. B. COX /A. E. DYSON: Modern Poetry.
Studies in Practical Criticism. London 1963. S. 80–84. – Hugh
DAVID: Stephen Spender. A Portrait with a Background. London
1992. – Paul GOETSCH: Natur und Industrie in der englischen Dichtung der dreißiger Jahre. In: Günter Ahrends / Hans Ulrich Seeber
(Hrsg.): Englische und amerikanische Naturdichtung im 20. Jahrhundert. Tübingen 1985. S. 91–109. – MODERNE ENGLISCHE LYRIK.
Engl./Dt. Hrsg. von Willi Erzgräber und Ute Knoedgen. Stuttgart
³1994. S. 37 f. – Sanford STERNLICHT: Stephen Spender. New York
1992.

Michael Hanke

F. T. Prince: *Soldiers Bathing*

Soldiers Bathing

   The sea at evening moves across the sand.
   Under a reddening sky I watch the freedom of a band
   Of soldiers who belong to me. Stripped bare
   For bathing in the sea, they shout and run in the warm air;
5 Their flesh worn by the trade of war, revives
   And my mind towards the meaning of it strives.

   All's pathos now. The body that was gross,
   Rank, ravenous, disgusting in the act or in repose,
   All fever, filth and sweat, its bestial strength
10 And bestial decay, by pain and labour grows at length
   Fragile and luminous. ›Poor bare forked animal,‹
   Conscious of his desires and needs and flesh that rise and
                     fall,
   Stands in the soft air, tasting after toil
   The sweetness of his nakedness: letting the sea-waves coil
15 Their frothy tongues about his feet, forgets
   His hatred of the war, its terrible pressure that begets
   A machinery of death and slavery,
   Each being a slave and making slaves of others: finds that
                     he
   Remembers his old freedom in a game
20 Mocking himself, and comically mimics fear and shame.

   He plays with death and animality;
   And reading in the shadows of his pallid flesh, I see
   The idea of Michelangelo's cartoon
   Of soldiers bathing, breaking off before they were half
                    done

At some sortie of the enemy, an episode   25
Of the Pisan Wars with Florence. I remember how he
                                        showed
Their muscular limbs that clamber from the water,
And heads that turn across the shoulder, eager for the
                                        slaughter,
Forgetful of their bodies that are bare,
And hot to buckle on and use the weapons lying there.   30
– And I think too of the theme another found
When, shadowing men's bodies on a sinister red ground,
Another Florentine, Pollaiuolo,
Painted a naked battle: warriors, straddled, hacked the foe,
Dug their bare toes into the ground and slew   35
The brother-naked man who lay between their feet and
                                        drew
His lips back from his teeth in a grimace.

They were Italians who knew war's sorrow and disgrace
And showed the thing suspended, stripped: a theme
Born out of the experience of war's horrible extreme   40
Beneath a sky where even the air flows
With *lacrimae Christi*. For that rage, that bitterness, those
                                        blows,
That hatred of the slain, what could they be
But indirectly or directly a commentary
On the Crucifixion? And the picture burns   45
With indignation and pity and despair by turns,
Because it is the obverse of the scene
Where Christ hangs murdered, stripped, upon the Cross.
                                        I mean,
That is the explanation of its rage.

And we too have our bitterness and pity that engage   50
Blood, spirit, in this war. But night begins,
Night of the mind: who nowadays is conscious of our
                                        sins?

Though every human deed concerns our blood,
And even we must know, what nobody has understood,
55 That some great love is over all we do,
And that is what has driven us to this fury, for so few
Can suffer all the terror of that love:
The terror of that love has set us spinning in this groove
Greased with our blood.
60   These dry themselves and dress,
Combing their hair, forget the fear and shame of nakedness.
Because to love is frightening we prefer
The freedom of our crimes. Yet, as I drink the dusky air,
I feel a strange delight that fills me full,
65 Strange gratitude, as if evil itself were beautiful,
And kiss the wound in thought, while in the west
I watch a streak of red that might have issued from
                                    Christ's breast.

Badende Soldaten

Das Meer am Abend streicht über den Sand. / Unter einem
sich rötenden Himmel beobachte ich die Freiheit einer
Gruppe / von Soldaten, die zu mir gehören. Völlig ausgezo-
gen, / um im Meer zu baden, rufen sie und laufen in der war-
men Luft umher; / ihr Fleisch, vom Kriegshandwerk erschöpft, lebt wieder auf, / und ich bemühe mich, den Sinn des
Ganzen zu erfassen.

Alles ist jetzt ergreifend. Der Körper, der plump war, / stin-
kend, ausgehungert, abstoßend ob in Bewegung oder Ruhe, /
nur Fieber, Schmutz und Schweiß, seine bestialische Kraft /
und sein bestialischer Verfall, wird durch Schmerz und Mühe
schließlich / zerbrechlich und leuchtend. »Armes, nacktes,
gabelförmiges Tier«, / sich seiner Sehnsüchte und Bedürfnisse und seines Fleisches bewußt, die steigen und fallen, /
steht es in der milden Luft und kostet nach der Last / die Süße
seiner Nacktheit: läßt die Meereswellen / ihre schaumigen
Zungen seine Füße umspielen, vergißt / seinen Haß auf den
Krieg, den furchtbaren Zwang, der / eine Maschinerie von
Tod und Sklaverei erzeugt, / jeder ein Sklave, der die anderen
zu Sklaven macht: nimmt wahr, daß er sich / an seine alte

Freiheit in einem Spiel erinnert, / in dem er sich selbst verlacht und zum Spaß so tut, als ob er Furcht und Scham emp-
fände.

Er spielt mit Tod und Kreatürlichkeit; / und während ich in
den Schatten seines blassen Fleisches lese, erkenne ich / die
Absicht von Michelangelos Zeichnung / von badenden Soldaten, die aufgestört wurden, bevor sie auch nur halb fertig waren, / von einem feindlichen Überfall, eine Episode / aus den
Kriegen, die Pisa gegen Florenz führte. Ich erinnere mich wie
er / ihre kräftigen Glieder zeigte, die aus dem Wasser stie-
gen, / und Köpfe, über die Schulter zurückgewandt, begierig
auf das Gemetzel, / ihre nackten Körper ganz vergessend /
und darauf brennend, sich zu wappnen und die verstreuten
Waffen zu benutzen. – / Und ich denke auch an das Thema,
das ein anderer fand, / als er Männerkörper auf einem finste-
ren roten Grund schattierte, / ein anderer Florentiner, Pollaiuolo, / um eine nackte Schlacht zu malen: Krieger, die Beine
gespreizt, auf den Feind einhackend, / gruben ihre bloßen Ze-
hen in den Boden und erschlugen / den nackten Mitbruder,
der zwischen ihren Füßen lag und / seine Zähne bleckte in
einer Grimasse.

Das waren Italiener, die des Krieges Leid und Schande
kannten / und die Sache in der Schwebe zeigten, unverhüllt:
ein Thema / geboren aus der schlimmsten Kriegserfahrung /
unter einem Himmel, wo selbst die Luft erfüllt ist / von *lacrimae Christi*. Denn jene Raserei, jene Bitterkeit, jene Hiebe, /
jener Haß der Erschlagenen, was könnten sie anderes sein /
als ein indirekter oder direkter Kommentar / zur Kreuzigung? Und das Bild brennt / nacheinander vor Entrüstung
und Mitleid und Verzweiflung, / weil es die Kehrseite der
Szene ist, / in der Christus ermordet hängt, entkleidet, am
Kreuz. Ich glaube, / das ist die Erklärung der Raserei.

Und auch wir haben unsere Bitterkeit und unser Mitleid,
die / Blut, Geist in diesem Krieg in Anspruch nehmen. Doch
wird es Nacht, / Nacht umfängt die Gedanken: wer ist sich
heutzutage unserer Sünden bewußt? / Auch wenn jede
menschliche Handlung unser Blut betrifft / und sogar wir
wissen müssen, was niemand verstanden hat, / daß eine große
Liebe über all unserem Tun ist, / und daß es dies ist, was uns
so in Raserei gebracht hat, denn so wenige / können den
Schrecken jener Liebe ertragen: / Der Schrecken jener Liebe

hat uns in Drehung versetzt in dieser Rille, / geschmiert mit unserem Blut.

Diese hier trocknen sich ab und ziehen sich an, / kämmen ihr Haar, vergessen Furcht und Scham der Nacktheit. / Weil Liebe Furcht erregt, bevorzugen wir / die Freiheit unserer Verbrechen. / Doch während ich die abendliche Luft trinke, / fühle ich eine sonderbare Freude, die mich ganz erfüllt, / eine sonderbare Dankbarkeit, als ob das Böse selbst schön sei, / und küsse die Wunde in Gedanken, während ich im Westen / einen Streifen Rot betrachte, der Christi Brust entströmt sein könnte.

[Übers. von Michael Hanke]

Der 1912 in Kimberley, Südafrika, geborene Frank Templeton Prince begann seine Laufbahn als symbolistisch inspirierter Naturdichter, dessen umrißscharfe lyrische Miniaturen aus den frühen dreißiger Jahren nichts von ihrem Reiz verloren haben. Wie sein älterer Landsmann Roy Campbell verließ er als junger Mann die Heimat, um in Oxford englische Literatur zu studieren. Nach Abschluß des Studiums traf er T. S. Eliot, der sein Gedicht *An Epistle to a Patron* in der Zeitschrift *Criterion* publizierte und seinen ersten Lyrikband *Poems* (1938) für den Faber-Verlag annahm. Von 1940 bis 1944 diente Prince als britischer Offizier in Ägypten; *Soldiers Bathing* ist in dieser Zeit entstanden. Nach dem Krieg wirkte er als Universitätslehrer in Southampton und erwarb internationales Ansehen als Shakespeare- und Milton-Spezialist.

Soldiers Bathing gehört zu den Gedichten, in denen Prince ohne Maske zu sprechen scheint. Seine Religiosität – er konvertierte 1937 zum Katholizismus – und seine lebenslange Faszination durch die italienische Renaissancekunst kommen hier unverhüllt zum Ausdruck. Auch wenn manche Kritiker das später entstandene Langgedicht *The Old Age of Michelangelo* den dramatischen Monologen Robert

Brownings an die Seite stellen und seine z. T. von den Metaphysical Poets beeinflußte Liebeslyrik noch so sehr schätzen – ihr Urteil über das Titelgedicht der Sammlung *Soldiers Bathing and Other Poems* (1954) steht fest: es gilt als sein Meisterwerk, als eines der besten Gedichte des Zweiten Weltkriegs (Press, S. 137).

Fairneß gebietet zu erwähnen, daß Prince der Auswahl von *Soldiers Bathing* für diesen Band mit Vorbehalten begegnet. Er weist darauf hin, daß sich seine Einstellung gegenüber diesem Gedicht in den mehr als fünfzig Jahren seit der Entstehung grundlegend gewandelt habe (»my perception of it has changed considerably since then, as I have myself«). Zwar seien die meisten Lyriker mit ihrem ›Anthologiegedicht‹ behaftet, aber – »A poet may become irritated by his anthology piece, as Yeats was by *The Lake Isle of Innisfree*; and I am decidedly ambivalent about *Soldiers Bathing*« (Brief vom 19. Juni 1996).

Als Kriegsgedicht ist *Soldiers Bathing* ein Schlachtengemälde, doch zugleich ein Intermezzo: eine Handvoll Soldaten, vom Kampf ermüdet, erholt sich unter den wachsamen Augen eines jungen Offiziers bei einem Bad im Meer – ein in der Literatur des Ersten Weltkriegs oft anklingendes, gelegentlich homoerotisch getöntes Motiv (z. B. bei Rupert Brooke). Für kurze Zeit dürfen die Männer das Automatenhafte ihrer Existenz (»a machinery of death and slavery«) abstreifen und im Spiel zu sich selbst finden; Erinnerungen an die verlorene paradiesische Freiheit, an eine Oase der Sinnlichkeit steigen in ihnen auf. Beim Anblick der nackten, verletzlichen Körper könnte der Beobachter – ein militärischer Vorgesetzter – leicht in die Rolle eines Voyeurs geraten. Doch es drängt ihn zur Reflexion: vom sinnlichen Eindruck ausgehend, sucht er der Dialektik von Spiel und Gewalt, Liebe und Haß, Schönheit und Schrecken auf die Spur zu kommen.

Zunächst einige Hinweise zu den im Gedicht enthaltenen Zitaten und Anspielungen (Erzgräber/Knoedgen, S. 500):

»Poor bare forked animal« (11): Zitat aus Shakespeares *King Lear* (III,4). – »Michelangelo's cartoon« (23): Anspielung auf eine nur noch in Kopien erhaltene Zeichnung, die Michelangelo im Wettstreit mit Leonardo da Vinci angefertigt hat; dargestellt wird die Schlacht bei Cascina (1364); der Künstler zeigt, wie die Florentiner beim Baden im Arno von den feindlichen pisanischen Söldnern überrascht werden. – Verse 31–37: Gemeint ist Antonio del Pollaiuolos berühmter Kupferstich *Kampf der zehn nackten Männer* (ca. 1470–80), eine meisterhafte Darstellung bewegter männlicher Körper, bei der es sich möglicherweise um ein Musterblatt für die Werkstattgehilfen des Künstlers handelt.

Inhaltlich ist das Gedicht in drei Abschnitte gegliedert: eine Situationsbeschreibung (1–6), die daran anknüpfenden Reflexionen des Sprechers (7–59) und die Wiederaufnahme der Situationsbeschreibung, die gegen Ende symbolisch vertieft wird (60–67).

Den Hintergrund zur Situationsbeschreibung bildet das Meer. Schon der erste Vers (»The sea at evening moves across the sand«) erinnert an eines der berühmtesten viktorianischen Gedichte, an Matthew Arnolds *Dover Beach* (um 1851), das mit den Worten beginnt: »The sea is calm tonight«. Von formalen Gemeinsamkeiten wie dem unstrophischen Bau und dem jambischen Metrum bei Versen wechselnder Länge abgesehen, sind beide Gedichte – um Arnolds berühmt gewordene Formulierung zu gebrauchen – »criticism of life«: Deutung menschlichen Daseins.

Die palimpsestartig durchscheinende formale und gedankliche Struktur von *Dover Beach* läßt erkennen, daß Prince keine Nachahmung, sondern im Gegenteil eine Kontrafaktur des viktorianischen Gedichts geschrieben hat. Für Arnold ist der Anblick des geräuschvoll vom Strand sich zurückziehenden Meeres ein Symbol des modernen Glaubensverlustes und der daraus resultierenden existentiellen Verzweiflung – anschaulich verdichtet in der abschließenden Vision sinnlos aufeinander einschlagender Heere. Prince dagegen gewinnt in seinen Reflexionen über zwei bildlich dargestellte Kampfszenen (Michelangelo, Pollaiuolo) einen Einblick in die göttliche Liebe. Der zu erwartende Vorwurf, er offeriere ein im Vergleich zu Arnold unzeitgemäßes, von Nietzsches Diktum, Gott sei tot, vollends unberührtes Weltbild, ist von Kritikern nie erhoben worden – ein Beweis für die zwingende Wirkung, die das Gedicht ausübt.

Der für ein Kriegsgedicht ungewöhnliche religiöse Gehalt lenkt den Blick auf eine kaum noch lebendige literarische Tradition. *Soldiers Bathing* kann als eine moderne Variante der vor allem im 17. Jahrhundert beliebten religiösen Meditationsdichtung gelten. Lyrik dieser Art wurde in Anlehnung an die jesuitische Meditationspraxis (Ignatius von Loyola) als geistliche Übung verfaßt; selten war sie zur Veröffentlichung bestimmt. Louis L. Martz hat ihr seine Monographie *The Poetry of Meditation* (1954) gewidmet, auf die sich die folgenden Bemerkungen stützen.

Kennzeichen der älteren Meditationslyrik von John Donne, Richard Crashaw u. a. ist ihre Dreiteiligkeit, die der vorgeschriebenen Schritt- oder Stufenfolge der Meditationstheorie entspricht. Der erste Abschnitt eines solchen Gedichts hat vorbereitenden Charakter; er ist der Betrachtung des gewählten Gegenstandes vorbehalten, der in seinen raumzeitlichen Dimensionen vor dem inneren Auge des Meditierenden Gestalt annimmt und seine Vorstellungskraft aktiviert (*composition/memory*). In einem zweiten Abschnitt bemüht sich der Betrachter, den Gegenstand – z. B. ein Ereignis im Leben Jesu – liebend zu verstehen (*analyses/understanding*). Dieses Verständnis führt ihn ans Ziel seiner geistlichen Übung, zur Zwiesprache mit Gott, dem er seine Sorgen und Bitten vorträgt, aber auch seinen Dank abstattet (*colloquy/affection*).

Prince variiert das Genre in zweierlei Hinsicht: erstens formal, weil er auf eine strophische Gliederung verzichtet; zweitens gehaltlich, weil er den Blick auf die religiöse Substanz seiner Meditation erst spät (von Vers 42 an) freigibt.

Die *compositio loci* des Anfangs (1–5) – der im Rahmen
einer geistlichen Betrachtung zunächst profan anmutende
Anblick badender Männer – steht bei einer ersten Lektüre
noch nicht erkennbar im Dienst der religiösen Aussage.
Doch kündigt bereits der Schlußvers des ersten Teils (»my
mind towards the meaning of it strives«) das Ziel der folgenden Gedankenbewegung an: *understanding* – wenn auch
noch nicht im theologischen Sinne. Dies führt uns zu der
Frage, was der Betrachter ›versteht‹ und was ihn zu der ver-
ehrenden Haltung des Schlußteils (*affection*) veranlaßt, die
sich in einer in Gedanken vollzogenen Geste bekundet (66).

Der Sprecher begreift bei seiner Bildbetrachtung, daß sich
im irdischen Leiden das Leiden Christi fortsetzt und spiegelt (42–49) und gewinnt intuitiv Einblick in die Erlösungs-
bedürftigkeit des Menschen (53–57). Der rote Abendhim-
mel wird für ihn zum Symbol des Sterbens Christi, das er
mit seiner Geste dankbar anerkennt. Aber er muß zugleich
erfahren, daß seinem Verständnis – dem *understanding* des
Meditierenden – Grenzen gesetzt sind: »even we must
know, what nobody has understood, / That some great love
is over all we do« (54 f.).

Aus dieser Bildbetrachtung gewinnt er die weitere, zunächst bestürzende Einsicht, daß auch dem mitfühlenden
Beobachter das sittlich und moralisch Verwerfliche wenn
nicht als gut, so doch als ästhetisch faszinierend erscheinen
kann: »as if evil itself were beautiful« (65). Damit überlagern sich theologische und ästhetische Motive. Der Milton-
Kenner Prince berührt einen Themenkreis, dessen literatur-
geschichtliche Bedeutung kurz umrissen werden muß.

Milton war von der leidgeprägten Schönheit seines Satan
in *Paradise Lost* (1674) so fasziniert, daß William Blake vermuten konnte, der christliche Dichter habe sich auf die Seite
des Teufels geschlagen, ohne sich dessen recht bewußt zu
sein. Aus theologischer, nicht aus ästhetischer Sicht mag dies
eine Übertreibung sein, läßt sich doch die Faszination durch
das Schreckliche im Werk vieler bedeutender Künstler be-

obachten, darunter bei Blake selbst (*The Tiger*). Relevant
sind in diesem Zusammenhang auch zwei Briefstellen bei
John Keats. Eine Schlägerei auf der Straße, obwohl an sich
verwerflich, bereite dem spekulativen Geist doch auch Ver-
gnügen, da die entfalteten Energien schön (»fine«) seien
(19. März 1819). Intensität, schreibt er an anderer Stelle, sei
das auszeichnende Merkmal bedeutender Kunst: sie zwinge
den Leser zu unmittelbarem Erleben und lasse alles Unan-
genehme gleichsam verdampfen (27. Dezember 1817). Als
Beleg für seine These führt er Shakespeares *King Lear* an,
der mit ähnlicher, wenn auch nicht sofort erkennbarer Absicht in *Soldiers Bathing* zitiert wird.

Auch Prince strebt die von Keats geforderte Intensität
an – über eine Beschreibung der beiden Meisterwerke von
Michelangelo und Pollaiuolo. Was die Maler enthüllen,
trägt der Dichter mit rhetorischem Geschick vor (22–37). In
seiner Deutung des *Kampfes der zehn nackten Männer*
schwingt die Anspielung auf den ersten Brudermord mit.
Der Verlust des Paradieses zwingt den Menschen zwar immer wieder zum Kampf um sein Leben, löst aber auch das
Heilsgeschehen aus (38–49). An dieser Stelle wird das ästhetische Problem endgültig auf die theologische Ebene ge-
hoben.

Prince geht nicht darauf ein, daß im Vordergrund von
Pollaiuolos Bild zwei der Gegner eine Kette halten – für
Kunsthistoriker seit jeher ein rätselhaftes Motiv. In neuerer
Zeit wurde erwogen, daß es sich um ein Symbol für die an
den Körper gefesselte Seele handeln könne, die erst durch
den Tod ihre Freiheit erlangt. Prince trifft, auch ohne dieses
Bilddetail zu erwähnen, eine ähnliche Aussage, wenn er
schreibt, wir wirbelten als Geschöpfe Gottes in einer blut-
verschmierten Rille (58 f.).

Ein oberflächlicher Leser könnte versucht sein, das Gedicht unter Hinweis auf die zahlreichen Anregungen, die
Prince aus Literatur und Malerei empfangen hat, für ein
epigonales Machwerk zu halten. Doch welcher Künstler

läßt sich nicht von Vorbildern leiten? Was wäre Arnold, dessen *Dover Beach* für den Anfangsvers von *Soldiers Bathing* Pate gestanden hat, ohne seine Kenntnis der antiken Klassiker? Und wer würde heute wagen, ihn deswegen als Epigonen zu bezeichnen? Willi Erzgräber hat Prince' Lyrik mit Blick auf *Soldiers Bathing* treffend charakterisiert: »Das Erlebnis des Sinnlichen ist in übersinnlich-religiöse Bezüge eingegliedert, ohne daß es dadurch an Faszination einbüßen würde; umgekehrt sucht Prince das Übersinnliche dort künstlerisch zu erfassen, wo es in sinnlich-wahrnehmbaren Zeichen in die menschliche Erfahrungswelt hineinreicht« (S. 70).

Niemand ist gezwungen, mit dem Dichter in einem farbenprächtigen Sonnenuntergang über dem Meer die Wundmale Christi zu erkennen oder zu verehren; haften bleibt in jedem Fall das Bild badender Soldaten – gesehen mit den Augen des Malers, der Prince ursprünglich hatte werden wollen.

Gedichttext nach: F. T. PRINCE: Collected Poems 1935–1992. Manchester: Carcanet Press, 1993. S. 55–57.
Literaturhinweise: Jane HEDLEY: Imprisoning and Expressing Him. The Dramatic Monologues of F. T. Prince. In: Malahat Review 7 (1968) S. 92–105. – Fred INGLIS: F. T. Prince and the Prospects for Poetry. In: Denver Quarterly 1 (1966) S. 23–44. – MODERNE ENGLISCHE LYRIK. Engl./Dt. Hrsg. von Willi Erzgräber und Ute Knoedgen. Stuttgart ³1994. S. 37 f. – Alka NIGAM: F. T. Prince. A Study of his Poetry. Salzburg 1983. – John PRESS: Rule and Energy. Trends in British Poetry since the Second World War. London 1963. S. 132–140. – David TACIUM: F. T. Prince. In: Donald E. Stanford (Hrsg.): British Poets. 1914–1945. Detroit 1983. S. 284–287. (Dictionary of Literary Biography. 20.)

MICHAEL HANKE

George Barker: *Summer Song I*

Summer Song I

I looked into my heart to write
  And found a desert there.
But when I looked again I heard
Howling and proud in every word
5   The hyena despair.

Great summer sun, great summer sun,
  All loss burns in trophies;
And in the cold sheet of the sky
Lifelong the fishlipped lovers lie
10   Kissing catastrophes.

O loving garden where I lay
  When under the breasted tree
My son stood up behind my eyes
And groaned: Remember that the price
15   Is vinegar for me.

Great summer sun, great summer sun,
  Turn back to the designer:
I would not be the one to start
The breaking day and the breaking heart
20   For all the grief in China.

My one, my one, my only love,
  Hide, hide your face in a leaf,
And let the hot tear falling burn
The stupid heart that will not learn
25   The everywhere of grief.

> Great summer sun, great summer sun,
>   Turn back to the never-never
> Cloud-cuckoo, happy, far-off land
> Where all the love is true love, and
> 30   True love goes on for ever.

Sommerlied I

Ich sah in mein Herz, um zu schreiben, / und fand eine Wüste dort. / Aber als ich wieder hineinsah, hörte ich, / heulend und stolz in jedem Wort, / die Hyäne Verzweiflung.

Große Sommersonne, große Sommersonne, / jeder Verlust brennt in Trophäen; / und im kalten Laken des Himmels / liegen lebenslänglich die fischlippigen Liebenden / und küssen Katastrophen.

O liebender Garten, in dem ich lag, / als unter den Brüsten des Baumes / mein Sohn hinter meinen Augen sich erhob / und stöhnte: Vergiß nicht, daß der Preis / Essig für mich ist.

Große Sommersonne, große Sommersonne, / kehr zurück zu dem, der dich entwarf: / ich will nicht verursachen / den anbrechenden Tag und das brechende Herz, / für alles Leid in China nicht.

Meine eine, meine eine, meine einzige Liebe, / verbirg, verbirg dein Gesicht in einem Blatt, / und laß die heiße Träne, die da fällt, / das törichte Herz verbrennen, das nicht lernen will / die Allgegenwart des Leides.

Große Sommersonne, große Sommersonne, / kehr zurück ins Nimmer-Nimmer- / wolkenkuckucks-, in das glückliche, weitentfernte Land, / wo alle Liebe wahre Liebe ist und / wahre Liebe ewig währt.

[Übers. von Michael Hanke]

George Barkers lyrisches Hauptmotiv ist der Mythos vom Sündenfall. Es waren Bemerkungen Kardinal John Henry Newmans in der *Apologia pro Vita Sua* (1864), die den katholisch erzogenen Dichter schon während der Schulzeit zur Auseinandersetzung mit dem Buch Genesis angeregt haben. Doch hat er aus seiner Bibellektüre einen Nutzen gezogen, den der Kardinal nicht gebilligt hätte; seine sexuelle Frühreife und bis ins hohe Alter kultivierte Hemmungslosigkeit *in eroticis* führten ihn zu einer sehr persönlichen und – wie er kokettierend eingestand – häretischen Auslegung religiöser Stoffe und Motive.

Barkers Interpretation des Mythos vom Sündenfall nimmt ihren Ausgang von drei christlichen Lehren: 1. die Menschen leben im Schatten einer Ursünde (Erbsünde), von der alles Leid herrührt; 2. diejenigen, die sich der Erbsünde und ihrer Folgen bewußt sind, streben nach Vergebung; 3. diese Vergebung ist möglich, weil Christus, der Erlöser, durch seinen Tod am Kreuz die Sünden der Menschen stellvertretend auf sich genommen hat.

Im Buch Genesis wird erzählt, wie Adam und Eva Gottes Gebot mißachteten, als sie vom Baum der Erkenntnis aßen, und dafür aus dem Paradies vertrieben wurden. Barker identifiziert, künstlerisch fruchtbar, den Sündenfall mit dem Geschlechtsakt. Theologisch läßt sich diese Auslegung unter Hinweis auf das apokryphe Jakobus-Evangelium (2. Jh.) und die *Confessiones* (398) des Hl. Augustinus durchaus rechtfertigen. Anders steht es um seine Auffassung, daß der Sündenfall kein einmaliges, sondern ein sich bei jeder Zeugung wiederholendes Geschehen sei, denn damit nimmt er der Erzählung ihre heilsgeschichtliche Bedeutung und ordnet sie dem Mythos der ewigen Wiederkehr unter.

Barkers Theologie ist offenbar nicht religiös, sondern ästhetisch-biographisch motiviert. Er selbst verweist in diesem Zusammenhang auf den pseudo-religiösen Titel seines faszinierenden lyrischen Hauptwerkes in der Tradition François Villons und Lord Byrons, *The True Confession of George Barker* (1950/65). Und auf die Bemerkung einer jungen Frau, er habe offenbar ein ausgeprägtes Schuldbewußtsein, gibt er mit einer Verbeugung zur Antwort: »Yes, madam, it is one of my most precious possessions« (zit.

nach Blackburn, S. 127). In einem Interview klingt dies, etwas seriöser formuliert, so: »Though I most desperately loathe the Roman Catholic Church, I'm indeed deeply grateful to it, because it imposed upon me a sense of guilt that I wouldn't be without« (zit. nach Pondrom, S. 387).

Eine Interpretation seines Gedichts *Summer Song I*, das in der Sammlung *News of the World* (1950) erschien, darf weder den poetologischen noch den theologischen Hintergrund außer acht lassen, denn der Sprecher ist Dichter und Liebhaber zugleich.

Eine Vorbemerkung zur Form: Aus linguistischer Sicht weist *Summer Song I* Kohärenzstörungen auf. So wird nicht jeder Leser in der Lage sein, dem gewagten metaphorischen Sprung von der ersten zur zweiten Strophe, aus der Wüste des Herzens in die Höhen des Himmels, zu folgen. Doch die von Strophe zu Strophe wechselnde Redesituation beweist, daß Barker Kohärenzstörungen bewußt in Kauf nimmt, ja als Stilmittel einsetzt. Er beherrscht die Kunst der lyrischen Vignette, deren Feinschliff ihm wichtiger ist als die Logik des Gesamtgefüges. Jede dieser Vignetten ist gleich gefaßt: in eine fünfzeilige Strophe mit dem Reimschema xabba bei verminderter Silbenzahl der Verse 2 und 5. Zugrunde liegt ein jambisches Metrum, das bei der Rezitation kaum Abweichungen verlangt. Der liedhafte Charakter wird von einem Refrain sowie Alliterationen und Wortwiederholungen bestimmt. Die formvollendete Metrik mildert den Kontrast zwischen den in surrealistischer Manier auseinanderstrebenden Einzelbildern.

Strophe 1 beginnt mit einer Anspielung auf das Programmgedicht von Sir Philip Sidneys Sonettfolge *Astrophel and Stella* (1581), in dem ein höfischer Dichter – Sidney selbst – bekundet, seiner Dame huldigen zu wollen. Warum sollte er sich seine Inspiration nicht aus den Sonettkränzen der Petrarkisten holen? Er versucht es, aber seine Hand bleibt unbewegt. ›Dummkopf!‹ fährt ihn seine Muse an, ›schau in dein Herz und schreib!‹ (»›Fool!‹ said my muse to me, ›Look in thy heart and write!‹«) Auch für Barker erweist sich der Blick ins Herz als lohnend, doch schreitet er zugleich die Distanz zur Quelle seiner Anspielung ab. Wenn Sidney sich dem Diktat der Muse beugt, erweist er den Spielregeln einer höfischen Kultur Reverenz. Lyrik des 20. Jahrhunderts aber ist keine Gesellschaftsdichtung mehr, und Barker darf ein Thema anschlagen, das einen elisabethanischen Liebhaber, und erst recht dessen Dame, befremdet hätte: das Leiden an der eigenen Sexualität. In seinem Herzen (dem traditionellen Sitz liebender Empfindung) findet er nicht etwa das Bild der Geliebten, sondern Symbole der Einsamkeit und Unfruchtbarkeit (eine Wüste) sowie der Verzweiflung (eine Hyäne). Im Gegensatz zu Sidney aber hat Barker als visionärer Dichter in der Tradition William Blakes keine Mühe, dürftige Motive in Kunst zu verwandeln.

Strophe 2 beginnt mit einer Apostrophe, die als Refrain in den Strophen 4 und 6 wiederkehrt. Der Sprecher tritt als Ankläger der ›großen Sommersonne‹ auf, die das lebenserhaltende Prinzip (möglicherweise Christus als Licht der Welt und Sohn Gottes) symbolisiert. Ihr hält er die zentrale Paradoxie vor: »All loss burns in trophies.« Die Trophäe fungiert als Symbol: jeder Verlust bedeutet zugleich einen Sieg – in der Liebe wie in der Dichtkunst. Barker zeigt dies am Beispiel derer, die sich ihr Liebeslager in den Wolken bereitet haben, schwebend zwischen Transzendenz und Immanenz. Sie sind frigide (»fishlipped«) und haben keine Freude an ihrer Sexualität. Schwer zu deuten ist Vers 10. Schon die Syntax wirft Fragen auf: ist »kissing« Prädikat oder Attribut? Beides ist möglich. Es steht jedem Leser frei, solche Dunkelheiten als unverbindliche Spielerei zu verwerfen oder als Beispiele einer chaotisch-surrealistischen Rhetorik zu bewundern.

Die Metaphorik der Strophe 3 könnte von Hieronymus Boschs rätselhaftem *Garten der Lüste* (um 1500) inspiriert sein. In Barkers Paradies findet sich anstelle des biblischen

Baumes der Erkenntnis eine symbolträchtige Variante des Lebensbaumes, unter dessen Zweigen der Sprecher liegt. Nicht Äpfel, sondern weibliche Brüste hängen verlockend über ihm: ein treffendes *conceit*, gilt doch der Baum in vielen Kulturen als Symbol der Frau und ihrer Fruchtbarkeit. Während der Sprecher dieser Versuchung ausgesetzt ist, erscheint ihm in einer Vision sein ungeborener Sohn, der Züge des Erlösers trägt (man beachte die Anspielung auf den Schwamm mit Essig, der Christus bei seiner Kreuzigung gereicht wurde: Mt. 27,48; Lk. 23,36). Der Lebensbaum wandelt sich zum Todesbaum; der Sohn büßt für die Sünden des Vaters.

Barkers Baumsymbolik steht in einer frühchristlichen Tradition, auf die z. B. John Donne in seinem Meditationsgedicht *Hymne to God my God, in my sicknesse* (1623?) zurückgegriffen hat: »Paradise and Calvarie, / Christs Crosse, and Adams tree, stood in one place.« Den christlich-anagogischen Rahmen dieser Symbolik zerbricht Barker ebenso selbstherrlich wie die Konventionen der Liebesdichtung. Das Kreuz ist für ihn kein Symbol der Erlösung und Transzendenz, sondern Chiffre für die von Generation zu Generation tradierte Tragik irdischen Lebens. »There is no martyrdom worse than a life, / Nor can it be bought off with a sacrifice« (*Holy Poem IV*).

Strophe 4 mischt Ironie in die Apostrophe: Die Sonne soll zum Schöpfer zurückkehren. Barkers Wortwahl (der Schöpfer als »designer«) impliziert, daß diese Welt nicht das beste aller denkbaren Modelle ist. Da die Sonne Leben ermöglicht, ist sie mitverantwortlich für die Conditio humana. Der Dichter dagegen darf seine Hände in Unschuld waschen: Würde man ihm auch alles Leid der Welt (»China« steht pars pro toto) als Inspirationsquelle offerieren, auslösen möchte er es keinesfalls. Die Koppelung von Leid und Freude – wie in Nietzsches *Also sprach Zarathustra* – ist typisch für Barker (Kleinstück, S. 225). Das zeigt sich auch an der geistreichen Variation einer abgegriffenen

Redensart (»not for all the *tea* in China«) in Vers 20, die er in den Dienst des ernsten Inhalts stellt.

In Strophe 5 konfrontiert der Sprecher die sich im Zustand der Unschuld wähnende Geliebte mit seiner Erfahrung und führt sie über die Katharsis des Weinens zur Einsicht in ihr Gefallensein. Die Schlußstrophe ist schlicht wie ein Kinderlied. Barker verweist die reine und ewige Liebe in ein Land, das nur in der Erinnerung an die verlorene Unschuld fortbesteht (Fodaski, S. 126).

»All loss burns in trophies«: In diesem Vers sind die Bilder und Gedanken von Barkers Lyrik wie in einem Brennpunkt zusammengefaßt; der schöpferische Funke genügt, um leidvolle Erfahrung in das Brillantfeuerwerk eines Gedichts zu verwandeln.

Gedichttext nach: George Barker: Collected Poems. Hrsg. von Robert Fraser. London: Faber & Faber, 1987. S. 223 f.
Literaturhinweise: Thomas Blackburn: The Price of an Eye. London 1961. S. 124–129. – Cecil Day Lewis: The Lyric Impulse. Cambridge (Mass.) 1965. S. 140–142. – Martha Fodaski: George Barker. New York 1969. – Johannes Kleinstück: George Barker: »Battersea Park«. In: Horst Oppel (Hrsg.): Die moderne englische Lyrik. Interpretationen. Berlin 1967. S. 220–226. – Cyrena N. Pondrom: George Barker [Interview]. In: L. S. Dembo / C. N. P. (Hrsg.): The Contemporary Writer. Madison 1972. S. 253–279.

DETLEV GOHRBANDT

George Barker:
Turn on your side and bear the day to me

Turn on your side and bear the day to me

Turn on your side and bear the day to me
Beloved, sceptre-struck, immured
In the glass wall of sleep. Slowly
Uncloud the borealis of your eye
5 And show your iceberg secrets, your midnight prizes
To the green-eyed world and to me. Sin
Coils upward into thin air when you awaken
And again morning announces amnesty over
The serpent-kingdomed bed. Your mother
10 Watched with as dove an eye the unforgiveable night
Sigh backward into innocence when you
Set a bright monument in her amorous sea.
Look down, Undine, on the trident that struck
Sons from the rock of vanity. Turn in the world
15 Sceptre-struck, spellbound, beloved,
Turn in the world and bear the day to me.

Wende dich zur Seite, trage mir den Tag

Wende dich zur Seite, trage mir den Tag, / Geliebte, Zepterge-
troffene, eingemauert / in die Glaswand des Schlafes. Ent-
wölke langsam / das Nordlicht deines Auges / und zeige
deine Eisbergrätsel, deine Mitternachtsschätze / der grünäugi-
gen Welt und mir. Die Sünde / ringelt sich hinauf ins Nichts,
wenn du erwachst / und wieder verkündet der Morgen eine
Amnestie über / das Bett, das Schlangenreich. Deine Mutter /
sah mit taubengleichem Auge die unverzeihliche Nacht / sich
in die Unschuld zurückseufzen, als du / ein leuchtendes
Denkmal in ihr liebevolles Meer setztest. / Schau hinab, Un-

dine, auf den Dreizack, / der Söhne aus dem Fels der Eitelkeit
schlug. Wende dich in der Welt, / zeptergerührt, zaubergefes-
selt, geliebt, / Wende dich in der Welt, und trage mir den Tag.

[Übers. von Detlev Gohrbandt]

Dichter zu sein ist nie ganz einfach. Nicht daß Dichter arm
und unglücklich oder gar ein wenig verrückt wären.
Schwierig ist vielmehr ihr Schicksal, in aller Öffentlichkeit
arm, unglücklich und verrückt sein zu müssen, schwierig
erst recht, wenn diese Bürden in den Wonnen und Leiden
der Liebe zusammentreffen und die private Liebe zur öf-
fentlichen Mitteilung wird. Dichter und Liebender, sind das
nicht zwei Rollen, die sich ausschließen? Den Dichter
drängt es in die Öffentlichkeit, er hat allen, die ihm lauschen
wollen, etwas zu sagen. Hingegen will der Liebende nur zu
der Einen sprechen und nur von dieser angehört werden.
Was hat die öffentliche mit der privaten Rede zu tun? Nur
dadurch kann der Dichter seine Schamlosigkeit rechtfertigen, daß er uns die öffentliche Bedeutung seines privaten
Erlebens glaubhaft macht. Nur mit dieser Gewißheit können wir ungeniert in fremde Betten schauen, so wie George
Barker (1913–91) es in *Turn on your side and bear the day
to me* von uns verlangt.

Barker veröffentlichte diesen Text in seinem Gedichtband
News of the World (1950). Der Titel spielt auf eine gleichna-
mige, mehr als hundert Jahre zuvor gegründete Sonntags-
zeitung an, die in den ersten prüden Nachkriegsjahren sehr
erfolgreich ein Rezept anwandte, das ihr seither Millionen-
auflagen bescherte: Sport, Verbrechen und deftige Skandale.
Barker war es ernst mit dem, was andere für skandalös halten mochten – sein autobiographisches Langgedicht *The
True Confession of George Barker* (erstes Buch 1950, vollständig in zwei Büchern 1965) durfte wegen seiner regel-
widrigen Erotik nicht bei Faber erscheinen und wurde auch

nicht in die dort verlegten *Collected Poems 1930–1955* (1957) aufgenommen. (Fabers Bann wurde erst 1987 in der von Robert Fraser betreuten Gesamtausgabe aufgehoben.) Offenbar war und ist es zweierlei, ob Anstößiges in der vulgären Massenpresse oder in einem auf seinen Ruf bedachten Lyrik-Verlag publiziert wird.

Was muß man wissen, um Barkers Gedichte mit Gewinn lesen zu können? Daß er, Sohn einer katholischen Mutter und Zögling der katholischen Brompton Oratory in London, emphatisches, aber renitentes Mitglied seiner Kirche war? Daß er, Vater von etwa zwanzig Kindern, mehrfach verheiratet war und eine Zeitlang so etwas wie eine Ménage à trois mit seiner ersten Frau Jessica Woodward und der kanadischen Lyrikerin Elizabeth Smart führte? Daß er als Zeitgenosse von Dylan Thomas mal zu den Surrealisten, mal zu den Apokalyptikern gerechnet und seit dem Ende der vierziger Jahre zum lebenden Feindbild der Movement-Dichter stilisiert wurde? Daß er in einem Londoner Arbeiterviertel aufwuchs, in den Kriegsjahren in Japan und danach in den USA Literaturprofessor war und sein späteres Leben in abgeschiedenen Dörfern Südenglands, zuletzt in Itteringham (nördlich von Norwich) verbrachte? Alles recht nützlich, aber nicht mehr als ein Fingerzeig auf das, was an Barker nicht einfach zu verstehen ist. Es kommt genauso darauf an, die Gedichte als Klang zu erfahren, als raffinierte Muster von Lauten und von Wörtern aus erinnerten Büchern, »to be heard, not overheard« (Schmidt, S. 257), als Fülle von Farben und visuellem Erleben.

Zwei Liebende in ihrem Bett erwachen. Eine Stimme spricht in den beginnenden Morgen hinein; es ist die Stimme des Liebenden, der sich an die noch schlafende Geliebte wendet und in Erwartung ihrer Worte über und für sie spricht. Das monologische Sprechen nimmt zu Beginn des Gedichts und wieder am Ende die Befehlsform an: »turn«, »bear«, »uncloud«, »show« (1–5); »look«, »turn« (2x), »bear« (13–16). Dennoch ist es ein zaghaftes und zärt-

liches Sprechen, mit Spuren des Stolzes und der Bescheiden-
heit. Es ist ein privates Sprechen und doch ein öffentliches,
veröffentlichtes Sprechen, das sich ausdrücklich auch an die
»green-eyed world« (6) wendet.

Stumm und sprechend, öffentlich und privat, fordernd
und verhalten – das Widerspruchsvolle solcher Gegensätze
erschwert dem Leser den Zugang zu diesem Gedicht. Zugleich erzeugen die Gegensätze eine Spannung, die da Lesen vorantreibt, eine Lösung zu suchen. Weitere Paradoxe
werden sich dabei auftun, bis man schließlich erkennt, daß
die Auflösung sich immer weiter hinausschiebt, vielleicht
unerreichbar bleibt.

Wovon handelt das intime Sprechen in diesem Gedicht?
Sein Ort und seine Zeit, das gemeinsame Bett bei Tagesanbruch, definieren das Thema in Umrissen. Der Blick zurück
auf das Erleben der Nacht, die Beschreibung des Augen-
blicks und die Vorausschau auf den kommenden Tag präzi-
sieren es. Schon aber rücken Ungewißheiten ins Bewußtsein, denn manches ist zu dieser frühen Stunde noch
ungreifbar. Die Geliebte ist im Schlaf verschlossen, unzugänglich (2 f.), als wäre sie im Banne eines Zaubers: »sceptre-struck« (2), später noch emphatischer: »sceptre-struck,
spellbound« (15). Sie birgt Geheimnisse: »iceberg secrets«
und »midnight prizes«. Sie wird erwachen in einem Bett (7),
in dem nachts etwas geschehen ist, das einer Begnadigung
oder eines Straferlasses bedarf und im Lichte des Tages ohne
weiteres Ersuchen auch erhalten wird (8). Was also war geschehen? Es mit einem Namen zu belegen, heißt immer
auch, es zu bewerten. Eine geläufige Bezeichnung wird im
Text an einer doppelt herausgehobenen Stelle am Versende
und am Satzanfang genannt: »Sin« (6). Aber die Sünde,
quasi-allegorisch mit einem großen S, löst sich beim Erwachen der Geliebten in Luft auf, »coils upward into thin air«
(7). Vermutlich ist diese Auflösung der Sünde nicht von
Dauer, da sie schon oft geschehen (8) und folglich immer
wieder ungeschehen ist. Unübersehbar auch, daß hinter ih-

rer abstrakten Gestalt eine ganz spezifische Identität und Geschichte lauern – so viel verrät schon die Rede vom »serpent-kingdomed bed« (9), auf die uns die Schlangenbewegung von »coils« (7) vorbereitet hat. Barker stellt die sexuelle Sünde in einer bösen Trinität vor: zur Linken steht der Neid (6) und zur Rechten die Eitelkeit (14).

Sofern diese Sünde keine Sünde ist, muß sie eine andere Identität haben. Diese Identität ist eben das Geheimnis, von dem zuvor die Rede war, ein umwölktes Nordlicht (4) und ein Eisberg-Geheimnis (5) deshalb, weil es mehr verborgen als sichtbar ist. Die Metaphern besagen aber auch, daß ein Teil sichtbar ist, und zwar so, daß wir auf das Ausmaß des unsichtbaren Teils schließen können. Die verborgenen Begriffe sind wie Indizien übers Gedicht verstreut, wo der aufmerksame Leser sie aufliest und deutet. Der erste Begriff ist leicht zu finden: in »beloved« (2, 15) ist offenbar »love« enthalten genauso wie, lateinisch verkleidet, in »amorous sea« (12) und sogar in dem klassischen Reimwort »dove« (10). Damit ist Liebe als Gegenbegriff zu Sünde aufgestellt, wobei die Begriffe nicht kontradiktorisch zueinander stehen, sondern der eine in den anderen verwandelt und zurückverwandelt werden kann. Wenn es sich um eine Begriffsverwirrung handelt, dann besteht Barkers Vorhaben in ihrer Aufklärung.

Wer sind die Figuren, die in diesen Streit von Sünde und Liebe verwickelt sind? Der Liebende und seine Geliebte sind ja nicht alleine, das wäre ein paradiesischer Zustand. In dem Augenblick, da sie erwacht, spricht er von ihrer Mutter (9–11). Ein mehrfacher Vergleich wird hier in Gang gesetzt: So wie der Liebende über die Aufwachende wacht, so wachte in jener ›unverzeihlichen Nacht‹ die Mutter. Während manche im Liebeslager die Schlangen der unverzeihlichen Sünde sehen, ist der Blick der Mutter ein Taubenblick, sanft und unschuldig wie der des Liebenden, darüber wachend, wie der Liebesakt der Tochter jenen unschuldigen Akt wiederholt und in der Wiederholung feiert, in dem die

Mutter einst die Tochter empfing. Das Liebeslager wird jetzt in einer synkretistischen Verschiebung zum Meer der Liebe, in dem die schaumgeborene Venus und die sirenenhafte Nixe Undine bei aller Gegensätzlichkeit ihren gemeinsamen Ort haben.

Von dieser Stelle an kehrt das Gedicht zum anfänglichen Modus zurück. Der Sprecher befiehlt der Geliebten: »Look down, Undine, on the trident that struck / Sons from the rock of vanity« (13 f.). So wie sie Undine geworden ist, nimmt er durch den Dreizack die Merkmale des Poseidon an, er wird zum Herrscher über das Meer und über sie. Der Dreizack symbolisiert nun die zeugende Kraft des Mannes und weist darin zurück auf das Bild der vom phallischen Zepter wie von einem Zauberstab gerührten Geliebten (2, 15). Der Liebende zeugt Söhne, der Dichter schafft Gedichte zur Feier der imaginativen und sexuellen Schöpfung. Er ist Gott und Geliebter in einem, aber auch Prophet, Moses vergleichbar, der mit seinem Stab aus dem Felsen Wasser schlug (4. Buch Mose 20,11) und damit Leben bewahrte.

Barker feiert die Geliebte, und er feiert sich selbst – das eine bedingt das andere. Darin stellt er sich in eine lange, vielgestaltige Tradition, in der biblische Texte eine zentrale Rolle spielen. Der Preisgesang auf die Geliebte findet sein schönstes Muster im Hohelied Salomos (z. B. Hld. 5,2; 6,9). Barker greift aber nicht nur auf thematische und sprachliche Elemente zurück, sondern auch und vor allem auf Wertungen wie das Lob der Mutter und der Reinheit und den Tadel für die Eifersucht (Hld. 8,6). Die Psalmen sind eine weitere biblische Quelle für Barkers Preisgedichte (z. B. Ps. 45). Solche Bezüge stellen das Gedicht in einen umfassenden religiösen Kontext, in dem Wertfragen zentral sind, nämlich die Schuld der edenischen Ahnen und die seither auf den Menschen lastende Sünde.

Es wird berichtet, daß Barker sich bei den Patres in der Brompton Oratory mit der *Apologia pro Vita Sua* (1864) des zum Katholizismus konvertierten John Henry Newman auseinandersetzen mußte. Newman überlegt in Kapitel V,

welche Folgen der Anblick der Grausamkeiten dieser Welt
(»a vision to dizzy and appal«) für seinen Glauben haben
könnte. Er erklärt, daß dieser Anblick nicht zum Zweifel an
Gott führt, wohl aber zur Einsicht, daß Gott den Menschen
verlorengegangen ist. Dies bestätigt Newman, daß der
Mensch gefallen ist. Wir haben gesehen, daß Barkers Gedicht eine Revision dieses Sündenbegriffs unternimmt. Er
rettet die Sexualität durch den Nachweis ihrer Schönheit (4),
ihrer Geheimnisse (5) und ihrer vielfältigen Schöpferkraft.
Er beschreibt diese Rettung zugleich als Last und als Geburt in einem ersten Vers, dessen Bedeutung erst im Verlauf
des Gedichts entsteht, so daß er zum Abschluß in einer
leichten Abwandlung wiederholt wird: Aus dem noch ganz
privaten »Turn on your side . . .« wird das öffentliche, welt-
zugewandte »Turn in the world . . .«. Entgegen Newman,
der geklagt hatte, die Menschheit sei »out of joint with the
purposes of its creator«, tritt Barker mit den Mitteln seiner
Kunst den Nachweis an, daß der Mensch in der Erfüllung
all der schöpferischen Fähigkeiten, die ihm eignen, sehr
wohl dem Willen des Schöpfers gerecht wird, auch wenn die
Schlangen weiter lauern. In seinem Gedicht gibt er einer
durch Texte, Gedanken und private Erfahrungen gewonne-
nen Entdeckung eine öffentliche Form, Psalm und Apologie
in einem, voller Wohllaut und wahrheitsprüfender Bilder.

Gedichttext nach: George BARKER: Collected Poems. Hrsg. von
Robert Fraser. London: Faber & Faber, 1987. S. 230.
Literaturhinweise: G. S. FRASER: The Modern Writer and his World.
Continuity and Innovation in Twentieth-Century English Litera-
ture. London 1964. S. 332–334. – Robert FRASER: The One that Got
Away. In: PN Review (1983) [George-Barker-Nummer] S. 41–43. –
John HEATH-STUBBS / Martin GREEN (Hrsg.): Homage to George
Barker on his Sixtieth Birthday. London 1973. – John PRESS: Rule
and Energy. Trends in British Poetry since the Second World War.
London 1963. S. 69–82. – Michael SCHMIDT: An Introduction to
Fifty Modern British Poets. London 1979. S. 251–259. – A. T. TOL-
LEY: The Poetry of the Forties. Manchester 1985. S. 66–77.

SABINE VOLK-BIRKE

R. S. Thomas: *In Church*

In Church

Often I try
To analyse the quality
Of its silences. Is this where God hides
From my searching? I have stopped to listen,
5   After the few people have gone,
To the air recomposing itself
For vigil. It has waited like this
Since the stones grouped themselves about it.
These are the hard ribs
10 Of a body that our prayers have failed
To animate. Shadows advance
From their corners to take possession
Of places the light held
For an hour. The bats resume
15 Their business. The uneasiness of the pews
Ceases. There is no other sound
In the darkness but the sound of a man
Breathing, testing his faith
On emptiness, nailing his questions
20 One by one to an untenanted cross.

In der Kirche

Oft versuche ich, die Eigenart ihrer Stille zu bestimmen. Verbirgt sich Gott hier vor meinem Suchen? Ich bin geblieben, nachdem die wenigen Menschen gegangen sind, um zu hören, wie sich die Luft wieder zusammenfügt zum Nachtgebet. So wartet sie schon, seit sich die Steine um sie herum versammelt haben. Dies sind die harten Rippen eines Leibes, den unsere Gebete nicht mit Leben erfüllen konnten. Schatten nähern sich von ihren Ecken her und nehmen Räume in Besitz, die das Licht eine Stunde lang festhielt. Die Fledermäuse nehmen ihr Geschäft wieder auf. Die Unruhe des Gestühls legt sich. Kein anderer Laut ist in der Dunkelheit zu hören als der Atem eines Menschen, der seinen Glauben an der Leere mißt, seine Fragen eine nach der anderen an ein unbewohntes Kreuz nagelt.

[Übers. von Sabine Volk-Birke]

Die Kirche, deren Stille so viele Fragen herausfordert, könnte St. Michael in der kleinen Landpfarre Eglwysfach im Norden von Dyfed sein. Hier war Ronald Stuart Thomas anglikanischer Pfarrer von 1954 bis 1967. Aber es könnte auch jede andere Kirche sein, in die ein Mensch hineinhorcht, denn das Gebäude ist durch keinerlei spezifische Merkmale festgelegt. So fällt die individuelle Suche des Sprechers im Gedicht in eins mit der überzeitlichen Frage nach Gott.

1913 als Kind englischsprachiger Eltern geboren, wurde Thomas 1937 zum Priester geweiht. 1942 bekam er seine erste Pfarre in Manafon, seine letzte in Aberdaron auf der Halbinsel Lleyn (bis 1978). Hier fand er, der als Erwachsener Walisisch gelernt hatte und sich entschieden für den Erhalt der walisischen Kultur einsetzte, was er immer gesucht hatte: das walisische Wales. So konnte er endlich in der Sprache predigen, die er als seine eigentliche Muttersprache begreift. Seine Lyrik hingegen blieb immer englisch – Thomas ist überzeugt, daß er nur seine erste Sprache gut genug kennt, um sie in Dichtung verwandeln zu können. In den Jahren 1946 bis 1995 veröffentlichte er etwa 25 Gedichtbände, außerdem Essays und Vorträge (meist in walisischer Sprache) sowie mehrere Lyrikanthologien. Zu seinem 80. Geburtstag wurden seine *Collected Poems 1945–1990* (1993) veröffentlicht.

Noch 1963 bezeichnete Thomas die Natur und Wales als seine wichtigsten Themen. Seit den siebziger Jahren gilt seine besondere Aufmerksamkeit religiösen Themen. *In Church* (Erstdruck in *Pietà*, 1967) steht somit an einem Wendepunkt im Schaffen von R. S. Thomas. Im Band *Pietà* werden Fragen gestellt, die bis in die Gegenwart relevant bleiben. Wie reagiert der moderne Mensch, geprägt durch die Erkenntnisse der Naturwissenschaften und die umfassende Technisierung seiner Lebenswelt, auf den Glauben, auf Gott?

Einfache Antworten sind nicht möglich. Es scheint nur Fragen zu geben und Stille. Oberflächliche Harmonisierungen verbieten sich. Die zwanzig Zeilen unterschiedlicher Länge gehorchen keinem Endreimschema, keinem regelmäßigen Metrum, keiner traditionellen Strophenform, keiner mechanischen Untergliederung in Bestandteile. Selbst ein Zusammenfall von Satzende und Zeilenende, der Atempausen und Ruhepunkte bezeichnen könnte, wird, mit Ausnahme von Zeile 8, vermieden. Der Leser muß ständig die Spannung aushalten, die sich zwischen Zeilensprung und Syntax aufbaut, wenn auch Assonanzen und Alliterationen einige Klangharmonien schaffen. Der Versuch, die Stille zu ergründen, den das lyrische Ich im ersten Satz mit wissenschaftlichem Vokabular (»analyse«, »quality«) umreißt, drängt vorwärts bis an das Ende des Gedichts. Die Frage am Anfang (3 f.) mündet wiederum in Fragen (19 f.), so daß der Prozeß der Suche immer wieder zum Anfang zurückkehrt.

Wenn es aber keine Antwort, kein Ende des Suchens gibt, dann ist vielleicht der Weg, den das Gedicht nachzeichnet, aufschlußreich. Der Sprecher wartet in der Kirche, bis die anderen gegangen sind. Aber er ist nicht allein. Die personifizierte Luft, die sich sammelt, sich für eine Nachtwache, ein Nachtgebet vorbereitet, ist bei ihm. Sie wartet schon viel länger als er, stellt so die Kontinuität zwischen Gegenwart und Vergangenheit dar. Mehr noch, die Luft ist der eigent-

liche Kern der Kirche; die ebenfalls personifizierten Steine
haben sich um sie herum versammelt (8) wie eine Schale um
einen Kern oder wie Menschen um einen Mittelpunkt.

Der Blick des Sprechers bleibt nun an der Steinkonstruk-
tion des Gebäudes haften. Der Verweis auf Rippen überrascht zunächst nicht, denn sie sind seit der Gotik Bestandteil der Sakralarchitektur; auch hier ist der implizite Verweis auf Geschichtlichkeit sichtbar. Die Ambivalenz der
Rippe, einerseits Bauelement, andererseits Körperteil, ist
leicht nachvollziehbar. Aber die Assoziation täuscht: dieser
Kirchen-Körper lebt eben gerade nicht. Mit der Feststellung, daß die Gebete der Gemeinschaft den Leib nicht mit
Leben, mit Atem, oder gar mit einer Seele (*anima*) erfüllen
konnten (10 f.), verändert sich die bisher eher ruhige, kontemplative Stimmung des Gedichts. Dem entscheidenden
Wort »failed« kommt eine Schlüsselstellung am Ende von
Zeile 10, also genau in der Mitte des Gedichts, zu, die gerade durch den Schnitt, der die gesamte Verbalkonstruktion
durch den Zeilensprung trennt, mit zusätzlicher Spannung
aufgeladen wird. Die Richtung der Kritik, die hier zum
Ausdruck kommt, ist ambivalent: sie trifft ebenso die Kirche als Institution wie die Glaubensgemeinschaft selbst, in
Vergangenheit und Gegenwart; einerseits waren vielleicht
die Gebete inadäquat, andererseits mag auch die Kirche sich
den Menschen verschlossen haben. Wichtig ist dabei, daß
der Singular der ersten Person, mit dem das Gedicht begann, in diesem einen Satz in den Plural (»our«) wechselt.
Der Sprecher begreift sich also als Teil der Gemeinschaft,
die durch dieses Versagen belastet wird, ja das Pronomen
bleibt sogar offen für den Leser, dem es überlassen bleibt,
sich anzuschließen oder zu distanzieren.

Im zweiten Teil des Gedichts richtet der Sprecher zunächst wiederum seine Aufmerksamkeit auf das Gebäude.
Thomas arbeitet auch weiterhin mit faszinierenden Perso-
nifikationen, ja mit Anthropomorphisierungen. Schatten
agieren wie Feldherren: sie nehmen Territorien in Besitz,

die sie für kurze Zeit an das Licht hatten abgeben müssen. Die Fledermäuse gehen zur Tagesordnung über, sie haben zu tun (»business«) wie Geschäftsleute. Und die Kirchenbänke, die aus ihrer physischen wie psychischen Ruhe aufgeschreckt, verunsichert worden waren, sich unbehaglich fühlten (15), beruhigen sich wieder. Vor dem Hintergrund dieser Stille und Dunkelheit sind allein die Atemzüge eines Menschen zu hören.

Wieder wechselt die Perspektive mit dem Personalpronomen: vom Ich des Anfangs über das Wir in der Mitte kommt das Gedicht zum Er (»a man«). Der Fragende wird zum Jedermann, zum Repräsentanten der Conditio humana schlechthin. Hier ist wieder die von geschichtlicher Zeit und konkretem Raum losgelöste Relevanz der Fragestellung deutlich. Auch Licht und Schatten und die Fledermäuse waren schon in diesen überzeitlichen Rahmen eingeordnet, denn der Kampf von Gut und Böse wird im Christentum verstanden als der ewige Kampf des Lichts gegen die Finsternis, und Fledermäuse gelten im Volksmund als Todesboten. Schwieriger ist die Aufschlüsselung der Kirchenbänke. Als Teil des Gebäudes scheinen sie mir den »hard ribs« zugeordnet. Sie nehmen an der existentiellen Auseinandersetzung, die sich in der Kirche vollzieht, nicht teil – im Gegenteil, sie fühlen sich durch die Gemeinde gestört und beruhigen sich erst, als keiner mehr in ihnen kniet oder sitzt. Zum zweiten Mal kommt das Gedicht also zu einer impliziten Kritik an der Kirche; sie erscheint versteinert, tot, sie will mit der lebendigen Hinwendung der Menschen zu Gott nichts zu tun haben.

Wir sehen jetzt, daß das Gedicht konsequent auf seinen Höhepunkt zusteuert: Der Mensch, der bisher beobachtet hat, tritt in den letzten drei Zeilen in einen Dialog mit der Leere ein. Seine Fragen treffen auf ein leeres Kreuz. Man kann »untenanted« einerseits ganz konkret als Kreuz ohne Korpus verstehen, aber andererseits auch als Kreuz, an dem nie ein Gott gestorben ist, zumindest als ein Kreuz, das dem Suchenden kein Gegenüber zeigt. Wird hier Nietzsches Diktum, daß Gott tot sei, bestätigt, weil der Fragende augenscheinlich nie eine Antwort erhält, sondern das »untenanted cross« im Gedicht das letzte Wort hat?

Dieser Interpretation widersprechen eine Reihe von Fakten. Zunächst fällt auf, daß der Sprecher ja die Suche immer wieder aufnimmt, wie die Zirkelstruktur des Gedichts zeigt. Des weiteren verbindet die Struktur des Gedichts das »it« vor dem Punkt in Zeile 8 mit »cross« vor dem Punkt in der letzten Zeile. Die Luft, die Stille, entspricht also in einer vorerst noch nicht erkennbaren Weise dem Kreuz. Dieser Stille hat Thomas einen Plural zugeteilt, der eine Vielfalt impliziert, die nicht mit Leere in Einklang zu bringen ist. Im Gegenteil, die Stille hat sogar einen musikalischen Aspekt. Wörter wie »quality« (in der Bedeutung ›Klangfarbe‹, ›Tonqualität‹) »recomposing« (›neu komponieren‹), »held« (›hold‹ ist eine Fermate) tragen dazu bei, die »silences« als eine besondere Art von Musik zu begreifen. Hier wird an die Vorstellung von den Sphärenklängen angeknüpft, die schon in der Antike existierte und die das Mittelalter übernahm. Andererseits erinnert die besondere Bedeutung, die das Gedicht der Luft und dem Atem (»animate«, »breathing«) im Zusammenhang mit dem Gebet beimißt, an die Inspiration des Heiligen Geistes, dessen Pneuma nicht nur die dritte Person der Trinität darstellt, sondern auch für die Gnade verantwortlich zeichnet, die zum Glauben notwendig ist und – man denke an das Pfingstwunder – auch das Sprechen zu und von Gott ermöglicht.

Der Mensch, der alleine vor dem Kreuz steht, wird von der Luft, der Stille, in einen Dialog mit dem Kreuz gezwungen. Thomas knüpft hier an die mystische Tradition an, in der Stille und Leere keine negativen Größen sind, sondern erst die Folie bilden, vor der Gott aufscheinen kann (vgl. sein Gedicht *Via Negativa* in *H'm*, 1972). Wenn alle Anthropomorphisierungen versagt haben, weil Gott nie-

mals mit menschlichen Kategorien faßbar ist, weder rational noch emotional, zeigen Mystik und negative Theologie
(Volk-Birke 1985, S. 236 ff.) einen ganz anderen Weg auf.
Die Vorstellung, daß Gott als Deus absconditus dem
menschlichen Suchen verborgen bleibt, war der jüdisch-
christlichen Tradition von Jesaia über Dionysius Areopa-
gita bis zu Meister Eckhart und Nicolaus Cusanus vertraut. Darauf nimmt das Gedicht im zweiten Satz Bezug.
Allein die Fragen, die an das leere Kreuz geheftet werden,
müssen genügen. Mehr als die Suche, allenfalls das Schweigen, das die Möglichkeit einer Antwort birgt, gibt es nicht.
Gerade hier zeigt sich aber die größte Ehrfurcht vor Gott:
er ist nicht mit der Sprache zu fassen. Das Gedicht hat
Luft, Schatten, Fledermäuse, ja die Kirche selbst mit
menschlichen Eigenschaften und Verhaltensweisen interpretiert, sie kraft seiner Bildersprache in menschlichen Kategorien faßbar gemacht. Gegenüber dem Gott am Kreuz
hat diese Technik versagt: sinnbildlich ist dies gerade durch
die Abwesenheit des Korpus, das »untenanted cross«, dargestellt.

Die Gewißheit, daß Gott für den Menschen erkennbar
werden kann, muß unterlaufen werden, damit sich der Suchende nicht in falscher Sicherheit wiegt, damit nicht Christus am Kreuz ebenso wie der Leib der Kirche zu leblosen
Rippen erstarrt. Hier bindet das Gedicht die lebendigen
Fragen des Schlusses zurück an das Versagen früherer Gebete und weist gleichzeitig auf die Möglichkeit zur Überwindung dieser Sackgasse hin. Der Geist des Glaubens ist
wie die Luft, nicht gegenständlich, nicht faßbar, aber immer
wieder bereit, sich zur »vigil« neu zu sammeln. Er kann
durch kein Gebäude festgehalten werden, er erwartet keine
letzte Sicherheit. Der Glaube gründet sich auf den Versuch
des Intellekts, Gott zu erkennen (»analyse«), einen Willens-
akt (»my searching«, »I have stopped to listen«), auf Ge-
duld (»often I try«) und auf immer neue Fragen, die so voller Verzweiflung sein können, daß der Suchende eine nach

248   *Sabine Volk-Birke*

der anderen ans Kreuz nagelt. Hier gilt, was Thomas am Ende des Gedichts *Kneeling* (*Not that He Brought Flowers*, 1968) feststellt: »The meaning is in the waiting.«

Gedichttext nach: R. S. Thomas: Collected Poems 1945–1960. London: J. M. Dent, 1993. S. 180.
Literaturhinweise: Sandra Anstey (Hrsg.): Critical Writings on R. S. Thomas. Bridgend ²1992. – William V. Davis (Hrsg.): Miraculous Simplicity. Essays on R. S. Thomas. Fayetteville 1993. – Dewi Z. Phillips: R. S. Thomas. Poet of the Hidden God. London 1986. – Sabine Volk: Grenzpfähle der Wirklichkeit. Approaches to the Poetry of R. S. Thomas. Frankfurt a. M. 1985. – Sabine Volk-Birke: World History from BC to AD. R. S. Thomas' »Counterpoint«. In: Literature and Theology 9 (1995) S. 199–226. – J. P. Ward: The Poetry of R. S. Thomas. Bridgend 1987.

Dylan Thomas: *Fern Hill*

Fern Hill

Now as I was young and easy under the apple boughs
About the lilting house and happy as the grass was green,
   The night above the dingle starry,
     Time let me hail and climb
5   Golden in the heydays of his eyes,
And honoured among wagons I was prince of the
                apple towns
And once below a time I lordly had the trees and
                leaves
   Trail with daisies and barley
   Down the rivers of the windfall light.

10 And as I was green and carefree, famous among the
                barns
About the happy yard and singing as the farm was
                home,
   In the sun that is young once only,
     Time let me play and be
   Golden in the mercy of his means,
15 And green and golden I was huntsman and herdsman,
                the calves
Sang to my horn, the foxes on the hills barked clear
                and cold,
   And the sabbath rang slowly
   In the pebbles of the holy streams.

All the sun long it was running, it was lovely, the hay
20 Fields high as the house, the tunes from the chimneys,
                it was air

And playing, lovely and watery
  And fire green as grass.
And nightly under the simple stars
As I rode to sleep the owls were bearing the farm away,
25 All the moon long I heard, blessed among stables, the
                              nightjars
    Flying with the ricks, and the horses
      Flashing into the dark.

And then to awake, and the farm, like a wanderer white
With the dew, come back, the cock on his shoulder: it
                              was all
30 Shining, it was Adam and maiden,
    The sky gathered again
    And the sun grew round that very day.
So it must have been after the birth of the simple light
In the first, spinning place, the spellbound horses
                              walking warm
35 Out of the whinnying green stable
    On to the fields of praise.

And honoured among foxes and pheasants by the gay
                              house
Under the new made clouds and happy as the heart
                              was long,
    In the sun born over and over,
40   I ran my heedless ways,
    My wishes raced through the house high hay
And nothing I cared, at my sky blue trades, that time
                              allows
    In all his tuneful turning so few and such morning
                              songs
    Before the children green and golden
45   Follow him out of grace,

Nothing I cared, in the lamb white days, that time
                                         would take me
Up to the swallow thronged loft by the shadow of my
                                         hand,
   In the moon that is always rising,
     Nor that riding to sleep
50   I should hear him fly with the high fields
And wake to the farm forever fled from the childless
                                         land.
Oh as I was young and easy in the mercy of his means,
   Time held me green and dying
    Though I sang in my chains like the sea.

Fern Hill

Nun als ich jung und lässig unter Apfelästen war / ums Haus,
das sang, und froh war wie das Gras so grün, / die Nacht voll
Sterne überm Tal, / ließ mich die Zeit gesund und golden /
steigen in die Prunk-Zeit ihrer Augen, / und hochgeehrt auf
Wagen war ich Prinz der Apfelstädte / und einst vorzeiten
ließ ich herrisch Baum und Blatt / mit Gänseblümchen und
Gerste / die Flüsse wind-geworfenen Lichts hinunterziehen.

   Und als ich grün und sorglos war, scheunenbekannt / rings
um den frohen Hof und sang, wie mir's zu Hause war, / in der
nur einmal jungen Sonne, / da ließ die Zeit mich spielen, golden / sein in ihrer Mittel Gnade, / und grün und golden war
ich Jäger und Hirte, die Kälber / sangen zu meinem Horn, die
Füchse auf den Bergen bellten hell und kalt, / und langsam
läutete der Sabbat / in den Kieseln der heiligen Bäche.

   Die ganze Sonne lang ging es, war es wonnig, das Heu / fel-
derhoch wie das Haus, die Lieder im Schornstein, es war
Luft / und Spiel, wonnig und wasserreich / und Feuer grün
wie Gras. / Und nachts unter den schlichten Sternen, / als ich
schlafwärts ritt, da trugen die Eulen den Hof davon, / den
ganzen Mond lang hörte ich, gesegnet unter Ställen, die
Nachtschwalbe / mit den Heuschobern fortfliegen und die
Pferde / in das Dunkel blitzen.

   Dann aufzuwachen und den Hof wie einen taugeweißten /
Wanderer heimkehren sehn, den Hahn auf der Schulter:

alles / glänzte, es war Adam und Jungfrau, / der Himmel
scharte sich erneut / und am selben Tag noch wurde die Sonne
rund. / So muß es gewesen sein nach der Geburt des schlichten Lichts / am ersten, wirbelnden Ort, als die verzauberten
Pferde warm / aus dem wiehernd grünen Stall / auf die
Lobesfelder schritten.

Und unter Füchsen und Fasanen hochgeehrt am frohen
Haus / unter den frisch-geworfenen Wolken, glücklich her-
zenslang, / in der über und über geborenen Sonne, / rannte
ich meiner achtlosen Wege, / rasten meine Wünsche durchs
haushohe Heu, / und nicht kümmerte mich, in meinem him-
melblauen Handel, daß die Zeit / in all ihren sangvollen Wendungen so selten solche Morgenlieder erlaubt, / ehe die Kinder grün und golden / ihr aus der Gnade folgen,

Nicht kümmerte mich, in den lammweißen Tagen, daß mich
die Zeit / am Schatten meiner Hand auf den Speicher voller
Schwalben führen werde, / im Mond, der immer aufgeht, /
noch daß ich im Schlafritt / sie mit den hohen Feldern fliegen
hörte / und wenn ich erwachte, der Hof auf immer geflohen
wär aus dem kinderlosen Land. / Oh, als ich jung und lässig
in der Gnade ihrer Mittel war, / hielt mich die Zeit grün und
sterbend, / doch ich sang in meinen Ketten wie das Meer.

[Übers. von Detlev Gohrbandt]

>Als ich noch jung war< – allzu leicht wird der Blick zurück
verklärt, wird die Wirklichkeit der fernen Tage in der Erinnerung verfälscht. Doch auch der sachliche Bericht oder das
Schwarzweißphoto aus dem alten Album bleiben weit hinter dem Erleben von damals zurück. Auf einer Photogra-
phie von Fernhill Farm aus Dylan Thomas' letztem Le-
bensjahr 1953 sehen wir im Vordergrund den Dichter und
seine Mutter Florence. Dylan ist ziemlich dick geworden,
das ewige Kind bekommt eine Glatze. Der Hof ist frisch
geweißt, die Hecken sind sauber geschnitten, alles sieht auf-
geräumt und ordentlich aus. Das täuscht. Ein Biograph beschreibt den Hof von Tante Annie und Onkel John, wie er

Mitte der zwanziger Jahre, als Dylan dort die Ferien verbrachte, ausgesehen haben mag: ein feuchter, dunkler Bau,
in dem nur die Küche mit ihrem prasselnden Feuer und
dem geputzten Messing gemütlich war. Im Haus roch es
nach morschem Holz, die Dielen knarrten, und da es natürlich keinen Strom gab, ging der Junge mit einer Kerze zu
Bett, von schwankenden Schatten und phantastischen Gedanken begleitet (Fryer, S. 13 f.).

Was passiert, wenn Dylan Thomas (1914–53) Fernhill in
Fern Hill verwandelt? Zu welchem Zweck und mit welchem Risiko findet die Verwandlung statt? Mag die rück-
blickende Wahrnehmung auch psychologischen Gesetzen
der Selektion und Korrektur gehorchen, so darf man doch
annehmen, daß sie von einem derart bewußten Dichter wie
Thomas in wohlüberlegter Absicht geschieht. Wie William
Wordsworth in seinem großen autobiographischen Gedicht
The Prelude (1798–1805) versucht Thomas, seine Identität
zu sichern, indem er den Orten seiner Kindheit Denkmäler
setzt. Damit überschreitet er die Grenzen der eigenen Biographie, denn die Halbinsel Llanstephan war auch Schauplatz seiner Familiengeschichte: Florence Thomas' Großel-
tern waren Bauern gewesen in Waunfwlchan, bei Llangain,
und Jim und Ann Jones bewirtschafteten, ehe sie Fernhill
pachteten, einen Hof in Pentowin, wo Dylan später in seinem Bootshaus arbeitete (Tremlett, S. 17 f.). Von der Küste
Llanstephans geht der Blick nach Süden auf andere Kind-
heitsorte wie Rhosili Beach und Worm's Head auf der
Halbinsel Gower, westlich von Swansea. Zwischen September 1944, als Thomas mit *Poem in October* sein erstes ›place
poem‹ schrieb (Brief vom 26. August 1944), bis September
1945, als *Fern Hill* nach einem mühsamen, auf 200 Arbeits-
blättern dokumentierten Prozeß fertig wird, rückt diese
Landschaft in den Mittelpunkt seiner Arbeit. *Fern Hill* wird
auf Thomas' Drängen noch während des Korrekturlesens in
den neuen, nach einer Predigt von John Donne betitelten
Band *Deaths and Entrances* (Februar 1946) aufgenommen,

»as it is an *essential* part of the feeling & meaning of the book as a whole« (Brief vom 18. September 1945).

Der Blick zurück verwandelt, indem er gestaltet. *Fern Hill* besitzt die sinnliche Unmittelbarkeit des Erlebten, ohne Aufzählung oder Bericht zu sein. Durch die sechs Strophen des Gedichts zieht sich eine Kette von Augen- und Ohrenerlebnissen, von Farben und Klängen, die mit anderen Ketten so verflochten sind, daß die Bedeutung eines jeden einzelnen Elements von Vers zu Vers verändert wird. Anfangs ist alles einfach: Inmitten von Apfelbäumen und Wiesen steht der Hof, samt Scheunen und Heuwagen, Ställen und Heuschobern. Nachts funkeln die Sterne am Himmel, bei Tage strahlt die Sonne. Diese Szenerie wird mit klaren, kräftigen Farben gemalt: grün und gold, dann weiß, und blau und wieder weiß und immer wieder grün und gold, eine leuchtende Kette. Fast unmerklich haben sich aber dunkle Töne dazwischen gesetzt, zuerst nur indirekt im Hinweis auf die Sternennacht (3), dann emphatisch im Gegensatz von »light« und »dark« an Strophenenden (9, 27), um schließlich in den Schatten der letzten Strophe eine düstere Qualität zu erreichen. Tatsächlich kommt das Wort »shadow« nur einmal vor (47), aber seine Düsternis verbirgt sich in »nightly under the simple stars« (23) ebenso wie in »all the moon long I heard« (25). Diese verborgene Rede wird in Strophe 4 fortgeführt im Vergleich zwischen dem Aufwachen in Fernhill (28) und der Schöpfungsgeschichte, die beide die Vorstellung der vom Licht geschiedenen Finsternis beinhalten (1. Buch Mose 1,1 ff.). Daß Worte ihren Gegenbegriff mitsagen, wird, je genauer man hinhört, desto mehr zu einem Prinzip des Gedichts.

Hatte Thomas anfangs noch von »the sun that is young once only« (12) gesprochen, so setzt er im gleichen Vers einer späteren Strophe die Hoffnung auf die immerwährende Wiedergeburt dagegen: »the sun born over and over« (39). Gleich darauf verwirft er diese mythische Vorstellung wieder, als er erkennt, daß die Zeit *nicht* unbegrenzt vie-

le »morning songs« (43) erlaubt. Damit werden diese zu
›mourning songs‹, ein wortspielerischer Hinweis darauf,
daß wir es ebenso mit einer Klage über die Vergänglichkeit
zu tun haben wie mit einem Lob der Kindheit. Rückblik-
kend erkennt man, daß die Idylle spätestens seit dem Ende
der ersten Strophe gefährdet ist. Das verrät schon die Unruhe, die durch den Gebrauch der Farbwörter erzeugt wird:
War »green and golden« (15) noch mimetisch nachzuvoll-
ziehen, so birgt »fire green as grass« (22) eine Spannung, die
in der Anspielung auf den Rattenfänger von Hameln (in einem Gedicht von Robert Browning) unmittelbar nach dem
»morning/mourning«-Wortspiel zu einem ersten Höhepunkt kommt. Vor der entscheidenden letzten Strophe le-
gen wir die Farbkette beiseite, um uns einzeln den anderen
Reihungen zu widmen.

Das gleiche Phänomen der Bedeutungsverschiebung in
einer Kette von Begriffen ist an den Klängen auszumachen.
Dabei scheint es zunächst so, als würde der sangesfrohe
Auftakt (»lilting«, 29) bis zum Schluß dieses rhythmisch
und lautlich komponierten Textes durchgehalten. Aber
schon im Gegensatz zwischen dem Singen der Kälber und
dem Bellen der Füchse (16) kommt ein Mißton auf, den das
ernste Sabbatläuten sofort beantwortet. Danach wechseln
sich in den Strophen 3 bis 5 freudige und schrille oder kla-
gende Laute dreimal ab, wobei das Kreischen der Nacht-
schwalben (oder Ziegenmelker) und der Hahnenschrei eher
zu ahnen als zu hören sind.

So wie Thomas die Welt von Fernhill, ihre Farben und
Klänge, als Reihung gestaltet, so zeigt er das Voranschreiten
der Zeit als Wechsel von Tag und Nacht, von Licht und
Dunkelheit. Zugleich tritt die Zeit auch als schattenhafte Figur auf, als einzige Figur außer dem Sprecher selbst. Thomas' »time« kommt nicht allegorisch daher, sie ist männlich
und herrisch, gewährt zuerst (»let me«, 4, 13) und verweigert dann (»allows . . . so few«, 41 f.), nimmt schließlich an
der Hand und hält in festem Griff (37 f., 44). In der letzten

Strophe nimmt sie auch mütterlich sorgende Züge an. Die Zeit ist nicht nur als Figur, sondern auch in einigen der für Thomas charakteristischen Adverbialen präsent, so in »once below a time« (7) und »all the sun/moon long« (19, 25). Diese Wendungen sind kein Selbstzweck, sie verknüpfen vielmehr immer deutlicher den Tag mit dem Sehen und die Nacht mit dem Hören. So führt Strophe 3 über das »tuneful turning« der Zeit (43) hin zur letzten Strophe, in der aus Sicht des Kindes eine Zukunft vorgestellt wird, in der es hört, wie die Zeit mit Hof und Feldern davoneilt, so wie es geträumt hatte, daß die Eulen den Hof davontragen (24). Der Besitz der Kindheit in der Erinnerung ist also gefährdet, und zwar deshalb, weil Fern Hill nur existieren kann, solange es ›a children's land‹ ist (Umkehrung von 51). Der Gefahr ist nur dadurch zu entkommen, daß für den Dichter wie für seine Leser das Hören mit dem Singen einhergeht – wer hören kann, kann auch sprechen und singen, wodurch er das Entschwindende der Zeit entreißt, es in Besitz nimmt.

Besitz verspricht Herrschaft, eine Erkenntnis, die schon in Strophe 1 in der Selbststilisierung des Sprechers als »prince of the apple towns« (6) und in seinem herrischen Umgang mit Gänseblümchen und Gerste (7 f.) vorbereitet wird. Die Komplexität der Kindheitsgestaltung nimmt zu, wenn man in der Anspielung auf den Friedefürsten (präsent durch Händels *Messias*) eine dann immer wieder aufscheinende biblische Qualität erkennt, die uns auf die Spur von Thomas' Vorbildern in der Lyrik des 17. Jahrhunderts bringt. Hier sind Thomas Trahernes *Centuries* ebenso zu nennen wie Abraham Cowleys *Hymn to Light*, John Miltons *On Time* und Henry Vaughans *The Morning Watch*. Wahrscheinlich geht »the prince of apple towns« aber auf eine wenig bekannte Satire von John Donne zurück, *Infinitati Sacrum. The Progress of the Soul* (1601), ohne deswegen ein »Donne-fathered baby« (Brief vom 9. Mai 1934) zu sein. Hier fand Thomas die Vorstellung eines Paradiesgartens, in dem am Baum der Erkenntnis (»the forbidden learned tree«) ein königlicher Apfel wächst: »Prince of the orchard, faire as dawning morne, / Fenc'd with the law, and ripe as soone as borne / That apple grew, which this Soule did enlive.« Thomas stellt mit dem Bild vom wiederkehrenden Tag als »Adam and maiden« (30) selbst einen Bezug zum Sündenfall im Paradies her, aber gerade die wörtlichen und thematischen Entsprechungen zu Donne zeigen, wie gegensätzlich die Auffassungen sind. Während nämlich Donne wie die anderen Lyriker der Epoche den von Eva verschuldeten Sündenfall zur zentralen Aussage macht und von ihm die Nichtigkeit allen weltlichen Glücks gegenüber der im ewigen Leben zu erhoffenden Seligkeit ableitet, wird im Paradies Fern Hill der Apfel von keinem Wurm zerfressen und von keiner Schlange mißbraucht – geschweige denn von einer Frau.

Wenn auch in Thomas' Gedicht jedes Licht einen Schatten wirft, trübt das nicht die Erinnerung an das wirklich erlebte Glück der Ferientage auf dem Hof, ausgedrückt in einer Kette von »easy« und »happy« (1 f.) über »carefree« und »happy« (10 f.) und das doppelte »lovely« (19, 21), das selbst »nightly« (23) zu einem Wonnewort macht, bis hin zum vorläufig zusammenfassenden und emphatischen »it was all / Shining« (29 f.). Donne hingegen tut in einem späteren *Progress of the Soul* (1612) das weltliche Glück als »casual happiness« ab: »So much mankinde true happinesse mistakes; / No Joy enjoyes that man, that many makes.« Warum davon bei Thomas keine Rede ist, sagt die Wendung »in the mercy of his means« (14, 52), indem sie einen explizit christlichen Kontext herstellt, nur um ihn neu zu definieren. Gemeint sind die im Nonkonformismus der Mutter und des weiteren Umfelds als Gebet, Bibelstudium und Abendmahl festgelegten Gnadenmittel der Kirche (Tremlett, Kap. 2). Man darf hier weder in den Fehler verfallen, Thomas' Gedichte aus ihren theologischen und literarischen Kontexten erklären zu wollen, noch darf man Thomas die Vertrautheit mit solchen Kontexten abstreiten. Der bibelgetränkte Dylan kannte sehr wohl den von John Wesley und George Whitefield vorgeschriebenen Weg zur Erlösung – »hearing, reading, meditating, praying« (Wesley, *Sermons on Several Occasions*, 1. Predigt) – und beschritt diesen Weg auf seine Weise, selbst wenn er dabei den Gnadenweg (45) verfehlte. Wie nah ist Thomas doch bei aller Distanz zu Wesleys Aufforderung an die Suchenden: »Let all your bones cry out, ›My song shall be always of the lovingkind-ness of the Lord, with my mouth will I ever be telling of Thy truth from one generation to another!‹« (Wesley, ebd.). Thomas besingt die Zeit, nicht den Erlöser, er beklagt die Zeit, nicht den Sündenfall.

In der letzten Strophe werden die verschiedenen Reihen – Dinge, Farben, Klänge, Bibelworte und Glücksbehaup-tungen – aufgenommen und zu einer paradoxen Koda ver-knüpft. Hatte er zuerst die Zeit als Dieb nur geträumt (24) und die Zeit als Verführer nicht wahrnehmen wollen (42–45), so weiß er jetzt, daß die Tage der Unschuld (46) nicht von Dauer sein konnten. Die Zeit führt ihn an der Hand (sie hat einen Schatten, ist also sterblich) zu einer Stelle im Haus, die vor Leben wimmelt (47), und läßt ihn dort im Angesicht des aufgehenden Mondes in jenen Schlaf nieder-sinken, an dessen Ende die endgültige Erkenntnis steht, daß er die gestohlene Zeit nicht zurückgewinnen kann. Diese Erkenntnis schließt das Wissen ein, daß als Königssohn »young and easy« gelebt zu haben »in the mercy of [time's] means« (52) immer schon dazu verpflichtete, der Zeit den Tribut der Vergänglichkeit zu zahlen. Von Anfang an (52) war das Sterben eingeplant. Von Anfang an war das Kind in diesem Plan gefangen, denn bereits in den unausgesproche-nen »daisy chains« (8), in den wortzaubergeschaffenen Pfer-den (34) und in den Bahnen des meermagnetischen Mondes (25, 48) waren die Ketten der Zeit geschmiedet worden, in denen sich der Dichter rückblickend gefangen sieht. Er kann diesen Ketten zwar nicht entkommen, ebensowenig wie er dem Sterben entkommen wird, aber er weiß sich mit seinen

Mitteln zu behaupten. Er konnte immer in voller Harmonie mit seiner Welt singen (11), sorglos oder mit dem Unterton der Trauer oder trotzig im abschließenden »though I sang in my chains like the sea« (54). Tatsächlich erzeugt dieses »though« eine Mehrdeutigkeit, die den Schluß des Gedichts wieder öffnet, denn es kann sowohl die Macht der Zeit wie den mächtigen Widerstand des Sängers bezeichnen.

Ist der Gesang das einzige Mittel, die Ketten zu ertragen, so ist der besungene Ort das angemessene Thema. Der Ort ist beständig, er wird im Gedicht geschaffen und in einem gottgleichen Schöpfungsakt (34) beständig gemacht. Wenn das Hybris ist, so mag sie legitimiert sein nicht so sehr durch des Dichters Leiden als vielmehr durch seine Einsicht in die Zerbrechlichkeit des Geschaffenen. So kunstvoll das elegische Gebilde *Fern Hill* auch ist, so fragil sind doch die durch Korrespondenz von Wort und Klang und strophischen Bau, durch Anspielung, Doppel- und Gegensinn erzeugten Verknüpfungen. Gerade angesichts dieses prozeßhaften Darstellungsprinzips braucht der Dichter einen festen Ort, muß er das Paradies, das stets zu entgleiten droht, in Fern Hill festmachen. Das sagte John Donne in seinem *Progress* in heimatsüchtigen Worten, die für Dylan, den nach dem Meer benannten, brüderliches Programm gewesen sein müssen: »For though through many streights, and lands I roame, / I launch at paradise, and I saile towards home.«

Gedichttext nach: Dylan THOMAS: The Poems. Hrsg. von Daniel Jones. London: J. M. Dent, ²1974. S. 195 f.
Literaturhinweise: John ACKERMAN: Dylan Thomas. His Life and Work. London 1964. – Alan BOLD (Hrsg.): Dylan Thomas. Craft or Sullen Art. London 1990. – Walford DAVIES: Dylan Thomas. Milton Keynes 1986. – Paul FERRIS: Dylan Thomas. London 1977. – Constantine FITZGIBBON: The Life of Dylan Thomas. London 1965. – Jonathan FRYER: Dylan. The Nine Lives of Dylan Thomas. London 1993. – David HOLBROOK: Dylan Thomas. The Code of Night. London 1972. – George TREMLETT: Dylan Thomas. In the Mercy of his Means. London 1991.

Dylan Thomas: *Do not go gentle into that good night*

Do not go gentle into that good night

Do not go gentle into that good night,
Old age should burn and rave at close of day;
Rage, rage against the dying of the light.

Though wise men at their end know dark is right,
5 Because their words had forked no lightning they
Do not go gentle into that good night.

Good men, the last wave by, crying how bright
Their frail deeds might have danced in a green bay,
Rage, rage against the dying of the light.

10 Wild men who caught and sang the sun in flight,
And learn, too late, they grieved it on its way,
Do not go gentle into that good night.

Grave men, near death, who see with blinding sight
Blind eyes could blaze like meteors and be gay,
15 Rage, rage against the dying of the light.

And you, my father, there on the sad height,
Curse, bless, me now with your fierce tears, I pray.
Do not go gentle into that good night.
Rage, rage against the dying of the light.

Geh nicht sanft in jene gute Nacht

Geh nicht sanft in jene gute Nacht, / das Alter sollte brennen
und toben am Ende des Tages; / wüte, wüte gegen das Sterben
des Lichtes.

Weise Menschen, obwohl sie an ihrem Ende wissen, daß das Dunkel richtig ist, / weil ihre Worte keinen Blitz entzündet hatten, / gehen sie nicht sanft in jene gute Nacht.

Gute Menschen, die – nachdem die letzte Welle vorüber ist – klagen, wie leuchtend / ihre schwachen Taten in einer grünen Bucht hätten tanzen können, / wüten, wüten gegen das Sterben des Lichtes.

Wilde Menschen, die die Sonne in ihrem Flug fingen und besangen, / und zu spät erfahren, daß sie sie auf ihrem Weg gekränkt haben, / gehen sie nicht sanft in jene gute Nacht.

Ernste Menschen, dem Tode nahe, die erblindend sehen, / daß blinde Augen wie Meteore glühen und fröhlich sein können, / wüten, wüten gegen das Sterben des Lichtes.

Und du, mein Vater, dort auf der traurigen Höhe, / verfluche, segne mich mit deinen wilden Tränen, so bitte ich dich. / Geh nicht sanft in jene gute Nacht. / Wüte, wüte gegen das Sterben des Lichtes.

[Übers. von Michael Hanke]

Das Gedicht entstand aller Wahrscheinlichkeit nach im Jahre 1945, als der Vater des Dichters so ernstlich erkrankt war, daß Dylan Thomas (1914–53) den Zeitpunkt des Abschieds für gekommen hielt. Es ist ein so persönliches Dokument, daß Thomas fast sechs Jahre mit seiner Veröffentlichung zögern zu müssen meinte. Erstmals publiziert wurde das Gedicht in einer italienischen Literaturzeitschrift, im November 1951. D. J. Thomas hatte seit 1934 an Kehlkopfkrebs gelitten; später kamen ein Herzleiden und eine unerbittlich fortschreitende Erblindung hinzu. Er starb am 16. Dezember 1952, Dylan Thomas ein Jahr darauf. Igor Strawinsky legte den Text seiner Requiem-Komposition *In Memoriam Dylan Thomas. Dirge, Canons and Song* (1954) zugrunde. Unter Thomas' Kritikern herrscht Einstimmigkeit darüber, daß sein prometheisches Todesgedicht aufgehoben ist im zeitlosen Bestand der englischsprachigen Lyrik.

Der Gedichttitel ist ein beschwörender Imperativsatz. Vier Silben leiten ihn ein, deren jede einen schweren Vollton trägt: »Dó nót gó géntle«. Drei ebenso starktonige Silben stehen am Ende: »thát góod níght«. Die ungewöhnliche metrische Notwendigkeit, von zehn Silben sieben starktonig zu sprechen, hält den Fluß der Zeile in hämmernder Monotonie retardierend auf und verleiht dem Sprechrhythmus eine hieratische Gemessenheit. Ein auf der Schwelle des Todes stehender Mensch erhält eine Verhaltensmaßregel, der jede tröstende oder besänftigende Verbindlichkeit abgeht. Der Imperativsatz des Titels bildet nicht nur die Anfangszeile des Gedichtes; er kehrt als Refrainzeile der Strophen 2 und 4 wieder, indikativisch gewendet, um dann als die vorletzte Gedichtzeile erneut den imperativischen Modus anzunehmen. Ein zweiter Imperativsatz, durch die starktonigen Silben »Ráge, ráge« in ein ebenso klangschweres *maestoso* gesetzt, beschließt die erste und letzte Strophe und dient, gleichfalls in den Indikativ moduliert, als Refrain der Mittelstrophe 3 und 5. Von den neunzehn Zeilen tauchen also zwei je viermal auf. Der durchaus musikalische Effekt des Gedichtes basiert auf der Kombination von klanglicher Repetition und syntaktisch-semantischer Variation.

Die kompositionelle Tektonik eines Gedichtes ist ebenso wie seine sprachliche Textur ein integraler Bestandteil der poetischen Gesamtaussage. Die von Thomas gewählte Gedichtform ist die der Villanelle. Sie besteht aus sechs Strophen, die mit Ausnahme der letzten dreizeilig sind. Zwei Refrainzeilen, die als Einfassung der ersten Strophe eingeführt werden, bilden abwechselnd den Abschluß der vier mittleren Strophen, um sich in der letzten Strophe zu einem Couplet-Refrain zu vereinigen. Das Schema der Refrainfolge ist festgelegt, und nur zwei Reimklänge dürfen verwendet werden. Traditionsgemäß war die Villanelle ein ›Schäfergesang‹, dessen gedanklicher Gehalt anmutig und einfach zu sein hatte. Entsprechend wählte man pastorale oder idyllische Sujets und schuf hauchzarte lyrische Miniaturen, elegante ›Poems in Porcelain‹. Die viktorianische Salonlyrik der achtziger und neunziger Jahre des 19. Jahrhunderts schien ein ihr gemäßes Gefäß gefunden zu haben.

Dylan Thomas empfand in allen Stadien seiner dichterischen Entwicklung die selbstauferlegte Disziplin der Bewältigung vorgegebener Formschwierigkeiten als eine faszinierende Herausforderung. Indem er für sein gefühlsstarkes, persönliches Todesgedicht die scheinbar längst fossil gewordene Strophenform der tänzelnden Villanelle wählte, gelang ihm eine unvermutete Mobilisierung latenter Formkräfte, wie sie außer ihm und William Empson nur wenige Dichter unserer Zeit (E. A. Robinson, W. H. Auden, Theodore Roethke) bei einem so spröden Strukturschema zuwege gebracht haben. Die traditionelle Unverbindlichkeit des Tons wich einer bohrenden, betroffen machenden Eindringlichkeit, aus pastoraler Verspieltheit wurde tragisches Pathos, aus tänzerisch-melodischer Repetition ein beschwörendes Formritual.

Wenn es Dylan Thomas gelungen ist, das miniaturhaft-idyllische Silber der Villanellenpoesie in das Gold bedeutender tragischer Dichtung zu permutieren, so brachte er das Wunder dieser Alchimie nicht nur dadurch zuwege, daß er die schematische Wiederholungsmonotonie durch Hervorkehrung ihrer fast liturgischen Wirkungsweise in den Dienst der Empfindungsübermittlung stellte, sondern auch und vor allem dadurch, daß er der Sprache eine dynamische Aufladung durch Potenzierung der Bedeutungsfülle gab.

Ein Beispiel ist die Anfangs- und Refrainzeile, die der emotionale Angelpunkt des Gedichtes ist. Das akzentstarke und in ein und demselben Moment deiktische, distanzierende und pejorative »that« setzt »good night« in ein prekäres Balanceverhältnis. Die Nacht ist ›gut‹, weil der Tod das natürlich gesetzte Ende des Lichtes ist. Die ›gute Nacht‹, in die der Vater nicht sanftmütig, sondern trotzig gehen soll, evoziert aber außerdem die Klischeevorstellung vom ›sanften, erquicklichen Heimgehen‹, deren Lügenhaftigkeit plötzlich aufbricht. Schließlich ist »that good night« auch noch einfach ›jenes Auf-Wiedersehen-Sagen‹.

Es bleibt die Frage nach der Aussagefunktion der eigentümlichen Gruppierung in den Mittelstrophen. Die Strophen 2 bis 5 erhalten durch den präzis markierten Parallelbau ihrer Syntax eine lyrische Luzidität, die selbst dort noch vorzuherrschen scheint, wo autonom gewordene Bildballungen eine einschichtige Prosaparaphrase erschweren oder unmöglich machen. Von vier Gruppen von Menschen ist die Rede: »wise men – good men – wild men – grave men«. Jede dieser Gruppen scheint spezifisch zu leiden; angesichts des Todes ist ihnen jedoch allen der gleiche leidenschaftliche Protest gemeinsam, zu dem der Dichter seinen Vater aufgerufen hat. William York Tindall hat die folgende Interpretationsgleichung vorgeschlagen: »wise men« = philosophers of a sort; »good men« = moralists, Puritans perhaps; »wild men« = men of action and lovers of living (hedonists); »grave men« = poets (S. 205). Einer solchen Gleichsetzungsschematik sollte man mit skeptischem Vorbehalt begegnen. Eine Untersuchung der erhaltenen Manuskriptblätter des Autors macht deutlich, daß die qualifizierenden Adjektive keineswegs festlegbare und voneinander abzuhebende Kategorien zu etikettieren brauchen.

Dylan Thomas' Vater, zu dem die Schlußstrophe explizit zurückführt, war ein unbeugsamer, unglücklicher Mensch, der darunter litt, daß ihm die dichterische Gabe versagt war. Er war blind sowohl im wörtlichen als auch im übertragenen Sinne: in seinem trotzigen Atheismus. Er war frustriert in seinen Ambitionen. In Thomas' Gedicht wurde der trotzigen Weigerung eines Menschen, seine in schmerzliche Grenzen gestellte, aber ureigene Individuation im Augenblick des Todes aufzugeben, ein Denkmal gesetzt.

Gedichttext nach: Dylan Thomas: The Poems. Hrsg. von Daniel Jones. London: J. M. Dent, ²1974. S. 207 f.
Literaturhinweise: Oliver Evans: The Making of a Poem. Dylan Thomas' »Do not go gentle into that good night«. In: English Miscellany 6 (1955) S. 163–173. – Ralph Maud: Entrances to Dylan Thomas' Poetry. New York 1963. – Horst Meller: Dylan Thomas. In: Rudolf Sühnel / Dieter Riesner (Hrsg.): Englische Dichter der Moderne. Ihr Leben und Werk. Berlin 1971. S. 489–508. – William York Tindall: A Reader's Guide to Dylan Thomas. New York 1962.

David Gascoyne: *Winter Garden*

Winter Garden

The season's anguish, crashing whirlwind, ice,
Have passed, and cleansed the trodden paths
That silent gardeners have strewn with ash.

The iron circles of the sky
5 Are worn away by tempest;
Yet in this garden there is no more strife:
The Winter's knife is buried in the earth.
Pure music is the cry that tears
The birdless branches in the wind.
10 No blossom is reborn. The blue
Stare of the pond is blind.

And no one sees
A restless stranger through the morning stray
Across the sodden lawn, whose eyes
15 Are tired of weeping, in whose breast
A savage sun consumes its hidden day.

Wintergarten

Der Jahreszeit Pein, des Wirbelwinds Krachen, Eis / sind vor-
übergezogen und haben die ausgetretenen Pfade gereinigt, /
die die schweigsamen Gärtner mit Asche bestreuten.

Die eisernen Ringe des Himmels / sind vom Sturm abge-
schliffen; / jedoch in diesem Garten gibt es keinen Hader
mehr: / Des Winters Messer liegt vergraben in der Erde. /
Reine Musik ist der Schrei, der zerrt / an den vogelverlassenen
Zweigen im Wind. / Keine Blüte kommt wieder. Blind / ist
des Teiches blau starrender Blick.

Und niemand sieht / einen ruhelosen Fremden durch den
Morgen irren / über den wasserdurchtränkten Rasen, dessen
Augen / des Weinens müde sind, in dessen Brust / eine barba-
rische Sonne ihren verborgenen Tag aufzehrt.

[Übers. von Willi Erzgräber]

Die Neuauflage der *Collected Poems* im Jahre 1988 bestä-
tigte nach Meinung der Oxford University Press David
Gascoynes dichterische Bedeutung. Vorausgegangen waren
die *Collected Poems* von 1965 (mit einem vorzüglichen Vorwort des Herausgebers Robin Skelton), die fünfmal nachge-
druckt worden waren: offensichtlich hatte der Dichter immer noch sein Publikum. Die Ausgabe von 1988, die eine
ausführliche autobiographische Werkskizze von Gascoyne
(geb. 1916) enthält, gibt dem Gedicht *Winter Garden* (1939)
seinen Platz als eines der »Metaphysical Poems« in *Miserere
and Other Poems* (1937–1942).

Die *Poems 1937–1942* (1943) haben die meiste Zustim-
mung der Kritiker erfahren und wurden von vielen als die
für ihre Zeit typischste Lyriksammlung empfunden. Sie
steht am Ende eines äußerst produktiven Jahrzehnts des
Dichters. 1932 kam als erster Gedichtband des erst sech-
zehnjährigen Autors *Roman Balcony* heraus. 1933 war Gascoyne neben Yeats, Eliot und dem Auden-Kreis in einer
Lyrikanthologie vertreten, und dieses Jahr war nach seinen
eigenen Worten sein *annus mirabilis*: Beiträge zu *New Verse*
erschienen und ein Roman (*Opening Day*), ein Parisauf-
enthalt führte ihn in die Gesellschaft der Surrealisten.
Frankreich wurde zu einem wichtigen intellektuellen Bezugspunkt. Gascoyne war fasziniert von der Dichtung
Pierre-Jean Jouves, der auch auf die *Miserere*-Gedichte
großen Einfluß hatte.

Der Bekanntschaft mit den Surrealisten, über die er 1935
ein Buch schrieb, verdankt Gascoyne einen Blick für außer-

gewöhnliche sprachliche Bilder und die Montage und Gegenüberstellung von Symbolen, die in seiner Lyrik sehr effektiv sein kann. Gascoyne verwendet eine dichterisch hoch beladene Sprache, um hinter die Fassade der sichtbaren Welt zu dringen und die Verzweiflung und Leere dahinter zu zeigen (Bergonzi).

Winter Garden verändert die pastorale sentimentale Beschreibung der Natur, die den Georgian Poets so lieb war, ebenso radikal wie den in der englischen Lyrik seit der Renaissance so beliebten Topos des Locus amoenus, der stereotyp Liebende in eine freundliche Naturkulisse (mit blauem Himmel, schattigen Bäumen, sprudelnder Quelle und zwitschernden Vögeln) versetzte. In diesem Gedicht ist von dem englischen Garten etwa eines Andrew Marvell nichts übriggeblieben: Winter statt ewigwährendem Sommer, sogar die lebenspendende Sonne verkehrt sich in ihr Gegenteil (16).

Das in freien Versen (nur die Zeilen 13 und 16 reimen sich) mit durchgehend erkennbarem Jambus dargebotene Gedicht beginnt in Strophe 1 realistisch: mit einer Situation des Verharrens, nachdem das Schlimmste des Winters vorüber ist. Aber dieser Phase folgt nicht der Ausblick auf den Frühling, wie wir es konventionalisiert in Gedichten auf den Winter finden, z. B. in dem berühmtesten Wintergedicht der englischen Literatur, James Thomsons *Winter* (1725), wo es am Ende heißt: »The storms of wintry time will quickly pass / And one unbounded Spring encircle all.« In *Winter Garden* herrscht eine pessimistische Sehweise, die alles tot und schrecklich erscheinen läßt. Hier lassen sich Parallelen zur englischen Landschaftsmalerei der dreißiger Jahre, insbesondere zu Paul Nash und Graham Sutherland finden, und es ist sicherlich kein Zufall, daß Sutherland die *Poems 1937–1942* illustrierte.

Das Inventar der toten Natur in Strophe 2 finden wir ebenfalls schon in Thomsons *Winter*, wenn es heißt: »'Tis done. Dread Winter spreads his latest glooms, / And reigns tremendous o'er the conquered year. / How dead the vegetable kingdom lies! / How dumb the tuneful! Horror wide extends / His desolate domain. Behold, fond man! / See here thy pictured life« (1024–29). Noch stärker läßt sich die existentialistische Verzweiflung des Ich an der Winter-Welt der Romantik in Schuberts *Winterreise* finden; wie bei Gascoyne ist der Winter dort nur eine Chiffre für die Verzweiflung an der Welt.

Strophe 3 präsentiert uns nach dem Bild der Natur unvermittelt den Menschen (»a restless stranger«, wie das lyrische Ich der *Winterreise*), den niemand sieht, eine Figur des Leidens und der Verzweiflung. Willi Erzgräber, der dieses Gedicht in seine Sammlung *Moderne englische Lyrik* aufgenommen hat, spricht davon, daß »Gascoyne es versteht, die Mittel der Naturlyrik so einzusetzen, daß alle äußeren Details zu Signaturen eines existentiellen Zustands werden« (S. 48). Dieses Bild der Verzweiflung des Ich angesichts eines auch als spirituell empfundenen Winters, den Auden als *The Age of Anxiety* bezeichnet hat, taucht immer wieder bei Gascoyne auf; prononciert politisch in *Snow in Europe* (1938), dessen Schluß prophetisch lautet: »But when the great thaw comes, / How red shall be the melting snow, how loud the drums!«

Man kann eine christliche Komponente in dem »mystery of suffering« suchen (Morgan), die sich in den *Miserere Poems* finden läßt, auch wenn es sich dabei nur um eine Aneignung kultureller Symbole des Christentums durch einen existentialen Pessimisten handelt. Gascoyne hat hier von »the intolerable nature of human reality when devoid of all spiritual, metaphysical dimension« (*Collected Poems 1988*, S. xix, s. Textquelle) gesprochen, die als wiederkehrendes Thema sein Werk durchzieht. David Perkins hat diese Bildlichkeit der Verzweiflung und Gascoynes ›romantisch-pessimistische Weltanschauung‹ auf eine Auseinandersetzung mit der englischen Ideologie in der Zeit zwischen den Weltkriegen, die Gascoyne »the English death« nannte, zurückgeführt (S. 180). Gascoyne leidet an sich und der Zeit. Wenn es in *Dichtersleben* heißt: »he bore / Always the ache of an anxiety, a grief / Which nothing could explain«, oder wenn er in *Inferno* formuliert: »my self: / My searcher and destroyer«, so ist dies nicht bloß romantische Attitüde, sondern leidvolle Erfahrung. Es sei hier nur angedeutet, daß Gascoynes Leiden an der Welt sich immer wieder in Nervenzusammenbrüchen und depressiven Episoden manifestierte.

Die »Metaphysical Poems«, zu denen *Winter Garden* gehört, sind weniger in dem Sinne *metaphysical* wie die Gedichte der Metaphysical Poets, die kurz zuvor durch T. S. Eliot eine Neubewertung erfahren hatten. Vielmehr geht es Gascoyne um die metaphysische Komponente der Condition humaine.

Gedichttext nach: David GASCOYNE: Collected Poems 1988. Oxford: Oxford University Press, 1988. S. 96.
Literaturhinweise: Bernard BERGONZI: Contemporary Poets. London 1975. S. 536–538. – MODERNE ENGLISCHE LYRIK. Engl./Dt. Hrsg. von Willi Erzgräber und Ute Knoedgen. Stuttgart ³1994. S. 46–48. – Kathleen E. MORGAN: Christian Themes in Contemporary Poets. London 1965. S. 58–64. – David PERKINS: A History of Modern Poetry. Bd. 2: Modernism and After. Cambridge (Mass.) 1987. S. 179–182. – John PRESS: Rule and Energy. Trends in British Poetry since the Second World War. London 1963. S. 82–89. – Sister Bernetta QUINN: Symbolic Landscape in Gascoyne. In: Contemporary Literature 12 (1971) S. 466–494. – Geoffrey THURLEY: The Ironic Harvest. English Poetry in the Twentieth Century. London 1974. S. 98–120.

MICHAEL HANKE

Charles Causley: *I Am the Great Sun*

I Am the Great Sun

From a Normandy crucifix of 1632

I am the great sun, but you do not see me,
  I am your husband, but you turn away.
I am the captive, but you do not free me,
  I am the captain you will not obey.

5 I am the truth, but you will not believe me,
  I am the city where you will not stay,
I am your wife, your child, but you will leave me,
  I am that God to whom you will not pray.

I am your counsel, but you do not hear me,
10 I am the lover whom you will betray,
I am the victor, but you do not cheer me,
  I am the holy dove whom you will slay.

I am your life, but if you will not name me,
Seal up your soul with tears, and never blame me.

Ich bin die große Sonne. Von einem normannischen Kruzifix
von 1632

Ich bin die große Sonne, doch du siehst mich nicht, / ich bin
dein Ehemann, doch du wendest dich ab. / Ich bin der Gefangene, doch du befreist mich nicht, / ich bin der Hauptmann,
dem du nicht gehorchen willst.
  Ich bin die Wahrheit, doch du willst mir nicht glauben, / ich
bin die Stadt, in der du nicht bleiben willst, / ich bin deine
Frau, dein Kind, doch du willst mich verlassen, / ich bin der
Gott, zu dem du nicht beten willst.

Ich bin dein Ratgeber, doch du hörst mich nicht, / ich bin der Liebhaber, den du verraten willst, / ich bin der Sieger, doch du jubelst mir nicht zu, / ich bin die heilige Taube, die du töten wirst.

Ich bin dein Leben, doch wenn du mich nicht nennen willst, / versiegle deine Seele mit Tränen, und gib mir niemals die Schuld dafür.

[Übers. von Michael Hanke]

Charles Causley wurde 1917 in der kornischen Kleinstadt Launceston geboren, wo er noch heute lebt. Die Wahl seiner lyrischen Sujets wurde durch seine Kindheit in Cornwall, die Teilnahme am Zweiten Weltkrieg als Marinesoldat und durch seine Arbeit als Volksschullehrer in seiner Heimatstadt bestimmt.

In den fünfziger und sechziger Jahren trat er als Balladendichter hervor, der – wie Kipling und Auden vor ihm – den Gegensatz zwischen traditioneller Form und zeitgenössischem Stoff in gesellschaftskritischer Absicht zu nutzen weiß (*Recruiting Drive, Ballad of the Bread Man*). Neben diesen Erzählgedichten beweisen auch seine Verssatiren (*Chief Petty Officer, I Saw a Jolly Hunter*) und Sonette (*Autobiography, To a Poet who Has Never Travelled*) sowie seine formal freier konzipierten autobiographischen Gedichte der achtziger Jahre (*Grandmother, At the Church of St Anthony, Lisbon*), daß er zu den bedeutendsten Lyrikern seiner Generation gehört. Causleys Talent wurde schon beim Erscheinen seiner ersten Gedichtsammlung *Farewell, Aggie Weston* (1951) von Roy Campbell erkannt und in einer ausführlichen Rezension gewürdigt: »he has mastered the ordinary medium – the vernacular – as no other poet has mastered it this century.«

Als Causley im Jahre 1955 von einer Reise in die Normandie nach Cornwall zurückkehrte, hatte er Skizzen zu zwei Gedichten im Gepäck, die heute zu seinen bekanntesten und – nach Meinung zahlreicher Kritiker – zu seinen besten gehören: *I Am the Great Sun* und *At the British War Cemetery, Bayeux*. Noch im selben Jahr erschienen sie gemeinsam in einer Literaturzeitschrift, 1957 in seiner Gedichtsammlung *Union Street* (zu der Edith Sitwell ein enthusiastisches Vorwort schrieb) und 1996 in einer von ihm selbst getroffenen Auswahl aus seinem lyrischen Gesamtwerk (*Penguin Modern Poets* 6).

I Am the Great Sun steht in der Tradition des Englischen Sonetts (*Shakespearean sonnet*): auf drei kreuzgereimte Quartette folgt ein epigrammatisch zugespitztes Distichon (*couplet*). Lassen wir das Reimschema außer acht und fassen die Syntax ins Auge, so stellen wir fest, daß mit diesem Formtypus ein zweiter rivalisiert: der des Reihengedichts (*pattern poem*). Bilden im Englischen Sonett die drei Quartette meist in sich geschlossene syntaktische Einheiten, so gilt dies in *I Am the Great Sun* für die Einzelverse: sie lassen sich beliebig vertauschen, ohne daß die Gesamtaussage des Gedichts davon berührt wird. Weiterhin fällt auf, daß Causley in seinen Quartetten die für das Englische Sonett so kennzeichnende argumentative Steigerung (*incrementum*) vermeidet. Die einzige Ausnahme ist Vers 12 mit dem Hinweis auf den Tod Christi: indem die Menschen ihn töten, töten sie sich selbst, da – wie es im Folgevers heißt – Christus das Leben ist.

Eine metrische Besonderheit ist der weibliche Versschluß aller ungeraden Zeilen sowie der Schlußzeile. In diesen Versen besteht der Reim aus jeweils zwei Wörtern, einem einsilbigen betonten Verbum plus »me« mit Nebenakzent (*mosaic rhyme*): »sée mè«, »frée mè« usw. (Standop).

Das Gedicht basiert auf einer Repetitionstechnik von primitivem Raffinement. Wie sein Untertitel verrät, entstammt der erste Halbvers einer Inschrift auf einem normannischen Kreuz und bildet das Thema für eine lockere Folge von Variationen, die in der *exhortatio* des Distichons ihren pointierten Abschluß findet. Nach Vorläufern dieser Variationskunst in der englischen Lyrik brauchen wir nicht lange zu suchen. Sie finden sich in der Gebrauchspoesie der Angelsachsen (den altenglischen Zauberformeln und Rätseln) sowie in der Sonettdichtung des 16. und 17. Jahrhunderts (z. B. in Henry Howards *Description of Spring* und George Herberts *Prayer I*). In seinen Balladen und Rätselgedichten hat Causley wiederholt auf solche Formen zurückgegriffen (*Ballad of the Five Continents*, *Innocent's Song*).

Thema des Sonetts ist die unerwiderte Liebe Gottes zu den Menschen. Causley setzt offenbar den christlichen Glauben als verbindlich voraus, obwohl er – erstaunlich genug – in mehreren Interviews betont hat, daß er alles andere als ein religiöser Dichter sei. Zwar sei er in der christlichen Tradition aufgewachsen und wisse ihre Kultur, vor allem die Bibel und die Sakralkunst, als Inspirationsquelle zu schätzen, doch lasse ihn jede Form von institutionalisierter Religion kalt. Eine sorgfältige Lektüre des als Seitenstück zum vorliegenden Sonett konzipierten Erzählgedichts *At the British War Cemetery, Bayeux* bestätigt Causleys Aussage. Der scheinbare Widerspruch zwischen der Weltanschauung des Dichters und der Aussage des vorliegenden Sonetts verschwindet jedoch, wenn wir es nicht als persönliches Bekenntnis, sondern als Rollenlyrik lesen: nicht der Dichter wendet sich an uns, sondern Christus, das ›Licht der Welt‹ (Joh. 8,12).

Die Gestaltung des Themas beweist, daß *I Am the Great Sun* noch einem dritten, diesmal nicht formal, sondern inhaltlich definierten Genre verpflichtet ist: der Christusklage, einer Sonderform des in der Tradition des Hohen Liedes stehenden mittelalterlichen *Planctus*. Das bedeutendste Beispiel für diesen Gedichttypus in der englischen Literatur ist die Christusklage *Quia Amore Langueo II* (um 1400), in der das Verhältnis Gottes zum Menschen in höfische Termini gefaßt wird: Christus der Liebhaber beklagt die Treulosigkeit seiner Dame, der menschlichen Seele. Causley läßt dieses Motiv anklingen, verzichtet aber auf die durchweg allegorische Einkleidung des mittelalterlichen Gedichts.

Statt dessen wechselt der Sprecher seine Gestalt von Zeile zu Zeile: Er erscheint als Gott Vater (8) und Gott Heiliger Geist (12), als geistlicher Beistand (5, 6, 9) und Mitmensch (2–4, 7, 10, 11). Die meisten Verse lassen sich auf biblische Quellen zurückführen (Vers 2 auf Ez. 16,59 f., Vers 3 auf Mt. 25,36, Vers 4 auf Kol. 2,10, Eph. 1,22 und 4,15, Vers 5 auf Joh. 14,6, Vers 6 auf Hebr. 12,22, Vers 9 auf Jes. 9,6, Vers 13 auf Joh. 6,68). Erwähnenswert ist auch das schöne Distichon mit seiner pointiert gerafften Variation der Matthäus-Stelle 10,32 f.: »Wer sich vor den Menschen zu mir bekennt, zu dem werde auch ich mich bekennen vor meinem Vater im Himmel. Wer mich aber vor den Menschen nicht kennen will, den werde auch ich am Gerichtstag vor meinem Vater im Himmel nicht kennen.«

Causley erweist sich mit diesem Gedicht ebenso als ein Meister des Sonetts (»that most taxing of sprints in the athletics of poetry«) wie der religiösen Lyrik. Sein späteres Sonett *Fleeing the City* (1994) zeigt, daß Form und Thema von *I Am the Great Sun* nichts von ihrer Faszination für ihn verloren haben.

Gedichttext nach: Charles CAUSLEY: Collected Poems. London: Macmillan, 1992. S. 57.
Literaturhinweise: Harry CHAMBERS (Hrsg.): Causley at 70. Calstock 1987. – Dana GIOIA: Charles Causley. In: Vincent B. Sherry (Hrsg.): Poets of Great Britain and Ireland. 1945–1960. Detroit 1984. S. 40–49. (Dictionary of Literary Biography. 27.) – Heinz KOSOK: Charles Causley: »To a Poet who Has Never Travelled«. In: Horst Oppel (Hrsg.): Die moderne englische Lyrik. Interpretationen. Berlin 1967. S. 276–286. – Michael SCHMIDT: An Introduction to Fifty Modern British Poets. London 1979. S. 291–296. – Ewald STANDOP: Aufsätze zur englischen Versdichtung. Würzburg 1995. S. 119 f. – Ronald TAMPLIN: Rhythm and Rhyme. Buckingham 1993. S. 76–78.

Peter Hühn

W. S. Graham: *The Constructed Space*

The Constructed Space

Meanwhile surely there must be something to say,
Maybe not suitable but at least happy
In a sense here between us two whoever
We are. Anyhow here we are and never
5   Before have we two faced each other who face
Each other now across this abstract scene
Stretching between us. This is a public place
Achieved against subjective odds and then
Mainly an obstacle to what I mean.

10 It is like that, remember. It is like that
Very often at the beginning till we are met
By some intention risen up out of nothing.
And even then we know what we are saying
Only when it is said and fixed and dead.
15 Or maybe, surely, of course we never know
What we have said, what lonely meanings are read
Into the space we make. And yet I say
This silence here for in it I might hear you.

I say this silence or, better, construct this space
20 So that somehow something may move across
The caught habits of language to you and me.
From where we are it is not us we see
And times are hastening yet, disguise is mortal.
The times continually disclose our home.
25 Here in the present tense disguise is mortal.
The trying times are hastening. Yet here I am
More truly now this abstract act become.

Der konstruierte Raum

Unterdessen muß doch bestimmt etwas zu sagen sein, / vielleicht nicht angemessen, aber zumindest glücklich / gewissermaßen hier zwischen uns zweien, wer immer / wir sind. Jedenfalls sind wir hier, und niemals / zuvor haben wir zwei einander gegenübergestanden, die wir / nun einander gegenüberstehen über diese abstrakte Szene hinweg, / die sich zwischen uns erstreckt. Dies ist ein öffentlicher Ort, / gegen subjektive Widerstände durchgesetzt und dann / hauptsächlich ein Hindernis vor dem, was ich meine.

So ist es, denk daran. So ist es / sehr oft am Anfang, bis uns / irgendeine Absicht begegnet, die aus dem Nichts entsteht. / Und sogar dann wissen wir, was wir sagen, / erst wenn es gesagt und fixiert und tot ist. / Oder vielleicht, sicher, natürlich wissen wir nie, / was wir gesagt haben, was für einsame Bedeutungen / in den Raum hineingelesen werden, den wir schaffen. Und dennoch sage ich / hier dieses Schweigen, denn in ihm könnte ich dich vielleicht hören.

Ich sage dieses Schweigen oder, besser, konstruiere diesen Raum, / so daß sich irgendwie irgend etwas über / die gefangenen Gewohnheiten der Sprache hinweg zu dir und mir bewegen kann. / Von da, wo wir sind, sehen wir nicht uns, / und die Zeiten beeilen sich noch, Verkleidung ist sterblich. / Die Zeiten enthüllen ständig unsere Heimat. / Hier im Präsens ist Verkleidung sterblich. / Die schwierigen Zeiten beeilen sich. Doch hier bin ich / wahrhaftiger nun dieser abstrakte Akt geworden.

[Übers. von Peter Hühn]

Die frühe Lyrik von W. S. Graham (1918–86) ist in ihrer Experimentierfreude und Orientierung am Klangmaterial der Sprache (statt am Sinn) der Moderne, vor allem James Joyce, T. S. Eliot und Ezra Pound verpflichtet, verrät in der Neigung zu üppigen Wortklängen aber auch Einflüsse von Dylan Thomas. In *The Nightfishing* (1955) und besonders *Malcolm Mooney's Land* (1970) sowie *Implements in Their*

Places (1977) entwickelt Graham einen neuen umgangssprachlich ausgerichteten, schlichten Stil und präzisiert sein
spezifisches Thema: die Problematik der Kommunikation,
die für ihn einerseits aus der Ambivalenz der Sprache zwischen kommunikativem Medium und intersubjektiver Barriere, andererseits aus der Instabilität des Ich und seiner
Identität resultiert. In der Problematisierung der Sprache
stellt Grahams Hauptwerk eine radikalisierte Fortführung
zentraler Momente der literarischen Moderne dar. Da die
britische Nachkriegslyrik aber durch die Abkehr von der
Moderne zu aussagebezogenen Konzepten von sozialer
oder psychischer Erfahrungsvermittlung (wie bei den Dichtern des Movement, bei Ted Hughes oder Seamus Heaney)
bestimmt war, fanden Grahams Gedichte zunächst kaum
Anerkennung. Seit den achtziger Jahren hat sich die Situation durch die Verstärkung von experimentellen, selbst-
reflexiven und sprach-spielerischen Tendenzen in der Lyrik
jüngerer Lyriker so verändert, daß Grahams Radikalisie-
rung modernistischer Techniken nun ein günstigeres Re-
zeptionsklima antrifft. Die Veröffentlichung seiner *Collected Poems 1942–1977* (1979) durch Faber ist ein Indiz dafür.

The Constructed Space (1958) ist ein gutes Beispiel für
Grahams Behandlung der sprachbedingten Kommunikati-
onsproblematik. Die Sprechsituation besteht, wie an den
Pronomina »I« und »you« sowie »we« ablesbar, in der
wechselseitigen Konfrontation von Sprecher und Adressat
durch das Sprachmedium hindurch (4–7). Die dann einset-
zende Kommunikation wird im Gedicht jedoch nicht nur
besprochen, sondern in seinem Sprachmaterial als Kommu-
nikationsmedium auch praktisch durchgespielt. Lexikalisch
zeigt sich dies in einer Kette von ungewöhnlichen Kolloka-
tionen, die zumeist ein konkretes Handlungsverb mit einem
abstrakten oder metaphorischen kommunikationsbezoge-
nen Begriff koppeln und damit die Aussagen des Gedichtes
als kommunikative Sprechakte qualifizieren: »face« – »abstract scene« (5 f.); »public place« – »achieved« (7 f.); »say«

– »silence« (17 ff.); »construct« – »space« (19); »abstract act« – »become« (27) usw. Dabei leitet sich der Prozeß weder aus einer explizierten Kommunikationsabsicht des Sprechers her, noch basiert er auf der vorherigen Kenntnis der Identitäten. Als Auslöser fungiert lediglich ein Grundverlangen nach Kontaktaufnahme noch ohne inhaltlichen Mitteilungswunsch (1). Sowohl die Identität der Kommunizierenden (3 f.) als auch die Rede-Intention (11 f.) und die mitgeteilte Botschaft (13 f.) klären oder konstituieren sich erst im Kommunikationsvorgang. Die Kommunikation erscheint mithin als Voraussetzung für Selbst- und Fremderkenntnis und für Glück (2), und sie wird offenbar überhaupt aus diesen Motiven begonnen.

Auch wenn das Gedicht auf jede Art von Kommunikation beziehbar ist, implizieren die deiktischen Partikel (d. h. die auf die raum-zeitliche Sprecher-Position verweisenden Pronomina, Adverbien usw.) eine spezifische Referenz auf den vorliegenden Gedichttext und seine momentan ablaufende Artikulation und Lektüre (»here«, 4; »never / Before ... now«, 4–6; »this ... scene«, 6; »This ... place«, 7; »Here in the present tense«, 25). Das Gedicht thematisiert somit selbst-referentiell seine eigene kommunikative Entfaltung ebenso wie seinen Rezeptions- und Verstehensprozeß beim Leser.

Hierbei wird das poetische Sprachgebilde meist metaphorisch als Raum gefaßt (»space«, Titel, 19; »scene«, 6; »place«, 7; »space«, 17), konkret zu deuten als komponierter (»constructed«) Text auf der Buchseite. Entsprechend wird Kommunikation als physische oder perzeptive Durchquerung dieses Raums verbildlicht (»something may move across«, 20; »we ... face / Each other now across this abstract scene / Stretching between us«, 5–7). Die Metapher ist nun insofern ambivalent und veranschaulicht hierin bereits das Problem der Kommunikation, als der Raum gleichzeitig verbindend und trennend wirkt. Zum einen überschreitet der sprachliche Text die subjektive Isolierung und schafft so eine intersubjektive Öffentlichkeit (7 f.), zum anderen bedeutet die öffentliche Sprache eine Veräußerlichung des subjektiven Sinns in die Konvention und damit dessen Verfälschung (9).

In den Strophen 2 und 3 wird diese Ambivalenz von Sprache und Text in weiteren Aspekten variiert. Zwar ermöglicht die Kommunikation Erkenntnis der eigenen Wünsche (11 ff.), zugleich aber bewirkt deren Versprachlichung eine Fixierung und insofern Abtötung der lebendigen Wandelbarkeit der subjektiven Psyche (14). Ambivalent wird die sprachliche Vermittlung subjektiver Intentionen ferner durch die Abhängigkeit von der lesenden Deutung durch den Rezipienten (15–17), d. h. die Abgeschlossenheit des Bewußtseins bei *beiden* Kommunikationspartnern (»lonely meanings«) bleibt unüberwindbar. Jedoch verzweifelt der Sprecher nicht an der Ungewißheit und Ambivalenz, sondern setzt diesen seine prekäre Hoffnung auf ein Gelingen entgegen (17 f.).

Strophe 3 schließlich erkundet die prekäre Möglichkeit des Gelingens weiter. Prekär ist der Versuch der Kommunikation schon aufgrund der inhärenten Nicht-Expressivität des Mediums, wie die paradoxe Metapher vom ›Sagen des Schweigens‹ betont (17 ff.); das Sprachmaterial selbst bleibt stumm und erlaubt daher den Kommunizierenden nicht, ihre Identität in der Kommunikation auszudrücken (22; »disguise«, 23, 25). Dagegen stellt sich der Anspruch, mit dem Text einen Leerraum zu schaffen (19) für eine – wenngleich unsichere – Bewegung zwischen Sprecher und Leser, die die Konventionalität der Sprache überwindet (20 f.), wobei deren Charakter als Hindernis durch das Partizip »caught« betont wird (›infiziert‹ oder ›gefangen‹). Die prekäre Ambivalenz des Kommunikationsversuchs verstärkt sich in der Verknüpfung der Nicht-Präsenz des Ich in der Sprache (»disguise«) mit der bedrohlichen Vergänglichkeit (23, 26), besonders in der doppeldeutigen Koppelung »disguise is mortal« (25): Die Nicht-Mitteilbarkeit der subjekti-

ven Identität kann sterblich, also überwindbar oder aber
tödlich, zerstörerisch für das Ich sein (und gehört grundsätzlich zum Schicksal der Sterblichen). Diese Ambivalenz,
in der Ambiguität von »disclose« (24: ›entblößen‹ oder
›sichtbar machen‹) und »trying« (26: ›testen‹ mit positivem
oder negativem Resultat) wiederholt, weckt durch die Un-
entscheidbarkeit ein Gefühl bedrohlicher Unsicherheit, wie
an der vierfachen Variation der Aussagen (23–26) ablesbar.

Am Schluß zieht der Sprecher aus der Unsicherheit –
ähnlich wie in Strophe 2, aber mit größerer Überzeugung –
neue Gewißheit (26 f.). Das Bewußtsein von der eigenen
Identität (»here I am«) vermag sich durch die Identifizierung mit dem poetischen Formulierungsakt (»this abstract
act become«) zu festigen. Indem der Sprecher sich mit dem
Schreibakt und so auch mit dem vorliegenden Gedichttext
identifiziert, erklärt er den Text von *The Constructed Space*
praktisch zur Einlösung des eingangs formulierten Ver-
langens (1). Nach all den Zweifeln und Ambivalenzen, die
neben dem vereinzelten Ausdruck von Hoffnung die vor-
hergehenden Strophen bestimmen, wirkt dieser Abschluß
jedoch weniger als schlüssig fundiertes Fazit denn als trot-
ziges Postulat (»yet«). Die willentliche Setzung verrät sich
in der Häufung von rhetorischen Bekräftigungsformeln
(»more truly now«), wie sie schon vorher den Ausdruck
der Hoffnung begleitet hatten: »surely« (1), »somehow
something« (20), allerdings auch den des Zweifels (15).
Dennoch bekräftigt dieser Schluß die erfolgreiche Beendi-
gung des Kommunikationsprozesses, den das Gedicht beschreibt und dessen Resultat es zugleich abgibt. Es ist zudem eine Manifestation des Vertrauens in die Rezeptions-
bereitschaft des Lesers. Hier wird besonders erkennbar,
daß es für den Sprecher weniger um seine Privatexistenz als
um seine öffentliche Dichter-Rolle geht, so daß man *The
Constructed Space* spezifisch als Auseinandersetzung mit
der Isolierung des modernen Dichters von seinem Publikum lesen kann.

Diesen Gang vom auslösenden Kontaktverlangen über
die Verunsicherung durch Zweifel bis zur schließlichen
Selbstidentifizierung mit dem konstruierten Medium kann
man klanglich mit dem Reimschema der Strophen korrelie-
ren, das allerdings aufgrund der Verwendung meist unreiner
Reime eher unauffällig bleibt: aabbcdcdd. Die klare Reim-
paarung am Anfang (aabb) wird jeweils nach einer vorüber-
gehenden Durchbrechung (cdc) am Schluß wieder erreicht
(dd), wobei die betreffenden inhaltlichen Aussagen diesem
Ablauf entsprechen: Während Anfang und Ende, besonders
in Strophe 2 und 3, Zuversicht implizieren, äußert sich in
den cdc reimenden Zeilen Unsicherheit hinsichtlich des
kommunikativen Gelingens – ein Indiz auf der prosodi-
schen Ebene für Grahams Versuch, das Kommunikations-
problem im Sprachmaterial durchzuspielen.

Themengeschichtlich reiht sich das Gedicht in eine alte
Tradition ein, die – von Horaz (*Oden*, III,30) und Ovid
(*Metamorphosen*, Epilog) über Shakespeares Sonette
(z. B. 18, 107) bis zu John Keats (*Ode on a Grecian Urn*)
und W. B. Yeats (*Sailing to Byzantium*) – die Vorstellung
ausdrückt, daß der Künstler in das Medium des Gedichtes
verwandelt dauerhaft die vergängliche Zeit zu überleben
vermag. Graham hebt sich allerdings von dieser Tradition
darin ab, daß sein Interesse der Kommunikationsproblema-
tik statt der hierdurch gegebenen künstlerischen Unsterblichkeit gilt. Sein spezielles Verfahren – den poetischen Text
zugleich als *Kommentar über* Kommunikation und als *Material für* sie zu benutzen – kann insofern postmodern
genannt werden, als er die Unterscheidbarkeit zwischen
Medium und Inhalt, zwischen Sprache und Wirklichkeit
verwischt. Die modernistische Problematisierung der Sprache und ihrer Bedeutungsleistung wird damit spielerisch auf
die Spitze getrieben.

Gedichttext nach: W. S. GRAHAM: Collected Poems 1942–1977. London: Faber & Faber, 1979. S. 152 f.

Literaturhinweise: Ronnie DUNCAN / Jonathan DAVIDSON (Hrsg.): The Constructed Space. A Celebration of W. S. Graham. Lincoln 1994. – Bernd KAHRMANN: Verstehen durch Anwenden. W. S. Grahams Gedicht »The Constructed Space« im Unterricht. In: Der fremdsprachliche Unterricht 11 (1977) S. 16–25. – Tony LOPEZ: The Poetry of W. S. Graham. Edinburgh 1989. – David PUNTER: W. S. Graham. Constructing a White Space. In: Malahat Review 63 (1982) S. 220–244.

Helmut Winter

D. J. Enright: *University Examinations in Egypt*

University Examinations in Egypt

The air is thick with nerves and smoke: pens tremble in
                                    sweating hands:
Domestic police flit in and out, with smelling salts and
                                    aspirin:
And servants, grave-faced but dirty, pace the aisles,
With coffee, Players and Coca-Cola.

5 Was it like this in my day, at my place? Memory boggles
Between the aggressive fly and curious ant – but did I
                                    really
Pause in my painful flight to light a cigarette or swallow
                                    drugs?

The nervous eye, patrolling these hot unhappy victims,
Flinches at the symptoms of a year's hard teaching –
10 ›Falstaff indulged in drinking and sexcess‹, and then,
›Doolittle was a dusty man‹ and ›Dr Jonson edited the
                                    Yellow Book.‹

Culture and aspirin: the urgent diploma, the straining
                                    brain – all in the evening fall
To tric-trac in the café, to Hollywood in the picture-
                                    house:
Behind, like tourist posters, the glamour of laws and
                                    committees,
15 Wars for freedom, cheap textbooks, national aspirations –

And, further still and very faint, the foreign ghost of
                         happy Shakespeare,
Keats who really loved things, Akhenaton who adored
                         the Sun,
And Goethe who never thought of Thought.

Universitätsexamina in Ägypten

Die Luft ist steif vor Nervosität und Rauch: Federhalter zittern in schwitzenden Händen: / Hauspolizei huscht herein und hinaus, mit Riechsalz und Aspirin: / und Diener, ernst, aber schmutzig, gehen die Gänge auf und ab, / mit Kaffee, Players und Coca Cola.

War es auch so, zu meiner Zeit, bei mir? Die Erinnerung / taumelt zwischen aggressiver Fliege und neugieriger Ameise – aber habe ich wirklich / bei meinen schmerzhaften Gedankenflügen eine Zigarettenpause gemacht, Tabletten geschluckt?

Das nervöse Auge, das diese heißen, unglücklichen Opfer bewacht, / zuckt bei den Symptomen der harten Unterrichtsarbeit eines Jahres – ›Falstaff schwelgte im Suff und in Sexzessen‹, und dann / ›Doolittle war ein staubiger Mann‹ und ›Dr. Jonson gab das *Gelbe Buch* heraus‹.

Kultur und Aspirin: das dringend gebrauchte Diplom, das sich marternde Hirn – am Abend geben sich alle / dem Brettspiel hin im Café, dem Hollywood-Film im Kino: / dahinter, wie Touristen-Plakate, der Glanz von Gesetzen und Komitees, / Freiheitskriege, billige Textausgaben, nationale Bestrebungen –

und, noch weiter entfernt und schwächer, der fremde Geist des glücklichen Shakespeare, / Keats, der wirklich die Dinge liebte, Echnaton, der die Sonne anbetete, / und Goethe, der nie ans Denken dachte.

[Übers. von Helmut Winter]

Der aus einer anglo-irischen Familie stammende Dennis Joseph Enright (geb. 1920) hat nach dem Studium am Downing College in Cambridge viele Jahre als Professor für

Englisch im Ausland gewirkt, in Ägypten, Japan, Deutschland (Berlin), Thailand und Singapur. Danach war er Mitherausgeber der Zeitschrift *Encounter*, Verlagsdirektor in London und Honorarprofessor an der Universität Warwick.

Das Gedicht *University Examinations in Egypt* ist 1949 entstanden; es stammt aus Enrights lyrischen Anfängen in den Nachkriegsjahren und verarbeitet Erlebnisse aus seiner Zeit als schlecht bezahlter *Lecturer* für Englisch an der Universität von Alexandria (1947–50). Der junge Literat, der schon als Student einen kecken Kommentar zu Goethes *Faust* und kritische Aufsätze in F. R. Leavis' Zeitschrift *Scrutiny* veröffentlicht hatte, nutzte seinen ersten Orient-Aufenthalt vielfältig: er erwarb einen ägyptischen Doktorgrad, heiratete eine französische Lehrerin, schrieb einen Roman über die bescheidenen akademischen Verhältnisse in Alexandria (*Academic Year*, 1955) und veröffentlichte einen Gedichtband mit dem Titel *Season Ticket* (1948).

University Examinations in Egypt ist charakteristisch für den unpathetischen Ton des jungen Enright: er fühlt sich der realistischen Tradition der englischen Lyrik verbunden und sieht im britischen Pragmatismus das ideale Instrument poetischer Weltaneignung. Enright, der ähnlich wie Donald Davie, Elizabeth Jennings, John Wain, Kingsley Amis und Philip Larkin aus kleinbürgerlichen Verhältnissen kommt – sein Vater war Postbote – teilt mit diesen Dichtern (die später die Gruppe The Movement bildeten) eine trotzig antiromantische und anti-modernistische Grundhaltung. Von dem, was seine Zeitgenossen unter ›lyrisch‹ verstanden, wollte er nichts wissen; für ihn hatte das ›Lyrische‹ vor allem mit einem wachsamen Ich-Gefühl und nur am Rande mit poetischen Konventionen zu tun; er für sein Teil war entschlossen, fremde Einflüsse, überbordende Syntax und überflüssige Komplexität zu meiden.

Thema und Bildprogramm des Gedichts sind rasch benannt. Der Titel bezeichnet unverschlüsselt die poetische Intention. Schreibanlaß und Ausgangspunkt lyrischer Reflexionen ist ein schriftliches Abschlußexamen an der Universtität Alexandria, das in einem eigens für diesen Zweck errichteten Zelt in der Nähe des Strandes stattfindet; Enright hat die Szene im zwölften Kapitel von *Academic Year* amüsant beschrieben.

Das lyrische Ich ist im Gedicht gleichsam in offizieller Funktion anwesend: der mit dem Autor identische Sprecher hat nicht nur die Prüfungsaufgaben gestellt, sondern führt auch, unterstützt von der universitätseigenen ›Hauspolizei‹, persönlich Aufsicht im Zelt. Seine Gedanken schweifen zurück in die eigene Vergangenheit; die grotesken Fehlleistungen, die sein inspizierendes Auge auf den Blättern der Prüflinge entdeckt, lösen Assoziationen zum Thema der Inkompatibilität von Kulturen aus. Der junge Dozent mit angelsächsischem Bildungshintergrund, aus Cambridge ins orientalische Exil verschlagen, stellt den ägyptischen Herrscher Echnaton genauso unvermittelt neben Shakespeare, Keats und Goethe, wie seine Studenten Dr. Jonson (!) und das *Yellow Book* zusammenbringen. Die Schlußzeile des Gedichts spielt versteckt auf Goethes *Zahme Xenien. VII* an: »Mein Kind! Ich hab es klug gemacht: / Ich habe nie über das Denken nachgedacht.«

Der Zivilisationskontrast und seine Auswirkungen auf Betrachter und Betrachtete werden nicht metaphorisch überhöht, sondern realistisch illustriert und in einer Serie von ›medizinischen‹ Bildern wiedergegeben. Da ist die Rede von Symptomen, von Schmerzen, Tabletten, Aspirin, Riechsalz, angestrengten Hirnen, angespannten Nerven, Aufputschmitteln wie Kaffee, Zigaretten, Coca Cola. Zu den körperlichen Stress-Erscheinungen gehören zitternde, schweißnasse Hände, heiße Gesichter bei den Studenten, die nervösen Augen und das Zucken des Dozenten.

Das Krankheits- und Schwäche-Vokabular wird im Bildkomplex ›Gefängnis und Aufseher‹ noch intensiviert. Die Prüflinge sind die ›Opfer‹ des universitären Ausbildungssystems, aber auch der Unversöhnlichkeit von Orient und

Okzident; westliche Kultur ist nur um den Preis von Aspirin und Riechsalz zu haben. Trotz strenger Schulung (»a year's hard teaching«) bewegen sich die meisten ägyptischen Studenten orientierungslos im Labyrinth einer fremden Literatur, die für sie offenbar erst in kruder Reduktion auf Sex und Alkohol adaptierbar wird. An normalen Tagen können sie sich in die Tröstungen von Kino und Café flüchten und von glamourösen Justiz- und Verwaltungskarrieren träumen, sogar von Befreiungskriegen und nationalem Erwachen. Hier und jetzt aber sind sie, wie Gefangene, dem flakkernden Auge des Aufsehers ausgeliefert, der sich seinerseits dem Gefängnis des Prüfungszelts durch die Flucht in eine intertextuelle Epiphanie um seine kulturellen Leitfiguren entzieht.

Die Parallelität von Krankheits- und Gefangenschaftsbildern wird in einer Reihe von Gegensatzpaaren manifest: die Hauspolizei kontrastiert mit einem ›fremden Geist‹, das ›drängende Diplom‹ und das ›sich marternde Hirn‹ der ›unglücklichen Opfer‹ ist ein Gegenpol zum ›glücklichen‹ Shakespeare, Schlüsselfiguren der englischen und deutschen Literatur kollidieren mit Hollywood und Coca Cola, den klassischen Ikonen der amerikanischen Massenkultur.

Das Gedicht besteht aus fünf Abschnitten zu jeweils vier, drei, vier, vier und drei Zeilen unterschiedlicher Länge und mit unregelmäßigem Rhythmus. Sie sind ungereimt (Andeutungen von Binnenreim sind Stellen wie »all in the evening fall« oder »the straining brain«). Alliteration ist mehrfach vertreten (4, 7, 11, 16). Die unaufwendige Syntax ist durch parataktische Perioden gekennzeichnet; sie wird aufgelokkert durch Fragesätze, Zitate und asyndetische Reihungen.

Wortwahl und Diktion sind als umgangssprachlich erkennbar an Fülladverbien wie »really« sowie an den zahlreichen, betont unauffälligen Epitheta. Die verwendeten Stilfiguren fügen sich in das Bild stilistischer Gedämpftheit. Die sylleptische Eingangszeile erfüllt die Funktion, Aufmerksamkeit zu erregen; eine ähnliche akzentuierende Rolle spielen die Anaphern im letzten Abschnitt. (Daß Falstaff, der mit der Paronomasie seinen Spaß hatte, hier mit dem Wortspiel »sexcess« eingeführt wird, wirkt als Pointe aufgesetzt.) Die einzige Metonymie (»Hollywood in the picture-house«) zeugt von der Zurückhaltung des Autors beim metonymischen Sprechen; die Abwesenheit von Metaphern ist bezeichnend für den jungen Enright (dessen Forderung nach einem »Verein zur Verhinderung von Grausamkeit gegenüber Metaphern« in den fünfziger Jahren Furore machte).

University Examinations in Egypt ist ein zugleich analytisches und expressives Gedicht. Es diagnostiziert psychische Befindlichkeiten und rekonstruiert Erfahrungen, will aber nicht einen Bericht über soziale Zustände liefern, sondern allenfalls Fingerzeige geben auf die Existenz einer anderen Welt – in den Konturen der vertrauten. Der nüchtern-narrative Generalbaß und das saloppe, deskriptive Idiom sind inzwischen zu Enrights Markenzeichen geworden. Die verschmitzt untertreibende Formlosigkeit, der bewußt im Unverbindlichen bleibende Gesprächston haben ihm das Etikett ›sarkastischer Dichter für Intellektuelle‹ eingetragen. Seine Weltoffenheit wirkt im Kontext der englischen Nachkriegslyrik wie ein Kontrastprogramm zur Verklärung des Provinziellen bei den daheimgebliebenen Movement-Poeten. Enright fühlt sich offensichtlich wohl in der unspektakulären Rolle des post-imperialen, humanistischen Weltenbummlers, der in locker gebauten Zeilen, die oft kaum von Prosa zu unterscheiden sind, den Augenblick scheinbar beiläufig in unrhetorischen Vignetten fixiert.

Gedichttext nach: D. J. Enright: Selected Poems 1990. Oxford: Oxford University Press, 1990. S. 3. – Mit Genehmigung von Watson, Little Ltd., London.
Literaturhinweise: John Press: Rule and Energy. Trends in British Poetry since the Second World War. London 1963. S. 220–228. – Jacqueline Simms (Hrsg.): Life by Other Means. Essays on D. J. Enright. Oxford 1990. – William Walsh: D. J. Enright. Poet of Humanism. Cambridge 1974. – Helmut Winter: [Einleitung]. In: D. J. Enright: Gedichte. Hrsg. von H. W. Heidelberg 1996.

HANS-JOACHIM ZIMMERMANN

Donald Davie: *The Fountain*

The Fountain

Feathers up fast, and steeples; then in clods
Thuds into its first basin; thence as surf
Smokes up and hangs; irregularly slops
Into its second, tattered like a shawl;
5 There, chill as rain, stipples a danker green,
Where urgent tritons lob their heavy jets.

For Berkeley this was human thought, that mounts
From bland assumptions to inquiring skies,
There glints with wit, fumes into fancies, plays
10 With its negations, and at last descends,
As by a law of nature, to its bowl
Of thus enlightened but still common sense.

We who have no such confidence must gaze
With all the more affection on these forms,
15 These spires, these plumes, these calm reflections, these
Similitudes of surf and turf and shawl,
Graceful returns upon acceptances.
We ask of fountains only that they play.

Though that was not what Berkeley meant at all.

Der Springbrunnen

Federbusch rasch empor und türmt sich; platscht dann in
Klumpen / in seine erste Schale; raucht von dort als Brandung / in die Höhe und schwebt; schwappt unregelmäßig / in
seine zweite, zerfetzt wie ein Umschlagtuch, / dort punktiert

er, kühl wie Regen, ein feuchteres Grün, / wo drängende Tritonen ihre schweren Strahlen schleudern.

Für Berkeley war dies menschlicher Gedanke, der / von harmlosen Annahmen zu fragenden Himmeln emporsteigt, / dort voll Witz glitzert, in Phantasien zerstiebt, / mit seinen Verneinungen spielt und schließlich, / wie durch ein Naturgesetz, zurückfällt in sein Becken / des nunmehr erhellten aber immer noch gesunden Menschenverstands.

Wir, die solches Vertrauen nicht mehr besitzen, müssen / mit desto größerer Hingabe auf diese Formen blicken, / diese Turmspitzen, diese Federbüsche, diese stillen Spiegelungen, diese / Ähnlichkeiten von Brandung und Erdklumpen und Umschlagtuch, / anmutiges Wiedergeben nach dem Empfangen. / Wir verlangen von Springbrunnen nur, daß sie spielen.

Wenngleich es dies nicht war, was Berkeley eigentlich meinte.

[Übers. von Hans-Joachim Zimmermann]

In drei reimlosen Strophen zu je sechs Zeilen und einer abschließenden Zeile behandelt Donald Davie (geb. 1922) Bild und Sinnbild eines Springbrunnens. In Strophe 1 beschreibt er das optische Bild, verbindet es in Strophe 2 mit Berkeleys philosophischem Diskurs, wendet es in Strophe 3 auf seine Gegenwart zurück und schließt mit einer Pointe. Ein und dasselbe Objekt – der alte poetische Gegenstand ›Springbrunnen‹ – wird von Davie in verschiedenen Ansichten dargestellt, und zwar mit entsprechend abgestuften Stilmitteln.

Strophe 1 gibt die Eindrücke eines spielenden Springbrunnens auf den Betrachter wieder. Mit minuziöser Sorgfalt werden Verben der Bewegung gebraucht, die das Bild in Sprache umsetzen und impressionistische Stimmungsmalerei vermeiden. Ohne Nennung des Gegenstands, der in der Überschrift auftaucht, setzt das Gedicht ein. Auf der Suche nach dem *mot juste* greift Davie gleich in Zeile 1 zur ungewöhnlichen verbalen Verwendung von »feather« und »steeple«. Das nächste Verb »thud« gibt als einziges im Gedicht den Gehörseindruck wieder: Mit dumpfem Aufklatschen fällt der Wasserstrahl von seinem Gipfel in die obere Schale. »Clods« (in Zeile 16 heißt es »turf«) – ebenfalls ungewöhnlich und treffend – korrespondiert mit seinem Verb. Die Wucht des herabstürzenden Strahls treibt das unruhige Wasser aus der oberen Schale wiederum in die Höhe. Die Verben »smoke« und »hang« beschreiben das unentschlossene Zwischenstadium des emporsprühenden Brandungsschaums (jetzt »surf« an Stelle von »clods«), der für Augenblicke schwerelos in der Luft hängt, um dann wieder zu Wasser verdichtet in die untere Schale überzuschwappen. Das alltägliche »slop« bewahrt die Schilderung ein weiteres Mal vor dem Abgleiten ins Stereotype und ›Poetische‹.

Das Adverb »irregularly«, das Überlaufen des Wassers an verschiedenen Stellen des Schalenrandes präzise benennend, wird aufgenommen und visualisiert durch den Vergleich »tattered like a shawl« (4). In Übereinstimmung mit der durchgängigen Stilhaltung der Strophe 1 setzt dieser originelle Vergleich keine Glanzlichter, die vom Thema ablenken würden. Davie hält sich fern aller abgenutzten und erstarrten Formeln. Lebhaft und klar schließt der einzige bildhafte Vergleich des Gedichts die Zeilen 1–4 ab. Zum ersten Mal fallen hier auch Zäsur und Versende zusammen. Davor liegen die Zäsuren an verschiedenen Stellen im Inneren der Zeilen, die somit enjambieren und die beobachteten Bewegungen metrisch nachahmen – ein traditioneller Kunstgriff.

Die beiden Schlußzeilen der Strophe 1 haben längere Kola und zeichnen das Bild der allmählich zur Ruhe kommenden Wassertropfen. Von »feathers up fast« bis zu »lob their heavy jets« spannt sich der Bogen. Das Beiwort »urgent« deutet an, daß die Bewegung wieder einsetzen kann: zum erneuten Kreislauf von Dauer und Wechsel. Als ein bestimmtes einmaliges Kunstwerk kommt der Springbrunnen nicht ins Blickfeld; allein die Tritonen erinnern an die Ekphrasis-Gedichte auf Brunnen und ihre Figuren. Was Davie interessiert, sind der Eindruck eines spielenden Wasserstrahls über zwei Brunnenschalen und die genaue Formulierung der aufeinanderfolgenden Momente der Bewegung. Sein Thema wäre im bisherigen Stil dieses Gedichts mit Strophe 1 poetisch erschöpft. Bräche der Text hier ab, könnte ein formalistischer Kritiker die Präzision der Wortwahl und die Entsprechungen von Verben und Nomina, die Alliterationen und Assonanzen und die metrischen Finessen, den spezifischen Sprechton, die Gedrängtheit der Aussagen und den geordneten Aufbau loben. Ein Liebhaber würde vielleicht abwinken: ›Ein weiteres Gedicht auf einen Springbrunnen – déjà vu!‹

In Strophe 2 überrascht Davie seinen nichtsahnenden Leser mit der Information, daß der englische Philosoph George Berkeley (1685–1753) den Springbrunnen als ein Abbild des menschlichen Denkprozesses angesehen hat. Mithin besäßen die in Strophe 1 beschriebenen Bewegungsabläufe keinen ästhetischen Eigenwert, sondern wären funktionales Vorspiel zum eigentlichen Thema gewesen. Die Verben der Bewegung, die der Strophe 1 das spezifische Gepräge gaben, kehren variiert wieder, jedoch mit bezeichnender Modulation: Sie sind konventioneller und werden durchsichtig für den intendierten philosophischen Denkvorgang, d. h. sie werden ambivalent. Das Bild geht in das Sinnbild über. An »glints with wit« und »fumes into fancies« (9) ist dieser Übergang abzulesen.

Der Hauptakzent liegt in der Strophe 2 nicht auf den Verben, sondern auf den Nomina. »Berkeley« und »human thought« bestimmen die neue Tonart. In Analogie zum Steigen und Fallen des Wasserstrahls entwickelt Berkeley die Stationen seiner philosophischen Überlegung: von der harmlosen Voraussetzung zur eindringlich fragenden Höhe aufsteigend, auf dem Gipfel der geistreichen Diskussion das Problem brillant oder spielerisch zerlegend, und schließlich zur anfänglichen Position zurückkehrend. Die letzte Zeile der Strophe 2 schließt wiederum einen Bogen: Das Ausgangs- bzw. das Auffangbecken des Denkspringbrunnens –

er hat bei Berkeley nur ein Becken! – ist der gleiche gesunde Menschenverstand, jedoch durch den philosophischen Prozeß geläutert und aufgeklärt. Metrische Feinheiten drängen sich dem Leser in Strophe 2 weniger auf, weil der gedankliche Vorgang in seiner Parallelisierung zum Springbrunnen im Vordergrund steht. Auf die weitere Entwicklung und damit den spezifischen Effekt seines Gedichts gibt Davie seinem Leser auch am Ende der Strophe 2 keinen Hinweis.

Im Bezug auf Berkeley liegt der Schlüssel zum Verständnis des Gedichts, den Davie allerdings in seinem Text nicht mitgeliefert hat. Er bezieht sich auf die *Three Dialogues between Hylas and Philonous* (1713), erkenntnistheoretische Unterhaltungen zwischen dem skeptischen Materialisten Hylas (= Materie) und dem subjektiven Idealisten Philonous (= der die Vernunft liebt). Letzterer ist Berkeley selbst, der seinen Freund vom Materialismus zum uneingeschränkten Idealismus und zum Glauben bekehrt. ›Skeptizismus‹ wird in dieser Schrift in zwei Bedeutungen verwendet. Anfangs bezeichnet er Philonous' Postulat, daß die Materie kein vom wahrnehmenden Beobachter unabhängiges absolutes Sein hat (»esse est percipi«), also den Immaterialismus. Später bezeichnet er Hylas' resignierte Erkenntnis, daß wir nur Abbilder, aber keine Ideen wahrnehmen, mithin nichts eigentlich Wahres wissen können, also den Materialismus und den Agnostizismus. Hylas vertritt eine skeptische Philosophie, die im 17. und 18. Jahrhundert außerordentliche Verbreitung gefunden hatte.

Philonous hingegen besteht auf der Verläßlichkeit unserer Sinneseindrücke und führt den Freund zur beweisbaren Deutung der erkennbaren Umwelt, d. h. der geschaffenen Welt als göttlicher Schöpfung. Er leitet ihn damit zum wahren christlichen Glauben, der sich auf naturwissenschaftliche Erkenntnis stützt. Berkeley war anglikanischer Bischof und stand politisch den Konservativen nahe. Seine Philosophie ist hochkirchliche Theologie, die sich philosophischer Verfahrensweisen bedient, um die Existenz Gottes mit den

neuen Erkenntnissen der Naturwissenschaften zu harmoni-
sieren und sie unter Zugrundelegung wissenschaftlicher
Methoden zu beweisen. Wenn Berkeley von Vernunft redet,
meint er nicht die der atheistischen Aufklärer, die gesell-
schaftliche Umwälzungen in Gang gesetzt hat, sondern den
»common sense« im Dienste der etablierten staatlichen Religion und Verfassung. Sein gesunder Menschenverstand
liegt auf einer Linie mit dem Anglikanismus und der kon-
stitutionellen Monarchie.

Fast noch wichtiger als Berkeleys philosophische Aussage
ist für Davie deren Form: nämlich das mit allen Mitteln der
Rhetorik und Logik geführte Streitgespräch. Gegen Ende des
dritten Dialogs kann Philonous seinem Widersacher »the
great advantages that arise from the belief of immaterialism«
triumphierend darlegen, nämlich den Gottesbeweis *und*
ein klares System aller Naturwissenschaften (*The Works of
George Berkeley*, Bd. II, hrsg. von A. A. Luce / T. E. Jessop,
London 1949, S. 257). Berkeleys Idealismus ist nicht nur richtig, er ist auch praktisch! Hylas gibt sich verblüfft geschlagen.
Sein Freund hat anfangs mit den Skeptikern argumentiert, ist
dann aber zu völlig entgegengesetzten Schlußfolgerungen gelangt. Philonous hat das letzte Wort und tröstet ihn gönner-
haft: »You see, Hylas, the water of yonder fountain, how it is
forced upwards, in a round column, to a certain height; at
which it breaks and falls back into the basin from whence it
rose: its ascent as well as descent, proceeding from the same
uniform law or principle of *gravitation*. Just so, the same prin-
ciples which at first view lead to *scepticism*, pursued to a certain point, bring men back to common sense.« (Ebd., S. 262 f.)

Nach Davies Beschreibung des Springbrunnens in Strophe 1 gibt sich in Strophe 2 Berkeleys Vergleich des Denkprozesses mit dem Steigen und Fallen des Wasserstrahls als
die kompositorische und gedankliche Mitte des Gedichts zu
erkennen. Der Leser wird angehalten, das Zitat selbst zu
finden und seinen Stellenwert zu ermitteln. Erst dann bemerkt er, wie ein Autor des 20. Jahrhunderts hier mit der

Argumentation eines Philosophen aus dem 18. Jahrhundert spielt, zu dem er eine besondere Affinität empfindet. Berkeley sah in dem Springbrunnen eine sekundäre Illustration für den primären Denkprozeß. Seinem nüchternen Vergleich und seiner naturwissenschaftlichen Begründung stellt Davie die sprachlich bewegte und poetisch anschauliche Strophe 1 voran. Hier spielt nicht eine den Naturgesetzen unterworfene Vergleichs-Fontäne etwas lustlos über ihrem Becken, sondern Wasser durchläuft eine Skala von Bewegungen, ehe es sich beruhigt. Der Betrachter registriert seine Sinneseindrücke sorgfältig und genußvoll.

Davie erblickt im Springbrunnen etwas Eigenwertiges und setzt ›seine‹ Strophe 1 der Strophe 2 ›Berkeleys‹ entgegen. Zwar führt auch Strophe 2 das Fontänen-Bild weiter, bestimmt wird sie jedoch von der philosophischen Debatte. Das Thema Springbrunnen wird durch diese Akzentverschiebung erweitert und verändert. Davies Variationstechnik dient nicht nur dazu, das in Berkeleys Vergleich keimhaft angelegte Bild zu entfalten und die ihm innewohnenden Möglichkeiten zu entwickeln. Vor allem charakterisiert Davie damit Berkeleys literarischen Stil, vor dem er die größte Hochachtung hat, und er ironisiert die Art der Beweisführung: Unerschrocken schwingt sich der philosophierende Bischof von der scheinbar harmlosen Voraussetzung der Verläßlichkeit subjektiver Sinneseindrücke zur Befragung des von einem faßbaren Gott bewohnten Himmels empor, streitet auf dem Gipfel seines Höhenfluges beherzt mit den Freidenkern aller Art und kehrt dann im Glauben gestärkt und erfrischt in den »common sense« seines handfesten Kirchen- und Wissenschaftsglaubens sowie seines politischen Alltags zurück, von dem er ausgegangen war. Berkeleys denkerischer Horizont wird also kritisch vermessen und sein scheinbar sicheres und endgültiges philosophisches Gebäude verstohlen angebohrt.

Ein deutliches Indiz für Davies Ironisierung ist in Zeile 11 zu erkennen. Berkeley hatte das grundlegende Prinzip der klassischen Mechanik, die Gravitation, geschickt in seinen

Vergleich eingebaut. Die ältere Physik und Astronomie fragte nach dem Warum der Körperbewegung. Die neue Physik fragt nach dem Wie und demonstriert die Gültigkeit des Gravitationsprinzips für alle Körperbewegungen, die sich damit als regelmäßig und mathematisch meßbar erweisen. So konnte Isaac Newton die Wesensgleichheit von Astronomie und Physik etablieren: Himmel und Erde unterliegen dem gleichen Gesetz. Berkeleys Springbrunnenvergleich, mechanisch gesprochen der steigende und fallende Wasserstrahl, war natürlich eminent geeignet, diese wichtige Erkenntnis der *New Science* zu veranschaulichen; denn die mathematisch-physikalische Zielgerichtetheit der Fontäne ähnelt dem rationalen Denkprozeß in seiner logischen Teleologie ungemein. Gleichzeitig führt Berkeley damit einen Hieb gegen die *ataraxia* der skeptischen Denker, die gewissermaßen nur in ihrem ruhigen Schwimmbecken ohne Wasserstrahl herumplätschern und zu keinen höheren Erkenntnissen gelangen und auch nicht philosophisch geläutert werden können. Mit ungetrübter Selbstverständlichkeit folgert er, daß die richtig geführte Denkbewegung »just so«, d. h. unter dem Zwang der universalen und göttlichen Gravitation, vom Skeptizismus in den »common sense« – und das anglikanische Establishment – zurückkehren müsse.

Davie ersetzt das Bindeglied dieses Vergleichs durch das verräterische »as« und gibt ihm eine ironische Wendung. Er entlarvt Berkeleys Winkelzug, die Wissenschaft, die Philosophie und den Glauben durch den Rekurs auf ein alles durchwaltendes Prinzip wieder vereinen und gegenseitig begründen zu können. Dieses Spiel mit der Betrachtung eines Springbrunnens und eines rationalen Philosophen, diese Spiegelungen und Brechungen zeigen, daß Davie mit *The Fountain* weder ein Bildungsgedicht geschrieben hat, das sich nur dem Spezialisten erschließt, noch eines jener seit den zwanziger Jahren in Mode gekommenen Kryptogramme, die nur einer hermetischen Clique zugänglich sind. Davie stellt sich vielmehr in die öffentliche Tradition der *imitation*, die in der englischen Literatur des 18. Jahrhunderts ihre Blüte erlebt hat.

Nach diesem notwendigen Exkurs öffnen sich Strophe 3 und Zeile 19 dem Verständnis. Der Blickwinkel wechselt zum dritten Mal; und wieder muß der verdutzte Leser die vorangegangenen Strophen des Gedichts umdenken und sich umorientieren. Mit anfangsbetontem »We« wird der Gegensatz zu Berkeley erneut herausgestellt; denn die letzte Strophe kontrastiert nicht nur gedanklich mit Strophe 2, sondern spiegelt zusätzlich Strophe 1 wieder. Der Leser der Strophe 3 sieht gewissermaßen durch sie hindurch auf die beiden vorangegangenen Strophen. Auch hier, in Strophe 3, sind Berkeleys *Three Dialogues* zu unterlegen; Zeile 19 erinnert nachdrücklich daran. Man sieht, welchen geistigen Balanceakt Davie vollführt; und nur seine Sprachkunst und Stoffbeherrschung können ihn vor leerer Artistik oder dem kläglichen Absturz in die Phrase bewahren.

Davie leistet das in der letzten Strophe, die man ›der Springbrunnen als Gegenstand und als Denkmodell Berkeleys aus der Sicht der Moderne‹ überschreiben könnte. Berkeleys Vertrauen in die »bland assumptions« ist uns Heutigen abhanden gekommen. Wir sehen den Springbrunnen nicht mehr als einen bildhaften Vergleich, der über sich selbst hinausweist, sondern nur noch als einen Gegenstand. Wir schauen unvoreingenommen, dafür aber mit desto größerer Liebe auf ihn, weil das Phänomen das einzige ist, das uns blieb und weil wir dahinter nichts mehr suchen. Hinter den Gegenständen und ihrer Wahrnehmung gibt es nämlich nichts mehr zu finden und zu wissen. Berkeleys »esse est percipi« ist radikal zu Ende gedacht worden. Seine christliche Metaphysik hat sich in unseren vordergründigen Materialismus verflüchtigt. Ein Bedauern über das verlorene Paradies von Berkeleys Gottgläubigkeit ist nicht zu überhören. Wir haben den Preis dafür gezahlt, daß wir die uns umgebende Dingwelt so ohne jede Absicht betrachten, etwas Andersartiges darin zu erkennen: Aus unserer quasi wissenschaftlichen Objektivität resultieren erst die Distanz zu den Dingen und dann ihre Fremdheit. Wir können sie nur noch als Oberflächen wahrnehmen.

Ein letztes Mal läßt Davie die reizvollen Bewegungsabläufe der Fontäne und des Denkens doppelsinnig Revue passieren. Hatte Strophe 2 die Verben der Strophe 1 variiert, so variiert Strophe 3 die Nomina der Strophen 1 und 2 und schließt diese letzte Strophe auch sprachlich eng an ihre Vorgängerinnen an. Der Kreislauf des Fontänen-Denk-Kunststücks, das anmutige Wiedergeben des Empfangenen, zeigt solche sprachliche und strukturelle Verknüpfung beispielhaft. Zeile 18 subsumiert diese Gedanken, die durch weichere Töne und metrisch leichtere Fügungen charakterisiert sind: Der Springbrunnen bleibt ohne Bezüge auf Zustände oder Vorgänge außerhalb seiner selbst, weil der Postmoderne die Implikationen der bildhaften Vergleiche und der Sinnbilder suspekt sind. Daher sollen die Springbrunnen für uns lediglich spielen, ganz so wie es Strophe 1 beschrieben hatte. Relativierte Strophe 2 die Strophe 1 und ordnete sie dem philosophischen Argument unter, so setzt Strophe 3 die Strophe 1 nun wieder in ihr Recht ein und relativiert statt dessen Strophe 2. Der Dichter rechtfertigt seinen Umgang mit dem Erscheinungsbild; aber er tut es mit einem melancholischen Unterton.

Eine schwebende Pause am Schluß der Zeile 18 läßt den Gedanken als noch nicht abgeschlossen erkennen. Ein letztes Mal kehrt die dichterische Denkbewegung in ihr Zentrum zurück: »Though that was not what Berkeley meant at all.« In der Verteilung der Haupt- und Nebenakzente und der leichten Ritardandi ein Meisterstück, beleuchtet die letzte Zeile wehmütig und ironisch zugleich – nun wiederum die Strophen 1 und 3 gegenüber Strophe 2 relativierend – das gesamte Gedicht: die spielende Fontäne, Berkeleys wissenschaftliche Theologie und unsere eigene prekäre Lage. Erst jetzt sind Davies Anschauung und Meditation ans Ziel gelangt.

»Graceful« (17), das einzige Beiwort im Gedicht mit vorwiegend schmückender Funktion, kennzeichnet es gleichzei-

tig selbst und die Kunst seines Dichters: formale Leichtigkeit
bei inhaltlicher Gewichtigkeit, Eleganz der Diktion, klassische Komposition, Ehrlichkeit und Klarheit als Poet und
Denker. Diese Handhabung von Form und Inhalt weist *The
Fountain* (Erstdruck 1956) als ein typisches Gedicht der
Movement-Phase von Davie aus. Im besonderen gehört es in
die Tradition der *imitation*. Ein historisches literarisches
Thema wird durch eigene Gestaltung verwandelt und durch
eigenes Erleben anverwandelt. Ähnlich wie Alexander Pope
die Bezüge der horazischen Satire zum gesellschaftlichen
Leben seiner Zeit erkannte und nutzte, schlägt Davie die
Brücke von der Mitte des 20. Jahrhunderts zurück ins Zeitalter des Rationalismus. An die Stelle von klassizistischer Diktion und von *heroic couplets* sind moderne Ausdrucksmittel
getreten, an die Stelle von prinzipiellem Vertrauen auf Gott
und die Menschen die distanzierte Betrachtung der Außenwelt und eine ironische Wehmut. Gemeinsam aber ist dem
Augustan wie seinem modernen Nachfahren die Wertschätzung der Kunst als höchstes Kulturprodukt und kultivie-
rende Kraft, gemeinsam die Sorgfalt, in gemeißelten Versen
und sauber gefügten Strophen das dichterische Wollen und
die Einsicht in menschliche Befindlichkeiten zu formulieren.

Die hier vorgelegte Interpretation ist eine revidierte Fassung meines
Aufsatzes von 1966.

Gedichttext nach: Donald DAVIE: Collected Poems 1950–1970.
London: Routledge & Kegan Paul, 1972. S. 59 f. – Mit Genehmi-
gung von Carcanet Press Ltd., Manchester.
Literaturhinweise: Calvin BEDIENT: Eight Contemporary Poets.
London 1974. S. 23–50. – George DEKKER (Hrsg.): Donald Davie
and the Responsibilities of Literature. Manchester 1983. – John
PRESS: Rule and Energy. Trends in British Poetry since the Second
World War. London 1963. S. 113–122. – Hans-Joachim ZIMMER-
MANN: Donald Davie: »The Fountain«. In: Horst Meller (Hrsg.):
Zeitgenössische englische Dichtung. Einführung in die englische Li-
teraturbetrachtung mit Interpretationen. Bd. 1: Lyrik. Frankfurt
a. M. 1966. S. 132–148.

Götz Schmitz

Philip Larkin: *Deceptions*

Deceptions

> ›Of course I was drugged, and so heavily I did
> not regain my consciousness till the next morn-
> ing. I was horrified to discover that I had been
> ruined, and for some days I was inconsolable,
> and cried like a child to be killed or sent back to
> my aunt.‹
> Mayhew, *London Labour and the London Poor*

Even so distant, I can taste the grief,
Bitter and sharp with stalks, he made you gulp.
The sun's occasional print, the brisk brief
Worry of wheels along the street outside
5 Where bridal London bows the other way,
And light, unanswerable and tall and wide,
Forbids the scar to heal, and drives
Shame out of hiding. All the unhurried day
Your mind lay open like a drawer of knives.

10 Slums, years, have buried you. I would not dare
Console you if I could. What can be said,
Except that suffering is exact, but where
Desire takes charge, readings will grow erratic?
For you would hardly care
15 That you were less deceived, out on that bed,
Than he was, stumbling up the breathless stair
To burst into fulfilment's desolate attic.

Täuschungen

»Ich war natürlich betäubt, so stark, daß ich erst am nächsten Morgen
wieder zu Bewußtsein kam. Ich war entsetzt, als ich entdeckte, daß ich
entehrt war, und einige Tage lang war ich untröstlich; ich heulte wie ein
Kind und wollte getötet oder zu meiner Tante zurückgeschickt werden.«

Mayhew, *Arbeit und Armut in London*

Trotz der Entfernung kann ich das Leid schmecken, / so bitter
und scharf mit Stengeln, daß es dich würgen ließ. / Das gelegentliche Muster der Sonne, die rasche, kurze / Unruhe von
Rädern entlang der Straße draußen, / wo London sich bräut-
lich zur anderen Seite neigt, / und Licht, unwiderlegbar und
hoch und weit, / hindert die Narbe zu heilen, und treibt / die
Scham aus ihrem Versteck. Den ganzen gemächlichen Tag /
lag dein Geist offen wie eine Schublade mit Messern.

Elendsviertel, Jahre, haben dich begraben. Ich würde nicht
wagen / dich zu trösten, selbst wenn ich könnte. Was kann
man sagen, / außer daß Leiden genau ist, die Lesarten jedoch
erratisch werden, / sobald das Verlangen überhandnimmt? /
Denn dich wird es kaum kümmern, / daß du weniger ge-
täuscht wurdest, da auf dem Bett, / als er, der die atemlose
Treppe hochstolperte / um auf den trostlosen Dachboden der
Erfüllung zu platzen.

[Übers. von Götz Schmitz]

Philip Larkin (1922–85) war von Beruf Bibliothekar, und er
blieb diesem Beruf länger treu als dem des Dichters. Er
schätzte wohl die Genauigkeit, zu der ihn sein Brotberuf
verpflichtete. In einem frühen Notizbuch, das in der British
Library aufbewahrt wird, ist ein Fragment erhalten, in dem
Larkin sein Verhältnis zur ›großen‹ Literatur zu klären versucht. Darin wird bedauert, daß selbst die größten Dichter
(»think of Dickens, or Shakespeare, or Shelley, or Walter
Scott«) allenfalls im Detail genau sind, daß sie letztlich aber
von Illusionen leben. »I want Truth!, they insist, but it's
usually truth of detail. The structures go on exploiting the

same old dreams« (»Notebook«, British Library MS Add. 52619, fol. 92r.). Das Fragment steht in dem Notizbuch der Seite gegenüber, auf der Larkin das Exzerpt festgehalten hat, das er seinem Gedicht *Deceptions* voranstellt. Auf den nächsten Blättern des Manuskripts folgen dann mehrere Entwürfe zu diesem Gedicht; der letzte ist mit dem Datum 20. Februar 1950 versehen (»Notebook«, foll. 94v–96v.).

Bibliographische Genauigkeit läßt Larkins Identifikation des vorangestellten Zitats vermissen, zumindest in der 1955 im Gedichtband *The Less Deceived* abgedruckten Form. Larkin verweist am Ende des Zitats mit Namen und Titel auf eine Sammlung von Artikeln über das Leben in den Londoner Slums, die der Journalist Henry Mayhew Mitte des 19. Jahrhunderts schrieb und schließlich unter dem Titel *London Labour and the London Poor* 1861 in drei Bänden veröffentlichte. Der Bericht allerdings, dem das Zitat entnommen ist, erschien in einem Nachtragsband erst 1862 als vierter Teil der Sammlung, die den Untertitel *Those That Will Not Work, comprising Prostitutes, Thieves, Swindlers and Beggars, by several contributors* trug.

Laut Inhaltsverzeichnis des Bandes war es Bracebridge Hemyng, nicht Henry Mayhew, der diesen Bericht verfaßte. Hemyng läßt darin eine alte, zerlumpte Prostituierte, die im Londoner Theaterviertel ihrem Gewerbe nachgeht, eine Art Lebensbeichte ablegen. Sie kam als Mädchen vom Lande in die Hauptstadt, um ihre Tante zu besuchen, wurde von einem Mann angesprochen, der ihr Vertrauen gewann, sie in ein Freudenhaus lockte und vergewaltigte, nachdem er ihr ein Betäubungsmittel eingeflößt hatte. Der Untertitel des Nachtragsbandes läßt schon ahnen, daß Hemyng nicht allzuviel Mitgefühl auf das Schicksal der Prostituierten verschwendet. »This woman's tale is a condensation of the philosophy of sinning«, lautet sein Kommentar (Mayhew, Bd. 4 [repr. New York, 1968], S. 241). Nicht einmal die Betroffene scheint solches Mitgefühl zu fordern; anfangs war sie nach eigener Einschätzung zu vertrauensselig (sie spricht

von »silly confidence«), später ist sie abgestumpft: »I arn't
got that amount of feeling that some has« (ebd., S. 240 f.).

Auf den ersten Blick scheint es, als wolle Larkin im nachhinein die herzlos moralisierende Wertung Hemyngs korri-
gieren, indem er sich in das Leid des Opfers hineinfühlt.
Eine solche sympathetische Ausrichtung des Gedichts wird
schon durch die Konzentration auf die Zeit unmittelbar
nach der Vergewaltigung nahegelegt. Bei Hemyng berichtet
die Vergewaltigte als verhärtete, in den Augen des Zuhörers
hartgesottene Hure, »[grown] grey in the exercise of [her]
profession«, wie es heißt, während der Sprecher sich müht,
den Abstand zu überwinden, der ihn von dem Geschehen
trennt (1).

Die mitleidvolle Perspektive bestimmt aber nur den ersten, etwas längeren Teil des Gedichts, in dem beschreibende und sinnlich erfahrbare Details vorherrschen. Der
kürzere zweite Teil erscheint demgegenüber stärker reflektiert und dadurch distanziert. Am Ende nimmt der Sprecher
etwas überraschend den Vergewaltiger in den Blick, wie er
die Treppe zum Ort des Geschehens hochstürmt, und er
versteigt sich zu der Behauptung, der Täter sei einer schlim-
meren Täuschung erlegen als sein Opfer. Dieser Schluß des
Gedichts hat empörte Reaktionen bei sozial engagierten
und feministischen Kritikern ausgelöst (dazu Swarbrick,
S. 57 ff.). Die Kritiker des Schlusses haben sich vor allem an
dem Gleichmut gestoßen, mit der im Gedicht Täter und
Opfer betrachtet werden. Im ersten Teil wird diese Haltung
zunächst von der Großstadt behauptet und dann ins Kos-
mische geweitet, wenn von dem erbarmungslosen Tageslicht
die Rede ist. Die Indifferenz trifft vor allem das Opfer, und
der Sprecher scheint sich davon zu distanzieren. Das wäre
die erwartete, in der Literatur inzwischen geläufige Haltung
gewesen (vgl. Thomas Hardys *The Ruined Maid* und
W. H. Audens *Musée des Beaux Arts*).

Larkins Sprecher aber geht es weder um Klage noch um
Anklage. Zu Beginn des zweiten Abschnitts macht er klar,

daß es keinen Sinn hat, einen weit zurückliegenden Fall im Sinne einer sozialen oder humanen Idee wieder auszugraben; nachgetragenes Mitleid hat wenig Wirkung (10 f.). Sinn macht solche Wiedergutmachung nur vor dem Hintergrund einer verbindlichen Ideologie, und die ist für den Sprecher nicht gegeben. Sie war im Grunde nie gegeben, auch vor hundert Jahren nicht. Unumstößlich gegeben, exakt und wahr ist nur das Leid, über das keine Idee hinwegtäuschen oder -trösten kann. Je früher man das erkennt, desto eher steht man mit der Wahrheit im Einklang. Wenn man diese Grundhaltung akzeptiert, dann wird der Schluß des Gedichtes eher verständlich, wenn auch immer noch schwer erträglich. Noch im Streben nach sexueller Befriedigung sieht der Sprecher einen Rest von Streben nach absoluter Erfüllung, die es nicht gibt. Insofern ist der Vergewaltiger einer Illusion erlegen, die er seinem Opfer ein für allemal austreibt.

Larkin setzt diese Erkenntnis nicht an den Anfang seines Gedichts wie Auden in *Musée des Beaux Arts*. Er beschreibt einen zögerlich verlaufenden Prozeß, der von der konkreten sinnlichen Erfahrung, dem Exakten, ausgeht. Das Mitleiden im ersten Teil drückt sich in Wahrnehmungen aus, die bis in das Versschema hinein plastisch wirken (Zeile 2 mit der Waise »gulp« scheint dem Sprecher geradezu im Halse stecken zu bleiben). Mit seiner Betonung des Primats der persönlichen Erfahrung grenzt er sich von einigen Forderungen des Modernismus ab, wie sie vor allem von Eliot formuliert und zu Grundsätzen der Dichtkunst erhoben worden waren: der Forderung nach Distanz, nach einem objektiven Korrelat für die Empfindung, und nach dem Primat des Intellekts.

Erkenntnisse sind selten klar bei Larkin, seine Sprecher sind so sehr den Illusionen verhaftet, daß es schon eine Errungenschaft ist, wenn sie zu den weniger Getäuschten gehören. Die Täter sind in dieser Hinsicht den Opfern unterlegen. Das gilt selbst für den Vergewaltiger in *Deceptions*.

Ihm trübt das sexuelle Verlangen den Blick für die Wahrheit, die dem Opfer so grausam enthüllt wird. Larkin läßt den fast altmodisch anmutenden Gegensatz von Vernunft und Leidenschaft zunächst wiederum sinnlich, vor allem durch Licht-Metaphern sichtbar werden. Die Vernunft und alles Übersinnliche werden traditionell, und nicht erst seit der Aufklärung, mit Licht in Verbindung gebracht. Larkin benutzt die traditionelle Metaphorik, radikalisiert sie jedoch im Sinne seiner skeptischen Grundhaltung. Die Sonne enthüllt hier keinen Täter, sie entblößt eher das Opfer. Das Tageslicht versagt dem Mädchen sogar den Trost, den die Verhüllung in der Scham bringt. Das Licht ist zwar mit einigen Attributen des Erhabenen versehen; es ist groß und weit, aber es bleibt unnahbar und unerbittlich. Diesen negativen Aspekt gibt Larkin häufig dem Licht (vgl. Heaney), sehr ähnlich schon in *Dry-Point* (1950) und noch in *High Windows* (1967). Das Licht erhebt die Gedanken nicht mehr zur Erkenntnis des Absoluten, sondern es erinnert schmerzlich an die einzige Wahrheit des Konkreten.

Larkin hat die im Entwurf allzu üppige Metaphorik im zweiten Teil des Gedichts gestrichen und sich auf Fragen und Vermutungen beschränkt (11 f., 14 f.). Später hat Larkin die Anspielung auf Ophelias »I was the more deceived« zum Titel seiner ersten bedeutenden Gedichtsammlung, *The Less Deceived* (1955), gemacht und diese Wahl in einem Brief an den Herausgeber George Hartley mit seiner grundsätzlich passiven Einstellung begründet: »my fundamentally passive attitude to poetry (and life, too, I suppose) which believes that the agent is always more deceived than the patient, because action comes from desire, and we all know that desire comes from wanting something we haven't got, which may not make us any happier when we have it« (zit. nach Hartley, S. 88). Die Äußerung zeigt, daß der Sprecher im Gedicht kaum vom Autor zu trennen ist, und es läßt sich leicht nachweisen, daß Larkin zur Zeit der Abfassung sich mit Enttäuschungen im sexuellen Bereich plagte. Das stets enttäuschte, und doch unstillbare Verlangen nach sexueller Befriedigung, das schon Shakespeare in seinem Sonett 129 (»The expense of spirit in a waste of shame«) beschäftigte, hat für Larkin offenbar persönliche Bedeutung gehabt. Viele seiner Gedichte haben biographische Bezüge. Das gilt selbst für *Deceptions*, das sich vordergründig einem entlegenen Sujet zuwendet.

Diese persönliche Seite des Gedichts erschließt sich unmittelbar bei der Lektüre zeitlich benachbarter Gedichte und Briefe sowie entsprechender Abschnitte der Larkin-Biographie von Andrew Motion. Für Larkin selbst ist dieser Hintergrund aber weniger bedeutsam als die künstlerische Konsequenz aus seiner passiven Grundeinstellung, die er ja nur in Klammern auf sein Leben bezieht: »(and life, too, I suppose)«. In gewisser Weise widerspricht seine Überzeugung, daß die Affekte uns anfällig machen für Illusionen, seiner Forderung, Dichtung müsse vor allem Emotionen verarbeiten und ansprechen. Im Grunde müßte ihm die Dichtung als illusionsfördernd suspekt sein. In der Tat war sich Larkin dieses Dilemmas bewußt. Im »Notebook« sind die Entwürfe zu *Deceptions* eingebettet in das eingangs erwähnte Fragment, in dem Larkin sich äußerst skeptisch zeigt gegenüber den Illusionen, an denen alle große Literatur festhält; Teile daraus verwendete er in dem Gedicht *Fiction and the Reading Public*.

Wenn man die Dichtung ihrer emotionalen und fiktiven Elemente entkleidet, was bleibt dann übrig? Larkin ist dieser Frage bis zur letzten Konsequenz, bis zu seinem frühen Verstummen, nachgegangen. In *Deceptions* führt sein Abscheu vor jeder Art von poetischer Verbrämung zu der rigorosen Beschneidung der Bildlichkeit im letzten Teil des Gedichts, die sich anhand der Entwürfe nachweisen läßt. Was übrig bleibt, sind Fragen und Vermutungen, die in ihrer Kargheit so wirken, als lasse es der Sprecher an Mitgefühl für die Geschändete fehlen. Dabei zieht Larkin nur erste Konsequenzen aus seinem poetologischen Programm. Poetische Wendungen wie »breathless stair« (16) oder »fulfilment's desolate attic« (17) läßt er nur dort stehen, wo es gilt, den Schänder zu entlarven.

Gedichttext nach: Philip LARKIN: Collected Poems. Hrsg. von Anthony Thwaite. London: Faber & Faber, 1988. S. 32.
Literaturhinweise: James BOOTH: Philip Larkin, Writer. Hemel Hempstead 1992. – George HARTLEY: Nothing to be Said. In: Anthony Thwaite (Hrsg.): Larkin at Sixty. London 1982. S. 87–97. – Seamus HEANEY: The Main of Light. In: Anthony Thwaite (Hrsg.): Larkin at Sixty. London 1982. S. 131–138. – Andrew MOTION: Philip Larkin. A Writer's Life. London 1993. – Janice ROSSEN: Philip Larkin. His Life's Work. Hemel Hempstead 1995. – Andrew SWARBRICK: Out of Reach. The Poetry of Philip Larkin. London 1995. – Anthony THWAITE (Hrsg.): Selected Letters of Philip Larkin 1940–1985. London 1992.

CHRISTOPH REINFANDT

Philip Larkin: *Here*

Here

Swerving east, from rich industrial shadows
And traffic all night north; swerving through fields
Too thin and thistled to be called meadows,
And now and then a harsh-named halt, that shields
5 Workmen at dawn; swerving to solitude
Of skies and scarecrows, haystacks, hares and
                        pheasants,
And the widening river's slow presence,
The piled gold clouds, the shining gull-marked mud,

Gathers to the surprise of a large town:
10 Here domes and statues, spires and cranes cluster
Beside grain-scattered streets, barge-crowded water,
And residents from raw estates, brought down
The dead straight miles by stealing flat-faced trolleys,
Push through plate-glass swing doors to their desires –
15 Cheap suits, red kitchen-ware, sharp shoes, iced lollies,
Electric mixers, toasters, washers, driers –

A cut-price crowd, urban yet simple, dwelling
Where only salesmen and relations come
Within a terminate and fishy-smelling
20 Pastoral of ships up streets, the slave museum,
Tattoo-shops, consulates, grim head-scarfed wives;
And out beyond its mortgaged half-built edges
Fast-shadowed wheat-fields, running high as hedges,
Isolate villages, where removed lives

25 Loneliness clarifies. Here silence stands
   Like heat. Here leaves unnoticed thicken.
   Hidden weeds flower, neglected waters quicken,
   Luminously-peopled air ascends;
   And past the poppies bluish neutral distance
30 Ends the land suddenly beyond a beach
   Of shapes and shingle. Here is unfenced existence:
   Facing the sun, untalkative, out of reach.

Hier

Ostwärts schwenkend, aus reichen Industrieschatten / und
Verkehr nach Norden die ganze Nacht; ausschwenkend durch
Felder / zu dünn und distelig, um Weiden genannt zu werden, / und dann und wann eine harschklingende Haltestelle,
die / Arbeitern in der Morgendämmerung Schutz bietet; ausschwenkend in eine Einsamkeit / aus Himmeln und Vogel-
scheuchen, Heuschobern, Hasen und Fasanen, / und die
gemächliche Anwesenheit des breiter werdenden Flusses, /
die gehäuften Goldwolken, der glänzende, möwenverzierte
Schlick,
   sammelt sich zur Überraschung einer großen Stadt: / Hier
drängen sich Kuppeln und Standbilder, Türme und Kräne /
neben Straßen, auf denen Getreide verstreut liegt, schiffbe-
decktem Wasser, / und die Bewohner karger Siedlungen, her-
angebracht über / tödlich gerade Meilen von schleichenden,
flachgesichtigen Trolleybussen, / schieben sich durch gläserne
Schwingtüren zu ihren Begierden – / billigen Anzügen, rotem
Küchengeschirr, schicken Schuhen, Eis am Stiel, / elektrischen
Mixern, Toastern, Waschmaschinen, Trocknern –
   Menschen im Sonderangebot, städtisch und doch schlicht,
zu Hause, / wo nur Vertreter und Verwandte hinkommen, /
in einer beschränkten, fischig riechenden / Idylle mit Schiffen
an Enden von Straßen, dem Sklavenmuseum, / Tätowierungs-
läden, Konsulaten, verbitterten Ehefrauen mit Kopftüchern; /
und draußen, jenseits der hypothekenbelasteten halbfertigen
Ränder, / schattenbespielte Weizenfelder, hochgewachsen wie
Hecken, / abgelegene Ortschaften, in denen entlegene Le-
bensläufe

durch Einsamkeit vereindeutigt werden. Hier steht Stille /
wie Hitze. Hier wachsen Blätter unbeobachtet, / verborgenes
Unkraut blüht, unbeachtete Gewässer sprudeln, / schillernd
bevölkerte Luft steigt auf; / und hinter den Mohnblumen be-
endet bläulich neutrale Distanz / das Land plötzlich jenseits
eines Strandes / aus Formen und Kieselsteinen. Hier ist uneingeschränktes Sein: / der Sonne zugewandt, ungesprächig,
außer Reichweite.

[Übers. von Christoph Reinfandt]

Philip Larkin (1922–85) wird zu den sogenannten Move-
ment-Dichtern gerechnet, die in den fünfziger Jahren bekannt wurden und deren Lyrik sich durch Common-sense-
fundierte Leserfreundlichkeit und Verständlichkeit auszeichnet. Im folgenden wird sich zeigen, daß *Here* (1961)
als ein typisches Gedicht dieser Gruppe gelten kann. Im
Gegensatz zu seinem Stillstand verheißenden Titel beschreibt es eine Bewegung. Das zunächst anklingende Motiv der Zugreise begegnet des öfteren in Larkins Lyrik, doch
entzieht sich die hier gestaltete Bewegung gegen Ende auf
eine genauer zu analysierende Weise einer rein realistischen
Lesart. Die beschriebene Reise beginnt auf der Nord-Süd-
Achse Englands zwischen Newcastle und London mit ihrem stark industrialisierten Einzugsbereich und endet an
der Ostküste. Das Gedicht weist zwei charakteristische
Merkmale auf, denen im folgenden besondere Aufmerksamkeit geschenkt wird: 1. eine Tendenz zur Entsubjekti-
vierung, die u. a. dadurch deutlich wird, daß der Sprecher an
keiner Stelle durch die Verwendung der 1. Person klar ins
Bild tritt, 2. die Tatsache, daß die Bewegung von einer paradoxen Mischung aus Zirkularität (»swerving«) und Zielgerichtetheit (»east«) bestimmt wird.
  Die zweimalige Wiederholung des *present participle*
»swerving« in Strophe 1 verleiht dem Gedicht durch die
Ausblendung des Subjektbezugs und der Motivation der

Bewegung einen unbestimmten Charakter. Nehmen wir an, der Sprecher wende sich ab von der Industrielandschaft des Nordens, die Wohlstand und Bedrohung zugleich verkörpert: Ist diese Abwendung dann freiwillig oder erzwungen? Und welche Alternative bietet sich ihm? Um nur die letzte Frage zu beantworten: Vor dem Hintergrund der romantischen Literaturtradition bietet sich ein Rückzug in die Natur an. Das Gedicht präsentiert jedoch zunächst nur eine zwar ehemals ländliche, jetzt aber karge und von den Zeichen der Industrialisierung geprägte Landschaft. Erst nachdem mit dem Abstraktum »solitude« – vgl. William Wordsworths *I wandered lonely as a cloud* (1804) – das traditionell romantische Ziel der Bewegung angegeben ist, beschwören die letzten Zeilen von Strophe 1 eine nostalgische, ländlich-maritime und damit typisch englische Idylle bei Sonnenaufgang.

Der Abschluß des über die gesamte erste Strophe durch die Verbform »swerving« und die daran anschließenden Aufzählungen in der Schwebe gehaltenen Satzes kommt überraschend und zwingt die vorangegangene Vielfalt grammatisch recht willkürlich in den Singular: Das Prädikat »gathers« kann entweder auf »the widening river's presence« zurückbezogen oder aber durch ein gedachtes ›all this‹ ergänzt werden. Ein Doppelpunkt und ein erstes »here« markieren den Einschnitt deutlich. Was folgt, ist die Beschreibung einer Stadt, die einerseits typisch-repräsentativ, andererseits jedoch individualisiert dargestellt ist: Die geographischen Gegebenheiten, das von Kuppelbauten und Hafenanlagen geprägte Stadtbild sowie schließlich das Sklavenmuseum (Wilberforce House) ermöglichen eine eindeutige Identifizierung von Hull, der Stadt also, in der Larkin seit 1955 lebte.

In Strophe 2 und 3 bleibt die Beschreibung der Stadt zwiespältig: Einerseits ist das Stadtleben durch Öde und billigen Materialismus gekennzeichnet (12–16), andererseits deutet bereits die erste Zeile der Beschreibung mit ihrem Anklang an Wordsworth' Sonett *Composed upon Westminster Bridge* (1802) (»silent, bare, / Ships, towers, domes,

theatres, and temples lie«) (Löffler, S. 143 f.) auf eine ideali-
sierende Tendenz hin, die in der erste Hälfte von Strophe 3
in einem nicht mehr rein beschreibenden, sondern eher re-
flektierenden Zwischenspiel bestätigt wird. Die Beschreibung der Stadtbewohner gipfelt zwar zunächst in der abwertenden Bezeichnung »cut-prize crowd«, wendet sich
dann aber ins Positive: Die Menschen sind »urban yet
simple« und leben in einem klar umrissenen Umfeld, das
sogar einen gewissen Reiz auf den Betrachter ausübt.

Diese idealisierte Version des ›einfachen Lebens‹ wird, nur
schwach relativiert durch »terminate« und »fishy-smelling«,
emblematisch in einem vielschichtigen Bild (»pastoral of
ships up streets«) zusammengezogen. Im Mittelpunkt der
hier evozierten Szenerie stehen die im Bau befindlichen
Schiffe, die zu einem Teil des Straßenbilds werden und als
Ergebnis solidarischer Arbeiterbemühungen zur ikonogra-
phischen Mythologie des englischen Nordostens gehören.
Gleichzeitig fällt die Distanz des Betrachters (»*up* streets«)
auf: Er blendet den Alltag des Schiffbaus aus und stellt mit
der Verwendung des Substantivs »pastoral« eine Verbindung
zwischen dem ›einfachen Leben‹ in der so idealisierten Stadt
und der zuvor imaginierten ländlich-maritimen Idylle her.

Zweimal wird also eine bei nüchterner Betrachtung eher
trostlose Gegenwart unter Rückgriff auf literarische Konventionen und nationale Identitätsmuster in eine idealisierte
Version transformiert, die sofort wieder in Frage gestellt
wird. Die für Strophe 1 charakteristische Folge von Präpositionen (»... *from* rich industrial shadows ... *through* fields
... *to* solitude« vs. »large town«) erscheint auch in Strophe 2: diesmal, um die Bewegung der Stadtbewohner zu beschreiben (»*from* raw estates ... *through* plate-glass swing
doors ... *to* their desires« vs. »cheap suits ...«) (Latré,
S. 223 f.). Parallelisiert werden hier individuelle und kollektive Bedürfnisse, deren imaginäre bzw. materielle Befriedigung in beiden Fällen einseitig und flüchtig bleibt. Die in
Strophe 3 vollzogene Transformation des Stadtlebens in

ein *urban pastoral* (Regan, S. 103 f.) belegt jedoch, daß der dichterischen Imagination trotz ihres möglicherweise illusorischen Charakters der höhere Wert zukommt, und hier scheint das eigentliche Ziel der vom Gedicht beschriebenen Bewegung zu liegen.

Strophe 4 bestätigt diese Vermutung. Mit Verlassen der Stadt in einen nostalgisch imaginierten ländlichen Bereich ›vereindeutigt‹ sich zunächst die Vision unentfremdeten Daseins und nähert sich so den Voraussetzungen dichterischer Imagination an (»solitude«, 5; »loneliness«, 25). Schließlich scheint mit einem erneuten »here« das ursprünglich angestrebte Ziel der Bewegung, die Natur, erreicht. Sie entzieht sich jedoch dem Zugriff menschlicher Erfahrung (»silence«, »unnoticed«, »hidden«, »neglected«). Jede Vorstellung einer Einheit von Mensch und Natur erweist sich so als eine Projektion – man beachte die Vermenschlichung der Insektenwelt (»luminously-peopled«) –, die möglicherweise sogar den Glauben an eine religiöse Transzendenz voraussetzt (»ascends«). Es bleibt jedoch bei dieser Andeutung: Das Gedicht verharrt in einer Immanenz, die lediglich im Rausch (»poppies«) oder in der Kunst (»bluish«) transzendiert werden kann. Das hier anklingende romantische Motiv der Blauen Blume, Symbol der Dichtung und der beseelten Natur, bleibt jedoch ambivalent, da sich »bluish« nicht auf die (meist roten) »poppies« bezieht, sondern auf das Meer, das lediglich als »neutral distance« erscheint und als Symbol dafür dient, daß dem Menschen ein ›uneingeschränktes Sein‹ – zumindest im irdischen Leben – verwehrt ist: Das Ziel der Bewegung, eine unentfremdete, ›totale‹ Existenz, bleibt für den Menschen letztlich »out of reach«, was auch die auf menschliche Kategorien verweisende Negation »untalkative« belegt. Damit vollzieht auch *Here* als Ganzes die mit den Präpositionen »from – through – to« umrissene Bewegung, der am Ende nicht mehr als eine flüchtige Erfüllung beschieden ist.

In einem Gedicht allerdings vermag der Lyriker seinem Einblick in ein ›uneingeschränktes Sein‹ Dauer zu verleihen. In diesem Sinne ist »here« überall dort, wo die dichterische Imagination tätig werden und sich ungehindert entfalten kann. Diese Feststellung erlaubt eine autobiographische Deutung des Gedichts, hatte doch Larkin selbst das Image eines ›Hermit of Hull‹ kultiviert. Im übertragenen Sinne jedoch ist »here« das Gedicht selbst, dessen Form die Transzendenz sinnhafter Abgeschlossenheit ermöglicht, die dem Menschen im Leben versagt bleiben muß. So wird dem dreifachen »swerving« in Strophe 1 am Ende ein dreifaches »here« entgegengesetzt.

Die formale Gestaltung des Gedichts kann demgegenüber in ihrer Unaufdringlichkeit als Versuch einer Wiederannäherung von Kunst und Leben im Sinne der Movement-Ästhetik gedeutet werden: Sinntragende Funktion hat die Inversion im ersten Vers der Schlußstrophe, denn »loneliness« und »clarifies« sind Schlüsselbegriffe. Andere Stilmittel (v. a. Assonanzen und Alliterationen, letztere z. B. in V. 6) haben schmückende Funktion. Dem Gedicht liegen ein jambischer Pentameter sowie ein gelegentlich unrein gefülltes Reimschema zugrunde (Str. 1 u. 3: ababcddc; Str. 2 u. 4: abbacdcd). *Here* ist nicht nur ein Beispiel für Larkins technische Virtuosität, seine Beobachtungsschärfe und ironische Distanz. Das Gedicht zeigt darüber hinaus, wie es ihm – ähnlich wie in dem Zuggedicht *The Whitsun Weddings* (1958) – gelingt, eine zunächst rein realistisch beschreibende Haltung gegen Ende unaufdringlich ins Symbolische zu wenden.

Gedichttext nach: Philip LARKIN: Collected Poems. Hrsg. von Anthony Thwaite. London: Faber & Faber, 1988. S. 136 f.
Literaturhinweise: Roger DAY: Larkin. Milton Keynes 1987. – Guido LATRÉ: Locking Earth to the Sky. A Structuralist Approach to Philip Larkin's Poetry. Frankfurt a. M. 1985. – Arno LÖFFLER: »Untalkative, out of reach«: Die Erfahrung der Natur in Philip Larkins »Here« und »To the Sea«. In: Günter Ahrends / Hans Ulrich Seeber (Hrsg.): Englische und amerikanische Naturdichtung im 20. Jahrhundert. Tübingen 1985. S. 139–150. – Stephen REGAN: Philip Larkin. Basingstoke 1992.

RAINER LENGELER

Elizabeth Jennings: *A Chinese Sage*

A Chinese Sage

A Chinese sage once took every word distilled, altered
and perfected
In private till for him it seemed a poem, yes he took this
to a peasant woman,
Read it to her softly and slowly and waited for her
rough-voiced assurance that
Certain words she could understand, others were
meaningless to her. Very discreetly
5 But decisively, and with no arguments, this sage crossed
out every word that was foreign to
A woman of simplicity who knew labours of the soil and
the house, who had no
Dealings other than this with poetry, art of any kind,
yet by his

Magnanimity, more, his humility, became his mentor,
guided him
Out of all obscurity, not with wearying argument or even
quiet coaxing, but by the fact
10 That she was a world he could enter only through her.
Hay, beds, crude meals, lust
Subdued his wit, bodied out his verse, cancelled
cleverness. And, I ask, was he
Most poet or most philosopher in this uncrowned
wisdom, writing
In the reign of Charlemagne, paring simplicities to a
peace no
Emperor was ever enticed by or even dreamed of?

Ein chinesischer Weiser

Ein chinesischer Weiser brachte einst jedes Wort, das er gefiltert, verändert und vervollkommnet hatte / rein privat, bis es ihm ein Gedicht schien, ja, er brachte es zu einer Bauersfrau, / las es ihr sachte und langsam vor und wartete auf die Versicherung ihrer rauhen Stimme, daß sie / bestimmte Wörter verstehen könne, andere ohne Sinn für sie blieben. Sehr diskret, / doch entschieden und ohne Gegenrede strich der Weise jedes Wort, das ihr fremd war, / ihr, der einfachen Frau, die die Mühen der Scholle und des Hauses kannte, die keinen andern / Umgang als diesen mit Dichtung oder Kunst jedweder Art pflegte, die gleichwohl ob seiner

Hochgesinntheit, mehr noch, seiner Demut, sein Mentor wurde, ihn führte / heraus aus aller Dunkelheit, nicht mit ermüdenden Beweisen oder gar sanftem Zureden, sondern aufgrund der Tatsache, / daß sie für eine Welt stand, zu der er nur über sie Zugang hatte. Heu, Betten, rohe Kost, Lust / bändigten seinen Geist, gaben seinen Versen Körperlichkeit, löschten jedes Klugreden. Und so frage ich, war er / am meisten Dichter oder Philosoph in seiner ungekrönten Weisheit, als er / im Zeitalter Karls des Großen schrieb und einfache Dinge zu einer Eintracht stutzte, die keinen / Imperator je lockte oder von der er auch nur träumte?

[Übers. von Rainer Lengeler]

Elizabeth Jennings (geb. 1926) gehört zu den Beiträgern der beiden Movement-Anthologien *New Lines* (1956 und 1963), äußerte aber nachträglich, daß ihr diese Verbindung mehr geschadet als genutzt habe. Sie sieht wenig Gemeinsamkeiten zwischen ihrer Bekenntnislyrik einer überzeugten Katholikin und den Bemühungen der eher agnostisch ausgerichteten Dichter des Movement. Elizabeth Jennings kann unbedenklich als religiöse Lyrikerin bezeichnet werden, die den beiden Walisern David Jones und R. S. Thomas nahesteht. Was allerdings die dichterische Qualität anbetrifft, scheinen mir nicht die geistlichen Texte, sondern eher

einzelne Gedichte aus der Gruppe der ›Kunstgedichte‹ den
Vorrang zu verdienen, allen voran die herrliche (1975 in
Growing-Points veröffentlichte) Parabel *A Chinese Sage*.

Die vierzehn Langzeilen in freien Rhythmen berichten
eine Anekdote aus dem Leben eines chinesischen Dichter-
Weisen, der ein Gedicht einer einfachen Frau aus dem Volk
zur Kontrolle vorlegt, um auf diese Weise seine Allgemein-
verständlichkeit sicherzustellen. Zu denken ist wohl an Bo
Juyi (772–846), der zu den herausragenden Dichtern der
Tang-Zeit gehört. Der Sprecher malt seine Geschichte über
zehn Zeilen bedächtig und unauffällig aus, bevor er am
Schluß der elften Zeile für einen Augenblick in den Vordergrund tritt und – den Gesetzen der Parabel entsprechend –
auf die Erzählung eine Deutung in Form einer rhetorischen
Frage folgen läßt.

Versucht man dieses lyrische Erzählen genauer zu charakterisieren, so ist nicht nur der Periodenstil, der ruhige
Erzählfluß, das anschauliche Ausmalen, sondern bei aller
Schlichtheit des Ausdrucks gerade auch eine leise Rhetorik
zu bedenken. Das Gedicht besteht aus vier Perioden, deren
längste sich über nicht weniger als sechs Zeilen erstreckt.
Syntaktisch überwiegen nicht die Unter-, sondern die Ne-
benordnungen, an deren Zustandekommen nicht zuletzt
Wiederholungen und Anhäufungen teilhaben. Gleichzeitig
fällt auf, wie der Sprecher durch vorsichtige Gegenüberstel-
lungen nicht nur um Klarheit bemüht ist, sondern wie er
durch diese Häufungen und Wiederholungen seinen Worten auch rhetorisch Nachdruck und Anschaulichkeit ver-
schafft. Indem es zu Beginn nicht etwa heißt: ›A Chinese
sage once took *a poem*‹, sondern »every word distilled,
altered and perfected«, erlebt der Leser durch die Nachstel-
lung der Adjektive den langwierigen Entstehungsprozeß,
das Herausfiltern, das Verändern und Feilen an jedem einzelnen Wort im nachhinein mit. Ähnlich gelingt dem Sprecher die Vergegenwärtigung des Vorlesens in Zeile 3, wobei
hier neben der Häufung der Adverbien sicher auch der be-

dächtige und ruhige Rhythmus den schlichten Vorgang mit heraufbeschwört.

Ohne hier eine detaillierte metrisch-rhythmische Analyse vorlegen zu wollen, läßt sich doch feststellen, daß der Rhythmus insgesamt durch ein ruhiges Fließen gekennzeichnet ist. Hebungspralle und unerwartete Einschnitte fehlen bis auf die Zeilen 10 und 11, in denen es um die Unterwerfung des Geistes durch die Realitäten des Alltags geht. Charakteristischerweise werden auch die großen Einschnitte fast alle in das Zeileninnere verlegt, das heißt, die zahlreichen Zeilensprünge tragen ihrerseits zu dem vorherrschenden Eindruck eines ruhigen Fließens bei. Wenn so in dem Gedicht alles auf Schlichtheit abgestellt ist und auf das Vermeiden jeder lauten oder aufdringlichen Note, so läßt der Sprecher dennoch keinen Zweifel über die Bewertung der Episode aufkommen. Die positive Beurteilung ist bereits im Titel vorweggenommen und erfährt im Verlauf des Gedichts wiederholt ihre ausdrückliche Bestätigung. Daran ändert auch die Scheinfrage vom Schluß nichts. Bereits die ungewöhnlichen Superlative erweisen die Alternative als sophistische Spielerei angesichts der Realität einer Weisheit und eines Friedens, von denen kein gekröntes Haupt auch nur träumt. Im Hinblick auf den Sprachstil ist allerdings zu bedenken, daß die rhetorische Frage vom Schluß jede offene Belehrung ebenso verschleiert, wie sie eine bestimmte Überzeugung nahelegt, das heißt, die rhetorische Frage im Verband mit der Zeigegeste (»this uncrowned wisdom«) wiederholt ein letztes Mal, was den Sprachstil im ganzen Gedicht kennzeichnet: ein gelassenes Vor-Augen-Stellen, das auf ein unauffälliges Überreden hinausläuft.

Wir haben das Gedicht eine Parabel, eine lehrhafte Erzählung genannt, die auf eine allgemeine Erkenntnis abzielt. Und in der Tat ist die Episode aus dem Leben des chinesischen Dichter-Weisen nicht Selbstzweck, sondern verweist auf eine umfassendere Thematik, die ebenso zeitlos wie modern ist, nämlich das Verhältnis von Kunst und Leben und noch umgreifender, das Verhältnis von Individuum und Welt. Das Gedicht, das der Weise der Landfrau vorträgt, behält bei aller Schlackenlosigkeit seinen rein privaten Charakter (1 f.), und es geht gerade darum, ihm diesen bloßen Kunstcharakter zu nehmen und der Wirklichkeit Eintritt zu verschaffen. Das geschieht unter Mitwirkung der Frau aus dem Volke, die keinen Kunstverstand, sondern nur ihr Wissen um die Mühen der Scholle und des Hauses einzubringen hat. In einem zweiten Schritt wird das Problem noch einmal zugespitzt: »Hay, beds, crude meals, lust / Subdued his wit, bodied out his verse, cancelled cleverness.« Durch die metonymische Verschiebung tritt die Realität des bäuerlichen Alltags an die Stelle der Frau. Die Gegenstände und die Früchte ihrer Arbeit sind es, die den Geist des Dichters bezwingen, seine Kunstgriffe auslöschen, umgekehrt aber auch seinen Versen Körperlichkeit verschaffen. Wie hinter der Frau die Realität des Alltags steht, so verkörpert der Dichter-Weise eine geistige Einstellung, die bald als Großzügigkeit, bald als Demut erscheint und durch die erst die entscheidende Überwindung des Ich im Leben, aber auch in der Kunst möglich wird (1Ca). Elizabeth Jennings gestaltet in ihrer Parabel vom chinesischen Weisen eine Existenzfrage der modernen Kunst, nämlich wie das Leben in die Kunst hereinzunehmen sei, und weist am Paradefall ihres Helden dem modernen Menschen gleichzeitig einen Weg, wie er sein eigenes Ich transzendieren und die Welt um sich herum erschließen kann.

Nachdem die Kritiker der Dichterin so häufig Verstaubtheit und mangelnden Gefühlsausdruck vorgeworfen haben, scheint es mir ein Gebot der Fairneß, im Falle des vorliegenden Gedichts einmal nachdrücklich auf die Aktualität ihres Themas und die absolut überzeugende Schlichtheit des sprachlichen Ausdrucks hinzuweisen. Von diesem Gedicht läßt sich sagen, was sie selber in einem andern ihrer besten Gedichte über Rembrandts späte Selbstbildnisse schreibt: »Here / Is a humility at one with craft.« Keineswegs auch dient dieses zweite Feilen, dieses Bemühen um Einfachheit einem bloßen Kunstideal, sondern kündet gerade von einer Lebensform, einem Frieden, der keinen bisherigen Kaiser gelockt, ja von dem er auch nur geahnt hätte. Die Parabel strahlt aber nicht nur Schlichtheit und Ruhe aus, sie besticht auch durch die Heiterkeit, die von ihr ausgeht. Gerade in dieser Hinsicht erscheint auch der Unterschied zu dem häufig mit der Dichterin in einem Atemzug genannten und viel (und mit Recht) gerühmten Philip Larkin besonders charakteristisch. Viele Gedichte Larkins betreiben das Geschäft des Demaskierens bis zur Verbissenheit und wirken leicht deprimierend. Dagegen empfindet der Leser ein Gedicht wie das vorliegende als eine Art Erlösung, die von einer ›alten Fabel‹ ausgehen kann, wie es in *Freshness* heißt, und die die Dichterin mit den Worten umschreibt: »You respond and are illuminated and radiant yourself.«

Die hier vorgelegte Interpretation ist eine gekürzte Fassung meines Aufsatzes von 1977. Abdruck mit Genehmigung des Cornelsen Verlags, Berlin.

Gedichttext nach: Elizabeth JENNINGS: Collected Poems 1953–1985. Manchester: Carcanet Press, 1986. S. 124 f.
Literaturhinweise: Rainer Lengeler: Elizabeth Joan Jennings: »A Chinese Sage«. In: R. L. (Hrsg.): Englische Literatur der Gegenwart (1971–1975). Düsseldorf 1977. S. 377–381. – Edward LEVY: The Poetry of Elizabeth Jennings. In: PN Review 5 (1975) S. 62–74. – Michael SCHMIDT: An Introduction to Fifty Modern British Poets. London 1979. S. 346–352.

PETER HÜHN

Charles Tomlinson: *Paring the Apple*

   Paring the Apple

   There are portraits and still-lifes.

   And there is paring the apple.

   And then? Paring it slowly,
   From under cool-yellow
5 Cold-white emerging. And ...?

   The spring of concentric peel
   Unwinding off white,
   The blade hidden, dividing.

   There are portraits and still-lifes
10 And the first, because ›human‹
   Does not excel the second, and
   Neither is less weighted
   With a human gesture, than paring the apple
   With a human stillness.

15 The cool blade
   Severs between coolness, apple-rind
   Compelling a recognition.

Apfelschälen

Es gibt Porträts und Stilleben.
   Und es gibt Apfelschälen.
   Und dann? Ihn langsam schälend, / unter Kühl-Gelb /
Kalt-Weiß auftauchend. Und ...?

Die Spirale der konzentrischen Schale / sich vom Weiß ab-
wickelnd, / das Messer verborgen, teilend.

Es gibt Porträts und Stilleben, / und das erste, da ›menschlich‹, / übertrifft nicht das zweite, und / keines von beiden ist
weniger / mit einer menschlichen Geste gewichtet als Apfelschälen / mit einer menschlichen Stille.

Die kühle Schneide / trennt zwischen Kühle, indem die
Apfelschale / eine Erkenntnis erzwingt.

[Übers. von Peter Hühn]

Charles Tomlinson (geb. 1927) stammt aus der Industrie-
region Mittelenglands. Er studierte englische Literatur und
lehrte von 1956 bis zu seiner Emeritierung Englisch an der
Universität Bristol. Gedichte hat er seit den frühen fünfziger Jahren veröffentlicht. Die wichtigsten liegen in seinen
Collected Poems (1985) vor. Außer als Dichter hat sich
Tomlinson als Maler und Zeichner betätigt, und sein visuel-
les und graphisches Interesse prägt auch seine poetische
Schreibweise und Thematik. Sein spezielles Interesse gilt
der sinnlichen Wahrnehmung, besonders der außermenschlichen Welt der konkreten Dinge und Vorgänge, vornehmlich in der Natur, sowie den Bedingungen der sprachlich-
künstlerischen Vermittlung dieser Wahrnehmungsabläufe.
Sein Ziel ist es, die Welt jenseits des menschlichen Bewußtseins in ihrer Eigenqualität und Andersartigkeit wahrzu-
nehmen und für den Leser wahrnehmbar zu machen.

In poetologischer Hinsicht ist Tomlinson eine singuläre
Erscheinung in der britischen Lyrikszene der Nachkriegszeit, da er gegenüber den beherrschend realistischen Tendenzen (der ironischen Wiedergabe der Alltagswelt im
Movement oder der sozial-engagierten Erfahrungsdarstel-
lung bei Tony Harrison und Douglas Dunn) entschieden
die Tradition der Moderne fortsetzt und sich an außer-eng-
lischen Richtungen orientiert, wie den französischen Symbolisten und vor allem an den amerikanischen Modernisten

(Wallace Stevens, Marianne Moore und William Carlos Williams) mit ihrem Interesse an der sinnlichen Materialität und Partikularität der Dinge wie an deren Vermittlung über die materielle Konkretheit der Sprache (die Ausnutzung ihrer klanglichen, syntaktischen und lexikalischen Elemente). Modernistisch ist Tomlinson etwa in der Verwendung unkonventioneller Metrik (*free verse*), der Thematisierung und Problematisierung poetischen Schreibens und der Leistung von Sprache sowie der Ablehnung von spätromantischer Selbstdarstellung und subjektivem Gefühlsausdruck.

Paring the Apple erschien 1958 in *Seeing is Believing*. Das Gedicht veranschaulicht ein zentrales Thema von Tomlinsons Lyrik: die Wahrnehmung einfacher Dinge in ihrer sinnlichen Präsenz und die Reflexion ihrer sprachlich-poetischen Vermittlungsbedingungen. Die Konfrontation der Dinge mit ihrer künstlerischen Abbildung bestimmt den Aufbau und die Dynamik des Gedichts, und aus dieser Konfrontation entwickelt sich der Versuch der entroutinisierten Wahrnehmung des Gegenstandes in seiner sinnlichen Eigenheit. Das Besondere in diesem Gedicht besteht darin, daß die künstlerische und die alltagspraktische Beschäftigung mit der Frucht, nämlich das Malen und das Schälen des Apfels, einander gegenübergestellt werden.

Diese Konfrontation erscheint zweimal und gliedert damit den Text in zwei Hälften (1–8, 9–17). Das Gedicht beginnt mit dem lapidaren Hinweis auf die Existenz von Kunst, die künstlerische Wiedergabe von Gegenständen in Porträts und Stilleben, also etwa eines Apfels, und setzt dagegen – in sich entfaltender Detaillierung – das Apfelschälen als Beispiel eines alltäglichen praktischen Vorgangs (1–2). In Absetzung vom bloßen Konstatieren der Kunst (wobei man dies Moment des Statischen als Implikation des ›Einfrierens‹ der Dinge im Kunstwerk interpretieren kann) wird der Alltagsprozeß gerade in seinem dynamischen Ablauf sprachlich akzentuiert. Dies geschieht durch die Häufigkeit der anreihenden Konjunktion »and« (2, 3, 5), verbunden mit

»then« und der drängenden Fragehaltung sowie durch vier Participia Praesentis (3–8), die als infinite Verbformen den Verlaufsaspekt unterstreichen.

In der Beschreibung des Schälvorgangs dominiert die sinnliche Qualität in der Kombination der Gesichts- und Geschmackssinne (»cool-yellow«, »cold-white«, »white«) und in der Anschaulichkeit des Prozeßresultats (die spiralförmige Schale), während auf das Instrument nur abstrakt verwiesen wird (da die Schneide des Messers nicht wahrnehmbar ist). Der Vorgang selbst erscheint als gewaltsame Teilung, als Aufbrechen der Ganzheit, wie die Verben »paring«, »emerging«, »unwinding«, »dividing« unterstreichen, verstärkt durch die Wahl von »paring« statt »peeling« und durch die Endstellung von »dividing«.

Eingeleitet durch wörtliche Wiederholung der ersten Zeile (9) kehrt die zweite Konfrontation die Proportionen um, indem sie jetzt der künstlerischen Darstellung eine ausführlichere Reflexion widmet und sie explizit mit dem dinglichen Vorgang vergleicht. Dabei assoziiert sich die Gegenüberstellung Kunst vs. Dingwelt mit weiteren Gegensatzpaaren: menschlich vs. nicht-menschlich und subjektiv vs. objektiv. Die eindeutige Abgrenzbarkeit der Gegenpole wird aber zugleich unterminiert. Denn die Erscheinung der Dinge erweist sich nicht nur in der Kunst – im Porträt wie auch im scheinbar menschen-losen Stilleben (10 f.) – als durch menschliche Manipulation determiniert (»weighted / With a human gesture«, 12 f.), sondern ebenfalls im konkreten Alltagsvorgang (»a *human* stillness«, 14); dies im Unterschied zum Anschein objektiver Unmittelbarkeit, mit der das Apfelschälen einleitend präsentiert worden war. Doch obgleich der praktische Vorgang beim direkten Vergleich mit der künstlerischen Darstellung und ihrer menschlichen Geste (»Neither is less weighted ... than ...«) seine menschliche Qualität nicht verleugnen kann, so zeichnet er sich zugleich durch einen hohen Grad an subjektiver Selbstzurücknahme und an menschlichem Verstummen vor den

Dingen aus: »with a human *stillness*« vs. »with a human *gesture*« (13 f.).

Es ergibt sich also eine Ambivalenz in der Relation von Kunst und Wahrnehmung: einerseits eine graduelle Differenz in der selbst-losen Wahrnehmung des Apfels beim Schälvorgang gegenüber der Kunst, andererseits eine vergleichende Annäherung, wie sie – im Medium der Sprache – in der sorgfältigen Durchkonstruktion eines Vergleichs zwischen beiden sowie in der syntaktischen Analogie zwischen den polysyndetischen Satzverknüpfungen (d. h. Aneinanderreihungen mit »and«) im ersten und zweiten Teil zum Ausdruck kommt. Der Gradunterschied wird abschließend besonders sinnfällig gemacht, wenn die letzten drei Zeilen des Gedichts den Schälvorgang aus dem ersten Teil in direkter Beschreibung wieder aufnehmen, fortsetzen und beenden und dabei der Gegenstandsbezug von der sinnlichen Perzeption (»The *cool* blade / Severs between *coolness*«, 15 f.) zum abstrakt bezeichneten Bewußtseinsakt wechselt: »a recognition«.

Die abstrakte Zusammenfassung markiert sprachlich den Abschluß des wiedergegebenen Wahrnehmungsprozesses, unterstrichen durch die erstmalige Verwendung eines finiten Verbs (»severs«) für das Schälen (während vorher infinite Formen den Fortgang des Prozesses signalisierten). Fazit dieses Abschlusses ist sein Erfolg: das Wiedererkennen des Alltäglichen und allzu Vertrauten mit neuer Frische. Dabei rückt der Begriff »recognition« den Objektbezug entschieden gegenüber dem Subjektaspekt in den Vordergrund: Was immer schon da war, wird jetzt allererst in seiner Eigenheit erkannt. Diese Orientierung des Erkennungsinstruments am schon immer Vorhandenen spiegelt sich auch – metaphorisch – im Schneidevorgang. Das Messer trennt gewaltsam die Hülle ab und öffnet den Apfel, paßt sich aber der sinnlichen Qualität des Objekts (»cool«) an, übernimmt sie und erzwingt dadurch die gedankliche Aufnahme dessen, was das Objekt ausmacht: »compelling a recognition«.

Die Strategie des Gedichts besteht somit darin, die Problematik der Kunst als manipulative Bearbeitung der Dinge zu thematisieren, um vor dieser Folie dann die unmittelbare Wahrnehmung des Dinges und des dinglichen Vorgangs durch graduelle Differenz in frischer Präsenz zu aktualisieren. Dem ist nun eine weitere Differenz hinzuzufügen, nämlich die Reflexion der Tatsache, daß das Apfelschälen seinerseits in einem Kunstwerk – dem vorliegenden Gedicht – dargestellt worden ist, sozusagen in Form eines Stillebens. Hierin liegt insofern eine Paradoxie, als Tomlinson ein künstlerisches Verfahren einsetzt, um die gegenstandsverzerrenden Momente des Kunstwerks zu unterlaufen. Das Ziel ist hier, wie immer bei Tomlinson, das versperrend Menschliche und das Subjektiv-Persönliche bei der Wahrnehmung der Dingwelt möglichst weit zurückzunehmen und die Dinge in ihrer Eigenart und Andersartigkeit zur Geltung kommen zu lassen.

Das Gedicht legt es nahe, den in ihm beschriebenen Vorgang des Apfelschälens als Metapher zu benutzen und das semantische Verfahren des Gedichts selbstreferentiell zu beschreiben. Der Vorgang des Aufbrechens, des gewaltsamen Öffnens der Frucht, den die Wortwahl akzentuiert, trifft auch auf den Prozeß der bildlichen Vorstellung des Apfels im Schälvorgang zu. Das Gedicht ›schält‹ das Dargestellte mit einer menschlich-künstlerischen Geste aus der Darstellung ›heraus‹, um es dann schweigend in seiner Dinghaftigkeit (der eigenartigen Farblichkeit und Kühle des Apfels unter der Schale) zu präsentieren und dadurch frisch erkennbar zu machen.

Zur formalen Unterstützung der Bedeutung bedient sich Tomlinson nicht der traditionellen Metrik, sondern der subtilen Semantisierung der grammatischen Elemente der Sprache (Verbformen, syntaktische Strukturen). Das vorherrschende formale Prinzip ist darüber hinaus die Doppelung, d. h. die Parallelisierung und Kontrastierung von Elementen, die das Gedicht als Konfrontation von (menschlicher) Kunst und (außermenschlicher) Dingwelt auch thematisch strukturieren. Die semantische Funktion dieser Doppelungen ist bestimmbar als ambivalente Spannung und Balance zwischen diesen Polen – zwischen den unvermeidlich menschlichen Ordnungskategorien der Kunst (und Wahrnehmung) und dem Verlangen nach deren Transzendierung mit dem Ziel, die Welt der Dinge in ihrer Andersartigkeit erscheinen zu lassen.

Gedichttext nach: Charles TOMLINSON: Collected Poems. Oxford: Oxford University Press, ²1987. S. 30.
Literaturhinweise: Brian JOHN: The World as Event. The Poetry of Charles Tomlinson. Montreal 1989. – Michael MEYER: Struktur, Funktion und Vermittlung der Wahrnehmung in Charles Tomlinsons Lyrik. Frankfurt a. M. 1990. – Kathleen O'GORMAN (Hrsg.): Charles Tomlinson. Man and Artist. Columbia 1988. – Richard SWIGG: Charles Tomlinson and the Objective Tradition. Lewisburg 1994. – Horst WEBER: Wahrnehmung und Realisation. Untersuchungen zu Gedichten von Charles Tomlinson. Heidelberg 1983.

Wulf Künne

Thom Gunn: *Black Jackets*

Black Jackets

In the silence that prolongs the span
Rawly of music when the record ends,
  The red-haired boy who drove a van
In weekday overalls but, like his friends,

5   Wore cycle-boots and jacket here
To suit the Sunday hangout he was in,
  Heard, as he stretched back from his beer,
Leather creak softly round his neck and chin.

Before him, on a coal-black sleeve
10 Remote exertion had lined, scratched, and burned
  Insignia that could not revive
The heroic fall or climb where they were earned.

On the other drinkers bent together,
Concocting selves for their impervious kit,
15   He saw it as no more than leather
Which, taut across the shoulders grown to it,

Sent through the dimness of a bar
As sudden and anonymous hints of light
  As those that shipping give, that are
20 Now flickers in the Bay, now lost in night.

He stretched out like a cat, and rolled
The bitterish taste of beer upon his tongue,
  And listened to a joke being told:
The present was the things he stayed among.

25 If it was only loss he wore,
   He wore it to assert, with fierce devotion,
      Complicity and nothing more.
   He recollected his initiation,

      And one especially of the rites.
30 For on his shoulders they had put tattoos:
      The group's name on the left, The Knights,
      And on the right the slogan Born To Lose.

Schwarzjacken

In dem Schweigen, das roh die Zeitspanne dehnt / der Musik,
wenn die Schallplatte endet, / (hörte) der rothaarige Junge, der
einen Lastwagen fuhr / in Alltagskleidern, doch wie seine
Freunde
   hier Motorradstiefel trug und -jacke, / der Sonntagskneipe
angemessen, in der er war, / hörte, als er sich von seinem Bier
zurücklehnte, / Leder leise knarren um seinen Nacken und
sein Kinn.
   Vor ihm, auf einem kohlschwarzen Ärmel / hatte ferne
Mühe Insignien gezeichnet, gekratzt und gebrannt, / die den
heroischen Fall oder Aufstieg nicht neu beleben konnten, /
bei dem sie erworben waren.
   An den anderen zusammenhockenden Trinkern, / die sich
ein Selbst zusammenbrauten für ihre undurchdringliche
Hülle, / sah er nichts als Leder, / das, straff um die Schultern,
die hineingewachsen waren,
   Durch das Zwielicht einer Bar / so plötzliche und anonyme
Lichtandeutungen sandte, / wie sie jene Schiffe von sich geben, die / jetzt noch ein Flimmern sind in der Bucht, jetzt
schon in Nacht verloren.
   Er reckte sich wie eine Katze und rollte / den bittern Bier-
geschmack auf seiner Zunge / und hörte, wie ein Witz erzählt
wurde: / Seine Gegenwart bestand aus Dingen, zwischen denen er blieb.
   Wenn es nur Verlust war, den er trug, / trug er es zur Verteidigung, mit grimmiger Andacht, / als Komplize und weiter
nichts. / Er erinnerte sich seiner Initiation

und einer Besonderheit der Riten. / Denn auf seine Schultern hatten sie tätowiert / den Namen der Gruppe links: Die Ritter, / rechts den Wahlspruch: Geboren zum Untergang.

[Übers. von Ute und Werner Knoedgen]

Thom Gunn (geb. 1929) lebt seit 1954 überwiegend in Kalifornien. Seine Begegnung mit dem Westen Amerikas in den fünfziger Jahren war eines der Schlüsselerlebnisse seines Lebens. Große Teile seiner frühen Lyrik sind daraus hervorgegangen. Dazu gehört auch unser 1958 erstmals erschienenes Gedicht.

Wir sehen vor uns eine Momentaufnahme aus einer trübe erleuchteten Bar. Der ohrenbetäubende Lärm der Jukebox verhallt. Einige ›Typen‹ in Motorradkluft hocken beieinander. Einer von ihnen, ein Rothaariger, hat gerade von seinem Bier getrunken und räkelt sich zurück. Ein anderer reißt einen Witz. Das ist alles.

Diese Szene, die freilich lebendig genug wirkt, weil sie an unsere Sinne, an Auge, Ohr und Zunge appelliert (Westlake, S. 241), steht mit ihrer Banalität in einem seltsamen Kontrast zu der Form und der Sprache, in der sie dargeboten wird. Der traditionelle, streng regelmäßige Strophenbau mit seinem jambischen Grundmetrum und Kreuzreim, die ausgreifenden, mehrmals zwei Strophen umspannenden Satzgebilde, die Vielzahl ›anspruchsvoller‹ Wörter, die Vorliebe für die Verbindung von Abstraktem mit Konkretem (z. B. 10 f.) – all dies will so gar nicht zu der primitiven Staffage passen.

Auf der Suche nach einer Lösung für dieses Rätsel treffen wir bei genauerer Lektüre schon in Zeile 2 auf das vielleicht merkwürdigste Wort überhaupt: »rawly«, Grundbedeutung: ›roh‹. Es versperrt uns in mehrfacher Weise den Weg. Zunächst von seiner Bedeutung her: Wie soll das Schweigen die Zeitspanne oder Lebensdauer (»span«) der Musik »roh«

verlängern? Sodann stoßen wir uns syntaktisch daran: »rawly« ist hineingezwängt zwischen »the span« und »of music« – eine sehr ungewöhnliche, ja ungrammatische Stellung. Ferner steht es prominent am Anfang der Zeile und wird außerdem hervorgehoben durch Alliteration (zu »record« und später zu »red-haired«). Besonders wirksam schließlich ist die Betonung: »raw-ly« als synkopische Durchbrechung des Versmetrums.

Erst in Zeile 8, kurz vor dem Ende des Satzes, erhalten wir einen weiteren Hinweis, als »rawly« seinen Gegenpol findet: »softly«. Beide Adverbien sind formal gleich gebaut, beide beziehen sich auf Geräusche. Sie erhellen sich gegenseitig. Vordergründig beschreiben sie die Erfahrungstatsache, daß man nach dem abrupten Ende eines lauten Geräusches – hier: der Popmusik – nahe und leise Geräusche überdeutlich wahrnimmt. Dieser Gegensatz von »rawly« und »softly« ist komplementär. Es ist der Gegensatz von Gesamtaufnahme (Bar) und Naheinstellung (Kopf des rothaarigen jungen Mannes), zwischen äußerer Umgebung und persönlicher Sphäre, zwischen Außen und Innen.

In »rawly« mischt sich also vielerlei: die für einen Außenstehenden ›unwirtliche‹ Atmosphäre der Kneipe; der Nachhall der ›schmerzhaft‹ anmutenden, lautstarken Musik; die in ihrer Pose ›unerfahren‹ und ›unreif‹ erscheinenden jungen Leute, mit ihrer ›rauhen‹ Lederkleidung fast ›brutal‹ wirkend. Aus der Nähe, für den jungen Mann, klingt das leise Knirschen des Lederkragens jedoch ›weich‹, ›angenehm‹, geradezu ›zart‹. So deutet der Gegensatz von »rawly« und »softly« schon gleich zu Beginn an: Die zur Schau getragene rauhe Außenhaut birgt einen zarten, weichen Kern. Der Gegensatz ist zugleich ein Element in der für das Gedicht konstitutiven Wechselbeziehung von Außen und Innen, von Form und Inhalt, von Stoff und Gestaltung. Auf der Darstellungsebene entspricht ihr ein ständiger Wechsel und ein Ineinanderspielen von Erlebniswelt oder Wahrnehmung des Helden (= Innenansicht) und kommentierender, perspektivischer Darstellung des Sprechers (= Außenansicht).

Wenn der junge Mann seinen ›Sonntagsanzug‹ anlegt, vertauscht er eigentlich nur eine Uniform gegen eine andere; denn auch der Overall ist eine solche Einheitskleidung, die ihn anonym macht. Anonymität wird den Lederjacken in dem Vergleich mit den Schiffen in der Nacht (Str. 5) sogar wörtlich zugesprochen, und es ist bedeutsam, daß Gunn dort nicht das individualisierende »ships«, sondern das kollektive »shipping« benutzt. Der junge Mann ist also trotz seines besonderen Merkmals der roten Haare einer wie viele andere auch.

Die Lederjacke als Uniform verleiht Anonymität, drängt das Individuelle zurück und betont das Kollektive. Wer sie trägt, wird Teil einer Truppe. Hinweise auf Militärisches sind denn auch vorherrschend. Schon der Titel spielt an auf die *Greenjackets*, die Soldaten der britischen *Rifle Brigade*, so genannt wegen ihrer grünen Uniformen. Ebenso werden hier aus den jungen Leuten in schwarzen Jacken die Schwarzjacken. Das Wort »kit« für Uniform entstammt der Soldatensprache. Diese Uniform ist hier von besonderer Art: Sie ist undurchdringlich (»impervious«) – eine Rüstung also, und von besonderer Art sind auch die Soldaten: Es sind Ritter. Die Kratzer auf dem Ärmel, die der junge Mann sich bei den ›heroischen Einsätzen‹ der Truppe geholt hat, werden zu ›verdienten‹ Abzeichen und Ehrenzeichen. Seine Aufnahme in die Rittergemeinschaft war mit förmlichen Initiationsriten verbunden. Ihr Motto ist ein »Slogan« in der keltischen Grundbedeutung des Wortes: ein Kampf- oder Schlachtruf. Und noch mehr: Die Gemeinschaft hat quasi-religiöse Züge. Sie trägt Sonntagskleidung. Der Held hängt ihr mit ›wilder Hingabe‹ an; aber »devotion« bedeutet auch ›Gottesdienst‹, und das gewählte Wort »recollect« für »remember« wird auch für mystisches ›Sich-Hineinversenken‹ gebraucht. Diese Rittergemeinschaft ist ein regelrechter Ritterorden.

Wofür kämpft dieser Orden? Für Gerechtigkeit? Für den Schutz der Schwachen? Nein, dieser Orden kennt keine Ziele, keinen Sinn außerhalb seiner selbst. Was diese verschworene Gemeinschaft zusammenhält, ist eben diese Gemeinschaftlichkeit selbst, das Komplizentum ›und weiter nichts‹, wie es heißt. Die negative Bedeutung von »complicity« nimmt den abwertenden Klang von »concocting« auf. Die übrige Gesellschaft, der ›normale‹ Bürger betrachtet diese Lederjacken-Jünglinge mit Mißtrauen, sieht in ihnen vielleicht gar eine, modern gesprochen, potentiell kriminelle Randgruppe. Aber eben darauf sind die jungen Leute stolz. Sie tragen die zerkratzten Lederjacken, ihre Zusammengehörigkeit mit »fierce devotion« zur Schau.

»Impervious«, ›undurchdringlich‹ ist ihre Rüstung aber auch in umgekehrter Richtung, von innen nach außen. Die Hülle wirkt geradezu als Gußform, in die hinein die trinkenden Verschwörer ihre selbstgebraute Identität gießen, so, wie sie ihr Bier in sich hineinschütten. Das Bild des Ausfüllens wiederholt sich in den nächsten beiden Versen: Die Schultern sind in die Lederhülle in doppeltem Sinne ›hineingewachsen‹: Zum einen hatten die Jungen ihre Uniform ein paar Nummern zu groß gekauft und mußten erst noch hineinwachsen; zum anderen wirken die ›angewachsenen‹ Schultern wie ein sekundäres Anhängsel der (primären) Uniformjacken. Die Person füllt die Rolle aus, die ihr die äußere Hülle zuteilt.

Das Motiv des Verlusts, des Verlierens und Verlorenseins durchzieht das gesamte Gedicht, bis es im letzten Wort gipfelt. Die Jacke des Helden wird Inbegriff des Verlusts. Nicht nur ist es ihm unmöglich, die Triumphe der Vergangenheit ›wiederzubeleben‹, sondern auch für die Zukunft gibt es keine Hoffnung, denn der Held und seine Freunde sind geborene Verlierer. Mit der Vergangenheit, mit der Zukunft hat diese Generation auch den Glauben an einen Sinn außerhalb ihrer selbst verloren. Sie sind auf das Hier und Jetzt verwiesen: »The present was the things he stayed among«

(24). Diese Zeile schließt sentenzartig eine Strophe ab, in der der Held hörend, schmeckend, animalisch wie eine Katze, in der Gegenwart verharrt.

Der auffällige Kontrast zwischen der banalen ›Handlung‹ des Gedichts und ihrer aufwendigen sprachlich-formalen Gestaltung könnte als ironische Wirkungsabsicht verstanden werden, die hohle Pose dieser jungen Leute lächerlich zu machen und der Kritik preiszugeben. Nichts wäre verkehrter als diese Vermutung. Daß Gunn es ernst meinte mit dem Heldentum seiner Figuren, geht aus autobiographischen Nachrichten (Hagstrom/Bixby, S. 17), aber auch anderen Gedichten jener Zeit hervor. Entsprechend spielt in *On the Move*, einem seiner bekanntesten Gedichte, ebenfalls eine Motorradbande die Hauptrolle. Jukebox und Popmusik begegnen uns in einem Lobgedicht auf Elvis Presley wieder. In dem Band *My Sad Captains* (1961) steht unmittelbar vor *Black Jackets* ein gleichfalls affirmatives Gedicht über frühgeschichtliche Recken in Panzerhemden (*The Byrnies*).

Gunn will also den rothaarigen jungen Mann und seine Freunde als wirkliche Helden verstanden wissen, die in einer sinnentleerten Welt sich selbst einen Sinn setzen. Zum Scheitern verurteilt, geben sie dennoch nicht auf. Der dichterische Feinschliff seiner Verse meint nicht Kritik, sondern lobende Überhöhung. Der Einfluß des Existentialismus von Sartre und Camus ist offensichtlich. Wie Camus' Sysiphos, der in Hoffnungslosigkeit zu sinnlosem Tun verdammte Held, wurde für Gunn der Motorradfahrer in der Lederjacke zur Leitfigur seiner Zeit. Dieses Beispiel seiner frühen Lyrik ist damit zugleich ein Zeugnis des Zeitgeists der fünfziger Jahre.

Gunn ist die Parteinahme für Hooligans verschiedentlich als unreife romantische Schwärmerei verübelt worden, auch von Kritikern, die ihn wegen seiner handwerklichen Perfektion sonst anerkannten. Als solche Stimmen laut wurden, hatten sich Gunns Weltbild und damit auch Stil und Inhalt seiner Gedichte aber schon geändert.

Gedichttext nach: Thom GUNN: Collected Poems. London: Faber & Faber, 1993. S. 108 f.

Literaturhinweise: A. E. DYSON (Hrsg.): Three Contemporary Poets. Thom Gunn, Ted Hughes and R. S. Thomas. London 1990. – Jack W. C. HAGSTROM / George BIXBY: Thom Gunn. A Bibliography. London 1979. – Peter R. KING: Nine Contemporary Poets. A Critical Introduction. London 1979. – Neil POWELL: Carpenters of Light. Manchester 1979. – Ingrid RÜCKERT: The Touch of Sympathy. Philip Larkin und Thom Gunn. Heidelberg 1982. – John H. J. Westlake: Thom Gunn's »Black Jackets«. In: Literatur in Wissenschaft und Unterricht 5 (1972) S. 240–246.

Ted Hughes: *Pibroch*

Pibroch

The sea cries with its meaningless voice
Treating alike its dead and its living,
Probably bored with the appearance of heaven
After so many millions of nights without sleep,
5 Without purpose, without self-deception.

Stone likewise. A pebble is imprisoned
Like nothing in the Universe.
Created for black sleep. Or growing
Conscious of the sun's red spot occasionally,
10 Then dreaming it is the foetus of God.

Over the stone rushes the wind
Able to mingle with nothing,
Like the hearing of the blind stone itself.
Or turns, as if the stone's mind came feeling
15 A fantasy of directions.

Drinking the sea and eating the rock
A tree struggles to make leaves –
An old woman fallen from space
Unprepared for these conditions.
20 She hangs on, because her mind's gone completely.

Minute after minute, aeon after aeon,
Nothing lets up or develops.
And this is neither a bad variant nor a tryout.
This is where the staring angels go through.
25 This is where all the stars bow down.

Pibroch

Das Meer schreit mit sinnleerer Stimme / gleich geht es um
mit seinen Toten und Lebenden, / gelangweilt wie es wohl ist
von der Ansicht des Himmels / nach den Millionen von
Nächten ohne Schlaf, / ohne Zweck, ohne Selbsttäuschung.

Desgleichen Stein. Ein Kiesel sitzt gefangen / wie Nichts im
Universum. / Erschaffen für schwarzen Schlaf. Oder gelegentlich glimmt / Ahnung auf von der Sonne rotem Fleck, /
dann träumt er, der Embryo Gottes zu sein.

Über den Stein rast der Wind, / mit Nichts kann er sich ver-
mischen, / wie das Gehör des blinden Steines selbst. / Oder
wendet sich, als ob im Stein / Fantasien aufstiegen von Him-
melsrichtungen.

Trinkt Meer und frißt Fels, / ein Baum, der kämpft, um
Blätter zu treiben – / eine Alte, aus dem All herabgestürzt /
ohne Schutz gegen diese Bedingungen. / Sie hält durch, denn
ihr Geist ist hinüber.

Minute um Minute, Äon um Äon, / nichts läßt nach oder
geht voran. / Und dies ist weder eine schlechte Version noch
ein Versuch. / Hier gehn die starrenden Engel hindurch. /
Hier verneigen sich alle Sterne.

[Übers. von Elmar Schenkel]

»Pibroch« ['piːbrɔk, -brɔx] ist ein Stück für den Dudelsack,
martialisch oder klagend, aber man sollte das Wort lieber
nicht übersetzen, denn für den englischsprachigen Leser hat
es einen kargen, zugleich pfeifenden Klang, der die keltischen Randgebiete und ihre elementare Natur zu verkör-
pern scheint. Ted Hughes' Gedicht (Erstdruck 1960) erschien zunächst in verschiedenen Anthologien und erhielt
1967 seinen festen Platz in dem Band *Wodwo*.

Hughes (geb. 1930) tritt in seinen Gedichten immer wieder den Beweis an, daß der historisch-politische Blick allein
nicht ausreicht, um unsere Existenz zu verstehen. Als Einzelgänger hat er sich daher allen Trends verweigert. Jedes

seiner Gedichte ist der Versuch, unser Leben in einem au-
ßergewöhnlichen Kosmos zu artikulieren, oft mit kruden,
dramatisch-schockhaften Mitteln, in einer präzisen, my-
then- und bilderreichen Sprache, in der Rhythmen körper-
lich erfahrbar werden. Der Natur und dem Universum, so
hat Hughes in seinen Essays betont, kann der Mensch nur
durch seine Einbildungskraft standhalten, durch die *creative
imagination*, wie sie Samuel Taylor Coleridge, William
Blake, aber auch die Sufis genannt haben. Überhaupt kann
man das Kräfte-Messen als einen Grundzug seines Werkes
ansehen. Wenn ein Kunstwerk entsteht oder ein religiöses
Ritual vollzogen wird, so werden nach Hughes die kosmischen Kräfte kanalisiert (Faas, S. 200 f.). *Pibroch* stellt eine
solche Konfrontation des Menschen mit den nackten Kräften des Kosmos dar; einen Versuch, dem Elementaren
standzuhalten.

Die fünf Strophen mit je fünf ungereimten Versen suggerieren keine Harmonien, wohl aber Energieströme, die
durch Bilder und Rhythmen gesteuert werden. Der Rhythmus des Gedichts ist jedoch nicht einheitlich, ebensowenig
wie die Kraft, die nach Hughes den Kosmos zusammenhält.
So wie sein Weltbild, zumindest in den sechziger und siebziger Jahren, manichäistische, polytheistische, pantheisti-
sche und nihilistische Züge aufweist, so stellt das Gedicht
Eigenrhythmen verschiedener Elemente und Bewußtseins-
formen in einen Zusammenhang. Die Schwierigkeit, die einzelnen Rhythmen in ein Gesamtkunstwerk zu pressen,
zeigt, wie sehr es in dem Text um Auseinandersetzung, den
Kampf zwischen Dingen, Geist und Kosmos geht und wie
wenig Sinn für ein Ganzes zu erahnen ist. Man braucht nur
die jeweils ersten Zeilen zu vergleichen, um zu sehen, daß
Meer, Stein, Wind, Baum und verrückte Alte in ihren eigenen Universen gefangen sind und sich durch die Erhaltung
ihrer Eigenrhythmen ein Überleben erkämpfen.

Die unregelmäßigen metrischen Formen (verschiedene
Versmaße, Prosaelemente, Tempowechsel, Hebungsprall)

sowie anaphorische Wiederholungen und Alliterationen geben Anlaß, über mehrere Phänomene des Gedichts nachzudenken: Welche zeitlichen Abläufe und welche räumlichen Welten werden geschildert? Von wo fällt der Blick in das Geschehen, wer ist die Persona, der Sprecher des Gedichts? Welche Rhetorik drückt Geschehen wie Nicht-Geschehen aus? Im folgenden wollen wir uns über die im Text angesprochenen Sinne dem ›Sinn‹ des Gedichts nähern.

Unsere Sinne, das ist eine Einsicht, die sich seit der Mitte des 19. Jahrhunderts immer wieder findet, verflachen zusehends unter der zivilisatorischen Apparatur der Moderne. Gedichte können über Zeichen eine polymorphe Sinnlichkeit erzeugen, die alte Erinnerungen des Körpers und der Kultur wachrufen. So ist es oft angebracht, bei Interpretationen den poetisch angedeuteten Sinnesbereichen nachzugehen und das Gedicht als einen vielfältig wahrnehmenden Organismus zu betrachten.

Strophe 1 betont die Stimme und knüpft mit »cries« an das Klagelied des Pibroch an. Diese Stimme ist aber negativ gekennzeichnet. Sie ist Ausdruck eines universellen Verlustes. Das Meer vermittelt keinen Sinn (1), es macht keinen Unterschied zwischen Tod und Leben. Es erlebt daher kein Reizgefälle (»bored«) und ist ohne Zweck und Selbsttäuschung. Durch diese Eigenschaftslosigkeit nähert sich das Element einer universellen Entropie, in der Unterscheidungen wie die zwischen Schlaf und Wachen und jede Ordnung überhaupt hinfällig werden.

In Strophe 2 wird die Beziehungslosigkeit, welche die erste Strophe suggeriert, mit dem Stein ins Visuelle getragen. Die Bildkette wird gebildet von Gefängnis, Isolation (»like nothing«), der Welt des ›schwarzen Schlafes‹, die eine doppelte Entfernung von der Wachwelt verrät. Nur andeutungsweise wird die Isolation des Steins durchbrochen im schwachen Flackern des Bewußtseins und durch einen Traum, der Gott zum Embryo macht oder in seinem Inneren einen solchen sieht. Der Stein deutet Gott auf höchst

eigene Weise, indem er ihn entweder selbst für ein sich ent-
wickelndes Wesen hält oder in ihm etwas Mütterliches sieht.

In Strophe 3 kommen weitere Sinne zur Geltung: das
Rauschen und Rasen des Windes, Hören, Fühlen und Sehen. Die Formel »able to mingle with nothing« gibt wie zuvor dem »nothing« ein substantivisches Gewicht, denn im
Standardenglisch müßte es heißen: »unable to mingle with
anything«. Das Nichts wird so verdinglicht und zu einer eigenen Kraft, die an Schopenhauers blinden Willen erinnert
(Faas, S. 205). Hier erreichen wir die Welt organischer Lebewesen – als verfolgte das Gedicht den Gang der Evolution.
Zunächst ein Baum, der sich taktil-oral in der Welt am Leben erhält, der vom Meer trinkt und vom Stein frißt und
damit eine Art Eucharistie in der Schöpfung begeht, zugleich aber die ersten Strophen zusammenfaßt. Der Baum
steht in einem universellen Kampf um die eigene Existenz
– ein Bild, das auch von Schopenhauer sein könnte.

Der Sprung zur Menschheit gelingt über einen Gedankenstrich, der vieldeutig ist. Er kann Identität meinen wie
auch Eruption, einen Sprung im Bild oder einen Riß im
Spiegel des Bewußtseins. Es ist also denkbar, daß der Baum
selbst die alte Frau ist, das Prinzip des Lebens, weiblich,
aber verrückt, ohne Erinnerung an einen kosmischen Ursprung. Da im Gedicht nur *ein* Gedankenstrich auftaucht,
ist diese Identität durchaus möglich, denn die anderen
Dinge, die das Bild des Gedichts konstituieren, sind durch
Punkt und Komma aneinandergereiht, während Ähnlich-
keitsbeziehungen durch »like« gekennzeichnet sind. Der
Gedankenstrich markiert jedenfalls einen Sprung in das dramatische Zentrum des Gedichts. Dieses kann nicht anders
als ambivalent sein, denn es entzieht sich der verbalen Er-
fassung.

Wenn die vorangegangenen Strophen Befindlichkeiten
wie Langeweile, Schlaf, Gefangenschaft, Träumerei und
Phantasieren beschrieben haben, so ist die Dramatik jetzt
durch »her mind's gone completely« gegeben. Hier ist eine

Grenze durchbrochen worden, während zuvor die Abwesenheit von Grenzen (»meaningless«, »black sleep«,
»nothing«) oder die Annäherung an Grenzen (»growing
conscious«, »came feeling«) angedeutet wurde. An dieser
Stelle bricht das Gedicht geradezu ab – gerade dort, wo
menschliches Bewußtsein in die Elemente eintaucht. Aber
es ist verlorenes Bewußtsein, Bewußtsein im Zustand seines
Gegenteils Wahn. Mensch und Elementenwelt scheinen
nicht füreinander gemacht, es gibt keine ›friedliche Koexi-
stenz‹.

Spannung und Schock verbreiten Stille. Dann beginnt in
der letzten Strophe die Uhr wieder zu ticken. Zunächst die
Menschenuhr, dann die Ewigkeitsuhr (21). Außerhalb dieses mechanischen Zeittaktes ist die Zeit aber nicht sichtbar
im Gedicht, es gibt weder Rückschritt noch Fortschritt.
Hughes deutet an, daß die historische Zeit, in der diese Kategorien dauernd angewendet werden, eine Illusion ist, die
an dieser elementaren Grenze zwischen Mensch und Natur
transzendiert wird. Aber auch in der Dichtung selbst kann
dieses Transzendieren stattfinden. In der letzten Strophe
zeigt sich zumindest ein Blickwinkel, der transhistorisch ist
und selbst über die Natur hinausgeht. Denn auch wenn der
Sprecher in den ersten Strophen viel weiß, weiß er nicht alles. So ist das Meer »*probably* bored«. In der letzten Strophe aber kann nur einer sprechen, der die Äonen verstrei-
chen sieht und für den es keinen Rück- oder Fortschritt
gibt. Hier schaut die Imagination durch Gottes Auge auf die
Geschichte. Es ist daher einerseits ein stilistischer Bruch,
wenn wir in der dritten Zeile von Äonen hinabfallen auf
schlechte Versionen und Versuche. Andererseits ist hier die
Seite des schöpferischen Tuns angesprochen.

Das Gedicht erreicht eine Metaebene, von der es auf seine
eigenen Bedingungen reflektieren kann durch die Rückfüh-
rung in die Sprache des schriftstellerischen Alltags (»variant«, »tryout«). Das Gedicht schwankt ohnehin bewußt
zwischen Umgangssprache und Bardenstil und verhindert

so einen Absturz in das visionäre Pathos (Heaney, S. 157). Die Schöpfung als mißlungenen Text oder als Experiment zu denken und den eigenen Text als Schöpfungsversuch – das ist poetologische Reflexion und gnostische Spekulation zugleich. In den letzten Zeilen aber weicht die Metapoesie der Metaphysik. Das dreifache »this is«, das rituell-magischen Charakter hat, erzeugt eine neue Ebene der Realität. Engel, deren Starren Verwunderung, Schrecken, Staunen und etwas Hypnotisches hat, und sich verneigende Sterne erinnern sowohl an die Apokalypse als auch an die großen Mythologeme des Romantikers Blake, dessen poetische Energie Hughes immer bewundert hat.

Hughes nutzt in *Pibroch* die elementare Welt am Rand der Zivilisation, die keltischen Grenzländer am äußersten Ende der britischen Inseln und zeigt mit seinen Bildern, daß es sich hier um einen Ausdruck unserer planetarischen, ausgesetzten Existenz handelt. Er bringt die Elemente Wasser, Luft und Erde in eine poetische Konstellation, die mit dem Feuer von Sternen und Engeln am Ende aus der Natur hinausweist. Der ödeste, verlassenste Fleck, an dem Geschichte haltgemacht hat, wird in einem *nunc stans*, einem visionären Moment – wie für den schottischen Musikanten und Barden, der seine Weisen in die Wildnis hinauspfeift – zu einem Tor der Wahrnehmung, Blakes »gate of perception«. Durch das Nadelöhr von Landschaft, Musik und Gedicht werden andere, immer präsente Welten sichtbar, die aus dem Außerhalb von Natur und Geschichte apokalyptisch hereinleuchten. Paradoxerweise führt der außergeschichtliche, übersinnliche Blick zu einer größeren Konkretion der sinnlich erfahrbaren Welt: »[*Pibroch*] attempts to make vocal the inner life, the simple being-thereness ... of sea, stone, wind and tree. Blake's pebble and tiger are shadowy presences in the background, as are the landscapes of Anglo-Saxon poetry« (Heaney, S. 158).

Gedichttext nach: Ted Hughes: Selected Poems 1957–1981. London: Faber & Faber, 1982. S. 108.

Literaturhinweise: Nicolas Bishop: Re-Making Poetry. Ted Hughes and a New Critical Psychology. Hemel Hempstead 1991. – Ekbert Faas: Ted Hughes. The Unaccommodated Universe. Santa Barbara 1980. – Seamus Heaney: Preoccupations. Selected Prose 1968–1978. London 1984. – Horst Oppel: Ted Hughes: »Pibroch«. In: H. O. (Hrsg.): Die moderne englische Lyrik. Interpretationen. Berlin 1967. S. 325–329. – Keith Sagar: The Art of Ted Hughes. Cambridge ²1978. – Thomas West: Ted Hughes. London 1985.

Geoffrey Hill: *Requiem for the Plantagenet Kings*

Requiem for the Plantagenet Kings

For whom the possessed sea littered, on both shores,
Ruinous arms; being fired, and for good,
To sound the constitution of just wars,
Men, in their eloquent fashion, understood.

5 Relieved of soul, the dropping-back of dust,
Their usage, pride, admitted within doors;
At home, under caved chantries, set in trust,
With well-dressed alabaster and proved spurs
They lie; they lie; secure in the decay
10 Of blood, blood-marks, crowns hacked and coveted,
Before the scouring fires of trial-day
Alight on men; before sleeked groin, gored head,
Budge through the clay and gravel, and the sea
Across daubed rock evacuates its dead.

Requiem für die Könige des Hauses Plantagenet

Für die das besessene [usurpierte] Meer auf beiden Ufern /
todbringende [verrottete] Waffen ausstreute, / abgefeuert, für
immer, / um die Einrichtung [Natur] gerechter Kriege kund-
zutun [zu ergründen], / Menschen verstanden das in ihrer be-
redsamen Art.

Entbunden von ihrer Seele, staubgeworden, / hat ihr ge-
wohntes Verhalten [gewohnter Mißbrauch], ihr Stolz, drinnen
Einlaß gefunden; / zu Hause, in Treuhandschaft unter Kapel-
lengewölben bestattet und gepflegt, / wohl bekleidet mit [mo-
delliert in] Alabaster und erprobten Sporen [Strebepfeilern], /
liegen [lügen] sie. Sie liegen [lügen]; sicher in dem Verfall /
von Blut, Blutspuren, Kronen zerhackt und begehrt, / bevor

die reinigenden Feuer des Jüngsten Gerichts / auf Menschen
niedergehen, bevor aufgeschlitzte Leiste, zerschmetterter
Kopf / durch Lehm und Kiesel brechen, und bevor das
Meer / über besudelte Felsen seine Toten ausscheidet.

[Übers. von Rolf P. Lessenich]

Geoffrey Hill (geb. 1932) ist der wohl umstrittenste englische Dichter-Theologe seit William Blake. Beide Dichter
verbindet ihr elitäres priester-prophetisches Selbstverständnis, einem in der Finsternis wandelnden Volk das Licht
messianischer Erlösung zu bringen, so unterschiedlich sie
diese Erlösung auch verstehen in Verkündigung oder Leug-
nung eines irdischen Prinzips Hoffnung. Hills Wahl von
drei Epigraphien zu seinem ersten Gedichtband *For the
Unfallen* (1959) – der das Sonett *Requiem for the Plantagenet Kings* einschließt – mit ihrer implizierten Klage um die
säkulare Banalisierung und kommerzielle Verschandelung
der Welt trifft sich mit Blakes *Jerusalem* (1804). Doch das
von Hill in der Dichterpose eines *alter Deus* vermittelte erlösende Licht führt soteriologisch nur zu der Einsicht, daß
der unabänderlich von Blut und Krieg geprägte gefallene
Mensch allein durch Blut erlöst werden kann. Christi
Opfertod, heilsmythisch und nicht heilsgeschichtlich verstanden, macht die Imitatio Christi insofern zur Conditio
humana, als nur der blutige leibliche Tod die blutige
menschliche Existenz zu überwinden vermag. Dies ist die
eine Bedeutungsschicht des komplexen Sammeltitels *For the
Unfallen*: Die Nichtgefallenen, Überlebenden, des Zweiten
Weltkriegs und des Holocausts von Auschwitz sind paradoxerweise (im bibelmythischen Sinne) Gefallene, die Gefallenen dagegen Erlöste. Blakes prophetischer Vision einer
diesseitigen, chiliastischen Welterlösung am Schluß von *The
Song of Los* (1795) und *Vala* (1797) setzt Hill am Anfang
von *For the Unfallen* seine prophetische Vision einer nur

individuellen und jenseitigen Erlösung *per aspera ad astra* gegenüber.

Das programmatische Einleitungsgedicht, *Genesis*, formuliert im priester-prophetischen Nachvollzug des Schöpfungsmythos die Unausweichlichkeit von Blut und Krieg. Das Meer mit seinen Gezeiten, »Archaic earth-shaker« (*Ode on the Loss of the »Titanic«*), ein zentrales Symbol des Gedichtbandes, steht für das eherne Naturgesetz von alternierendem Krieg und Frieden, wie Sturm und Stille, aber in metaphysischer Hinsicht auch für Tod und Auferstehung. Es nimmt den Dichter Shelley, die Toten der *Titanic*, der Überschwemmungen, der Seeschlachten auf, zieht sich scheinbar friedlich zurück, und spült in Antizipation der Auferstehung der Toten ihre Gebeine an Land. Nur diese Toten haben den Frieden und die Liebe, welche die Zeit nicht mehr in Krieg und Haß umschlagen lassen kann (*Wreaths*). Dieser symbolische Sinnkontext, in den sich auch das grandiose Schlußbild des *Requiem for the Plantagenet Kings* fügt, ist durchweg verbunden mit der Warnung des Dichters an die Überlebenden und Universalharmonieträumer nach dem Zweiten Weltkrieg, den Frieden nicht für dauerhaft im millenaren Sinne zu halten. Kommerz und sein völkerverbindender Anspruch verdrängen die Erinnerung an das Grauen von Schützengräben und Auschwitz in poliertem Marmor (*Statesmen have known visions*), verniedlichen urgewaltige »Furies« zu kitschigen »Pities« (*A Pastoral*), verharmlosen Martyrien in beschönigender Kunst (*The Martyrdom of Saint Sebastian*, *In Piam Memoriam*). Diese kommerzielle Verniedlichung und schmierenkomödiantische Verkitschung des Urgewaltigen wird auch im späteren Werk Hills immer wieder angeprangert.

Auch wenn Hill seine Kunst als »Menace and Atonement« für Leser und Dichter zugleich versteht (Lessenich) – ›at-one-ment‹ im Sinne erlösender Wiederversöhnung des von Gott entzweiten Menschen mit Gott in der Dichternachfolge Christi –, so ist sie in Sprache und Bildwahl doch zunächst »menace«. In einer Glosse zu seiner zweiten Gedichtsammlung, *King Log* (1968), beschreibt Hill seine Sprache als »a florid grim music broken by grunts and shrieks« (*Collected Poems*, s. Textquelle, S. 199).

Die kranke, gefallene Welt, die schon John Donne in *The First Anniversary* (1611) unbeschönigt anatomisierte, ist bei Hill noch kranker und gefallener, »unregenerate clay«. Der Mensch kann nur durch den Tod erlöst werden und auferstehen. Unter diesem soteriologischen Aspekt sieht Hill keinen Unterschied zwischen den so heterogenen blutigen Gemetzeln der Geschichte. Insistent verbindet er grausamen Tod mit ersehnter Erlösung wie »menace« mit »atonement«. Der rituelle Opferaltar eröffnet die Möglichkeit der Auferstehung. In dieser traditionalistischen Theodizee ist auch die Rolle der Mörder und Henker traditionalistisch biblisch bestimmt. Sie, Gottes Erlösungswerkzeuge, sind nichtsdestoweniger Verdammte. Der Gedanke taucht immer wieder in der abendländischen Literatur auf, besonders in dem von Hill hochgeschätzten Drama der Shakespeare-Zeit, so zum Schluß von Francis Beaumonts und John Fletchers *The Maid's Tragedy* (1611). Er ist biblischen Ursprungs und findet seinen berühmtesten Ausdruck in Jesus' Worten zu seinen Jüngern in Kapernaum: »For it must needs be that offences come; but woe to that man by whom the offence cometh« (Mt. 18,7). In *For the Unfallen* setzt Hill dieses Bibelzitat seinem dreiteiligen Gedicht *Doctor Faustus* als Epigraph voran: Gottes Geißeln (Faust, Herodes, die Harpyien, aber auch die Angevinischen Könige und die Mörder von Auschwitz) sind Verdammte zur Hölle und zugleich Erlöser ihrer Opfer, der zum Himmel bestimmten gefallenen Ungefallenen.

Hills *Requiem for the Plantagenet Kings* (1955 entstanden) läßt sich nur im Gesamtkontext seines Denkens verstehen, der in *For the Unfallen* schon ausgeprägt ist und in den späteren Gedichtsammlungen nur noch komplexer und mystisch-esoterischer durchgestaltet wird.

Das Sonett sprengt die Konventionen des Renaissance-Sonetts, so wie es auch die Sonettkunst der zwang- und regelverachtenden Romantik tat, jedoch weitaus radikaler und umfassender. Es werden nicht nur Wordsworths, Keats' oder Shelleys unreine Reime, traditionsvermischende Reimschemata, Versfußsprünge und Enjambements übernommen, sondern diesen aussagekräftigen Eigenwilligkeiten noch weitere hinzugefügt. Auf den ersten Blick ungewöhnlich ist die Absetzung des ersten Quartetts vom Rest des Sonetts, für den es keine dem ›Sextett‹ oder ›Oktett‹ analoge Bezeichnung gibt. Dieses erste Quartett besteht aus einem einzigen taktunruhigen, verschachtelten, obskur anakoluthen Satz, der formal wie inhaltlich das ›Requiem‹ des Titels konterkariert. Dem ganz und gar nicht totenfeierlich gestimmten, durch die arhythmische Prosa der ersten Zeile verunsicherten und bewußt verwirrten Leser wird erst nach wiederholter Lektüre dieser ›poetry as menace« klar, daß der Titel des Sonetts das Subjekt des ersten Satzteils bis zum Semikolon bildet: ›Dies ist ein Requiem für die Angevinischen Könige, für die das besessene Meer auf beiden Ufern todbringende/verrottete Waffen ausstreute.‹

Die Plantagenets oder Angevinischen Könige von Heinrich II. (1153–89) bis zu Richard II. (1377–99) waren eine der blutigsten und expansivsten Dynastien Englands, mit Besitztümern und Kriegen in Frankreich wie im eroberten Irland. Hills Formulierung ist also doppelt ambivalent (und somit doppelt anklagend): »on both shores« bezieht sich auf die Britische wie die Irische See, auch unter dem Aspekt der grausamen Eroberung von Wales durch Eduard I. (1272–1307); und »ruinous arms« bezieht sich sowohl auf die mit todbringenden Waffen übersäten Schlachtfelder an den Küsten als auch auf das Wiederanspülen der im Meer versenkten längst verrotteten Waffen an die Küsten (Hills immer wiederkehrende Antizipation der Auferstehung der Toten am Jüngsten Tag). Die Wahl des theologischen Adjektivs »possessed« bezichtigt die Angevinischen Könige diabolischer Usurpation nicht nur von Ländern, sondern auch von Meeren. Die Waffen sind »for good« im doppelten Sinne abgefeuert: zum einen sind sie unbrauchbar geworden, zum anderen verstanden es die Menschen immer, ihre Kriege beredt als gerechte Kriege ›herauszuposaunen‹ und die Natur gerechter Kriege philosophisch ergründen zu lassen (beides Bedeutungen von *to sound*). So stehen Kriegslust, Habgier und Korruption der Angevinischen Könige nur pars pro toto für diese konstitutiven Sünden der gefallenen Menschen, Blutvergießen als unabänderliche Conditio humana.

Nun, da die Angevinischen Könige in ihren Grabkapellen in England und Frankreich ›liegen‹ (Westminster Abbey, Fontevrault Abbey, Gloucester Cathedral usw.), ›lügen‹ ihre Grabinschriften die angebliche Gerechtigkeit ihrer Kriege weiter. Das emphatisch in biblischer Epizeuxis wiederholte Wortspiel »They lie; they lie« unterstreicht die Perpetuität von Geschichte bis in die Gegenwart, und schließlich bis zum Tag des Jüngsten Gerichts, wenn diese historischen Lügen in der Gegenüberstellung mit dem Zeugnis der ›ungefallenen‹ Toten endlich sterben werden. Man hat die Leichname der Plantagenets, trotz ihrer Sakrilege, ihrer Usurpation und ihrer Erztodsünde Stolz, in die Abteien und Kathedralen aufgenommen (6), und auch trotz ihrer Seelenlosigkeit: »For what is a man profited, if he gain the whole world, and lose his own soul« (Mt. 16,26; Mk. 8,36; Lk. 9,25). Wo man gemäß der Platonischen Soma-Sema-Lehre von einem wahren Christen erwarten sollte, daß der Tod und Zerfall seines Körpers seine darin gefangene Seele freisetze (›Relieved of body . . .‹), spricht Hill diesen Eroberern implizit die Eigenschaft des *princeps Christianus* ab (»Relieved of soul . . .«). Die treuhänderische Denkmalpflege eines *National Trust* empfiehlt die falschen Vorbilder, mißbraucht das Vertrauen der Betrachter.

So usurpieren die Angevinischen Könige selbst im Tode noch das in sie als Herrscher gesetzte Vertrauen (7) im Sinne mittelalterlicher Fürstenspiegel von John of Salisbury bis Erasmus von Rotterdam. Ihr Daliegen »with well-dressed alabaster and proved spurs« bezieht sich sowohl auf die Beschönigung ihrer gerüsteten und gespornten alabasternen Grabfiguren als auch auf die statische Solidität ihrer Grabkapellen mit ihren bewährten Strebepfeilern (»spurs«). Doch auch Alabaster und Strebepfeiler sind irdischem Verfall anheimgegeben, wie die Blutspuren, in deren Verfall sich die Angevinischen Könige und Mörder sicher wähnen, doppeldeutig ausgedrückt in dem barock-epigrammatischen Paradoxon »secure in the decay / Of blood«. Es führt ohne neuen Satz über das anaphorische »before« zu der schon am Gedichtbeginn antizipierten Vision des Jüngsten Gerichts (11) mit seinen alle Lüge und Schlacke ausglühenden, läuternden »scouring fires«, denen auch »well-dressed alabaster« und »proved spurs« nicht standzuhalten vermögen. Die kriminelle Scheinsicherheit ist vorbei. Die vernichtet geglaubten Corpora delicti der auf verschiedene Weise gemordeten – und doch letztlich ungefallenen – Opfer kommen nach und nach aus ihren Gräbern hervor: nicht nur wie zuvor schon vereinzelt, aus dem bei Hill allgegenwärtigen archetypischen Meer mit seinen Assoziationen von Urgewalt und Ewigkeit, sondern nunmehr alle, auch aus dem Lehm der gewöhnlichen Erde und dem Kies gepflegter Ruhestätten (13).

Der eschatologische Ausblick auf den Dies irae, wenn auch kein Requiem für die Mörder, ist doch eines für die Opfer und ihre überlebenden Angehörigen. Eine zunehmend gottferne, unverbesserliche, dissonante Welt erweist sich – zumindest heilsmythisch – in den letzten Dingen doch als gerecht und nicht von Gott verlassen. Die tröstende Botschaft für die Leser der 1950er Jahre war, daß die damals noch unvergessenen Opfer der Diktatoren Hitler und Stalin trotz unvorstellbarer Zahlen und entmenschlichender Anonymität nicht weniger sinnvoll gestorben sein mögen als die Opfer der Könige des Hauses Plantagenet.

Gedichttext nach: Geoffrey HILL: Collected Poems. Harmondsworth: Penguin, 1985. S. 29.
Literaturhinweise: Rolf P. LESSENICH: Geoffrey Hills »Lachrimae« im Kontext seines Welt- und Kunstverständnisses. In: Karl Josef Höltgen [u. a.] (Hrsg.): Tradition und Innovation in der englischen und amerikanischen Lyrik des 20. Jahrhunderts. Arno Esch zum 75. Geburtstag. Tübingen 1986. – Ralph PORDZIK: History as Poetry. Dichtung und Geschichte im Werk von Geoffrey Hill. Essen 1994. – Peter ROBINSON (Hrsg.): Geoffrey Hill. Essays on his Work. Milton Keynes 1985. – Vincent SHERRY: The Uncommon Tongue. The Poetry and Criticism of Geoffrey Hill. Ann Arbor 1987.

PETER HÜHN

Tony Harrison: *Self Justification*

Self Justification

Me a poet! My daughter with maimed limb
became a more than tolerable sprinter.
And Uncle Joe. Impediment spurred him,
the worst stammerer I've known, to be a printer.

5 He handset type much faster than he spoke.
Those cruel consonants, *m*s, *p*s, and *b*s
on which his jaws and spirit almost broke
flicked into order with sadistic ease.

It seems right that Uncle Joe, ›b-buckshee
10 from the works‹, supplied those scribble pads
on which I stammered my first poetry
that made me seem a cissy to the lads.

Their aggro towards me, my need of them 's
what keeps my would-be mobile tongue still tied –

15 aggression, struggle, loss, blank printer's ems
by which all   eloquence   gets justified.

Selbstrechtfertigung

Ich ein Dichter! Meine Tochter mit verkrüppelten Gliedma-
ßen / wurde eine beachtliche Sprinterin. / Und Onkel Joe. Die
Behinderung trieb ihn, / den schlimmsten Stotterer, den ich
kenne, Drucker zu werden.
    Er setzte Drucktypen mit der Hand viel schneller, als er
sprach. / Jene grausamen Konsonanten, *m*s, *p*s und *b*s, / an

denen seine Zunge und sein Mut fast zerbrachen, / schnellten
mit sadistischer Leichtigkeit in die richtige Ordnung.

Es scheint bezeichnend, daß Onkel Joe – ›g-gratis / aus dem
Betrieb‹ – jene Schmierpapierblöcke lieferte, / auf denen ich
meine erste Dichtung stotterte, / die mich als Softie bei den
Kumpels erscheinen ließ.

Ihr Zoff mit mir, mein Verlangen nach ihnen sind's, / was
meine nach Beweglichkeit strebende Zunge immer noch lähmt –

Aggression, Kampf, Verlust, leere Gevierte des Setzers, /
durch die alle Beredsamkeit gerechtfertigt wird.

[Übers. von Peter Hühn]

Zum Verständnis der Lyrik von Harrison (geb. 1937) ist es
wichtig zu wissen, daß er dem Arbeitermilieu im nordenglischen Leeds entstammt. Stipendien ermöglichten ihm den
Besuch von Grammar School und Universität (Studium der
Altphilologie). Seit den siebziger Jahren machte er sich einen Namen mit Opernlibretti und Versübersetzungen antiker und französischer Dramen. Sein erster Gedichtband
The Loiners (lokaler Name für die Bewohner von Leeds) erschien 1970. *From ›The School of Eloquence‹* (1978) und
Continuous (1981) verweisen schon im Titel auf die zentrale
Relevanz des sprachlichen Ausdrucksvermögens. Harrisons
durchgängiges Thema sind die Sozialerfahrungen der Un-
terschicht, exemplarisch dargestellt an Ereignissen aus Harrisons Leben oder dem seiner Eltern, zumeist in der Konfrontation mit der dominanten Mittelschichtkultur und
speziell deren Sprache: dem Standardenglisch, das die Artikulationsfähigkeit im eigenen (nordenglischen) Soziolekt
unterdrückt. Da soziale Identität entscheidend über die
Sprache definiert ist, wird diese zum Austragungsfeld des
Klassenkonflikts. Verschärft zeigt Harrison die Konfrontation in seinem Zwiespalt als Dichter zwischen der Arbeiter-
Herkunft mit ihrer durch Repression erzwungenen Sprachlosigkeit und der bürgerlichen Bildung des eloquenten

Sprachkünstlers. Der Stolz auf den schriftstellerischen Erfolg verbindet sich mit Schuldgefühlen. Spätere Texte verfolgen die Sozialproblematik weiter, besonders drastisch das lange Gedicht *v.* (d. i. ›versus‹) von 1985.

Self Justification (aus *Continuous*) entwickelt diesen klassenbedingten Konflikt, typisch für Harrisons quasi-autobiographische Schreibweise, im spezifischen Kontext der eigenen Entwicklung zum Dichter. Die Bezüge auf Tochter, Onkel und Freunde implizieren in ihrer gegensätzlichen Wirkung auf sein Verhalten die Wurzeln des internen Zwiespalts. Während Tochter und Onkel als unmittelbare Analogien zur Überwindung von Hindernissen dienen, repräsentieren die Freunde in komplexerer Weise zugleich Widerstand und Antrieb. Exemplifiziert die behinderte Tochter die Gewinnung rein physischer Mobilität, so parallelisiert Onkel Joes Kampf mit seinem physiologischen Sprachfehler direkter die sozialpsychischen Artikulationshemmnisse, unter denen der Sprecher zu leiden hat. Wie der Onkel die mündlichen Sprachstörungen durch den Wechsel zur Schriftlichkeit (beim Setzen) überwindet, so löst der Sprecher die komplizierten psychischen Hindernisse, die aus seiner Entfremdung vom Arbeitermilieu sowie überhaupt aus dessen kultureller Diskreditierung durch die Mittelschicht resultieren, mit dem Schreiben von Gedichten, z. B. auch des vorliegenden Textes. Die vielen wörtlichen oder metaphorischen Verweise auf Körper und Schmerz heben dabei die elementare, existentielle Wichtigkeit des Sprachvermögens hervor: »maimed«, »spurred«, »cruel«, »jaws«, »broke«, »sadistic«.

Diese Hindernisse werden dann in der widersprüchlichen Relation zu den »lads« thematisiert (12 f.). Die Schreibversuche – als klassenfremde ›unmännliche‹ Beschäftigung – diskreditieren den Sprecher bei der *peer group* und provozieren deren Zorn auf ihn, aber zugleich bleibt sein Selbstbild auf ihre Anerkennung angewiesen und erfährt er seine Entfremdung als Verlust. Der direkte Widerstreit läßt ihn verstummen (Anspielung auf *tongue-tied*, d. i. ›gehemmt‹),

bis er diesen ungelösten Konflikt als unvermittelte Gegen-
einanderstellung von »aggression, struggle, loss« (15) zum
Gegenstand und Antrieb seines Schreibens macht. Diese
Umfunktionierung der negativen Sozialerfahrung in einen
aktivierenden Faktor drückt sich in einer typographischen
Metapher konkret aus. Die unvereinbaren klassenbedingten
Erfahrungselemente von Aggressivität, Streit und Verlust
fungieren als Gevierte (»printer's ems«), d. h. als ›Füll-
stücke‹ von bestimmter Größe, die beim Setzen in eine Zeile
eingefügt werden, u. a. um ihre Länge der der anderen
anzugleichen (Blocksatz) – so wie im Druckbild der Schlußzeile in den Leerräumen vor und nach dem Wort »eloquence«. Die semantische Funktion dieser sprachlich-visu-
ellen Metapher wird durch ein Wortspiel, nämlich die
Doppeldeutigkeit von »justify« (›bündig ausrichten‹ *und*
›rechtfertigen‹) ergänzt.

Indem Harrison seinen ungelösten sozialpsychischen
Konflikt bei der Entwicklung zum Schriftsteller, der aus
dem Übertritt in die Mittelschicht und dem Verlust seines
Herkunftsmilieus oder gar dem Verrat an diesem resultiert,
zum Thema seines Schreibens erhebt, ermöglicht er nicht
nur seine poetische Artikulationsfähigkeit (seine ›Eloquenz‹), sondern rechtfertigt diese sogleich. Dieser sozial-
psychisch-poetische Wechselbezug wird durch den Titel,
dessen wortspielerische Doppelbedeutung durch den Ge-
dichtschluß erst nachträglich hervortritt (verstärkt durch
das Fortlassen des Bindestrichs), auf die Identitätsproble-
matik als eigentliches Thema des Gedichts übertragen. Die
dichterische Artikulation seiner konflikthaften Sozialerfahrungen, damit gleichzeitig Anerkennung und Verarbeitung
seiner latenten Schuldgefühle, bedeutet ebenfalls die eigene
Selbst-›Justierung‹, die Herstellung eines komplexen, umfassenden Ich, das jedoch aus nicht-aufgelösten klassenbedingten Widersprüchen besteht. Durch Schreiben konstituiert und rechtfertigt Harrison somit seine auf Widersprüchen basierende Identität.

Die Sprachproblematik kehrt auf der Kompositionsebene des Gedichtes wieder. Harrison verwendet – wie durchweg in *From ›The School of Eloquence‹* – das 16zeilige Sonett, das er George Merediths *Modern Love* (1862) entlehnt, eine Form, die wie alle Sonett-Varianten eine besonders strenge und kunstvolle argumentative wie klangliche Durchstrukturierung fordert und die dem Autor Gelegenheit zur Demonstration poetischer und sprachlicher Virtuosität erlaubt. Die metrische Struktur, vier jeweils kreuzgereimte Vierzeiler, spiegelt die vielfältigen Doppelungen und Kontrastierungen im gedanklichen Aufbau: Tochter und Onkel vs. Freunde, Vorbild von Tochter und Onkel Joes vs. eigene poetische Versuche, Schweigen vs. Eloquenz usw. Dieses Kontrastprinzip zeigt sich zum einen in dem Einschnitt nach den ersten acht Zeilen, zum anderen in der symmetrischen Binnen-Teilung der einzelnen Strophen. Beim letzten Vierzeiler wird die Gegenüberstellung zudem typographisch unterstrichen und durch Aussparen konjunktionaler Relationierung als unvermittelter Widerspruch betont. Schließlich beweist die Neuartigkeit vieler Endreime (6/8, 9/11, 13/15) ebenso wie die mühelose Leichtigkeit und Präzision, mit der die gedrängt und zugleich umgangssprachlich formulierten Sätze sich der Metrik einfügen (z. B. 3 f., 13 f.), eine sprachliche Virtuosität, die Harrison generell auszeichnet und die in *Self Justification* theoretisch begründete Eloquenz auch praktisch und selbstreferentiell belegt.

Da diese Sprache deutlich von der Mittelklassenkultur geprägt ist, bemüht sich Harrison, durch Slang-Ausdrücke (»buckshee«, »cissy«, »aggro«) und fachsprachliche Termini aus dem Handwerksbereich (»printer's ems«, »justified«) einen nicht-bürgerlichen Gegendiskurs zur Geltung zu bringen, der zusätzlich die gesprochene Sprache gegen die Schriftlichkeit stellt. So wird auf der sprachlichen Ebene eine vergleichbare soziale Spaltung zu derjenigen in der Thematik geschaffen. Wenn auch keine Balance erreicht wird und der schriftlich standardsprachliche Duktus dominant bleibt, zeigt sich doch ebenfalls in dieser Hinsicht die Tendenz, die klassenbedingte Konfliktkonstellation wirksam zu halten und als Gegenstand und Antrieb sowie zur Rechtfertigung dichterischen Schreibens zu nutzen (vgl. die besonders radikale Umsetzung dieser Problematik im Gedicht *v.*).

Gedichttext nach: Tony HARRISON: Selected Poems. Harmondsworth: Penguin, ²1987. S. 172.
Literaturhinweise: Neil ASTLEY (Hrsg.): Tony Harrison. Newcastle upon Tyne 1991. – Raymond HARGREAVES: Tony Harrison and the Poetry of Leeds. In: Lothar FIETZ / Paul HOFFMANN / Hans-Werner LUDWIG (Hrsg.): Regionalität und Internationalität in der zeitgenössischen Lyrik. Tübingen 1992. S. 362–380. – Luke SPENCER: The Poetry of Tony Harrison. Hemel Hempstead 1994. – Bruce WOODCOCK: Classical Vandalism. Tony Harrison's Invective. In: Critical Quarterly 32 (1990) S. 50–65.

WALTER T. RIX

Seamus Heaney: *Digging*

Digging

Between my finger and my thumb
The squat pen rests; snug as a gun.

Under my window, a clean rasping sound
When the spade sinks into gravelly ground:
5 My father, digging. I look down

Till his straining rump among the flowerbeds
Bends low, comes up twenty years away
Stooping in rhythm through potato drills
Where he was digging.

10 The coarse boot nestled on the lug, the shaft
Against the inside knee was levered firmly.
He rooted out tall tops, buried the bright edge deep
To scatter new potatoes that we picked
Loving their cool hardness in our hands.

15 By God, the old man could handle a spade.
Just like his old man.

My grandfather cut more turf in a day
Than any other man on Toner's bog.
Once I carried him milk in a bottle
20 Corked sloppily with paper. He straightened up
To drink it, then fell to right away
Nicking and slicing neatly, heaving sods
Over his shoulder, going down and down
For the good turf. Digging.

25 The cold smell of potato mould, the squelch and slap
Of soggy peat, the curt cuts of an edge
Through living roots awaken in my head.
But I've no spade to follow men like them.

Between my finger and my thumb
30 The squat pen rests.
I'll dig with it.

Graben

Zwischen meinem Finger und Daumen / die feste Feder ruht; glatt wie ein Gewehr.

Unter meinem Fenster ein klarer knirschender Ton / als der Spaten in den kieseligen Grund dringt: / mein Vater gräbt. Ich blicke hinunter

Bis sein gespannter Rücken zwischen den Blumenbeeten / niedergeht, nach zwanzig Jahren hochkommt, / rhythmisch sich beugend zwischen den Kartoffelfurchen, / in denen er grub.

Der grobe Stiefel schmiegsam am Blatt, der Stiel / lag innen fest am Knie. / Er riß das hohe Kraut samt Wurzeln aus, senkte das blanke Blatt tief, / um neue Kartoffeln zu verteilen, die wir lasen / und liebten wegen ihrer kühlen Härte in unseren Händen.

Mein Gott, der Alte kannte sich mit dem Spaten aus. / Genau wie sein Alter.

Mein Großvater stach mehr Torf am Tag / als alle anderen in Toners Moor. / Einmal brachte ich ihm in einer Flasche Milch, / nur flüchtig mit Papier verschlossen. Er richtete sich auf, / um sie zu trinken, dann machte er sich sofort daran, / sorgfältig zu stechen und zu schneiden, Erdklumpen / über die Schulter schleudernd, sich immer wieder bückend / nach dem guten Torf. Grabend.

Der kalte Geruch feiner Kartoffelerde, das Quatschen und Platschen / von tropfendem Torf, der knappe Stich eines Spatenblattes / durch lebende Wurzeln erwachen in meinem Kopf. / Aber ich habe keinen Spaten, um es Männern wie ihnen gleichzutun.

Zwischen meinem Finger und Daumen / die feste Feder ruht. / Mit ihr werde ich graben.

[Übers. von Walter T. Rix]

Als dem irischen Verlag Dolmen Press im Jahre 1965 das Manuskript eines bis dahin unbekannten jungen Lyrikers zur Publikation angeboten wurde, reagierte er zurückhaltend. Anders der renommierte Londoner Faber-Verlag, der die Gelegenheit sofort wahrnahm und die Sammlung unter dem Titel *Death of a Naturalist* (1966) publizierte. Der Name des Dichters: Seamus Heaney (geb. 1938). Seine weiteren Lyrikbände wurden zum Ausweis eines sich stetig steigernden Erfolges, der im Oktober 1995 durch die Verleihung des Literatur-Nobelpreises weltweit bestätigt wurde.

Als Eröffnungsgedicht von *Death of a Naturalist* ist *Digging* gut geeignet, um in Heaneys Gesamtwerk einzuführen. »We could think of it as a manifesto or a statement of intent«, schreibt Ronald Tamplin (S. 2), und der Dichter selbst kommentiert: »it is interesting as an example ... of what we call ›finding a voice‹« (*Preoccupations*, [London 1984], S. 43).

Heaney behandelt in seinem Gedicht mehrere Themen, die auch für sein späteres Schaffen wichtig sind. Zum einen setzt er sich mit seiner Rolle innerhalb der Familie und ihrer Tradition auseinander. Zum anderen bettet er die Familiensituation in den übergreifenden Rahmen der Geschichte Ulsters und Irlands ein. Beide Bereiche verbindet er durch Reflexionen über Raum und Zeit. Damit gehen dichtungstheoretische Aussagen einher, die dazu führen, daß er über seine eigene Rolle als Dichter nachsinnt. Kristallisationspunkt all dieser Themen ist das Bild des Grabens. Ähnlich wie Heaney die unterschiedlichen Themen zusammenführt, möchte er auch die bäuerliche Tradition seiner Familie mit seinem zukünftigen Weg als Dichter vereinen und die Vergangenheit an die Zukunft heranführen.

Die häufige Verwendung der Pronomina »my« und »I«, denen »his« und »he« sowie »them« gegenüberstehen, läßt Heaneys Versuch erkennen, Klarheit über die Rolle des Selbst in der Gemeinschaft, im engeren Sinne in der Familientradition, zu gewinnen. Beide Bereiche werden zunächst als deutlich voneinander getrennt empfunden, so daß ein Spannungszustand spürbar wird. Das Gedicht setzt mit einer Zustandsbeschreibung und Einordnung des Selbst ein, bewegt sich in den Spannungsraum hinein und bemüht sich, aus dieser Spannung heraus eine für die Zukunft gültige Lösung zu finden.

Die familiäre Welt erscheint zunächst als männlich bestimmt. Der Blick aus dem Fenster fällt auf den arbeitenden Vater, evoziert das Bild des Kartoffeln ausgrabenden Vaters vor zwanzig Jahren, blendet über zum Torf stechenden Großvater und gipfelt in »men like them«. Aus der Beschreibung der Arbeitsabläufe innerhalb dieser männlichen Welt spricht unverhohlene Bewunderung. Körperkräfte und Geschicklichkeit sind beeindruckend. Aber die Arbeitsabläufe sind grundsätzlich auf den Boden gerichtet, der das spendet, was der Mensch zum Leben braucht.

Die männliche Welt erfährt so durch einen anderen Bereich ihre Ergänzung. Heaney hat nachdrücklich herausgestellt, daß ihm seine Mutter die schöpferische Kraft mitgegeben hat. In mehreren seiner Gedichte umgibt er das Bild der Mutter mit Aspekten des Marienkultes und assoziiert es mit dem schöpferischen Prinzip der Erde. Über den autobiographischen Ansatz hinaus bewegt sich das Gedicht somit durch die kontinuierliche rhythmische Hinwendung des Männlichen zum Boden auf eine Gestaltung der Begegnung von männlichem und weiblichem Prinzip zu. Die Metaphorik enthält unverkennbare sexuelle Konnotationen. Die Wendungen »his straining rump among the flowerbeds«, »stooping in rhythm«, »the shaft against the inside knee«, »buried the bright deep edge« und »going down and down« verraten, daß das Gedicht die Kraft männlicher Sexualität zelebriert. Diese erhält jedoch nur durch das weibliche Gegenstück ihren Sinn. Unter Hinweis auf die mündliche Tradition Irlands hat Heaney selbst angemerkt, daß das Bild vom Graben zu einer Sexualmetapher wird (*Preoccupations*, [London 1984], S. 42 f.). Die – hier noch relativ verhaltene – sexuelle Metaphorik dieses Gedichts findet sich auch in der späteren Lyrik Heaneys mit unterschiedlicher Deutlichkeit.

Das Wechselspiel von Härte (»coarse«, »firmly«, »hardness«, »cut«) und Weichheit (»snug«, »nestled«, »mould«, »soggy«) spiegelt sich in der Beziehung von Durchdringen und Aufnehmen. In diesem spannungsgeladenen Spiel, das auch den Gegensatz von ›ich‹ und ›er‹ umgreift, vollzieht sich die Geburt des Neuen (»awaken in my head«). Das Selbst konstituiert sich am Ende als neue Existenz: es definiert sich als Dichter. Das Schöpferische des Grabens wird auf die Arbeit mit der dichterischen Feder übertragen. Auch dieser Gedanke wird in Heaneys Gesamtwerk immer wieder variiert.

Auffällig ist die Sprachlosigkeit der männlichen Sphäre. Auch dieser Sachverhalt hat einen autobiographischen Hintergrund. Während die Mutter Heaney in die Gestaltungsmöglichkeiten der Sprache einführte, lebte ihm der Vater seine Geisteswelt ohne Worte vor. In *The Stone Verdict* (1987) wird auf die väterliche Haltung mit den Worten Bezug genommen: »He will expect more than words in the ultimate court / He relied on through a lifetime's speechlessness.« Aber dieses Gedicht nennt zugleich den Vorzug einer derartigen Haltung: der Geist ist ohne Worte um so mächtiger und kann durch diese nicht zerstört werden. Heaney ist daher darauf angewiesen, den Geist des Vaters wie Blindenschrift zu lesen (*The Harvest Bow*). Es ist bezeichnend für das vorliegende Gedicht, daß die Initiation zu keinem Bruch mit dem Vater führt. Im Gegenteil: *Digging* wird von einer bewundernden Identifikation mit dem

Vaterprinzip getragen. Heaney versucht sogar, eine Generationslinie in die Vergangenheit zu führen, die auch andere Menschen der Region einschließt (Hart, S. 129).

Die Identifikation mit der väterlichen Linie führt zur Erkenntnis und damit zu einer Form des Selbstverständnisses, die die Spannung zwischen ›ich‹ und ›er‹ auflöst. Das Fortführen der Linie in die Vergangenheit ermöglicht es, sie in Form einer dichterischen Existenz auch in die Zukunft hineinzuziehen: Die Tätigkeit der Generationen entwickelt sich vom Torfstechen über das Kartoffelroden bis zur Gartenarbeit. Die Arbeit mit der Feder wird die Aufgabe der kommenden Generation sein. So zeigt Heaney in *Follower* (1966) die für ihn entscheidende Stufe der Vaterverehrung auf. Er ersetzt hier »digging« durch »ploughing« und läßt das dichterische ›ich‹ sich selbst zum kraftvollen und geschickten Vater entwickeln, während der Vater als hilfloses Kind erscheint. Das Gedicht wird somit zu einer Allegorese der Erlangung dichterischen Selbstbewußtseins.

Letztlich bildet die Zusammenführung von Vater und Sohn, von ›ich‹ und ›er‹ den Ausgangspunkt für die Verschmelzung unterschiedlicher Zeitstufen, von individuellem und kollektivem Bewußtsein. Dies wird zum Charakteristikum der Lyrik Heaneys (Molino, S. 190): In den zur Erde sich bückenden Gestalten kommt vor dem Hintergrund einer alten religiösen und literarischen Tradition die Verehrung der als Mutter verstandenen Erde zum Ausdruck. Die keltische Mythologie ist reich an muttergöttlichen Vorstellungen: Ana ist die Mutter der Erde und zugleich die Mutter der Götter.

Neben der mythologisierenden Tendenz zeichnet sich in Heaneys Lyrik aber auch eine Bezugnahme auf die historisch-politische Situation ab. Mit dem ständigen Bücken sind auch die Lebensformen der Ulsterkatholiken gemeint. Noch deutlicher ist der durch das Stichwort »gun« eingeführte Tenor der Gewalt. Die Analogie von Gewehr und Feder führt unverzüglich zur Frage nach der Rolle des

Dichters im Nordirland-Konflikt. Unter der Oberfläche verbirgt sich im Gedicht wie im realen Nordirland die erschreckende Präsenz der Gewalt. »Stooping in rhythms through … drills« scheint auf militärische Übungen hinzudeuten. »The shaft … was levered firmly« läßt an einen Gewehranschlag denken; die hierin eingeschlossene Formulierung »against the inside knee« verweist auf das von der IRA gegenüber ›Denunzianten‹ praktizierte Verfahren des *knee capping*. Schließlich rufen Formulierungen wie »rooted out«, »buried … deep«, »cut … a day«, »straightened up«, »nicking and slicing« und »curt cuts« die Vorstellung von erbarmungslosen Strafaktionen hervor, wie sie Irland in großer Zahl über sich ergehen lassen mußte.

Das Gedicht beginnt mit dem auf die Spanne zwischen Daumen und Zeigefinger reduzierten Raum. Durch den Blick aus dem Fenster weitet und verbindet er sich durch »twenty years away« mit der Zeit. Die folgenden Zeilen stellen die Auf- und Abwärtsbewegung in eine historische Perspektive, die dann in die Psyche des Dichter-Sprechers verlagert wird (»awaken in my head«). Die letzten Zeilen verdichten den Raum wieder, nun aber in völlig anderer Bedeutung. Der Raum zwischen Finger und Daumen birgt jetzt die im Zuge der Metamorphose des Gewehrs geladene geistige Energie, die aus der Aufarbeitung von Zeit und Raum resultiert und nach schöpferischer Entladung drängt. Am Ende steht der Sprecher in einem zur Vergangenheit und Zukunft hin offenen Kontinuum.

Gedichttext nach: Seamus HEANEY: New Selected Poems 1966–1987. London: Faber & Faber, 1990. S. 1 f.
Literaturhinweise: Henry HART: Seamus Heaney. Poet of Contrary Progressions. New York 1992. – Stefan KOCH: Dichtung als Archäologie. Die Lyrik Seamus Heaneys. Münster 1991. – Arthur McGUINESS: Seamus Heaney. Poet and Critic. Frankfurt a. M. 1994. – Michael R. MOLINO: Questioning Tradition, Language, and Myth. The Poetry of Seamus Heaney. Washington (D. C.) 1994. – Ronald TAMPLIN: Seamus Heaney. Milton Keynes 1989.

Literaturhinweise

I. Lyrikanthologien

Allott, Kenneth (Hrsg.): The Penguin Book of Contemporary Verse 1918–1960. Harmondsworth ²1962; seit 1987 u. d. T. English Poetry 1918–1960. [Mit ausführlicher Einleitung.]

Erzgräber, Willi / Knoedgen, Ute (Hrsg.): Moderne englische Lyrik. Engl./Dt. Stuttgart ³1994. [Mit ausführlicher Einleitung.]

Galbraith, Iain (Hrsg.): Britische Lyrik der Gegenwart. Eine zweisprachige Anthologie. Mainz 1984.

Heath-Stubbs, John / Wright, David (Hrsg.): The Faber Book of Twentieth-Century Verse. London ³1975.

Larkin, Philip (Hrsg.): The Oxford Book of Twentieth-Century Verse. Oxford 1973.

Lucie-Smith, Edward (Hrsg.): British Poetry since 1945. Harmondsworth ²1985.

Morrison, Blake / Motion, Andrew (Hrsg.): The Penguin Book of Contemporary British Poetry. Harmondsworth 1982.

Reeves, James (Hrsg.): The Modern Poets' World. London 1957. [Mit ausführlicher Einleitung.]

II. Bibliographien

Alexander, Harriet S.: American and British Poetry. A Guide to the Criticism 1925–1978. Manchester 1984.

Anderson, Emily A.: English Poetry 1900–1950. A Guide to Information Sources. Detroit 1982.

Gingerich, Martin E.: Contemporary Poetry in America and England 1950–1975. A Guide to Information Sources. Detroit 1983.

Jordan, Lothar: Bibliographie zur europäischen und amerikanischen Gegenwartslyrik im deutschen Sprachraum. Sekundärliteratur 1945–1988. Tübingen 1996.

Marcan, Peter: Poetry Themes. A Bibliographical Index to Subject Anthologies and Related Criticism in the English Language 1875–1975. London 1977.

III. Sekundärliteratur

Bedient, Calvin: Eight Contemporary Poets. London 1974.

Bradley, Jerry A.: The Movement. British Poets of the 1950s. New York 1993.

Corcoran, Neil: English Poetry since 1940. London 1993.

Day, Gary / Docherty, Brian (Hrsg.): British Poetry 1900–1950. Aspects of Tradition. Basingstoke 1995.

Haberkamm, Helmut: Die Bewegung weg vom Movement. Studien zur britischen Gegenwartsdichtung nach 1960. Heidelberg 1992.

Hamilton, Ian (Hrsg.): The Oxford Companion to Twentieth-Century Poetry in English. Oxford 1994.

Höltgen, Karl Josef / Hönnighausen, Lothar / Kreutzer, Eberhard / Schmitz, Götz (Hrsg.): Tradition und Innovation in der englischen und amerikanischen Lyrik des 20. Jahrhunderts. Arno Esch zum 75. Geburtstag. Tübingen 1986.

Hühn, Peter: Geschichte der englischen Lyrik. Bd. 2: Von der Viktorianischen Epoche bis zur Gegenwart. Tübingen 1995.

Martin, Bruce K.: British Poetry since 1939. Boston 1985.

Meller, Horst (Hrsg.): Zeitgenössische englische Dichtung. Einführung in die englische Literaturbetrachtung mit Interpretationen. Bd. 1: Lyrik. Frankfurt a. M. 1966.

Oppel, Horst (Hrsg.): Die moderne englische Lyrik. Interpretationen. Berlin 1967.

Perkins, David: A History of Modern Poetry. Bd. 1: From the 1890s to the High Modernist Mode. Cambridge (Mass.) 1976.

Perkins, David: A History of Modern Poetry. Bd. 2: Modernism and After. Cambridge (Mass.) 1987.

Platz-Waury, Elke (Hrsg.): Moderne englische Lyrik. Interpretation und Dokumentation. Heidelberg 1978.

Press, John: Rule and Energy. Trends in British Poetry since the Second World War. London 1963.

Press, John: A Map of Modern English Verse. London 1969.

Ross, Robert H.: The Georgian Revolt 1910–1922. Rise and Fall of a Poetic Ideal. Carbondale 1965.

Schenkel, Elmar: Sense of Place. Regionalität und Raumbewußtsein in der neueren britischen Lyrik. Tübingen 1993.

Schmidt, Michael: An Introduction to Fifty Modern British Poets. London 1979.

Sherry, Vincent B. (Hrsg.): Poets of Great Britain and Ireland. 1945–1960. Detroit 1984. (Dictionary of Literary Biography.

27.) [Zu Causley, Davie, Enright, Gunn, Jennings, Larkin, R. S. Thomas.]

Sherry, Vincent B. (Hrsg.): Poets of Great Britain and Ireland since 1960. 2 Tle. Detroit 1985. (Dictionary of Literary Biography. 40.) [Zu Harrison, Heaney, Hill, Hughes, Tomlinson.]

Stanford, Donald E. (Hrsg.): British Poets. 1880–1914. Detroit 1983. (Dictionary of Literary Biography. 19.) [Zu Brooke, de la Mare, Hardy, Housman, Kipling, Lawrence, E. Thomas, Yeats.]

Stanford, Donald E. (Hrsg.): British Poets. 1914–1945. Detroit 1983. (Dictionary of Literary Biography. 20.) [Zu Auden, Barker, Betjeman, Bunting, Campbell, Empson, Gascoyne, Graham, Graves, MacNeice, Owen, Prince, Sitwell, Spender, D. Thomas.]

Stead, C. K.: Pound, Yeats, Eliot and the Modernist Movement. Basingstoke 1986.

Thwaite, Anthony: Twentieth-Century English Poetry. An Introduction. London, 1978.

Thwaite, Anthony: A Critical Guide to British Poetry 1960–1984. London 1985.

Tolley, A. T.: The Poetry of the Thirties. London 1975.

Tolley, A. T.: The Poetry of the Forties. Manchester 1985.

Williams, John: Twentieth-Century British Poetry. A Critical Introduction. London 1987.

Verzeichnis der Autoren und Texte

Den lizenzgebenden Verlagen und Agenturen, die jeweils bei der Quellenangabe im Anschluß an die Interpretationen genannt sind, sei für die Genehmigung zum Abdruck der Gedichttexte gedankt. In Fällen, in denen es nicht möglich war, die Rechteinhaber zu ermitteln, ist der Verlag bereit, berechtigte Ansprüche abzugelten.

Englische Lyrik

in zweisprachigen Anthologien

Samuel Taylor Coleridge: *Gedichte*. Übers. und hrsg. von Edgar Mertner. 238 S. UB 9484

Emily Dickinson: *Gedichte*. Ausgew. und übertr. von Gertrud Liepe. Nachw. von Klaus Lubbers. 222 S. UB 7908

Amerikanische Lyrik. Vom 17. Jahrhundert bis zur Gegenwart. Ausgew., hrsg. und komm. von Franz Link. Übers. von Annemarie und Franz Link. 519 S. UB 9759

Englische Barockgedichte. Ausgew., hrsg. und komm. von Hermann Fischer. 440 S. UB 9315

Englische und amerikanische Balladen. Ausgew. und hrsg. von Gisela Hoffmann. 531 S. UB 7842

Gedichte der englischen Romantik. Ausgew., hrsg. und komm. von Raimund Borgmeier. 432 S. 6 Abb. UB 9967

Moderne englische Lyrik. Ausgew., komm. und hrsg. von Willi Erzgräber und Ute Knoedgen. 623 S. UB 9826

William Shakespeare: *The Sonnets* / Die Sonette. 232 S. UB 9729

Viktorianische Lyrik. Hrsg. von Armin Geraths und Kurt Herget in Verb. mit Gordon Collier und Bernd Wächter. Einl. von Armin Geraths. 592 S. 19 Abb. UB 8078 – auch geb.

Philipp Reclam jun. Stuttgart

Fremdsprachentexte

IN RECLAMS UNIVERSAL-BIBLIOTHEK

Englische Prosa und Gedichte

Autoren

Philipp Reclam jun. Stuttgart

Die englische Literatur in Text und Darstellung

Gesamtherausgeber: Raimund Borgmeier

Auch in Kassette lieferbar.

Einen hervorragenden Weg zur englischen Literatur eröffnet die Reclam-Reihe *Die englische Literatur in Text und Darstellung*. Zehn Bände führen vom Mittelalter bis in die Gegenwart. Die bisher erschienenen Bände sind überzeugend in der Auswahl der Texte und der Konzeption. Allgemeine Einleitungen und Einführungen zu den Werken wecken das Verständnis. Da alle Texte englisch und deutsch gebracht werden, kann man immer der originalen Gestalt begegnen. Alle Gattungen sind vertreten, und bibliographische Anhänge geben weiterführende Hinweise und Hilfen. *Bayerischer Rundfunk*

Philipp Reclam jun. Stuttgart